商法融合用规范——

《建设项目工程总承包计价规范》

适用解读与操作指南

SHANGFA RONGHE YONG GUIFAN——

《JIANSHE XIANGMU GONGCHENG ZONGCHENGBAO JIJIA GUIFAN》

SHIYONG JIEDU YU CAOZUO ZHINAN

马　楠　孔祥强　主编

中国计划出版社

·北　京·

图书在版编目（CIP）数据

商法融合用规范 ：《建设项目工程总承包计价规范》适用解读与操作指南 / 马楠，孔祥强主编. -- 北京 ： 中国计划出版社，2024.6（2024.8重印）
ISBN 978-7-5182-1594-2

Ⅰ. ①商… Ⅱ. ①马… ②孔… Ⅲ. ①建筑工程一承包合同一法律解释一中国 Ⅳ. ①D923.65

中国国家版本馆CIP数据核字(2024)第021128号

策划编辑：李　颖　　责任编辑：刘　原
封面设计：韩可斌

中国计划出版社出版发行
网址：www.jhpress.com
地址：北京市西城区木樨地北里甲 11 号国宏大厦 C 座 4 层
邮政编码：100038　电话：（010）63906433（发行部）
北京市科星印刷有限责任公司印刷

787mm×1092mm　1/16　20.25 印张　504 千字
2024 年 6 月第 1 版　2024 年 8 月第 2 次印刷

定价：78.00 元

前　言

为适应建筑市场及行业发展的迫切需要，解决工程总承包计价的突出问题，中国建设工程造价管理协会组织编写的《建设项目工程总承包计价规范》T/CCEAS 001—2022 已于 2023 年 3 月 1 日起实施。该规范不但从宏观上规范了工程造价管理行为，而且更重要的是从微观上规范了发承包双方在市场化条件下的工程造价计价行为，使中国工程造价管理进入了全过程商法融合协同管理的新时代。

工程总承包项目的造价管理不仅要做好计价等基础工作，更要做好项目的商务、合约、法律协同管理，才能确保项目成功，这就是商法融合增值理论。这套理论体系是由国内知名造价专家马楠教授、资深建设工程专业律师孔祥强带领成立的北京华略工程商法融合增值团队，经过三十多年专业沉淀、二十多年仲裁实践，成百上千个案例的研究与验证，建立起来的一套用于工程项目价值创造、赋能建筑企业高质量发展的理论体系。北京华略工程商法融合增值团队将这套理论体系用于工程项目管理实践，每年成功完成的商法创效及解决的结算争议额达百亿元人民币。

为了将以上商法融合增值理论体系与实践经验运用于建设项目工程总承包计价及商法管理中，使广大建筑业工程项目管理人员、造价人员、商法专家、律师真正掌握《建设项目工程总承包计价规范》的实质精髓，领会工程总承包造价控制关键环节的操作要领，切实提高建设项目管理水平，由来自北京华略工程商法融合增值团队的 EPC 工程实施专家、工程法律专家组成的编写小组，从条文、法律、商务等不同方向，从发包人、承包人等参与主体不同视角，立体式地对《建设项目工程总承包计价规范》的条文进行全面解读，旨在使行业规范与商法融合的先进理念在建筑业企业落地生根，开花结果，促进我国建筑业健康发展。

本书由马楠、孔祥强主编，宋国如副主编，许可、冯春绚、刘丽、武唐良子、林仰宇、司大琳、李品雅参与编写。由于编者水平有限，如发现书中存在不足之处，请与北京华略工程商法融合增值团队联系（邮箱：manan126@ 126.com），以便我们及时改正。

本书编写组

2024 年 5 月

目　　录

1 总 则

本章主要是从整体上叙述有关本规范起草与实施的几个基本问题，主要内容为起草目的、依据、适用范围、基本原则以及执行本规范与执行其他标准之间的关系等基本事项。

1.0.1 为规范建设项目工程总承包计价行为，促使工程总承包健康有序、可持续、高质量发展，制定本规范。

【条文解读】

本条阐述了制定本规范的目的。长期以来，我国工程发承包一直是施工总承包占据主导地位。国务院1984年颁发《关于改革建筑业和基本建设管理体制若干问题的暂行规定》（国发〔1984〕123号，已失效），提出建立工程总承包企业的设想，自此拉开我国推广工程总承包的序幕。国务院2017年提出推行工程总承包，并要求政府投资项目带头推行，但由于现行法律法规、工程计价规则还是建立在施工图发承包的基础上，导致很多主体仍然用施工总承包思维实施工程总承包项目，没有达到预期效果。因此，需要建立适应工程总承包的计价计量规则，规范工程总承包模式下发承包双方的履约行为。本次中国建设工程造价管理协会发布的本规范及配套的工程总承包工程量计算规范，填补了国家层面上工程总承包计价、计量规范的空白。本规范明确了工程总承包的费用组成、价款与工期调整、结算与支付等一系列工程总承包计价活动中容易产生分歧事项的处理原则，对进一步规范工程总承包计价工作，推广工程总承包模式，促进工程总承包进一步健康有序、可持续、高质量发展有巨大的价值和作用。

【法律适用及商务提示】

本规范适用于工程总承包模式的计价，而工程总承包合同纠纷不能完全等同于建设工程施工合同纠纷，具有一定的特殊性。除本规范的适用范围外，在法律适用的问题上，处理工程总承包合同纠纷时也不应当适用建设工程施工合同的相关规定，因此有必要明确工程总承包和施工总承包的区别。工程总承包合同和施工总承包合同的区别主要体现在以下方面：

1. 承包范围

在国家规章层面，《房屋建筑和市政基础设施项目工程总承包管理办法》（建市规〔2019〕12号，以下简称《工程总承包管理办法》）第三条规定了工程总承包的概念："本办法所称工程总承包，是指承包单位按照与建设单位签订的合同，对工程设计、采购、施工或者设计、施工等阶段实行总承包，并对工程的质量、安全、工期和造价等全面负责的工程建设组织实施方式。"相较之前的《建设项目工程总承包管理规范》GB/T 50358—2017（以下简称《建设项目工程总承包管理规范》）、《铁路建设项目工程总承包办法》（铁建设〔2006〕221号）等文件，《工程总承包管理办法》进一步明确了工程总承包的工作内容，表述从"全过程或若干阶段承包"调整为"设计、采购、施工"和"设计、施工"两种具体的承包模式，明确工程总承包至少应该同时包含设计、施工阶段。需要说明的是，在项目管理层面，工程总承包操作模式其实还包括融资性总承包（F+EPC）、运营维护性总承包（EPC+O+M）等，但为了适应我国工程总承包模式发展现状，主管部门谨慎限缩了模式，现阶段只规定了设计-施工（DB）模式和设计-采购-施工（EPC）模式。

施工总承包则仅指施工阶段由一个施工单位全部完成，在实践中施工总承包单位的工作范围也可以包括设备和材料采购，但并不参与和负责设计，而是根据设计单位的要求“按图施工”。而且，严格来说，工程总承包的“采购”与施工总承包的设备和材料采购内涵和外延也不相同。承包范围上的不同是工程总承包和施工总承包的本质区别之一。

（1）工程总承包“设计”与施工总承包“设计”的比较。对于“设计工作”的理解，工程总承包要求承包人承担“实质性设计工作”，一般指的是施工图设计阶段，承包人仅参与深化设计或审核工作的，不宜认定为工程总承包。如实践中存在施工总承包合同中约定，承包人对业主下发的施工图纸有审核义务，如果承包人未能发现图纸设计错误或发现后未能及时书面通知业主的，承包人需要承担相应的设计风险；或业主提供图纸但承包人负责深化设计的，此类合同中承包人虽然承担一定的设计工作，但不宜认定为工程总承包。

（2）工程总承包“采购”与施工总承包“采购”的比较。工程总承包的“采购”不是简单的买卖，而是对设备设计、制造、运输、安装乃至保险、融资等系统性的全流程管理。施工总承包的采购工作主要是依据施工组织进度按时按量提供材料、设备，采购计划基本依赖施工人员或发包人要求。工程总承包模式下的采购不仅要确保物资数量和供给日期满足相关要求，还要确保所采购的物资充分满足设计和施工等部门提出的各方面要求，以上差别主要体现在大宗材料、设备，特别是特种设备、定制设备的采购管理。

2. 承包人基本义务

工程总承包相较施工总承包的重大转变是承包人的基本义务从“按图施工”转变为“按发包人要求施工”，承包人必须对最终产品负责。施工总承包模式中，根据《建设工程质量管理条例》（国务院令第714号，以下简称《质量管理条例》）第二十八条关于“施工单位必须按照工程设计图纸和施工技术标准施工，不得擅自修改工程设计，不得偷工减料。施工单位在施工过程中发现设计文件和图纸有差错的，应当及时提出意见和建议”的规定，承包人只需要按照图纸和标准进行施工，在施工过程中发现设计文件等存在错误应及时提出，也就是说承包人依据施工图纸施工并交付工作成果后就可以认为适当履行合同义务。而工程总承包模式中，判断承包人是否适当履行义务的标准是其交付的工程是否满足预期目的和使用功能要求，而非其是否按照标准施工，即使承包人按照图纸和规范实施工程也不能为工程失败免责，不能因修改工程以使其满足规定的功能而获得额外的价款。

3. 风险负担

相比于施工总承包模式，工程总承包模式的价值取向是业主以更多的价款交换最终价格和竣工日期的极致稳定性，这意味着承包人在取得更多价款的前提下承担更多的风险。

风险负担与价格形式直接挂钩，施工总承包模式下单价合同需要每期进行计量，承包商往往在低价中标后通过大量签证等不断增加支付周期内的工程量，以实现“低中标，高索赔”。但在工程总承包模式下，每期支付依据项目的里程碑确定，并不完全以实际完成工程量为基础，最终支付则以是否实现发包人要求判断，不以实际工程量作为调整合同价款的依据。这意味着，发包人要求不变的前提下，工程量变化的风险由总承包人承担。

4. 资质要求

《工程总承包管理办法》首次提出工程总承包的“双资质”要求，并确立设计单位和施工单位的资质直接申请和业绩互认制度。第十条规定：“工程总承包单位应当同时具有与工程规模相适应的工程设计资质和施工资质，或者由具有相应资质的设计单位和施工单位组成联合体。”第十二条规定：“鼓励设计单位申请取得施工资质，已取得工程设计综合资质、行业甲级资质、建筑工程专业甲级资质的单位，可以直接申请相应类别施工总承包一级资质。鼓励施工单位申请取得工程设计资质，具有一级及以上施工总承包资质的单位可以直接申请相应类别的工程设计甲级资质。完成的相应规模工程总承包业绩可以作为设计、施工业绩申报。”以上规定是在现有施工资质和设计资质框架内解决工程总承包双资质的路径尝试。总的来说，相较施工总承包，工程总承包模式对承包人提出了更高的资质要求。

实践中，对于“单资质”条件下工程总承包合同的效力仍存在争议。主流观点认为，“单资质”条件并不违反法律法规的效力强制性规定，也不违反公序良俗，具有“单资质”的总承包单位与业主签订的《工程总承包合同》合法有效。在“单资质”单位承接工程总承包工程的模式下，总承包单位应当将其不具有资质的设计或施工业务分包给其他有相应资质的单位。对于“单资质”条件下的分包合同效力，实践中也尚未达成共识。

【参考案例】

案例 1　某环保工程公司与某水务公司建设工程施工合同纠纷案

基本信息

审理法院：中华人民共和国最高人民法院（以下简称最高人民法院）。

案号：（2019）最高法民终 134 号。

裁判要旨

工程总承包合同的认定应以各合同全部内容为一个整体进行判断，设计、采购、施工等工作内容分开签订合同不影响工程总承包合同性质的确定。

案情介绍

2009 年 6 月，天津某化工公司通过招标公司对其中水回用项目进行招标，招标内容是“天津某化工公司 2.1 万 t/d 中水回用 BOT 运营商采购项目”，由中标人组建项目公司负责项目的方案设计、投融资、建设、运营以及在特许经营期结束后向天津某化工公司移交项目。2009 年 8 月，案外人重庆某设计院中标。天津某化工公司与重庆某设计院签订《意向书》，约定重庆某设计院拟组建项目公司承担该项目的建设、资金管理和后期管理。某环保工程公司与重庆某设计院签订的双方《备忘录》载明，依据投标文件要求成立了项目公司——某环保工程公司，某环保工程公司签订合同并具体实施该项目，重庆某设计院提供技术保障。2010 年 6 月，天津某化工公司与某环保工程公司签订《BOT 合约》，双方就项目建设、项目的运营和维护、项目设施的移交、不可抗力等进行了约定；并约定天津某化工公司授予某环保工程公司在特许经营期内独家的权利，以使某环保工程公司进行合同项目的融资、建设、运营、维护。

自 2010 年 8 月起，原施工单位江苏某集团环保工程有限公司进场施工，后退出，涉诉工程于 2011 年 2 月全部停工。为推进中水回用项目的继续建设，某水务公司与某环保工程公司于 2012 年 7 月 31 日签订了《总承包合同》以及附属的《建筑安装工程施工协议》《设备采购协议》《技术服务协议》。《总承包合同》约定：本工程总承包范围包括工程施工图设计、设备和材料采购、建筑安装工程施工、设备监造、调试、验收试验、配合环保专项验收、技术服务与培训、移交生产、性能保护、工程质量保修期限内的服务。合同金额为 8 787.627 万元。《建筑安装工程施工协议》约定建筑安装工程暂定总价 6 744.587 万元，其中土建费 3 166.762 万元，安装费 3 577.825 万元。《设备采购协议》约定固定总价（包干价）是 1 643.04 万元，并约定了付款方式、装运条件、运输保险等。《技术服务协议》约定固定总价为 400 万元，其中设计费 320 万元，调试费 80 万元，并约定了付款方式及支付条件、设计及调试要求。

最高人民法院认为：关于本案争议法律关系的性质。本案中，某环保工程公司与某水务公司之间先后签订了五份名称和内容虽不相同、但合同目的相互关联的协议，双方之间法律关系的性质应如何认定，是确定本案法律适用的前提和基础。案涉天津某化工公司中水回用 BOT 特许经营项目，系由案外人重庆某设计院经过招投标获得，某环保工程公司以中标人重庆某设计院项目公司名义与招标人天津某化工公司签订《BOT 合约》，约定某环保工程公司享有案涉中水回用项目融资、建设、运营、维护等特许经营权。某环保工程公司又依据《BOT 合约》将案涉工程整体发包给某水务公司，双方签订《总承包合同》《建筑安装工程施工协议》《设备采购协议》《技术服务协议》以及《补充协议》等合同，约定某水务公司负责包括项目设计、设备及材料采购、建筑安装、调试运行、技术培训、质量保修等内容的工程全过程建设。因此，某水务公司与某环保工程公司之间形成建设工程总承包合同关系，《建筑安装工程施工协议》《设备采购协议》《技术服务协议》等合同约定都是工程项目总承包的具体内容，本案双方争议的问题是工程款的支付及工程项目总承包合同的继续履行问题，故本案应适用有关建设工程合同的法律规定及相关司法解释，一审判决适用法律并无不当，某环保工程公司关于一审判决法律适用错误的上诉主张不成立。

法律分析

《建设项目工程总承包管理规范》GB/T 50358—2017 第 2.0.29 条规定：工程总承包为设计、采购、施工和试运行实行全过程或若干阶段的承包。设计、采购、施工和试运行等工作内容包含在一个或者多个合同中，不影响工程总承包合同关系的认定。本案例中双方签订《总承包合同》《建筑安装工程施工协议》《设备采购协议》《技术服务协议》以及《补充协议》等合同，约定某水务公司负责包括项目设计、设备及材料采购、建筑安装、调试运行、技术培训、质量保修等内容的工程全过程建设，某水务公司与某环保工程公司之间形成建设工程总承包合同关系。

案例2　大连某技术公司与黑龙江某化工公司建设工程施工合同纠纷案

基本信息

审理法院：最高人民法院。

案号：（2020）最高法民终1040号。

裁判要旨

相较于普通建设工程而言，“交钥匙工程”中的承包方往往具有技术等方面的优势地位，故该类工程对承包方的要求更高、更严，承包方在此类工程中承担的义务也更多、更重。具体到本案，根据《技术附件》的内容，大连某技术公司的工作范围包括设计、采购、施工、生产考核及竣工验收，故大连某技术公司最终向黑龙江某化工公司交付符合双方约定标准的案涉工程前，该工程非因黑龙江某化工公司原因产生的一切问题，均应由大连某技术公司承担相应的后果和责任。

案情介绍

2012年1月，黑龙江某化工公司与大连某技术公司签订《总包合同》。

《总包合同》第一部分“协议书”约定：工程内容包括2×15万吨煤焦油深加工工程；关于工程承包范围，大连某技术公司按照合同约定，完成其承包范围的工程设计、设备材料采购、施工、试运行服务及为工程验收、投产、达产、达标等有关工作，实现设计、采购、施工各阶段工作的合理交叉与紧密融合，并对工程的安全、质量、进度、造价、HSE（健康、安全、环保）全面负责，工程开工日期为总承包合同生效之日，工期为9～20个月；质量标准为建安工程质量标准合格，设备质量标准合格，设计质量标准合格；合同总价为32 250万元。

《总包合同》第二部分“通用条款”第1.1.3.4条款约定：竣工日期系指该合同工程全部完成，由黑龙江某化工公司组织主管机构、大连某技术公司、黑龙江某化工公司代表联合进行试验，并合格地通过竣工试验，大连某技术公司提供完整的竣工资料后，经黑龙江某化工公司和该公司代表在竣工证书上确认的日期。《总包合同》第二部分“通用条款”第1.1.4.1条款约定：竣工试验系指根据国家现行规范、合同规定的试验，或经黑龙江某化工公司代表和大连某技术公司协议认为必须的其他试验，这些试验是通过黑龙江某化工公司、大连某技术公司、黑龙江某化工公司代表及国家有关部门联合的试验，应在大连某技术公司提出竣工验收申请之前完成。《总包合同》第二部分“通用条款”第10条约定：除第9.4条款所述情况外，当该工程已按合同规定联合性能试验合格之后，而且黑龙江某化工公司代表已按照本款规定为该工程签发了或被视为签发了接收证书时，黑龙江某化工公司即应接收该工程；当大连某技术公司认为该工程或某分项工程（视实际情况而定）即将竣工且接收的准备工作即将就绪时，大连某技术公司最早可以提前14天向黑龙江某化工公司代表发出通知，申领接收证书。《总包合同》第二部分“通用条款”第12条约定：只有在履约合格证经黑龙江某化工公司代表签字并交付大连某技术公司之时，才应认为大连某技术公司已完成了该合同义务，该履约合格证上应注明大连某技术公司履行完其各项义务且黑龙江某化工公司代表表示满意的日期；履约合格证应被视为证明该工程已合格的唯一文件。

《总包合同》第三部分“专用条款”第 9.4 条款“竣工验收”约定：全部竣工完毕后，黑龙江某化工公司应汇总各合同段工程的竣工验收报告，大连某技术公司提出竣工验收的申请；竣工验收由黑龙江某化工公司或该公司的上级主管部门主持，组成竣工验收委员会，邀请投资、建设、质监、设计、发包人以及各合同段的发包人代表等有关部门参加，按国家有关部门颁发的有关竣工验收的管理办法的规定进行竣工验收；大连某技术公司应提前 21 天将预计可开始进行保证值考核的日期通知黑龙江某化工公司代表；除非另行商定，否则保证值考核的日期应在通知日期后的 14 天内，由黑龙江某化工公司代表明令指定的那天或数天内进行；如果验收合格后，竣工验收委员会对该合同建设工程的可行性研究、设计、施工、监理以及投资效益等方面作出全面评定，出具竣工鉴定书。

上述合同签订后，大连某技术公司进行施工。施工中，双方当事人及监理单位形成多份《工程中间验收单》，并签订多份《龙盛达焦油加工项目建筑物移交清单》。

2013 年 11 月 30 日、2014 年 6 月 30 日，案涉工程中的汽车衡、总图道路及对讲系统、原料油库装置、焦油蒸馏装置、馏分脱酚及工业萘装置等均经过竣工验收，质量等级为合格。黑龙江某化工公司已在上述单位工程的《建设工程竣工验收报告》中签章。2014 年 2 月 25 日、9 月 17 日，七台河矿区建设工程质量监督站分别针对上述单位工程出具《煤炭工业建设工程单位工程质量认证书》。

2014 年 5 月 26 日，黑龙江某化工公司向大连某技术公司发送《关于加快竣工验收手续签署工作的函》，表明：“为加快竣工验收手续签署，给后期内业工作争取时间，黑龙江某化工公司与贵项目部协商，在工程基本完工的情况下，先行签署竣工验收手续。但此手续签署后，不免除大连某技术公司对工程设计不合理、施工质量不合格和暂时没有完成部分的责任和义务。此部分工程需双方协商确定统一方案后执行。请贵项目部回复明确意见之后，开始竣工验收手续签署。”

根据黑龙江某化工公司的记载，2013 年 9 月至 2014 年 9 月 18 日，案涉一系工程试车过程中出现馏分脱酚生产装置生产产品含酚指标化验合格率低；工业萘初馏塔和精馏塔液位计浮球频繁掉落失灵；工业萘管式炉内油管弯头开裂，多次出现喷油、冒烟、明火的情况；酚盐分解生产装置系统管路频繁结晶堵塞。

2014 年 7 月 29 日至 2015 年 6 月 9 日，黑龙江某化工公司与大连某技术公司多次就案涉工程试车过程中存在的问题及问题解决方案等往来函件。

2014 年 11 月 10 日，双方当事人签订《竣工资料移交证明》，大连某技术公司向黑龙江某化工公司移交竣工资料三套，正本二十部 208 册（副本共 414 册），竣工图纸两套。

最高人民法院认为：

双方当事人在合同中约定案涉工程为“交钥匙工程”，承包人大连某技术公司负责工程设计、设备材料采购、施工至工程试运行、投产达产达标等全过程和最终效果。按照合同约定，大连某技术公司完工后需组织竣工验收，整个工程的竣工验收大致分实物移交和装置投料试车并考核达标两个阶段执行。实物移交，是指在单机试车后、联动试车前向发包人黑龙江某化工公司办理工程及设备中间交接；承包人于装置投料试车系统出合格产品并考核达标后向业主办理工程竣工手续。装置投料试车并考核达标，属于竣工检验。按照合同专用条款第 9 条的约定，竣工检验主要分四个步骤（无负荷试车、负荷试车、保证值考核、竣工验收），主要包括：①关于无负荷试车，设备安装工程具备单机无负荷试车条件，承包人组织试车，并在试车前 48 小时以书面形式通知发包人；通知包括试车内容、时间、地点，承包人准备试车记录；发包人根据承包人的要求为试车提供必要条件，试车合格，发包人在试车记录上签字。②关于负荷试车，承包人应提前 21 天将预计可开始进行负荷试车的日期通知发包人代表；除非另行商定，否则，竣工负荷试车应在所通知的日期后的 14 天内，发包人代表明令指定的那天或数天内进行；设备安装具备联动试车条件，承包人组织试车，试车方案报业主并在试车前 48 小时通知发包人代表，通知包括试车内容、时间、地点和发包人应做准备工作的要求，发包人按要求做好准备工作和试车记录；试车通过，发包人代表、发包人及承包人在试车记录上签字后，方可进行试车。③关于保证值考核，该合同工程的保证值的考核按照合同专用条款第 9 条（竣工检验）以下条款进行，如非重要指标（专用条款第 9. 3. 1 条款至第 9. 3. 7 条款约定的处理能力、产品质量、产品产量等指标以外的指标）考核达不到考核值，则承包人应采取有效措施并在双方商定的时间内达到规定的考核值；专用条款第 9. 3. 1 条款至第 9. 3. 7 条款约定的处理能力、产品质量、产品产量等重要指标经三次考核后还达不到附件规定的考核值，但并不影响该合同工程的正常生产，则承包人应根据合同相关条款进行赔偿；全部保证值测试时间为被测试装置稳定生产后，三个月内，连续正常运转 72 小时。④关于竣工验收，全部竣工完毕后，发包人应汇总各合同段工程的竣工验收报告，承包人提出竣工验收的申请；竣工验收由发包人的上级主管部门主持，组成竣工验收委员会，邀请投资、建设、质监、设计、发包人以及各合同段的发包人代表等有关部门参加，按国家有关部门颁发的有关竣工验收的管理办法的规定进行竣工验收；承包人应提前 21 天将预计可开始进行保证值考核的日期通知发包人代表；除非另行约定，否则，保证值考核的日期应在所通知的日期后的 14 天内，发包人代表明令指定的那天或数天内进行；如果验收合格后，竣工验收委员会对该合同建设工程的可行性研究、设计、施工、监理以及投资效益等方面作出全面评定，写出竣工鉴定书；如因发包人的原因不能满足保证值的考核的前提条件，在承包人提出申请后 56 天之后，还不能满足考核的要求，则该部分不能进行考核的保证值视为合格，并被发包人接收。

根据本案现有证据尚不能认定案涉工程在实物移交后，承包人大连某技术公司完成了竣工检验程序，也不能认定其未完成竣工检验程序系发包人黑龙江某化工公司的原因所致，主要体现如下：①大连某技术公司在一审中提供的案涉工程系列《工程中间验收单》、实物移交清单、建设工程验收报告、单位工程质量认证书、《竣工移交资料证明》均属于建筑工程施工和设备安装等实物移交相关的文件，其中并无装置投料试车、考核达标等实物移交后的相关内容。按照合同约定，竣工检验各步骤均有其程序、标准和文件等方面的要求，而本案中并无证据表明双方按照合同具体约定完成竣工检验各步骤的要求，故不能认定承包人大连某技术公司完成了竣工检验程序。②一审法院 2019 年 10 月 25 日询问笔录记载，大连某技术公司陈述："工艺已经全部打通，并且也产生了合格产品，但是 72 小时标准部分装置没有达到稳定运行。没有进入考核程序。"黑龙江某化工公司也陈述"还没有到考核那一步，因为全部系统还没有打通，没有办法考核"。大连某技术公司在该笔录中还确认 2#大门土建没做及其他部分工程未完工。据此，双方当事人均承认案涉工程的竣工检验程序未完成，特别是尚未进入保证值考核程序。③2018 年 12 月 11 日双方现场勘察的会谈记录载明：案涉工程存在生产时没有做配油供需以及焦油蒸馏开工时出现炉管晃动、弯头开裂冒火、酚盐分解堵塞等系列的问题；大连某技术公司主张问题可以在开工过程中整改；大连某技术公司总包项目负责人杨劲松称："至于开工中存在的问题，可能有几百条，我们一项一项梳理最后梳理出来达成协议的有 36 项，这一块有将近 20 项已经整改完了"。从双方协商和联系情况看，双方对案涉工程试生产中出现的诸多问题的性质(严重或者轻微程度以及是否容易解决等)、原因以及解决方案均有不同认识，部分问题未得到实际解决。该证据初步表明案涉工程装置投料试车不断出现故障，尚未达到合同约定保证值考核的要求。④大连某技术公司没有提供证据证明其曾经按照合同要求在预计无负荷试车前 48 小时、在预计负荷试车前 21 天等有关节点，书面通知发包人黑龙江某化工公司试车内容、时间、地点以及需要发包人为试车提供必要的条件，故难以认定案涉工程竣工检验程序未完成系黑龙江某化工公司不提供必要条件等所致。

大连某技术公司主张案涉工程已经通过竣工验收，工程符合合同约定的质量标准和要求，工程已经投产且投产后的质量问题仅仅属于合格后的质量维修问题，其上述主张不仅缺乏事实依据，也明显与事实不符，本院不予支持。大连某技术公司主张黑龙江某化工公司在工程交付后擅自使用，工程试车过程中出现问题系黑龙江某化工公司实际操作不当、原料不合格以及设备长期未投入施工造成的正常损耗所致，也明显缺乏事实依据，本院不予支持。案涉合同约定工程竣工验收的标准不仅是工程实物交接，还包括试车投产达产达标，而案涉工程并没有完成竣工检验程序，案涉工程不同于一般实物交接的建设工程，且本案也无证据证明黑龙江某化工公司在工程未经竣工验收情况下擅自使用，案涉工程尚不具有适用《最高人民法院关于审理建设工程施工合同纠纷案件适用法律问题的解释》（法释〔2004〕14 号，以下简称《建设工程司法解释》）第十三条关于"建设工程未经竣工验收，发包人擅自使用后，又以使用部分质量不符合约定为由主张权利的，不予支持"的规定的条件，大连某技术公司根据该条司法解释的规定主张案涉工程存在的问题仅仅是工程验收合格后的质量维修问题，缺乏事实和法律依据，本院不予支持。

案涉工程总价款为 33 950 万元（包括一系工程总价款 32 250 万元和二系工程总价款 1 700 万元)，黑龙江某化工公司已经支付大连某技术公司工程价款 281 359 529. 37 元，该合同项下尚余工程价款 58 140 470. 63 元处于待付状态。按照合同约定的工程价款付款进度，对于案涉一系工程，黑龙江某化工公司应在热负荷试车后支付技术服务费 375 万元，在设备安装调试后支付 3 300 万元，可预留质量保证金 2 500 万元（该三项款项合计 6 175 万元)；对于案涉二系工程，黑龙江某化工公司应在安装调试后支付 230 万元，预留质量保证金 142. 5 万元（该两项款项合计 372. 5 万元)。案涉工程热负荷试车和安装调试等竣工检验程序未完成，且本案无证据证明竣工检验程序未完成可归责于黑龙江某化工公司，按照《总包合同》和《二系总包合同》约定的付款条件，一审法院认定案涉工程价款中尚有 6 547. 5 万元（6 175 万元+372. 5 万元）未能达到发包人付款的条件，不支持大连某技术公司请求剩余工程价款 58 140 470. 63 元及其利息，并无不当。

鉴于案涉工程的竣工检验程序尚未完成，特别是尚未进入保证值考核阶段，无论之前的工程质量如何，大连某技术公司原则上均不具有请求黑龙江某化工公司支付剩余工程价款 58 140 470. 63 元及其利息的条件，大连某技术公司请求支付上述剩余工程价款，至少需在案涉工程的竣工检验程序完成之后。在案涉工程的竣工检验程序尚未完成的情况下，其申请本院委托司法鉴定机构鉴定案涉工程设计和设备是否符合有关质量合格的标准、案涉工程不正常运转影响投产的质量缺陷的原因及其责任、案涉工程的修复方案及修复费用，对于本案纠纷的处理并无意义，也无必要，本院不予准许。大连某技术公司可以在完成竣工检验程序，案涉工程达到竣工验收标准和合同约定的质量标准，或者双方之间出现工程视为竣工验收等情形后，就剩余工程价款另寻法律途径解决。

法律分析

工程总承包模式对承包人要求更高，承包人必须交付满足约定使用功能和条件的工程。

案例3　某材料公司与苏州某建设公司建设工程施工合同纠纷

基本信息

审理法院：江苏省苏州市中级人民法院。

案号：（2020）苏05民终7200号。

裁判要旨

仅有施工资质的承包人在工程总承包框架协议签订后，又与发包人一同与勘察、设计单位另行签订四方协议的，工程总承包框架协议效力不受单资质影响。

案情介绍

某材料公司与苏州某建设公司签订《总承包框架协议》，约定由该承包人完成工程的设计、土建施工、验收等工作，并先行交付承包人100万元定金，工程总工期12个月，计划安排：①从2018年3月1日起至2018年3月底完成8#厂房的规划申报及审批工作。②2018年5月10日前完成8#厂房的施工图设计及相关图纸审核工作。③2018年6月1日开工；2018年10月底前主体封顶；2019年5月底完成竣工验收备案，交付发包人。并约定合同价款：①厂房建造单价为2 070元/m^2。②厂房控制总价为3 518万元。

2018年3月，发包人某材料公司向总承包人苏州某建设公司支付定金100万元，承包人向发包人出具收据。

2018年4月，发包人与总承包人、某设计公司和某勘察公司签署了《厂房新建工程设计协议》（简称四方协议），进一步明确了总承包人的权利义务。此后勘察单位和设计单位相继完成了设计工作和勘查工作，并由发包人直接分别向勘察单位和设计单位支付了款项。

而后，框架协议内容未能全部履行，发包人诉请总承包人返还已经支付的定金100万元等，承包人诉请发包人赔偿553.93万元可得利益损失等。

裁判观点

江苏省苏州市中级人民法院二审认为：

1. 关于涉案框架协议效力

该份框架协议系发包人与承包人的真实意思表示，承包人具有建筑工程施工总承包贰级资质。承包人和发包人在签订该份框架协议之后，又共同与某设计公司和某勘察公司签订四方协议，分别将工程总承包项下的勘察、设计工作交由具有相应资质的某勘察公司和某设计公司完成，并由发包人与某设计公司和某勘察公司分别签订《建设工程设计合同》与《建设工程勘察合同》，故应认定涉案框架协议合法有效，双方均应恪守履行。

2. 关于框架协议下的可得利益损失

发包人无合理理由终止履行案涉框架协议，构成根本违约，承包人作为守约方虽于一审诉讼中同意解除该框架协议，但不代表放弃向发包人主张违约责任。因正常情况下施工方在合同履行后可以获得相应的利润，故承包人在案涉框架协议无法继续履行而产生的可得利益损失未超出发包人在订立合同时可预见或应当预见的因违反合同可能造成的损失范围，故承包人主张发包人赔偿框架协议解除后的预期可得利益损失，于法有据，应予支持。《建设工程造价鉴定规范》GB/T 51262—2017 第 5. 8. 5 条规定，因发包人原因，发包人删减了合同中的某项工作或工程项目，承包人提出应由发包人给予合理的费用及预期利润，委托人认定该事实成立的，鉴定人进行鉴定时，其费用可按相关工程企业管理费的一定比例计算，预期利润可按相关工程项目报价中的利润的一定比例或工程所在地统计部门发布的建筑企业统计年报的利润率计算。本案中工程是按照面积及每平方米的单价报价，从中无法确定工程报价中的利润，而根据苏州市统计局发布的《苏州统计年鉴—2019》显示，2018 年苏州全市建筑业主营业务收入 22 756 569 万元，营业利润 1 027 341 万元，利润总额 1 029 627 万元，应交所得税 205 660 元，结合本案实际情况，本院酌情认定发包人赔偿承包人合同解除的预期可得利益损失为 1 650 000 元，扣除发包人已支付的定金 1 000 000 元，发包人还应支付承包人 650 000 元。

法律分析

本案中，双方虽然没有签订正式的工程总承包合同，但双方框架协议对建设工期、工程价款及工程质量的约定较为明确，且经人民法院委托第三方司法鉴定，发包人与总承包人及勘察、设计单位签订的四方协议，以及发包人后续分别与勘察单位及设计单位签订的合同的工作范围均未超出框架协议约定范围，继而认定总承包人已经履行了框架协议的内容，而总承包人虽然没有设计和勘察资质，但由于相关工作内容已经通过另行签订四方协议及相应勘察及设计合同的方式交由具备相应资质的勘察单位和设计单位完成，故框架协议本身有效，合同解除系发包人违约解除，发包人需赔偿承包人的可得利益损失。

1. 0. 2　本规范适用于建设项目采用工程总承包模式的计价活动。

【条文解读】

本条明确了本规范的适用范围，仅适用于工程总承包模式，不适用于施工总承包模式。需要注意的是，目前国内工程总承包主要为设计采购施工总承包（EPC 模式）和设计建造总承包（DB 模式）两种模式。采用施工图预算评审等实质非工程总承包的项目不宜参照本规范，采用施工图发承包应执行《建设工程工程量清单计价规范》（GB 50500—2013，以下简称《清单规范》），或由发承包双方商定计量计价方式。

【法律适用及商务提示】

在形式识别上，为了适应我国工程总承包模式发展现状，《工程总承包管理办法》第三条对于工程总承包模式只规定了设计-施工（DB）模式和设计-采购-施工（EPC）模式。承包人仅承担施工工作，不承担施工图设计工作的，不宜认定为工程总承包。在实质识别上，由于实践中对新模式的认识不足和利益衡量，不乏以工程总承包之名，行施工总承包之实的现象。针对此类实践困境，除了从形式上进行区分，还需要从工程总承包本质属性进行实质性识别，结合相关条款、合同目的、交易背景等综合认定承包人未实质性负责设计工作的合同不宜认定为工程总承包合同。实质非工程总承包的情形认定及风险防范措施分为以下几类。

1. 发包人不认可设计优化的情形

发包人当然希望在合同价款范围内获得更高的建设标准，如实现更高规格的性能、使用质量更高的材料等。在工程总承包模式下，由于设计和施工均由总承包人完成，发包人确实有理由质疑优化方案可能只是为了降低施工成本而非对工程质量的实质性优化，从而导致设计变更审批通过困难。

即使发包人同意设计变更，但在施工总承包的思维惯性下，发包人一般默认工程成本降低需要扣除相应结算价款，然而这与工程总承包的核心思想背道而驰。如发包人不认可承包人优化利益的归属，承包人将丧失优化动力，所谓按约施工最后还是退化为按图施工。目前工程总承包模式尚未发展成熟，且发包人在建筑行业市场占据优势地位，这样的争议频频出现。

（1）确认可优化的情形及其利益归属。在技术条件允许的情况下，发承包人可以在工程总承包合同中对允许优化的情形进行列举或提供可量化的标准，考虑到发包人对降低成本后工程质量的担忧，双方可以约定在保证满足发包人要求的前提下，在一定金额范围内降低成本的优化应当被批准。对于优化后的利益归属，双方尽量明确约定分配方式，也可以直接约定适用本规范的相关规定。

（2）设置第三方审批模式。建议双方在合同中约定第三方审批模式，可以在签约阶段直接选定也可以约定选择方式，在出现争议后，依据合同约定的方式进行选定。对于双方选定的第三方审批通过的设计方案效力等同于发包人审批，承包人据此施工不构成违约。此种方式能够有效避免发包人恶意不予审批的情形。

2. 设计和施工无法融合的情形

（1）名为联合体，实为分包。由于工程总承包对承包人提出双资质要求，因此实践中投标阶段很多施工单位和设计单位临时组成联合体，但并没有相互协作的主观意愿和客观条件。出于不同的考虑，各地对联合体担任工程总承包人的态度也不尽相同。

（2）业主指定设计单位。业主指定设计单位时，设计单位的收益往往直接来自发包人直接支付，设计单位很难在设计优化中共享收益，承包人通常也无法实施对设计单位的管理和控制，无法实现优化。

（3）总承包人管理能力不足。工程总承包模式在国内发展并不算成熟，缺少对此类专业人才的体系化培养。工程总承包要实现对设计施工深度融合的管控有赖于施工单位的管理水平，其不仅要能够提出有效的优化建议，还需要对设计单位提出的优化方案进行审核，然而目前能达到上述要求的专业人员相对匮乏，难以满足工程总承包项目的广泛需求。

(4) 设计单位过度设计。设计单位出于对安全性、耐久性或设计质量的极致追求，可能会在设计时不考虑经济合理性，例如，结构设计人员在设计结构构件时可能会布置较多的支撑、梁等受力构件，无限度升级外立面材料等。这样超额完成指标在工程总承包中不会得到额外支付，如施工单位不予干预，将造成亏损。

(5) 风险防范措施。

1) 明确优化指标及优化奖励。针对设计单位过度设计的问题，施工单位可以借助常用的造价指标对优化标准进行量化，并明确优化方案被业主采纳后奖励金额的计算方式和支付方式。设置奖励金额时建议施工单位考虑到审减可能性适当扣除一部分风险费用，也可以通过预留部分合同款项设置阶段考核金。

2) 建立协同沟通机制。实践中可能出现业主直接向设计单位或施工单位一方发出指令，或绕过联合体直接向分包发出指令，联合体牵头单位无法全面获悉发包人要求，自然无法实现设计和施工的深度融合，因此建议联合体建立协同沟通机制，要求发包人的任何指令均通过联合体发出。

【参考案例】

案例　伊吾某新能源公司与新疆某电力设计院建设工程设计合同纠纷案

基本信息

审理法院：最高人民法院。

案号：(2019) 最高法民终 969 号。

案情介绍

2012 年 3 月 25 日，伊吾某新能源公司（甲方）委托新疆某电力设计院（乙方）就哈密某湖风电场一期、二期工程可行性研究项目进行技术咨询，双方签订《技术咨询合同》。该合同约定，咨询内容为哈密某湖风电场一期、二期工程可行性研究（包括《可行性研究报告》及《项目申请报告》）。咨询要求为：满足国家和地方关于可行性研究报告内容和深度的有关规定，在不违背相关规定的情况下满足甲方的要求。咨询方式为：乙方向甲方提供纸质可行性研究报告后，并通过有关部门的审查。乙方提交可行性研究报告的时间为该合同生效、并收到甲方提交的基础资料后 45 日内。同时，合同约定，甲方即伊吾某新能源公司负责提供该项目技术资料，包括与该工程设计有关的书面基础资料，并对提供的时间、进度和资料的可靠性、准确性负责。合同约定技术咨询报酬总额为 60 万元。

2012 年 11 月，新疆某电力设计院制作《一期项目申请报告》（可行性研究报告），该报告风能资源综述中记载：伊吾某新能源公司某湖风电场一期（49.5MW）工程，5302#测风塔代表 70m 高度平均风速为 6.34m/s，风功能密度为 608W/m²。根据《风电场风能资源评估方法》GB/T 18710—2002 风功率密度等级评判标准，本风电场风动率等级为 4 级，风能资源可开发利用。经计算该项目年理论发电量为 12 921 万 kW·h，预计项目年上网量为 9 939.6 万 kW·h，相应单机平均上网电量为 276 万 kW·h，年等效满负荷小时数为 2 008h，容量系数为 0.229 2。2012 年 10 月，新疆某电力设计院制作《项目申请报告》（可行性研究报告），该报告风能资源综述中记载：伊吾某新能源公司某湖风电场一期（49.5MW）工程，5302#测风塔代表70m高度平均风速为6.34m/s，风功能密度为608W/m²。根据《风电场风能资源评估方法》GB/T 18710—2002风功率密度等级评判标准，本风电场风动率等级为4级，风能资源可开发利用。经计算该项目年理论发电量为13 083.7万kW·h，预计项目年上网量为9 919.8万kW·h，相应单机平均上网电量为280.2万kW·h，年等效满负荷小时数为2 004h，容量系数为0.228 8。（注：案涉两份可行性研究报告以下统称《可行性报告》）

2012年10月19日、2012年11月20日，新疆维吾尔自治区发展和改革委员会就伊吾某湖风电场一期、二期风电项目的核准申请作出同意建设的批复。

2013年5月，伊吾某新能源公司与新疆某电力设计院签订《总承包合同》，约定由新疆某电力设计院在一揽子价格的基础上负责伊吾某湖风区2×49.5MW风电项目工程的勘察设计、建筑安装和施工（EPC含110kW升压站及110kV送出线路）/交钥匙工程总承包，建设规模为49.5MW。该合同约定新疆某电力设计院作为总承包方，其工作范围为：风电场工程勘测设计，风电场工程的土建工程，设备安装、设备调试、机组试运行、整体工程的验收（水土保持监测和监理、环评监理和监测等）及性能试验和240小时试运行通过后的12个月（风力发电机组按照主机合同质保期为60个月）质保期及完成修补其由承包商责任造成的任何缺陷等。原甲乙双方于2012年3月签订的《哈密某湖风电场一期、二期工程可研合同》（乙方合同号：新电设源一合字〔2012〕第082号），合同金额60万元不再支付，可行性研究咨询费用包含在此合同中，此合同中还包含《哈密某湖风电场一期、二期工程接入系统设计》咨询费用60万元，不再签订接入系统设计合同。合同第6条设计部分约定：承包商应负责工程的设计工作，保证其设计使工程有能力在安全、稳定、经济状态下运行，并使其性能达到合同规定的最佳状态。承包商应按照项目可行性研究报告及业主对工程的估算，完成工程的初步设计及工程概算，提交业主。业主应负责根据国家及行业的有关规定安排初步设计文件的审查。承包商应参加业主组织的对初步设计文件的审查，并根据审查结论对初步设计文件进行必要的修改、调整及补充。初步设计文件在经业主确认后方可实施。该合同还对合同价款、施工范围、违约责任等内容进行详细约定。随后，伊吾某新能源公司与新疆某设备有限公司签订《设备材料采购合同》，合同总价为5.16亿元。

2013年8月，新疆某电力设计院出具《一期、二期微观选址报告》，记载一期项目年理论发电量为12 921万kW·h，预计项目年上网量为9 939.6万kW·h，相应单机平均上网电量为276万kW·h，年等效满负荷小时数为2 008h，容量系数为0.229 2；二期项目年理论发电量为13 083.7万kW·h，预计项目年上网量为9 919.8万kW·h，相应单机平均上网电量为280.2万kW·h，年等效满负荷小时数为2 004h，容量系数为0.228 8。上述内容与两份可行性研究报告相关内容一致。

2014年5月，新疆某电力设计院完成某湖一期、二期风电项目全部施工项目，并于2014年12月31日经建设单位组织监理单位、总承单位和风机制造厂商等相关部门及负责人对工程进行验收，并出具《移交生产鉴定书》，认为该项目一期、二期工程66台风电机组和配套设施及110kV升压站已全面施工完毕，施工质量合格，240小时试运行正常合格，整体工程预验收合格。参加验收单位成员一致同意该项目从2015年1月1日零时起正式移交生产运行单位。

2015 年 6 月，伊吾某新能源公司向新疆某电力设计院发函，声称该公司在项目风机全部投入后，发现和推算两期项目年等效满负荷小时数与集团公司技经中心评审该项目时提供《可行性报告》的年等效满负荷小时数相差甚远，导致严重经济损失，要求新疆某电力设计院尽快解决发电量与设计严重不足的问题。后双方因未能就该问题协商一致，伊吾某新能源公司遂向原审法院提起本案诉讼。

另查，哈密某新能源公司与新疆某电力设计院于 2012 年 3 月 25 日所签《技术咨询合同》中明确有关哈密某新能源公司的全部权利义务后由伊吾某新能源公司予以承接，本案双方当事人对上述事实均无异议。

裁判观点

最高人民法院认为：上述约定表明，伊吾某新能源公司作为案涉工程的业主方，并非其所称的单纯交钥匙 EPC 合同，而是实际参与案涉工程建设过程，在工程建设中享有相关权利并履行相关义务的参与人。伊吾某新能源公司不仅具有是否使用案涉《可行性报告》并进行工程建设的决策权，而且对于相关的工程设计文件具有审查和确定的权利。故伊吾某新能源公司关于本案系交钥匙 EPC 合同的主张，没有事实依据。

法律分析

从本案可以看出，对于工程总承包模式的判断不仅要从合同形式是否包含设计、施工、采购进行判断，还需要实质性判断承包人是否真正享有依据发包人要求自主决定施工图设计的权利，这是工程总承包相较施工总承包的实质内涵。

1.0.3　发承包人在建设项目工程总承包的计价活动中法律地位平等，应当遵循自愿、公平、诚信、守法、绿色的原则。处理纠纷时，法律没有规定的，可以适用交易习惯，但不得违背公序良俗。

【条文解读】

本条依据《中华人民共和国民法典》（以下简称《民法典》）第四条至第十条的规定，确定了计价原则，一是发承包双方法律地位平等；二是应当遵循自愿、公平、诚信、守法、绿色原则；三是在处理纠纷时，不得违反法律，法律没有规定的，可以适用交易习惯，但不得违背公序良俗。

【法律适用及商务提示】

1. “霸王条款”在工程总承包合同中的特殊定位

建筑市场中，发包人往往在招投标、合同签订中处于优势地位，承包人被迫接受明显于己不利的“霸王条款”。深圳市住房和建设局《关于在施工招标中增加不设置“霸王条款”承诺等内容的通知》（深建市场〔2019〕7 号）附件中《关于不设置“霸王条款”的承诺书》列举了 4 种类型的“霸王条款”，包括××费包干，结算时不因任何因素调整；人工、主要材料及机械使用的价格一律不予调差；发包人原因造成工期延误的，工期不予调整或仅顺延工期，不予任何经济赔偿；发包人原因造成项目资金不能按时支付的，承包人应筹措资金继续施工，且不得因此停工。凡是与上述四条“条款”意思相近的内容，都将视为“霸王条款”。

由于“霸王条款”实质上造成发承包人的权利失衡，承包人诉讼过程中通常以各种理由试图推翻此类条款。

（1）关于“霸王条款”的效力。深圳市住房和建设局《关于在施工招标中增加不设置“霸王条款”承诺等内容的通知》（深建市场〔2019〕7号）载明：“但从近期咨询投诉情况来看，个别招标人出于方便管控、减免责任、获取短期利益等原因，在招标文件中设置无限风险等不平等条款，将风险完全转移给承包单位，造成所谓的‘霸王条款’。上述行为违背了《中华人民共和国合同法》（已失效，以下简称《合同法》）的公平公正原则，扰乱市场经济秩序，在建设工程实践中极易引起合同纠纷，导致合同执行困难，影响工程推进。为加强源头风险管控，引导建设各方主体公平、合理分担合同风险，根据《广东省建设工程造价管理规定》（广东省人民政府令第205号）‘招标文件、施工合同中应当明确发承包双方承担风险的内容、范围和费用。发包人不得以无限风险、所有风险等规避自身风险’和国家规范《建设工程工程量清单计价规范》（GB 50500—2013）‘建设工程发承包，必须在招标文件、合同中明确计价中的风险内容及其范围，不得采用无限风险、所有风险或类似语句规定计价中的风险内容及范围’的相关规定，我局在建设工程施工招标中增设了《关于不设置‘霸王条款’的承诺书》《关于设置‘霸王条款’的风险告知书》及《招标人申明》。”自2019年4月8日起发布的招标文件，招标人应书面承诺不设置霸王条款，或书面声明已认真审查并评估招标文件及所附合同条款内容，如因坚持设置此类条款造成的一切不利后果，将由招标人自行承担。招标人可在以上两种方式中自由选择一种，签署有关文件，并作为招标公告的附件一并提交。

实际上《清单规范》及相关的合同示范文本对“无限风险”条款均有所规制。针对建设工程合同履约过程中人工、材料价格的异常波动风险分配，各地更是纷纷发文调整。但司法实践中主流观点认为此类文件不属于效力性强制规范，因此违反此类文件的“霸王条款”并不当然无效，但肯定其效力不意味着法院全盘接受其权利义务安排，法院一般会根据合同履约情况、市场环境、政策变化等因素综合决定是否进行酌情调整。

（2）是否构成显失公平导致条款被撤销。《民法典》第一百五十一条规定：“一方利用对方处于危困状态、缺乏判断能力等情形，致使民事法律行为成立时显失公平的，受损害方有权请求人民法院或者仲裁机构予以撤销。”根据本条规定，如果发承包双方权利义务处于严重失衡状态时，受损害方有权请求撤销该条款。司法实践中，一些承包人会依据本条主张发包人在招标或直接发包时就利用了其发包人优势地位，包括计量计价、款项支付、风险负担等在内的全部实质性内容基本上都由发包人直接确定，承包人的报价也是一降再降，所以合同关于风险负担等条款就构成显失公平，依法应当撤销。

根据《民法典》第一百五十一条的前述规定，只有在同时满足三个条件时才能构成显失公平，承包人关于撤销合同条款的主张才能获得支持。这三个条件为：①工程总承包的权利义务明显不对等，与等价有偿的基本原则相悖；②合同成立时，双方的权益义务就已经明显不对等，合同订立后的履行过程中发生新的事实导致权利义务不对等的，不属于显失公平；③显失公平的原因是发包人利用了自己的优势，或者利用了承包人的急迫、轻率等。

通常承包人的主张并不能满足显失公平的以上条件，其撤销合同条款的请求通常也就无法得到支持。不能获得支持的原因通常包括：①工程总承包合同权利义务明显不对等的证明难度极大，主要的不对等之一为发包人向承包人支付的工程价款无法覆盖承包人实际发生的成本，招标投标相关法律也规定低于成本价的中标无效，但司法实践中通常无法证明实际成本是多少钱，况且，多个投标人之间的价格一般不会差距过大，既然多个投标人的报价趋同，反而能够一定程度上佐证合同交易价格没有低于承包人的成本价；②即使承包人主张合同风险负担条款显失公平，但该等风险负担条款在合同订立时，相关风险并未发生，价格上涨或者其他因素通常是在合同履行过程中发生，通常无法认定订立时双方的权利义务就已经不对等；③虽然招标投标期间或磋商期间比较短，承包人通常无法全面组织评估相关风险，但工程总承包合同作为典型的商事合同，商在订立合同时有分包分供、商务预算、法律等部门的层层把关，最后还需要上会讨论等，而承包人在有选择放弃投标或磋商的自由的情况下，仍然选择继续投标或磋商，难以认定系发包人利用自身优势或者承包人符合急迫、轻率等情形。

（3）工程总承包合同中此类条款的特殊适用。建设工程合同的一般处理原则是有约从约，无约从交易习惯。由于工程总承包项目的特殊性质决定其一般采用固定总价合同的特点，且以高价格交换最终价格和工期的稳定性。工程总承包合同中出现包干条款相较施工总承包更具合理性，也正是包干价格体现了工程总承包合同的特性，是发承包双方对于权利义务的商业安排。

值得注意的是，发包人将全部风险转移给承包人虽然有利于合同层面控制项目投资，但如果价格波动等致使承包人的合同收入大于合同成本时，可能会致使承包人履约陷入困境，继而对工期产生较大不利影响，建设周期的拉长对发包人投资周期及投资回报率的影响也十分不利。一旦双方履约陷入困境，即使发包人试图同意承包人关于材料价格调整的请求，由于合同关于材料价格调整的约定十分明确，发包人相关负责人也难以从合同层面打开突破口，特别是政府投资或使用国有资金的项目，一旦发承包双方突破合同约定调整材料价格，后期审计过程中将会面临问责风险，发包人也将陷入两难境地。建议发承包双方参照本规范规定就价格波动进行合理分配，而非将全部风险转移给承包人。

2. 交易习惯的适用

《民法典》第十条规定：“处理民事纠纷，应当依照法律；法律没有规定的，可以适用习惯，但是不得违背公序良俗。”交易习惯作为习惯的一种，具有填补法律缺失的重要作用。目前法律层面对于建设工程合同交易规则的规定相对有限，因此交易习惯在建设工程领域尤为重要。

交易习惯并非均被法律认可，从《民法典》第十条的规定中可以发现，我国法律认可作为民商事纠纷处理合法依据的交易习惯需要满足法律对相关问题处理没有规定，且相关习惯不能违背公序良俗。《最高人民法院关于适用〈中华人民共和国合同法〉若干问题的解释（二）》（法释〔2009〕5 号，以下简称《合同法若干解释二》）第七条对交易习惯规定：“下列情形，不违反法律、行政法规强制性规定的，人民法院可以认定为合同法所称‘交易习惯’：（一）在交易行为当地或者某一领域、某一行业通常采用并为交易对方订立合同时所知道或者应当知道的做法；（二）当事人双方经常使用的习惯做法。对于交易习惯，由提出主张的一方当事人承担举证责任。”该规定的基本原则在民法典合同编通则部分的解释征求意见稿中被沿用。根据上述规定，如工程总承包人想要主张按照交易习惯处理系争纠纷，需要就其主张内容确实属于交易习惯承担举证证明责任，需要证明的内容包括：①该项做法在项目所在地或者建设工程领域、所述行业存在一项各参建单位在订立合同时都知道或应当知道，或者为发承包双方所使用；②该项做法具有惯常性，在地域、行业或领域被经常使用；③该惯常性做法不违背现行法律及公序良俗，且不存在其他无效情形。

对于建设工程而言，可根据实际情况认定为交易习惯的内容包括：①相关合同示范文本、计价规范、定额及计价依据等一般交易习惯；②关于业主与施工单位之间权利义务分配和费用承担的习惯，如发包人承担“三通一平”义务，施工方承担施工过程水电费等。值得注意的是，工程总承包模式目前正处在快速成长阶段，市场主流仍然是施工总承包模式，由于两种发承包模式在权利义务及承包范围上的差异，在适用交易习惯时应当注意甄别相关交易习惯是否应仅属于施工总承包模式下的交易习惯，而不适用于工程总承包。

1.0.4 建设项目工程总承包的计量应依据各专业建设项目适用于工程总承包的计量规范。

【条文解读】

本条规定了工程总承包的计量依据，本规范需配套相应计量规范共同使用，且工程总承包与施工总承包的计量规范并不相同。

1.0.5 工程总承包项目的计价活动除应符合本规范外，尚应符合国家现行有关标准的规定。

【条文解读】

本条明确本规范的定位及本规范与现行标准的关系，执行本规范的同时还应遵守国家有关标准。

【法律适用及商务提示】

《中华人民共和国标准化法》（2017 年修正）（以下简称《标准化法》）第二条规定的国家标准分为强制性标准、推荐性标准，行业标准和地方标准是推荐性标准，强制性标准必须执行，国家鼓励采用推荐性标准。本规范是中国建设工程造价管理协会针对工程总承包项目计价的首部团体标准，不属于强制性国家标准，如果发承包双方希望以本规范为计价依据，需要在施工合同中进行明确约定。

2 术　　语

本部分术语是对本规范特有名词给予的定义，尽可能避免本规范贯彻实施过程中由于理解不同造成的争议。

2.0.1　工程总承包　　EPC and DB contracting

承包人按照与发包人订立的建设项目工程总承包合同，对约定范围内的设计、采购、施工或者设计、施工等阶段实行承包建设，并对工程的质量、安全、工期和造价等全面负责的工程建设组织实施方式。

【条文解读】

《工程总承包管理办法》第三条规定："本办法所称工程总承包，是指承包单位按照与建设单位签订的合同，对工程设计、采购、施工或者设计、施工等阶段实行总承包，并对工程的质量、安全、工期和造价等全面负责的工程建设组织实施方式。"本条依据该办法规定了设计采购施工总承包（EPC）和设计施工总承包（DB）两种承包模式。

【法律适用及商务提示】

（1）工程总承包应以承包人全面负责为核心。《国务院办公厅关于促进建筑业持续健康发展的意见》（国办发〔2017〕19号，以下简称《意见》）明确提出"按照总承包负总责的原则，落实工程总承包单位在工程质量安全、进度控制、成本管理等方面的责任"。《工程总承包管理办法》及本办法关于工程总承包的定义，实质上明确了工程总承包应以承包人全面负责为核心的根本内涵，这个核心也是工程总承包相关规范实施和工程总承包推行的基础。

（2）工程总承包可借助全过程工程咨询实现规范管理。《意见》中工程建设组织模式完善的两项重要举措：一是加快推行工程总承包，二是培育全过程工程咨询。建设工程是专业性极强且复杂的系统工程，相当数量的建设单位对建设工程基本是零了解、零认知。这样在项目组织建设的过程中，特别是采用工程总承包的项目，难以实现承包人的合理控制、对设计及建设过程的适当管理，最终导致项目建设风险高，甚至出现不可弥补的损失。国家在推行工程总承包的同时也提倡全过程工程咨询。项目是否采用全过程工程咨询模式取决于发包人的建设组织能力和业务水平，但全过程工程咨询无疑可利用专业技能对承包人进行监督、管理和咨询，规避项目建设风险，促进项目建设的提质增效，促进建筑业的转型升级和持续健康发展。

（3）工程数字化可助力工程总承包项目提质增效。《意见》同时明确建筑业持续健康发展需要加快推进建筑信息模型（BIM）技术在规划、勘察、设计、施工和运营维护全过程的集成应用，实现工程建设项目全生命周期数据共享和信息化管理，为项目方案优化和科学决策提供依据。国务院倡导的建筑信息模型（BIM）技术的应用扩展可认为是工程数字化，工程数字化是指工程项目的数字化建设管理，是指依托新一代信息技术，以建筑信息模型（BIM）为载体，实现项目投资决策、勘察设计、建设实施、资产交付等的数字化、在线化、智能化转变，同时带动项目全生命周期业务模式、管理模式、合作模式的优化、重构与升级的过程。发承包人采用工程数字化模式，通过新一代信息技术为项目赋能，加强对项目前期、建设和运维的预判及管理，实现风险规避和效益提升，促进建筑业提质增效。

2.0.2 施工总承包 build-only contracting

承包人按照与发包人订立的建设工程施工合同，对约定范围的施工阶段实行承包建设，并对工程施工的质量、安全、工期和造价负责的工程建设组织实施方式。

【条文解读】

施工总承包的定义是相对于工程总承包的，二者的根本区别在于承包人负责内容和承担责任不同。

2.0.3 工程费用 contract prices

发包人按照合同约定支付给承包人，用于完成建设项目发生的建筑工程、安装工程和设备购置所需的费用。

【条文解读】

本条工程费用的定义参照《建设项目设计概算编审规程》CECA/GC 2—2015 的规定。工程总承包与施工总承包因承包范围及承担职责的差异必然导致整体费用组成上的不同，施工总承包一般包含建筑工程费、安装工程费及设备购置费中的一项或几项，工程总承包除了包含施工总承包的工程费用外，还包括本规范第 2.0.4 条规定的工程建设其他费、第 2.0.16 条规定的预备费等。

2.0.4 工程总承包其他费 other expenses

发包人按照合同约定支付给承包人除工程费用外，分摊计入相关项目的各项费用。属于建设项目总投资中的工程建设其他费用，一般包括勘察费、设计费、研究试验费、临时用地及占道使用补偿费、工程总承包管理费、场地准备及临时设施费、检验检测及试运转费、系统集成费、工程保险费和其他专项费以及代办服务费等。

【条文解读】

本条罗列的费用是可能在工程总承包中发生的项目建设必须支出的除工程费用以外的其他费用，属于工程总承包其他费，项目实践中也称“二类费用”，可由发承包双方根据项目情况具体选择。结合相关法律规定及司法实践，工程建设其他费属于建设工程的价款，与工程费用相同，均具有优先于抵押权和其他债权的受偿权。本规范未列出的，可以在其他专项费中增加。

【法律适用及商务提示】

（1）发包人应当全面考量、审慎确定其他费。建议在项目立项阶段确定项目的建设组织模式、发承包模式，如选用工程总承包的需明确工程总承包的发承包范围，明确二类费用对应工作纳入工程总承包的范围、工作深度和相关工作要求，以及二类费用投标限价的计算标准。避免项目实施中与承包人在工程建设其他费上产生争议。在项目策划及招投标阶段无法预见的费用，项目实施阶段依据二类费用相关取费标准或市场价格协商确定。当然，除本规范罗列的工程建设其他费用以外，发承包双方确定的发承包范围中包含其他专项服务，费用列入其他专项费中。

（2）承包人应主动提示、及时推进费用协商。依据工程总承包的风险分担原则，发包人对其他费用考虑不周的，承包人有提醒义务，明确二类费用对应工作放入工程总承包的范围、工作深度和相关工作要求以及二类费用的费用计算标准，在投标报价时统一考虑。如确实在招投标阶段无法预见的，项目实施阶段依据二类费用相关取费标准或市场价格协商确定。

2.0.5 勘察费 site survey and investigation expenses

发包人按照合同约定支付给承包人用于完成建设项目工程勘察所发生的费用。

【条文解读】

勘察费属于工程总承包其他费。工程总承包中是否包含勘察及包含的具体勘察类别项目由发承包双方在合同中约定，本规范对勘察在工程总承包中的分工建议详见第3.2.2条。

【法律适用及商务提示】

根据《岩土工程勘察规范》GB 50021—2001（2009年版）（以下简称《岩土工程勘察规范》）规定，岩土工程勘察宜分阶段进行，可分为可行性研究勘察、初步勘察、详细勘察、施工勘察四类，工程总承包项目具体适用参照本规范第3.2.2条及《岩土工程勘察规范》。勘察费可根据工程总承包范围内勘察工作内容计算。按照国家发展改革委《关于进一步放开建设项目专业服务价格的通知》（发改价格〔2015〕299号），无论是否是政府投资项目，勘察费全部实行市场调节价。按照市场惯例可参照原国家发展计划委员会和原建设部下发的《工程勘察设计收费标准》（2002年修订本）考虑适当浮动率，或参照中国勘察设计协会下发的《工程勘察服务成本要素信息》等。

2.0.6 设计费 design fees

发包人按照合同约定支付给承包人用于完成建设项目工程设计所发生的费用。

【条文解读】

设计费属于工程总承包其他费。工程总承包中包含的设计具体内容由发承包双方在合同中约定，本规范对设计在工程总承包中的分工建议详见本规范第3.2.2条。

【法律适用及商务提示】

设计一般包括方案设计、初步设计、施工图设计、专项设计四类。设计费可根据工程总承包范围内设计工作内容计算。按照国家发展改革委《关于进一步放开建设项目专业服务价格的通知》（发改价格〔2015〕299号），无论是否是政府投资项目，设计费全部实行市场调节价。按照市场惯例可参照原国家发展计划委员会和原建设部《工程勘察设计收费标准》并考虑适当浮动率或参照中国勘察设计协会下发的《关于建筑设计服务成本要素信息统计分析情况的通报》（中价协字〔2016〕89号）等。

2.0.7 研究试验费 research and testing expenses

发包人按照合同约定支付给承包人用于为建设项目提供研究或验证设计数据、资料进行必要的研究实验以及按照设计规定在建设过程中必须进行实验、验证所需的费用。

【条文解读】

研究试验费属于工程总承包其他费，实际操作中结合项目研究试验内容和要求计列。

研究试验费主要包括自行或委托其他部门研究试验所需人工费、材料费、试验设备及仪器使用费等。研究试验费不包括以下项目：一是应由科技三项费用（即新产品试制费、中间试验费和重要科学研究补助费）开支的项目；二是应在建筑安装费用中列支的施工企业对建筑材料、构件和建筑物进行一般鉴定、检查所发生的费用及技术革新的研究试验费；三是应由勘察设计费或工程费用中开支的项目。特别注意与“检验试验费”的区别，检验试验费是指施工企业按照有关标准规定，对建筑以及材料、构件和建筑安装物进行一般鉴定、检查所发生的费用，包括自设试验室进行试验所耗用的材料等费用。

【法律适用及商务提示】

1. 明确合同价款中是否包含研究试验费

《建设项目工程总承包合同（示范文本）》GF-2020-0216（以下简称《工程总承包合同示范文本》）第1.4.3条规定：“没有相应成文规定的标准、规范时，由发包人在专用合同条件中约定的时间向承包人列明技术要求，承包人按约定的时间和技术要求提出实施方法，经发包人认可后执行。承包人需要对实施方法进行研发试验的，或须对项目人员进行特殊培训及其有特殊要求的，除签约合同价已包含此项费用外，双方应另行订立协议作为合同附件，其费用由发包人承担。”根据本条约定，除施工合同明确约定合同价款包含特殊工艺研究试验费的，否则应当由发包人给予计量支付。例如发包人要求采用铝模全混凝土外墙工艺，因铝模全混凝土外墙研究试验产生的费用应由发包人负担。

2. 夯实研究试验费的证据支持

新工艺的研究试验以及新工艺的具体应用通常没有相应的定额可供套用，故即使总承包合同价款中并未包含研究试验费，发包人同意支付相关费用的，承包人也应提供研究试验费实际发生的证明文件，例如承包人需提供全部模板（不限于清水）的进场数量用以证明周转次数等。

2.0.8　临时用地及占道使用补偿费　compensation for temporary use of land and road occupation

发包人按照合同约定支付给承包人在建设期间，因需要而用于临时租用土地使用权或临时占用道路而发生的费用以及用于土地复垦、植被或道路恢复等的费用。

【条文解读】

临时用地及占道使用补偿费属于工程总承包其他费。《工程总承包合同示范文本》通用合同条件第7.2.1条规定，临时占地应由发包人办理申请手续并承担相应费用。如临时用地及占道由承包人实施时，应在合同专用条件中明确。应用中注意与建安工程费用中的“临设费”的区分，报价时注意说明，合同应约定清楚，以免发生结算争议。

【法律适用及商务提示】

1. 发包人视角

（1）发包人在项目所在地社会资源较丰富且项目管理人员相对充足的情况下，从节约投资和加快项目进展的角度，建议此部分工作由发包人负责。如不具备上述条件，可交由承包人实施。

（2）为避免临时用地及占道交由承包人实施可能产生的争议，建议发包人充分提供与临时占地及占道相关的全部资料，并且在招标文件或商务谈判（非公开招标项目）中明确，该项费用由承包人自主报价。

（3）临时占地及占道费用标准按照项目所在地省（自治区、直辖市）人民政府颁发的各项规定和标准执行。

（4）从项目进展角度，建议发包人积极发挥自身优势积极协助承包人开展临时占地及占道工作，尽可能使用发包人自有土地。

2. 承包人视角

（1）常规项目临时占地及占道工作协调工作量大，商务谈判中建议尽量由发包人负责。

（2）如临时占地及占道工作由承包人负责，承包人应积极了解项目所在地省（自治区、直辖市）人民政府颁发的各项规定和标准，充分调研项目所在地的实际情况，包括项目周边人文环境、土地及道路情况和其他项目支出的费用等，综合确定合理报价。

（3）充分利用发包人资源，协调发包人辅助完成临时占地及占道工作，尽可能使用发包人自有土地。

2.0.9 工程总承包管理费 management fees

发包人按照合同约定支付给承包人用于项目建设期间对工程项目的设计、采购、施工等实行全过程协调管理发生的费用。

【条文解读】

本条对工程总承包管理费的概念进行了规定，“工程总承包管理费”属于建设项目“工程建设其他费”（二类费用）中的“工程总承包其他费”之一。工程总承包管理费是工程总承包明显区别施工总承包的一个特点，此部分费用也体现了工程总承包的实质，承包人全面负责并承担更多的工作职责及风险。

【法律适用及商务提示】

（1）工程总承包管理能够有效减轻建设单位管理负担及管理成本。工程总承包是整合了传统工程建设中分散发包的各项工作，并在传统的各项工作的基础上增加了统一协调和整体负责的工作内容。《工程总承包管理办法》第三条明确规定工程总承包是对工程的质量、安全、工期和造价等全面负责的工程建设组织模式，工程总承包的推行无疑减轻了建设单位的管理负担及管理成本。

基于公平和平等原则，本规范中在工程总承包项目费用组成中增设“工程总承包管理费”。

（2）工程总承包管理有利于项目资源整合，性价比突出。工程总承包项目中，工程总承包单位基于“工程总承包管理费”开展对各项资源的统一调配，从而实现资源的合理化分配，实现对工程的质量、安全、工期和造价等全面负责，最终实现建设项目的提质增效。可以预见，对于合格的工程总承包单位，工程总承包管理所带来的项目整体效益远大于其所支出的费用，性价比突出。工程总承包管理费科目的设立是必要的。

（3）工程总承包管理费有赖于发承包双方合理确定。关于工程总承包管理费计费标准，中国建筑设计协会在 1993 年 9 月 19 日发布《关于以设计为主体的工程总承包收取管理费费率问题的意见》（中建设协（93）包字第 004 号）明确工程总承包管理费按照工程总投资的 2%～4.5%收取。除此之外再无费用计取标准。结合目前项目实践，有两种方式计算工程总承包管理费：一是按照建设单位管理费的计算标准，参照《基本建设财务管理规定》（财建〔2002〕394 号，已废止）中建设单位管理费计算标准；二是参照《清单规范》中总承包服务费的计算标准。

项目实施中，工程总承包管理费相关费用可结合项目实际情况并按照上述费用计算标准由招投标竞争或发承包双方协商确定。

（4）工程总承包管理费属于优先受偿范围。结合司法判例，在合同中约定的工程总承包管理费（或项目管理费）受法律保护，具备与工程总承包中其他各项费用同等的优先受偿权。

【参考案例】

案例 1　新疆某工程公司与新疆某石油化工公司建设工程施工合同纠纷案

基本信息

审理法院：最高人民法院。

案号：（2018）最高法民申 160 号。

裁判要旨

《EPC 总承包合同》中总承包费大部分是在建设工程施工合同中形成。建工优先权范围包括设计费加总承包服务费、建筑安装工程施工费用、材料费三部分。

案情介绍

2010 年 11 月 30 日，新疆某工程公司与新疆某石油化工公司签订了《EPC 总承包合同》，工程范围包括项目基础设计、详细设计、工程采购、建筑工程施工、安装工程施工、工程管理、单机试运、中间交接以及在质量保修期内的消缺等全过程的总承包工作。合同暂定价为 27 000 000 元，合同价包括工程费用、总包管理费、设计费等，最终审定的工程费用包含建筑工程费、安装费、材料费、设备购置费。2011 年 11 月 18 日，新疆某石油化工公司 60 万吨/年催化原料预处理装置完成中间交接手续并交付使用。2013 年 11 月 30 日，新疆某工程公司与新疆某石油化工公司召开了催化原料预处理装置问题对接会，形成会议纪要，确定 11 项整改内容。截至 2014 年 7 月 15 日，新疆某石油化工公司签章确认了 11 份《单项工程质量验收表》，载明符合设计和规范要求，但案涉工程项目未进行整体竣工验收。2014 年 12 月 30 日，新疆某工程公司与新疆某石油化工公司签订《EPC 总承包合同协议书变更》，双方最终确定的合同价款为 50 958 808. 28 元，新疆某石油化工公司尚欠新疆某工程公司 20 811 808. 28 元。2015 年 8 月 3 日，新疆某石油化工公司向新疆某工程公司发出《企业询证函》，请求确认新疆某石油化工公司尚欠新疆某工程公司款项。新疆某工程公司于 2015 年 8 月 18 日对该函盖章确认。

2011 年 11 月 18 日，60 万吨/年催化原料预处理装置完成中间交接手续并交付使用。2013 年 11 月 30 日，新疆某工程公司与新疆某石油化工公司召开了催化原料预处理装置问题对接会并形成会议纪要。当日，双方另签订了《某 60 万吨/年重油深加工项目竣工资料（竣工图）交付及后续工作协议》约定，新疆某工程公司于 2014 年 4 月 30 日前完成会议纪要涉及的 11 项整改内容，最终付款在双方会议纪要整改完成后 30 日内付清。截至 2014 年

7 月 15 日，新疆某石油化工公司签章确认了 11 份《单项工程质量验收表》，证明新疆某工程公司完成会议纪要确定的全部整改内容。

2014 年 12 月 30 日，新疆某工程公司与新疆某石油化工公司签订《EPC 总承包合同协议书变更》，双方对主合同部分条款作出变更，明确了合同价款及未付金额。2015 年 8 月 3 日，新疆某石油化工公司出具的《企业征询函》中，明确欠付新疆某工程公司的总承包费金额。根据新疆某石油化工公司、新疆某工程公司签订合同专用条款 8. 2. 6 关于利息的约定："延误支付如果根据本专用条款及其他应予支付的任何款额被延误支付时，总承包人应有权得到延误期间未付款额的利息，利率按照银行同期贷款利率计"。因 11 项整改项目的验收时间为 2014 年 7 月 15 日，按照双方约定在 2014 年 8 月 15 日新疆某石油化工公司应支付承包费，新疆某石油化工公司未按时支付承包费。

《EPC 总承包合同》中虽然包括设计合同、采购合同、施工合同，但本案中的总承包费用由设计费加总承包服务费、建筑安装工程施工费用、材料费三部分组成，大部分总承包费及利息均是在建设工程施工合同中形成。

法律分析

《民法典》第八百零七条规定"发包人未按照约定支付价款的，承包人可以催告发包人在合理期限内支付价款。发包人逾期不支付的，除根据建设工程的性质不宜折价、拍卖外，承包人可以与发包人协议将该工程折价，也可以请求人民法院将该工程依法拍卖。建设工程的价款就该工程折价或者拍卖的价款优先受偿。"工程总承包管理费是在建设工程施工合同中形成，属于建设工程价款的一个组成部分。

案例 2　某安装公司与某能源公司等建设工程施工合同纠纷案

基本信息

审理法院：四川省高级人民法院。

案号：（2017）川民初 6 号。

裁判要旨

工程总承包人就工程设备向发包人提供的融资借款不属于优先受偿权的范围。

案情介绍

2014 年 1 月 9 日，某安装公司与某能源公司就 60 万吨/年大型天然气汽车清洁燃料（LNG）项目签订了《施工总承包合同（一期工程）》《EPC 工程总承包合同（二期工程）》。《施工总承包合同（一期工程）》约定，合同总价 5. 5 亿元，其中设备费 3. 5 亿元；安装工程费暂定 2 亿元以实际结算为准，第 13. 8 条约定："工程质量履约保证金：人民币壹亿元整。根据发包人的书面通知，承包人分期支付。发包人在 2014 年 12 月 20 日前无条件退还承包人。支付的保证金按中国人民银行 1 年至 3 年期贷款基准利率加 5 个百分点（即 i+5%）的利率计算利息。"。《EPC 工程总承包合同（二期工程）》第 12. 9 条约定："工程质量履约保证金人民币贰亿伍仟万元整。根据发包人的书面通知，承包人分期支付。发包人在 2014 年 12 月 20 日前无条件退还承包人。支付的保证金按中国人民银行 1 年至 3 年期贷款基准利率加 5 个百分点（即 i+5%）的利率计算利息。”

2014 年 4 月 8 日，某安装公司进场施工。工程于 2015 年 3 月 26 日竣工。

2015 年 3 月 5 日，某能源公司、某安装公司等签订《补充协议》，对原《施工总承包合同（一期工程）》《EPC 工程总承包合同（二期工程）》进行变更。其中载明：

（1）双方确认：一期主合同第 13 条、二期主合同第 12 条约定的“工程质量履约保证金”实际为承包人支付由发包人采购设备的采购款。

（2）据此，双方同意对主合同变更如下：①一期主合同第 13. 8 款变更为：设备采购款及利息、采保费。设备采购款为人民币叁亿伍仟万元整。根据发包人的书面通知，承包人分期支付。发包人在 2014 年 12 月 20 日之前将承包人代付的设备采购款人民币叁亿伍仟万元整，以实际到款的时间和金额为基数按中国人民银行同期的 1 年至 3 年期贷款基准利率计算的利息及以实际到款的时间和金额为基数按 5 个百分点计算的采保费一并支付给承包人。②删除二期合同第 12. 9 条及 12. 9. 1 款。

另查，双方就该 3. 5 亿元设备费，发包人已经支付了 2. 5 亿元，尚欠付 1 亿元没有异议。

裁判观点

四川省高级人民法院认为：关于某安装公司是否对案涉“设备采购款”1 亿元享有建设工程价款优先受偿权问题。第一，根据案涉《施工总承包合同（一期工程）》第 2. 6 款约定：“进口设备及国内设备均由发包人采购。发包人负责采购设备的催交、监造、检验、运输、质量。发包人采购的设备最迟在中交前 1 个月内到场，个别阀门除外。合同签订后 15 日内发包人提供初步的《采购设备清单》，若有变动双方进一步协商确定。”因此，双方约定的是案涉工程设备由某能源公司提供。第二，2016 年 12 月 22 日，双方盖章确认的由第三方咨询公司根据双方合同约定审核的工程合同价款 137 516 236. 07 元的《建设工程结算审核定案表》，也证明某安装公司施工完成的工程造价中不包括甲供设备款，即案涉 3. 5 亿元“设备采购款”。第三，该 3. 5 亿元的原始组成是由一期合同的“工程质量履约保证金”1 亿元加上二期合同（未实际履行）约定的“工程质量履约保证金”2. 5 亿元构成。并且双方约定该保证金“发包人在 2014 年 12 月 20 日之前无条件退还承包人，支付的保证金按中国人民银行 1 年至 3 年期贷款基准利率加 5 个百分点（即 i+5%）的利率计算利息。”2015 年 3 月 5 日，双方签订的《补充协议》约定，一期、二期合同中的“工程质量履约保证金”3. 5 亿元“实际为承包人支付由发包人采购设备的采购款”，并将其“变更的为：设备采购款及利息、采保费。设备采购款为人民币叁亿伍仟万元整。根据发包人的书面通知，承包人分期支付。发包人在 2014 年 12 月 20 日之前将承包人代付的设备采购款人民币叁亿伍仟万元整，以实际到款的时间和金额为基数按中国人民银行同期 1 年至 3 年期贷款基准利率计算的利息及以实际到款的时间和金额为基数按 5 个百分点计算的采保费一并支付给承包人。”该《补充协议》仅是将原“工程质量履约保证金”的名称变更为“设备采购款”，将原约定的“按中国人民银行同期 1 年至 3 年期贷款基准利率加 5 个百分点（即 i+5%）的利率计算利息”分拆为“按中国人民银行同期 1 年至 3 年期贷款基准利率”计算 3. 5 亿元的利息，以 3. 5 亿元的利息“实际到款的时间和金额为基数按5个百分点”计算采保费。且在2015年3月5日约定发包人在“2014年12月20日前”将所谓的“采购款及利息、采保费”支付给承包人。显然，该《补充协议》约定的内容印证了某能源公司主张该3.5亿元为双方企业之间的融资借款行为。第四，双方当事人一致确认该3.5亿元款项，某能源公司在2015年2月11日至2015年8月15日已经返还了2.5亿元，尚余1亿元。因此，无论是从双方当事人约定，还是双方实际履行行为，均能证明该3.5亿元是某能源公司在案涉施工总承包合同之外向某安装公司的融资借款，双方约定某能源公司还本付息，双方在履行过程中也是按该约定履行，而并非某安装公司向材料商支付的材料款，因此，不具有建设工程价款有优先受偿的属性。根据《最高人民法院关于建设工程价款优先受偿权问题的批复》第三条的规定，某安装公司主张对该1亿元“设备采购款”享有建设工程优先受偿权缺乏事实和法律依据，其理由能不成立。

法律分析

关于垫资是否属于优先受偿权的范围在工程实践中仍然存在较大争议，最高人民法院民一庭在其编著的《最高人民法院新建设工程施工合同司法解释（一）理解与适用》中第264页中指出，不宜直接将承包人的垫资认定为建设工程价款优先受偿的范围，主要是基于以下几方面的考虑：

（1）有关垫资施工的法律法规以及配套制度尚不完善，存在一定社会风险，不宜提倡。

（2）承包人对于建设工程价款优先受偿的范围，应依照建筑行政主管部门关于建设工程价款范围的规定而确定。目前看来，发包人应付的全部建设工程价款都可就建设工程折价或者拍卖的价款优先受偿，足以偿付承包人的垫资。

（3）实践中的情况较为复杂，即便承包人垫资施工，但完成的建设工程质量不合格的，无权请求发包人支付工程价款。

本案中，虽然双方没有单独就工程设备采购签订融资借款协议，但人民法院仍然基于双方签署协议及定案表等相关文件的实质，将3.5亿元设备费认定为融资借款，继而认定不属于优先受偿权的范围。鉴于融资借款、工程垫资与建设工程价款的法律效果存在较大差异，但相关概念之间仍存在较大的模糊地带，故建议发承包双方在工程总承包合同中尽量不使用融资、垫资、借款之类的术语，而是使用工程进度款、结算款、质保金等概念。

2.0.10　场地准备及临时设施费　expenses of site preparation and temporary facilities

发包人按照合同约定支付给承包人用于未列入建筑安装工程费的临时水、电、路、讯、气等工程和临时仓库、生活设施等建（构）筑物的一次建造、维修、一次拆除的摊销或租赁费用，以及铁路、码头、货场的租赁等费用。

【条文解读】

场地准备及临时设施费属于工程总承包其他费。注意与本规范第2.0.8条“临时用地及占道使用补偿费”及工程费用中的“临时设施费”的区分，应根据发包范围报价和约定，临时用地及占道使用补偿费指向为场地及道路占用费及补偿费，本项费用主要指永久占地的场地平整、临时占地上部修建为生产生活服务的建（构）筑物及临时设施费用，以及相关场地的租赁费用，注意两者的本质区别。

【法律适用及商务提示】

本项费用与工程费用中临时设施费的区别在于本项费用为未列入建筑安装工程费（工程费用）的场地准备和临时设施费。中华人民共和国住房和城乡建设部办公厅 2017 年 9 月 4 日下发的《建设项目总投资费用项目组成（征求意见稿）》（建办标函〔2017〕621 号）明确场地准备费是指为使工程项目的建设场地达到开工条件，由建设单位组织进行的场地平整等准备工作而发生的费用。中华人民共和国财政部和中华人民共和国住房和城乡建设部 2013 年 3 月 21 日下发的《关于印发〈建筑安装工程费用项目组成〉的通知》（建标〔2013〕44 号，以下简称《建筑安装工程费用项目组成》），明确临时设施费是指施工企业为进行建设工程施工所必须搭设的生活和生产用的临时建筑物、构筑物和其他临时设施费用；包括临时设施的搭设、维修、拆除、清理费或摊销费等。结合目前项目实践，场地准备费等通常包含在建筑安装工程费的分部分项工程费，临时设施费包含在建筑安装工程费的措施费，铁路和码头等的租赁费包含在材料费或设备费。投标限价及投标报价编制时，需要注意此项费用与工程费用的范围和内容，避免重复或遗漏。

场地准备及临时设施费的计费标准可参照工程中相关费用的计费标准，或按国家、行业或项目所在地相关规定计算，有合同或协议的按合同或协议计列，或由发承包双方协商或招投标竞争确定。

2.0.11 检验检测及试运转费 expenses of inspection，testing and commissioning

发包人按照合同约定支付给承包人用于未列入建筑安装工程费的工程检测、设备检验、联合试车、联合试运转、负荷联合试车、试运行及其他检验检测的费用。

【条文解读】

检验检测及试运转费属于工程总承包其他费。使用中注意与本规范第 2.0.7 条“研究试验费”及建安工程费用中的“检验试验费”的区分，应根据发包范围报价和约定，以免发生结算争议。

【法律适用及商务提示】

1. 本项检验检测费与工程费用中检验试验费的区别

本项费用中检验检测费与工程费用中检验试验费的区别在于本项费用为未列入建筑安装工程费（工程费用）的检验检测费。《建筑安装工程费用项目组成》明确检验试验费是指施工企业按照有关标准规定，对建筑以及材料、构件和建筑安装物进行一般鉴定、检查所发生的费用，包括自设试验室进行试验所耗用的材料等费用。投标限价及投标报价编制时，需要注意此项费用与工程费用的范围和内容，避免重复或遗漏。检验检测费的计费标准可参照工程费用中相关费用的计费标准，或按国家、行业或项目所在地相关规定计算，有合同或协议的按合同或协议计列，或由发承包双方协商或招投标竞争确定。

2. 试运转费解析

试运转费通常包括单机调试和试车、系统调试和联合试运转，单机调试和系统调试一般包含在工程费用中的设备安装费中或再单独列项计算。本条所列的试运转费在定义中已明确是指联合试车、联合试运转、负荷联合试车和试运行费用。

《建设项目投资估算编审规程》CECA/GC 1—2015（以下简称《建设项目投资估算编审规程》）明确联合试运转费是指新建或新增加生产能力的工程项目，在交付生产前按照设计文件规定的工程质量标准和技术要求，对整个生产线或装置进行负荷联合试运转所发生的费用净支出。《建设项目总投资费用项目组成（征求意见稿）》（建办标函〔2017〕621号）明确联合试运转费具体包括试运转所需材料、燃料及动力消耗、低值易耗品、其他物料消耗、机械使用费、联合试运转人员工资、施工单位参加试运转人工费、专家指导费，以及必要的工业炉烘炉费。

试运转费实质为联合试运转费用净支出。按照《建设项目投资估算编审规程》相关规定，试运转费计算过程中需要注意以下几点：一是不发生试运转或试运转收入大于或等于费用支出的工程无需计列；二是试运转收入小于试运转支出时，试运转费=试运转费用支出-试运转收入；三是试运转费不包括应由设备安装工程费用开支的单机调试及试车费用，以及在试运转中暴露出来的因施工原因或设备缺陷等发生的处理费用；四是试运行期的确定，引进国外设备项目按建设合同中规定的试运行期执行，国内一般性建设项目试运行期原则上按照批准的设计文件所规定的期限执行。

2.0.12　系统集成费　　expenses of system integration

发包人按照合同约定支付给承包人用于建设项目通过结构化的综合布线系统，采用集成技术，将各个分离的设备、功能和信息数据等集成到相互关联、统一协调、实际可用的系统中的费用。

【条文解读】

系统集成费属于工程总承包其他费，应根据发包人要求及发包范围报价并进行约定，以免发生结算争议。

2.0.13　工程保险费　　expenses of construction insurances

发包人按照合同约定支付给承包人在项目建设期内，对建筑工程、安装工程、机械设备和人身安全进行投保而发生的费用。包括建设工程设计责任险、建筑工程一切险、安装工程一切险等，不包括已列入建筑安装工程费中的施工企业的人员、财产、车辆保险费。

【条文解读】

工程保险费属于工程总承包其他费。注意与“工程担保”及“履约保险”的区分。结合定义，本项费用不包含已列入建筑安装工程费中的施工企业的人员、财产和车辆保险费等。

2.0.14　其他专项费　　other special expenses

发包人按照合同约定支付给承包人在项目建设期内，用于本工程的专利及专有技术使用、引进技术和引进设备其他费、工程技术经济等咨询费、苗木迁移、测绘等发生的费用。

【条文解读】

其他专项费属于工程总承包其他费，是工程总承包其他费的兜底费用，本规范及本条款中未罗列，但项目实施中会发生的工程建设其他费用均可列入此项费用中。特别注意工程总承包其他费用与工程费用之间的费用范围及差异、专项费用的计费标准等，避免产生争议。注意施工图审查费用的计列，如确需进行施工图审查的，相关审查费用如何负担，需要在施工合同中进行明确。

2.0.15 代办服务费 agency service fees

发包人按照合同约定支付给承包人在项目建设期内，用于代办工程报建报批以及与建设、供电、规划、消防、水务、城管等部门相关的技术与审批工作等而发生的费用。

【条文解读】

代办服务费属于工程总承包其他费。《工程总承包合同示范文本》通用合同条件第2.4.1条规定：“发包人在履行合同过程中应遵守法律，并办理法律规定或合同约定由其办理的许可、批准或备案，包括但不限于建设用地规划许可证、建设工程规划许可证、建设工程施工许可证等许可和批准”。如工程报批报建及相关的技术与审批工作由承包人实施时，应在合同专用条件中明确。同时要注意，根据法律法规需要由承包人负责的有关设计、施工证件、批件或备案工作所对应的费用，不应计入此项费用。

【法律适用及商务提示】

1. 发包人角度

（1）发包人在项目所在地社会资源较丰富且项目管理人员相对充足的情况下，从节约投资和加快项目进展的角度，建议项目报批报建及相关的技术与审批工作由发包人负责，如不具备上述条件，可交由承包人实施。

（2）为避免项目报批报建及相关的技术与审批工作交由承包人实施可能产生的争议，建议发包人在招标文件中明确需要承包人代办的具体事项或要达到的效果，并在招标文件或商务谈判（非公开招标项目）中明确承包人完全自主报价。

（3）结合相关法律法规规定及项目实践，无论项目报批报建及相关的技术与审批工作是否交由承包人代办，此部分工作的推进需要发包人的积极作为，发包人是此部分工作中不可或缺的角色。投标报价或投标限价编制时应综合考量发承包双方在项目报批报建及相关的技术与审批工作中发挥的作用。

2. 承包人角度

（1）项目报批报建及相关的技术与审批工作协调工作量大，商务谈判中建议尽量由发包人负责。

（2）如项目报批报建及相关的技术与审批工作由承包人负责，积极了解项目所在地省（自治区、直辖市）人民政府代办各项业务的要求、流程及相关收费标准，以便合理确定成本及报价。

（3）代办项目报批报建及相关的技术与审批工作时，充分利用发包人资源，争取提升代办效率、缩减代办成本。

2.0.16 预备费 contingency sums

发包人为工程总承包项目预备并包含在签约合同中，用于项目建设期内不可预见的情形以及市场价格变化的调整，发生时按照合同约定支付给承包人的费用。包括基本预备费和价差预备费。

【条文解读】

预备费是与工程费用、工程总承包其他费并列的费用。工程总承包一般基于估算或概算发包，本规范采纳了估算或概算中预备费的概念，未采用清单规范中的暂列金额的概念，也未设立新名词。《工程造价术语标准》GB/T 50875—2013 明确预备费是建设期内因各种不可预见因素的变化而预留的可能增加的费用，包括基本预备费和价差预备费。通常意义的预备费包含在项目概算中。本规范结合工程总承包的项目特点及本规范设定的预备费的使用方式，对工程总承包预备费的定义作了进一步完善，具体体现在预备费计入签约合同价和发生时按约定支付给承包人两处。

【法律适用及商务提示】

1. 基本预备费和价差预备费的区别

预备费包括基本预备费和价差预备费，基本预备费是投资估算或工程概算阶段预留的，由于工程实施中不可预见的工程变更及洽商、一般自然灾害处理、地下障碍物处理、超规超限设备运输等而可能增加的费用。价差预备费为在建设期内利率、汇率或价格等因素的变化而预留的可能增加的费用。基本预备费一般是以建设项目的工程费用和工程建设其他费用之和为基础，乘以基本预备费率进行计算。价差预备费是根据国家或行业主管部门的具体规定和发布的指数计算。

2. 预备费与暂列金的区别

特别注意工程总承包预备费与建筑安装工程费费用组成中暂列金的相同和不同点。《建筑安装工程费用项目组成》明确暂列金额是指建设单位在工程量清单中暂定并包括在工程合同价款中的一笔款项，用于施工合同签订时尚未确定或者不可预见的所需材料、工程设备、服务的采购，施工中可能发生的工程变更、合同约定调整因素出现时的工程价款调整以及发生的索赔、现场签证确认等的费用。对比工程总承包预备费与暂列金额定义，预备费和暂列金额计列的实质均为工程建设中不可预见的事项及价格变化调整等事项的储备资金，只是在施工总承包计价流程中所处阶段和位置不同。不少施工总承包项目中暂列金额的出处便是概算中的预备费。

3. 预备费的计列与归属

工程总承包发包时，工程预备费的数额应与发包范围相对应。不同的工程总承包模式（EPC 和 DB）、不同合同价格形式（固定总价和可调总价）下，预备费的归属不完全相同，实际使用中应注意。

2.0.17 投资估算 investment appraisals

对拟建项目固定资产投资、流动资金和项目建设期资金筹集成本的概略计算。一般包括项目建议书的投资估算（投资预估算）、可行性研究报告的投资估算、方案设计的投资估算。

【条文解读】

《工程造价术语标准》GB/T 50875—2013 明确投资估算是以方案设计或可行性研究文件为依据，按照规定的程序、方法和依据，对拟建项目所需总投资及其构成进行的预测和估计。工程总承包发包时以投资估算作为投标限价的，应采用与发承包范围确定相同口径的投资估算

2.0.18 设计概算 design stage estimates

在初步设计阶段，依据初步设计或扩大初步设计文件，在投资估算的控制下，对建设项目总投资及其构成进行的概略计算。一般包括：建设项目总概算、单项工程综合概算、单位工程概算。也称投资概算。

【条文解读】

《工程造价术语标准》GB/T 50875—2013 明确设计概算是以初步设计文件为依据，按照规定的程序、方法和依据，对建设项目总投资及其构成进行的概略计算。工程总承包发包时以设计概算作为投标限价的，应采用与发承包范围确定相同口径的设计概算。

2.0.19 项目清单 schedule of items

发包人提供的载明工程总承包项目工程费用、工程总承包其他费和预备费的名称和其他要求承包人填报内容的项目明细。

2.0.20 价格清单 pricing schedules

构成合同文件组成部分的，由承包人按发包人要求或发包人提供的项目清单格式填写并标明价格的项目报价明细。

【条文解读】

由于工程总承包不仅仅是建筑安装工程项目发包，还包括施工图设计等，因此，工程总承包的计量和价款支付已不可能按照承包人设计的施工图进行。项目清单和价格清单首次出现在《工程总承包合同示范文本》。本规范中项目清单及价格清单的定义相比《工程总承包合同示范文本》作了部分修改完善：首先是项目清单的定义，结合本规范明确的工程总承包费用组成进行修改；其次是价格清单的定义，明确发包人要求可以作为承包人报价的依据。

2.0.21 发包人要求 employer's requirements

说明发包人对建设项目建造目标的文件。文件中列明工程总承包项目承包内的目标、范围、功能需求、设计与其他技术标准。包括对项目的内容、范围、规模、标准、功能、质量、安全、节约能源、生态环境保护、工期、验收等明确要求的文件。

【条文解读】

此处的“发包人要求”是实行工程总承包的必备文件，发包人要求来源于 FIDIC（国际咨询工程师联合会）1999 年版黄皮书及 1999 年版银皮书①中规定的“雇主要求”，是指在合同中名为雇主要求的文件。本条术语按照《工程总承包管理办法》第九条（四）作了定义，其中列明工程的目标、范围和（或）设计和（或）其他技术标准，以及按照合同规定对此项文件所作的任何补充及修改。

【法律适用及商务提示】

1. 发包人要求不明确或文件之间发生冲突风险应对

工程总承包模式下，发包人要求本质上是发包人与承包人签订合同的目的，即发包人希望通过合同取得的目标建设工程，也是承包人的工作范围。有别于施工总承包模式下“按图施工”，施工图纸从总体概念到细节构造均有明确图纸予以注明，无论尺寸、质地、工艺要求均有标注，发包人要求仅是文字形式描述，对于文字的理解涉及思维的壁垒，在理解上容易产生偏差，因此就构成了潜在的风险。

① FIDIC 于 1999 年出版了四本合同标准格式，分别被称为红皮书、黄皮书、银皮书和绿皮书，其中黄皮书指《生产设备和设计——施工合同条件》（Conditions of Contract for Plant and Design-Build），银皮书指《设计采购施工（EPC）/交钥匙工程合同条件》（Conditions of Contract for EPC/Turkey Projects）。

特别是在某些特殊的化工行业，设备安装、调试、运行的标准不存在通行的国家标准、行业标准，发包人要求不能直接援引相关标准时，此时发包人要求中对于技术、设备标准必须约定明确。这也决定了不同行业不同性质项目的“发包人要求”有其特性差异。

（1）发包人要求必须明确、具体，应当达到发承包人对于合同目的有基础认识一致的程度，且建议发包人与承包人对于发包人要求文件应当推进交底制度，应当互相对文件条款进行进一步的解释，避免出现理解偏差。

（2）承包人作为专业的设计施工单位，应尽到更高的审慎义务，而不能因业主要求的一些瑕疵或描述不准确而降低标准。当发包人要求文件之间发生冲突时，应以满足业主的功能需求为准。

2. 发包人要求不可预见风险应对

某市政建筑总承包项目，发包人要求采取办公楼清水混凝土工艺，装饰装修工程由指定分包单位设计并完成施工。实际施工过程中，由于办公楼室内清水无法进行装饰，总承包人又另行采取凿毛、挂网和喷浆措施，因此产生额外费用。

（1）落实施工工序增加或变更是否依据《发包人要求》属于可预见的情况。《工程总承包合同示范文本》第 7.3 条约定：“除专用合同条件另有约定外，如果承包人提供上述合作、条件或协调在考虑到《发包人要求》所列内容的情况下是不可预见的，则承包人有权就额外费用和合理利润从发包人处获得支付，且因此延误的工期应相应顺延。”

根据本条规定，如果根据《发包人要求》和专用条款的其他约定，承包人无法合理预见使用清水混凝土将会与指定分包人另行采取的装饰装修方案相冲突时，因施工工序增加而产生的费用应由发包人负担。

（2）收集各项费用发生金额的证据。因通过《发包人要求》无法预见的客观情况致使采取正常施工计划外的其他工作的，需收集该项工作的消耗量及相应费用发生金额的证据。

2.0.22 合理化建议 rationalization proposal

承包人为缩短工期、提高工程经济效益等，按照约定程序向发包人提出的改变发包人要求和方案设计或初步设计文件的书面建议，包括建议的内容、理由、实施方案及预期效益等。

【条文解读】

合理化建议来源于 1999 年版 FIDIC 黄皮书中规定的“承包商建议书”，是指包括在合同中由承包商随投标函提交的名为建议书的文件。此项文件可包括承包商的初步设计。合理化建议是发挥承包人丰富项目实施经验、为项目建设提质增效的重要手段，是工程总承包中至关重要、不可缺少的一环。编写 FIDIC 银皮书的原因是建设市场需要一种固定最终价格、规定工期的合同格式，在确保最终商定价格不被超过的情况下，雇主愿意支付更多的费用，可以理解为设计采购施工（EPC）/交钥匙工程的实质是在固定费用的情况下实现项目的目标和功能。如果通过承包商的合理化建议，在确保项目建设目标及功能的前提下节约项目投资，或在投资不变的前提下提升工程和价值，按照公平原则，应给承包商适当的利益分成。适当的利益分成，可以充分激发承包商的积极性，最终提升整个项目的效益。

【法律适用及商务提示】

相较于施工总承包模式，工程总承包模式的核心优势是从设计施工一体化角度出发，合理进行相关设计并妥善安排施工节奏，继而实现建设效率的提升，同时有效降低投资成本。由于工程总承包模式下，总承包人深入执行设计和施工工作，其所考虑的问题及花费的精力要远远高于发包人，同时基于专业能力，对于发包人要求中不合理的地方，承包人可以提出合理化建议，该建议可能会提高成本，但更多情况下是减少投资，同时更能满足发包人的真实需求。为了激发承包人的积极性，合同一般会约定对于此类减少的投资，由发包人和承包人按照一定比例共享。我国工程总承包中的“合理化建议”，与 FIDIC 系列合同条件中的“价值工程”相对应。

1. FIDIC 合同条件中的“价值工程”

FIDIC 合同条件中未就“价值工程”进行专门的定义，而是在第 13 条“变更和调整”中进行了规定。1999 年版 FIDIC 银皮书和黄皮书“通用合同条件”第 13. 2 款规定：“承包商可随时向雇主提交书面建议，提出（他认为）采纳后将：（i）加快竣工，（ii）降低雇主的工程施工、维护、或运行的费用，（iii）提高雇主的竣工工程的效率或价值，或（iv）给雇主带来其他利益的建议。此类建议书应由承包商自费编制，并应包括第 13. 3 款［变更程序］所列内容。”第 13. 3 款中规定：“雇主收到此类根据第 13. 2 款［价值工程］的规定或其他规定提出的建议书后，应尽快给予批准、不批准或提出意见的回复。在等待答复期间，承包商不应延误任何工作。”但 1999 年版并未规定因合理化建议而减少的成本或增加的利益应否在发包人与承包人之间进行分配，以及如何分配进行规定。

2017 年版 FIDIC 银皮书和黄皮书中将“价值工程”相关的内容同样全部规定在第 13. 2 款中，在 1999 年版的基础之上，变更了发包人回复的方式，同时增加了对业主同意建议书后的变更、利益和风险分担的规定。具体为：“工程师在收到此类建议书后，应在切实可行的范围内尽快做出回应，向承包商发出通知说明其同意或其他意见。工程师的同意或其他意见应由雇主自主决定。承包商在等待答复期间不得延误任何工作。如果工程师同意该建议书，无论是否有意见，工程师应指示变更。此后：承包商应提交工程师可能合理要求的任何进一步的资料，第 13. 3. 1 项［指示变更］最后一段应适用，其中应包括工程师考虑对专用条件中规定的双方利益、费用和/或延误的分担（如果有）。”

相较于 1999 年版，2017 年版 FIDIC 合同条件增加了发承包双方应当对“价值工程”相关的收益和成本进行分享的基本原则，具体的分享比例仍然有赖于发承包双方在签订施工合同时协商确定，或者在具体合同履行过程中沟通确定。

2. “合理化建议”与“价值工程”的比较

（1）“合理化建议”与“价值工程”的相同点。国内工程总承包中的“合理化建议”与 2017 年版 FIDIC 合同条件中的“价值工程”在承包人出发点、发起程序、决定权、实施等方面存在相同之处：

1）出发点层面，“合理化建议”与“价值工程”的出发点都是为了缩短工期、降低投资，或为发包人带来其他价值，这些建议被采纳后所产生的价值要高于为履行该建议所发生的成本。

2）发起程序层面，“合理化建议”与“价值工程”均系承包人在全面研读发包人要求及相关资料基础上，综合考虑全部内容并经详细论证后主动向发包人提出，并应提供相关资料。

3）合同义务层面，“合理化建议”与“价值工程”均系承包人享有的权利，在满足发包人要求的情况下，相关建议承包人可以提出，也可以不提出，但即使不提出，承包人也不会构成合同违约。

4）决定权层面，“合理化建议”和“价值工程”虽然是承包人基于优化项目角度提出，但本质上构成了发包人要求变更，需要经过发包人的同意，未经发包人同意的，承包人仍然需要按照既定要求实施，不得擅自变更。

5）实际履行层面，“合理化建议”和“价值工程”均需要发包人以书面方式下达承包人，并由承包人负责实施。

6）利益分享层面，“合理化建议”和“价值工程”如形成利益的，原则上，发承包双方应当协商共同分享，如实施合理化建议会造成费用增加的，该费用应当作为变更据实计量。

（2）“合理化建议”与“价值工程”的区别。“合理化建议”与“价值工程”主要在建议的基础、发包人回复的必要性方面存在区别：

1）建议基础层面，在国内工程总承包中，发包人可在可行性研究报告、方案设计或初步设计批准后对工程总承包项目进行发包，相应地，承包人应对发包人提供的发包人要求、方案设计或初步设计文件进行研究，并在此基础上提出相关“合理化建议”。而在FIDIC合同条件中，设计工作全部由承包人完成，发包人仅提供发包人要求，而并不会提供设计文件，承包人可以对发包人要求提出“价值工程”建议书。

2）回复必要性层面，本规范第6.3.3条中仅规定，发包人可在其认为可以缩短工期、提高工程的经济效益或其他利益的情况下进行指示变更，并未对发包人回复的必要性进行明确。而在FIDIC合同条件中，在收到承包人提交的“价值工程”建议书后，发包人有回复的义务，其均应在切实可行的范围内尽快作出回应，向承包人发出通知说明其同意或其他意见。

2.0.23　优化设计　　enhanced design

承包人从满足发包人要求的众多设计方案中选择最佳设计方案的设计方法。

2.0.24　深化设计　　design development

承包人对发包人提供的设计文件进行细化、补充和完善，满足设计的可施工性的要求。

2.0.25　设计优化　　design enhancement

承包人对发包人提供的设计文件进行改善与提高，并从成本的角度对原设计进行排查，剔除其中虚高、无用、不安全等不合理成本的加工。

【条文解读】

本条对设计优化的概念进行了定义。

【法律适用及商务提示】

1. 优化设计和设计优化对比分析

优化设计和设计优化容易产生理解及适用偏差，优化设计导致合同造价增加的一般不予调整，优化设计产生的利益一般归承包人享有，如果使用不当可能导致责任负担和利益归属不明。

优化设计实质相当于施工总承包中的方案比选，即从多套方案中按照合同约定采用优化设计的方法确定最佳方案，以提高生产效率、降低工程成本。设计优化主要用于项目建设前期的方案设计及初步设计阶段。就优化设计导致费用增加是否应当调整合同总价款的问题，本规范无明确规定。实践中通常认为，在合同无特殊约定或未办理费用变更手续的情况下，因优化设计导致费用增加的，不调整合同总价款。如《山东省房屋建筑和市政基础设施项目工程总承包计价规则》第2.3.4条规定："本条规定明确了承包人在合同约定的承包范围内进行的初步设计、施工图设计或专项设计，改进设计的可施工性时，应当进行优化设计，或在发包人提供的设计文件下进行深化设计，只要满足发包人要求或技术标准，发包人不应干预承包人的工作。在此基础上进行的优化设计和深化设计导致的盈亏均归承包人享有或承担"。

而设计优化是承包人对发包人提供的方案或初步设计的改善和提升，是在不改变发包人要求的前提下，对发包人提供设计文件的改善与提高。如无特殊约定，设计优化形成的利益应当归承包人享有，本规范第6.3.3条也是这样规定。

2. 设计优化和设计变更的界定

设计优化与设计变更是对设计进行调整的最常见的两种方式。设计优化的概念前面已有论述，设计变更指在项目设计阶段，对发包人要求或发包人提供的设计文件中已确定的规范、尺寸、材料、建设标准等进行改变，或在项目施工过程中，发包人通过变更指令的方式，要求承包人对原定技术、规格、工程量等进行变更。设计优化和设计变更最核心的区别在于是否改变发包人要求，设计优化是在不改变发包人要求的前提下，对设计文件进行的改善和提高，而设计变更则是对发包人要求进行了变更或在合同外新增施工内容。也正是基于此区别，设计优化可以由承包人自行决定，无需经过发包人审批，而设计变更如无发包人变更指令，承包人不能擅自施工。

3. 风险防范措施

（1）发包人应当认真编写发包人要求，明确建设范围、建设规模、建设标准、功能需求、工期、质量等关键要素。

（2）发承包人均应对上述概念进行区分，并对设计优化产生的费用增加是否调整合同价格进行明确约定。

（3）如发承包人在合同签订时混淆上述概念导致出现争议，承包人可以将产生的费用通过签证的形式上报发包人，经过发包人审批认可的签证，应当调整合同价格。

【参考案例】

案例1　某电建公司与贵州某化工公司建设工程施工合同纠纷案

基本信息

审理法院：最高人民法院。

案号：（2019）最高法民终1356号。

裁判要旨

（1）总承包商的合同义务包括对初步设计图进行优化变更，除非业主正式签发书面变更单，否则应由承包商承担因变更引起的费用或工期的改变，因此而导致的工程量增减及设备改变不属于合同变更，不应调整合同价格和工期。

（2）总承包商无权以优化后的施工图经过业主审核为由，主张变更部分属于“业主要求的变更”，并主张计入工程总造价。

案情介绍

经贵州省发展和改革委员会等单位审核同意，贵州某化工公司（发包人）自筹资金建设以煤为原料生产中间产品 30 万吨/年液氨，并深加工成 52 万吨/年最终产品尿素及 30 万吨/年甲醇的桐梓煤化工基地一期工程项目。

EPC 总承包招标文件载明：“承包方式：工程总承包；工程合同方式：固定总价合同。……本 EPC 项目中的三大主机（锅炉、汽轮机、发电机）业主已经招标订货（供货清单详见技术附件），除此之外的所有工作等均在本 EPC 包范围，投标方在投标时，应在贵州某设计院提供的初步设计阶段各专业主要设备材料清册的基础上进行报价，并列出相应的备选厂家（原则上按 3~5 家）。……本 EPC 总包招标文件中所提供的初步设计主要设备材料清册中的设备及材料清单，仅作为承包商投标时的投标基础（业主对该数据的准确性不负责任，承包商可向贵州某设计院进行详情咨询），在施工图详设时应根据其自身经验进一步完善，当实际所需设备及材料发生量的变化时，由此产生的相关费用均由总承包方承担。”

经招投标程序，某电建公司中标。2008 年 5 月 29 日，贵州某化工公司（发包人）与某电建公司（承包人）签订 EPC 总承包合同。

EPC 总承包合同的《合同条款》载明：“2.4　业主提供的文件：业主应提供附件 7［设计技术文件］约定的总承包商进行合同装置初步设计的优化完善及施工图设计所必需的资料和信息。3. 承包商。3.1　承包商的一般责任和义务。3.1.1　承包商应按照合同要求，完成合同项下所有工作，以及为满足业主要求或合同隐含要求的任何工作和合同虽未提及但为项目顺利实施及合同装置稳定、安全、有效运行所需的所有附件中承包商应完成的工作和服务。包括但不限于设计优化完善、施工图设计、设备材料采购、施工安装、业主人员培训，直到完成合同装置中间交接；协助业主完成本合同装置整套试运行、性能考核和最终接受，以及执行其他所有为建设合同装置而需要的辅助行为，并保证业主对合同装置的所有权。承包商在此确认是在“已充分审查了由业主提供的与本工程有关的数据，已充分审查和勘查了与本工程有关的现场及其资料，已充分审查了所获得的其他与工程有关的信息以及在合同协议书签署之日可获得的与本项目相关的其他数据”的条件下与业主签署合同协议书的。承包商同时承认：任何由于其未能熟知和/或理解所有这些数据和信息，将不能构成免除其成功履行本工程的责任，将不能构成其增加任何合同费用的借口。承包商应履行和/或提供本合同中没有专门提出但可以从合同中合理地推断出的用于充分保证合同装置性能所必需的全部工作和全部材料，这些工作和/或材料犹如在合同明确提出一般。3.10.1　承包商确认合同价格正确充分地考虑了承包商完成合同项下全部义务以及为设计、采购、施工和完成工程、并修补任何缺陷所需的全部费用。3.10.5　合同价格因变更调整：合同价格为固定总价，除非按照第 11 条［变更和调整］的规定调整外，合同价格不作任何调整。7.3.10　承包商理解并接受，业主对承包商工作计划和/或修订的工作计划的审查意见、修改、同意或批准，并不表示也不构成业主同意承包商工作延期，也不表示或构成业主对承包商的变更指令。除非按照本合同第 11 条［变更和调整］的规定由业主签发正式的书面变更单，承包商无权也不得据此向业主索赔，包括工期和费用。11.3 下列事项不视为变更：c）承包商理解并接受，合同关于工作的要求为最低要求，承包商为达到装置性能要求以及装置操作安全和便利要求而进行的设计深化和优化，以及任何设备、材料以及相应的安装施工标准提高，或者增加某项工作，或增加设备、材料等，只要是经验丰富的合格承包商在投标时能够或者应当知道或发现或预见到的，都将不视为变更。

法院认为：

（1）初步设计图到施工图变更部分。

其一，鉴定单位分别对“业主变更调整部分”和“设备变更调整部分”的“初步设计图到施工图变更部分”进行了鉴定并计入“核实”部分，贵州某化工公司对此部分不予认可，且某电建公司在本案审理过程中也明确表示“施工图工程量比投标文件（初步设计）的工程量增减部分及设备参数变更，均不应调整金额”。

其二，本案为 EPC 总承包合同，按照 EPC 总承包合同的《合同条款》第二条第四款约定的内容，贵州某化工公司提供的仅是初步设计图纸，而非最终的设计图纸。

其三，案涉项目从最初的招标范围到投标，以及双方签订的 EPC 总承包合同所确定的承包范围等都明确，某电建公司作为总承包商，其合同义务不仅仅是按图施工，还包含勘查、施工图设计、设备材料采购等多项工作。而且，EPC 总承包合同的《合同条款》第十一条第三款也再次明确，对初步设计图优化所导致的工程量增减及设备改变均不属于合同约定的变更范围。

最后，虽然某电建公司是按照贵州某化工公司审核过的施工图进行施工，但 EPC 总承包合同的《合同条款》第七条第三款第十项、第十二条第六款已经明确约定，除非按照本合同第十一条“变更和调整”的规定由业主签发正式的书面变更单，承包商无权也不得据此向业主索赔，包括工期和费用；凡没有改变本合同中“业主要求”的变更，由承包商承担因变更引起的费用或工期的改变，不调整合同价格和工期。因此，鉴定单位以施工图经过了业主审核为由将初步设计图到施工图之间的变化认定为“业主要求的变更”并计入“核实”部分与合同约定不符。

综上，在某电建公司没有提交证据证明变更系业主提出的情况下，初步设计图到施工图的变更，原则上属于承包商履行其合同义务所必须进行的优化，鉴定单位将该部分认定为“业主要求的变更”从而计入工程变更范围，是对 EPC 合同的错误理解。该部分不能计入案涉工程总造价。

（2）6kV 厂用电高压开关柜项目是否应计入合同变更的问题。该项目不属于业主要求的变更，不应计入案涉工程总造价中。

第一，该项在 9 号鉴定意见中明确计入“设备变更调整部分”的证据为“2009-JCHG/DJE-078，079 号”函件。但是，从两份函件内容来看，贵州某化工公司只是强调某电建公司应当按照其在招投标过程中的承诺对 6kV 开关柜的真空断路器采用 VEP，不同意某电建公司提出的采用国产的如 VS1 断路器。因此，鉴定单位以“2009-JCHG/DJE-078、79 号”函件为由认定 6kV 高压开关柜部分费用增加属于业主提出的变更，与客观事实不符。

第二，对于6kV高压开关柜，某电建公司的投标报价为352万元，而实际施工过程中因采用VEP断路器导致该项费用增加至777万元，某电建公司确实为此多支付了425万元。双方当事人因是否采用VEP断路器而产生争议实质上是双方对“投标澄清文件”第四十三条的理解，即究竟是指高低压开关柜整个装置与化工采用品牌一致还是要求该设备的所有元器件均与化工采用品牌一致。但是，双方在招投标过程中已经明确“当投标总价与单价不一致时，以有利于业主的方向调整”，双方签订的EPC总承包合同对此再次予以约定，如果上述合同文件中有任何含义不明确或矛盾之处，按有利于业主方的解释原则。因此，在双方对该问题的理解存在争议时，应按有利于业主方的方向解释，即该装置的内部元器件均要求与化工品牌一致。

第三，某电建公司的投标文件中，6kV厂用电的四个部分元器件“产地”中均包含了“ABB”。而ABB集团（即阿西布朗勃法瑞）本身就是瑞士的一个电气工程集团公司。据此可以确定，某电建公司在其投标报价时已经明确其对该设备的采购可能为进口，而非仅限于国产。

第四，从EPC总承包合同附件19“投标澄清文件”第七十八条约定来看，在招投标过程中，某电建公司已经就厂用电6kV高压开关柜的具体规格、型号问题要求某电建公司明确，但某电建公司未予以明确，而是明确承诺“届时满足业主要求的功能”，但“投标总价不变”。而且，某电建公司在施工过程中对此部分提出增加费用或采用国产真空断路器而业主均未予同意的情况下，于2009年8月3日，仅仅是“特此告知贵方（业主）”同意按照其要求“在6kV高压开关柜中采用VEP真空断路器”，某电建公司在此次函件中并没有再次要求业主承担其在采购前所主张的该项设备增加费用。

综上，无论是从合同签订、合同约定还是合同履行来看，厂用电6kV高压开关柜因采用VEP断路器而产生的费用争议，不属于业主要求的变更，该部分不应计入“业主要求设备调整费用”，即该部分应当在9号鉴定意见的基础上予以扣减。

法律分析

工程总承包中“发包人审核的施工图优化”不可计入工程变更；认定变更的实质为项目功能的调整或者发包人存在明显过错。

案例2　上海某化工设计院与某矿业公司等建设工程合同纠纷案

基本信息

审理法院：最高人民法院。

案号：（2021）最高法民终450号。

裁判要旨

（1）合同中约定的“投标报价为固定总价合同”，针对的应为承包范围内的情形，如果工程范围有增加，满足合同未约定、甲方要求或认可、功能确有增加等条件的，应当认定为合同外新增工程，应当增加合同价款。

（2）针对合同中已有项目，总包单位针对工程特点进行深化和优化不属于合同外增加工程，不增加合同价款。

（3）总包单位利用合同内原有设备适应新的施工要求，并未拆除后重新增加设备，不增加合同价款。

案情介绍

2014年12月，上海某化工设计院（原告、承包人）在某股份公司河南分公司（被告、发包人）招标的“某股份公司河南分公司氧化铝节能减排升级改造项目自备煤气站工程”（以下简称“自备煤气站”）项目中中标。《中标通知书》载明的中标金额为34 401.73万元。2015年3月18日，上海某化工设计院与某股份公司河南分公司签订EPC《商务合同》和《技术协议》，双方对合同价款约定为33 500万元。

《商务合同》关于工程承包范围第2.2.1条约定：该工程为交钥匙工程，承包人的工程内容详见招标文件技术部分及签订的技术协议。第2.2.1.2条约定：属于发包人要承担的范围，承包人必须单独列出，如未列出，均属承包人范围。第2.2.1.3条约定：如现场发包人提出变更，或本协议没有明确的事项，双方现场协商解决，牵涉到商务因素可以签订补充协议。第5.4条约定：如发包人需要对项目范围进行增减，价格变动执行“分项报价表”。如需在本合同工程承包范围及内容之外额外补充的，由双方协商确定补充合同价款。

上海某化工设计院主张自备煤气站工程施工过程中，增加了以下工程：“干煤棚增加A-C轴”“变配电楼增加一层”“空分增加后备系统”“雨排水管线向南改为向西”“新增氮气管线”“新增氨水管线”“排洪沟堤护坡”“新增围墙”“生活污水网管改造”“三七灰土换填”“煤气外管新增两台DN7**的阀门”“空分配电室空调”“消防水泵房改造”工程和“完成168考核后增加的运行维护费用”“项目实施增加费用”。某股份公司河南分公司及某矿业公司对上海某化工设计院主张的增加工程不予认可，认为案涉工程为交钥匙工程，不存在增加工程。

裁判观点

（1）干煤棚增加A-C轴，鉴定机构给出的价款为5 574 519.07元。该工程是否为合同外工程双方分歧较大。上海某化工设计院在2014年11月27日《第五次澄清说明》中提到“按业主要求，要扩大干煤棚面积，再增加一个重型干煤棚，费用为600万元。我司承诺自我消化此费用”。《商务合同》与《技术协议》（附件12）对干煤棚有具体的面积和尺寸，监理审批的施工组织设计与《技术协议》对应，上海某化工设计院以《第六次澄清说明》将轻型干煤棚从30m宽缩减为15m后，组织建造过程中增加的A-C轴属于合同外工程缺乏依据。

（2）变配电楼增加一层，《商务合同》与《技术协议》签订时，变配电楼有具体的面积和尺寸，同时监理审批的施工组织设计也显示局部三层，建筑面积和技术协议对应。某矿业公司主张《第四次澄清说明》中将变配电楼和综合楼合并设计，但合同签订后的变配电楼设计图纸未将原来综合楼和变配电楼所包含的功能考虑进去，某矿业公司提出设计缺陷后，上海某化工设计院才将变配电楼增加一层。上海某化工设计院出具的投标文件《技术标书》有“变配电所”三层，综合楼两层。从《第四次澄清说明》来看，上海某化工设计院将两项工程合并设计。合并后的功能确有增加，双方所签的技术协议对增加的功能没有明确，故该项增加的工程为合同外工程较为合理，该项费用为 1 391 297. 04 元。

（3）空分增加后备系统，上海某化工设计院主张不属于其合同义务，建造该系统与某股份公司河南分公司进行了沟通并得到认可。某矿业公司称该系统为空分系统的备用系统，是空分装置发生事故时才使用，是工艺要求必备的。空分后备系统没有显示在合同中，确实增加了空分后备功能，该项工程作为合同外工程较为合理，该项费用为 2 799 558. 3 元，应计入合同外造价。

（4）雨排水管线向南改为向西，《商务合同》和《技术协议》订立时有雨排水的施工工程。在施工过程中改变走向，上海某化工设计院主张增加的费用属于合同外工程价款。雨排水改向是总承包单位在施工过程中针对雨水排放和工程特点，属于外网施工过程中涉及的深化和优化，该设计修改不属于合同外增加的工程。

（5）新增氮气管线，是上海某化工设计院在烘炉时接通天然气安装的管线，后期因需要安装氮气管线，设计时没有氮气管线，临时决定将烘炉时使用的管线作为氮气管线使用，因烘炉管线的费用属于上海某化工设计院承担，氮气管线属于合同外工程，上海某化工设计院没有将原管线拆除重新安装氮气管线，而是使用原管线代替氮气管线，属于优化改进措施，故上海某化工设计院主张该项工程属于合同外工程不能成立。

（6）新增氨水管线，上海某化工设计院主张合同没有约定蒸氨（提取氨水）处理装置的内容。《第四次澄清说明》第 9 条有污水氨氮处理方案，故该项工程不属于合同外工程。

（7）排洪沟堤护坡，排水沟属于原有地貌，排洪沟处于厂区边缘，双方在协议中对排水沟边缘的处理没有约定，上海某化工设计院在毛石堆砌的基础上改用植草砖硬化。双方在往来函件及几次的《澄清说明》中对此均没有提及，上海某化工设计院主张该项系合同外工程缺乏依据。

（8）新增围墙，双方签订的《技术协议》及附件对围墙均没有明确，增建的围墙增加厂区和外界的隔离功能，该项工程认定合同外工程较为合理，该项费用为 536 623. 42 元。

（9）生活污水网管改造，《技术协议》第 2. 6. 2 条环保治理措施中约定“生活污水接入厂区原有生活排水管网”，该厂区应是自备煤气站的厂区，从管网竣工图纸来看，此部分管网基本在厂区外，该部分管网应为合同外工程，该部分造价为 149 363. 28 元。

（10）三七灰土换填，《商务合同》和《技术协议》的价格构成中没有三七灰土回填的费用。上海某化工设计院在报价时，某股份公司河南分公司未将地勘报告交给上海某化工设计院，上海某化工设计院对地质情况无法预估，而甲方工作范围有“厂地拆迁、平整、地勘等”，故双方对三七灰土回填增加的工程量没有约定又协商不成的情况下，对该工程量增加按合同外计算较为合理，该项价款为 3 895 280. 54 元。

（11）煤气外管新增两台 DN7** 的阀门，该两台阀门双方没有异议，该价款 66 800 元，应为合同外增加价款。

（12）空分配电室空调，《技术协议》对变配电室只有换气要求，没有就温度和湿度作出要求。上海某化工设计院根据设备运行需要，安装的空调设备满足了换气要求，又能够对温度和湿度进行控制，故空调增加的费用，应按合同外计取，价款为 24 796 元。

（13）完成 168 考核后增加的运行维护费用。上海某化工设计院主张其在 2016 年 5 月

3 日申请整套设备启动试运行，6 月 25 日又发函催告，某股份公司河南分公司仍未启动试运行，应视为 2016 年 5 月 30 日已完工移交，2016 年 6 月 1 日以后的设备维护义务不属于上海某化工设计院合同范围，相关运行维护费用应另行支付。根据工程移交证书显示，2017 年 7 月 8 日已经完成 A、B、C、D 四个系列 168h 满负荷整套起动试运行。因《技术协议》有承包方负责现场指导服务运行 3 个月的描述，上海某化工设计院主张维保费属于合同外增加费用不能成立。

（14）项目实施增加费用。上海某化工设计院主张通过对比原投标文件及《商务合同》附件、《技术协议》供货范围及服务范围，新增加的设备、材料建筑安装工程费等属于项目实施增加的费用，要求某矿业公司另行支付。EPC 项目将设计、采购、施工等内容通过交钥匙合同一并交给承包方。在这种 EPC 模式中，业主与承包方签订工程总承包合同把建设项目的设计、采购、施工等工作全部委托给承包方负责组织实施，业主只负责整体、原则的目标管理和控制。设计、采购和施工是承包方统一策划、组织、指挥、协调和全过程控制。在此情况下，业主介入实施的程度较低，总承包商运用其管理经验对项目建设中的相关零星设备和材料进行适当调整，也是 EPC 项目建设过程中边施工、边设计、边改进的常见现象。对于项目实施过程中需要重大调整和改进的工程项目，承包方按照合同约定可以启动索赔或者追加项目费用。对于本案请求的这些项目增加费用，上海某化工设计院没有提供在案涉项目施工过程中双方经常采用的《澄清说明》《联系函》《备忘录》《设计变更单》等书面文件予以确认。《商务合同》也约定在合同有效期内，本合同工程承包范围及内容不发生变化时，合同总价不变。该设备及材料增加后，没有证据证明将项目功能明显超越原合同约定的功能。故上海某化工设计院主张的增加项目属于合同外工程项目不予支持。

2.0.26 工期 time for completion

承包人完成建设项目承包范围内全部工作的总天数。包括合同工期和实际工期。其中合同工期指工程总承包合同约定的，承包人完成承包范围内的全部工作的总天数，包括按照合同约定所作的变更天数。其中实际工期指承包人实际完成承包范围内全部工作的总天数。

【条文解读】

工期与传统施工总承包工期基本相同。注意本条约定的工期是指完成工程总承包全部合同内容的总天数，工期设定应综合考虑，考虑各项合同工作内容之间搭接工作，避免遗漏或重复。结合项目实践，为便于项目管理，建议将勘察、设计、施工等各项工作内容分别设定开始及结束时间。

2.0.27 里程碑 milestone

泛指进度计划设立的重要的时间节点。指在发包人要求中提出，发承包双方在合同中约定的，承包人按照合同约定完成合同工程进度计划，以及发包人支付相应合同价款的时间节点。

【条文解读】

工程总承包项目合同价款的支付不同于施工总承包按量计价支付，本条明确合同价款按照承包人完成工程进度计划的里程碑节点支付是工程总承包项目适合采取的支付方式。

实际操作中，建议投标前事先做好施工方案中工期计划的编制和策划，中标后做好谈判，并在合同中约定明确。

2.0.28 成本（费用） construction cost

承包人在项目建设履行合同中发生的(或将要发生的）所有合理开支，包括税费、管理费和类似支出，但不包括利润。

【条文解读】

本条参照 2017 版银皮书中关于“成本（费用）”的定义，明确成本是指为合同目的发生的所有合理开支，包括税费、管理费及类似支出，不包括利润。本条对成本、费用及其内涵，特别是成本包不包含税费及利润作了明确界定。

2.0.29 税金 tax

国家税法规定应计入工程总承包合同价格内的应纳增值税，以及在此基础上计算的城市维护建设税、教育费附加和地方教育附加的税额。发包人按工程总承包合同约定的方式支付，承包人按税法规定缴纳。

【条文解读】

建筑业“营改增”后，按税法规定，承包人应缴纳的是应纳增值税额，应纳增值税额=销项税额-进项税额，承包人应纳税金=应纳增值税额+应纳附加税额=应纳增值税额×(1+附加税率)。发包人编制招标限价、承包人编制投标报价及税务策划时，应注意区分服务类项目和施工类项目的税率差异、简易计税与一般计税差异等，避免在税金上产生偏差。

【法律适用及商务提示】

《中华人民共和国增值税暂行条例》（国务院令第 691 号）第一条规定：“在中华人民共和国境内销售货物或者加工、修理修配劳务，销售服务、无形资产、不动产以及进口货物的单位和个人，为增值税的纳税人，应当依照本条例缴纳增值税。”《中华人民共和国城市维护建设税法》第一条规定：“在中华人民共和国境内缴纳增值税、消费税的单位和个人，为城市维护建设税的纳税人，应当依照本法规定缴纳城市维护建设税。”《征收教育费附加的暂行规定》（国务院令第 588 号）第二条规定：“凡缴纳消费税、增值税、营业税的单位和个人，除按照《国务院关于筹措农村学校办学经费的通知》（国发〔1984〕174 号）的规定，缴纳农村教育事业费附加的单位外，都应当依照本规定缴纳教育费附加。”

税金计算应严格执行税法及税务主管部门相关规定，及时缴纳，避免偷税漏税；城市维护建设税、教育费附加和地方教育附加的税额以应纳增值税税额为基础计算。项目实践中需做好增值税税务筹划，避免因税额抵扣等问题造成损失。

1. 总承包税目政策

施工总承包模式下，施工合同的内容为承包人向发包人提供建筑服务，但工程总承包模式下，合同内容除了建筑服务外，还可能会包含销售货物、设计服务等多种不同的应税行为。对于工程总承包项目应当执行的增值税政策，目前国家层面尚无明确规定，各地方层面存在适用不统一的情况。

（1）国家层面。《营业税改征增值税试点实施办法》（财税〔2016〕36 号）第三十九条规定：“纳税人兼营销售货物、劳务、服务、无形资产或者不动产，适用不同税率或者征收率的，应当分别核算适用不同税率或者征收率的销售额；未分别核算的，从高适用税率。”第四十条规定：“一项销售行为如果既涉及服务又涉及货物，为混合销售。从事货物的生产、批发或者零售的单位和个体工商户的混合销售行为，按照销售货物缴纳增值税；其他单位和个体工商户的混合销售行为，按照销售服务缴纳增值税。本条所称从事货物的生产、批发或者零售的单位和个体工商户，包括以从事货物的生产、批发或者零售为主，并兼营销售服务的单位和个体工商户在内。”

根据前述规定，对于同时包含建筑服务、销售货物、设计服务中两个及以上不同种类的工程总承包项目，如认为构成第三十九条规定的兼营行为的，应当分别核算并缴费，未能分别核算的，将从高适用税率；如认为构成第四十条规定的混合销售行为的，应当按照建筑服务缴税。至于工程总承包项目到底属于兼营行为还是混合销售行为，国家层面尚无统一规范性文件。

值得注意的是，从国家税务总局已出台的相关政策角度，工程总承包项目应当定性为兼营行为。相关政策如下：

1）《关于进一步明确营改增有关征管问题的公告》（国家税务总局公告 2017 年第 11 号）中规定，纳税人销售活动板房、机器设备、钢结构件等自产货物的同时提供建筑、安装服务，不属于《营业税改征增值税试点实施办法》（财税〔2016〕36 号）第四十条规定的混合销售，应分别核算货物和建筑服务的销售额，分别适用不同的税率或者征收率。

2）《关于明确中外合作办学等若干增值税征管问题的公告》（国家税务总局公告 2018 年第 42 号）中规定，一般纳税人销售自产机器设备的同时提供安装服务，应分别核算机器设备和安装服务的销售额，安装服务可以按照甲供工程选择适用简易计税方法计税。一般纳税人销售外购机器设备的同时提供安装服务，如果已经按照兼营的有关规定，分别核算机器设备和安装服务的销售额，安装服务可以按照甲供工程选择适用简易计税方法计税。纳税人对安装运行后的机器设备提供的维护保养服务，按照“其他现代服务”缴纳增值税。

（2）地方层面。目前各地对工程总承包项目增值税政策口径并不统一，简要列举如表 2-1 所示。

表 2-1 工程总承包项目增值税相关政策统计简表

序号	地区	相关内容
1	深圳	《全面推开营改增试点之建筑服务税收政策问答——深圳》：建筑企业受业主委托，按照合同约定承包工程建设项目的设计、采购、施工、试运行等全过程或若干阶段的 EPC 工程项目，应按什么税目征收增值税？ 答：根据《深圳市全面推开“营改增”试点工作指引（之一）》规定，应按建筑服务缴纳增值税
2	河南	《河南国税 11 月 1 日再次解答营改增实务中的 4 个问题》：EPC（Engineering Procurement Construction）是指公司受业主委托，按照合同约定对工程建设项目的设计、采购、施工、试运行等实行全过程或若干阶段的承包。通常公司在总价合同条件下，对其所承包工程的质量、安全、费用和进度进行负责。请问 EPC 业务是否属于混合销售？ 答：EPC 业务不属于混合销售行为，属于兼营行为，纳税人需要针对 EPC 合同中不同的业务分别进行核算，即按各业务适用的不同税率分别计提销项税额

续表2-1

序号	地区	相关内容
3	河北	EPC项目采用联合体投标方式，设计是一个单位，采购和施工是另一个单位，合同中对设计款、设备款、施工款均单独约定金额，且在同一个合同中约定，设计单位单独给甲方提供发票。请问，采购、施工的这家单位给甲方提供发票是按建筑服务开具，还是单独按不用税率开具发票？ 根据《河北省国家税务局关于全面推开营改增有关政策问题的解答（之一）》规定： 十五、关于混合销售界定的问题 一项销售行为如果既涉及服务又涉及货物，为混合销售。对于混合销售，按以下方法确定如何计税：（一）该销售行为必须是一项行为，这是与兼营行为相区别的标志。（二）按企业经营的主业确定。若企业在账务上已经分开核算，以企业核算为准。（三）企业不能分别核算的，按如下原则：从事货物的生产、批发或者零售的单位和个体工商户的混合销售行为，按照销售货物缴纳增值税；其他单位和个体工商户的混合销售行为，按照销售服务缴纳增值税
4	湖北	《湖北省营改增问题集》：EPC工程项目总包方承包工程建设项目的设计、采购、施工、试运行等全过程或若干阶段的，分别约定设计、采购、施工价款，是否可以分别缴纳增值税？如果甲方要求由牵头公司统一开票，其他各方能否开票给牵头公司结算相应款项？ 答：可以分别缴纳增值税。如果甲方要求由牵头公司统一开票，并将所有款项支付给牵头公司，再由牵头公司将款项支付给其他合作各方的，其他各方可以开具增值税专用发票给牵头公司结算相应款项，牵头公司计提进项税额
5	广东	《建筑业主要政策解读——广东》：适应新税制，提高行业专业化程度营改增试点后，纳税人销售货物、劳务、服务、无形资产或者不动产适用不同税率或征收率的，如EPC总承包工程，应分别核算适用不同税率或征收率的销售额，未分别核算的应从高适用税率或征收率
6	内蒙古	EPC施工总承包项目，合同明确合同内容有设计、施工、采购三项，并分别列示了合同金额，是按兼营行为认定，还是按混合销售认定？是设计按现代服务6%、施工按建筑业9%、采购按13%分别开票？还是从主业按9%开票？有没有相应的政策文件支持？ EPC是指公司受业主委托，对一个工程项目负责进行“设计、采购、施工”，与通常所说的工程总承包含义相似。纳税人与业主签订建筑工程总承包合同，从业主取得的全部收入按提供建筑服务缴纳增值税。一般纳税人建筑服务的基本税率9%，简易计税的税率3%

鉴于国家层面尚未就工程总承包项目的增值税适用问题作出明确无争议的统一规定，且各地方就增值税的处理口径不完全相同，同时增值税涉及预缴事宜，故建议如下：

第一，签订施工合同前先行落实项目所在地增值税税务政策，可以登录相关税务网站、12366电话咨询或者联系税务专管员、线下咨询等，以便于合理确定工程价款，保证合同约定的税目及税率能够顺利执行。

第二，工程总承包合同协议书部分除需要明确工程总价款外，还需要分别明确建筑服务、货物、设计服务以及其他应税行为各自部分的价款，并可以约定适用各自的增值税税率，专用合同条款部分可以补充约定各组成部分的增值税税率最终以税务机关核定税目为准。

第三，合同履行过程中，严格区分货物、建筑服务、设计服务等不同税目分别核算工程价款，保证三流一致。

2. 增值税率变迁

《关于全面推开营业税改征增值税试点的通知》确定建筑业于2016年5月1日开始全面实施营改增，截至目前，建筑业增值税税率共发生过两次变化，具体如表2-2所示。

表2-2 建筑业增值税税率统计简表

序号	文件	文件中相关内容
1	《关于全面推开营业税改征增值税试点的通知》（财税〔2016〕36号）	第十五条 增值税税率： （一）纳税人发生应税行为，除本条第（二）项、第（三）项、第（四）项规定外，税率为6%。 （二）提供交通运输、邮政、基础电信、建筑、不动产租赁服务，销售不动产，转让土地使用权，税率为11%。 （三）提供有形动产租赁服务，税率为17%。 （四）境内单位和个人发生的跨境应税行为，税率为零。具体范围由财政部和国家税务总局另行规定
2	《关于调整增值税税率的通知》（财税〔2018〕32号）	纳税人发生增值税应税销售行为或者进口货物，原适用17%和11%税率的，税率分别调整为16%、10%
3	《关于深化增值税改革有关政策的公告》 （财政部 税务总局 海关总署公告2019年第39号）	增值税一般纳税人发生增值税应税销售行为或者进口货物，原适用16%税率的，税率调整为13%；原适用10%税率的，税率调整为9%

工程实践中，每一次增值税税率的调整，都会产生一批就税率如何计算及发票如何开具有争议的项目。一些地区建设行政主管部门也会出台相关文件，对施工合同税率及价款调整提出建议，列举如表2-3所示。

表2-3 建设行政主管部门出台税率调整具体适用政策简表

序号	文件	文件中相关内容
1	北京市住房和城乡建设委员会关于重新调整北京市建设工程计价依据增值税税率的通知（京建发〔2019〕141号）	（一）2019年4月1日（含）以后开标或签订施工合同的建设工程项目，招标人或发包人应按照本通知执行。 （二）2019年3月31日（含）前已开标或已签订施工合同的建设工程，发、承包双方按照友好协商的原则，调整合同价款

续表2-3

序号	文件	文件中相关内容
2	关于调整上海市建设工程计价依据增值税税率等有关事项的通知（沪建市管〔2019〕19号）	已完工程量价款符合以下情形之一的，税金计算不予调整： 1. 税率调整前已开具相应工程价款增值税发票的； 2. 税率调整前已收讫相应工程价款的； 3. 合同确定的相应工程价款付款日期在税率调整前的（从工程价款中扣留的质量保证金除外）。 三、工程预付款在税率调整前已开具原税率增值税发票的，扣回预付款时的对应工程价款税金计算不予调整。 四、税率调整前未完工程量价款以及不符合第二条的已完工程量价款，其计算公式由“工程造价＝税前工程造价×（1+原税率）”调整为“工程造价＝税前工程造价×（1+新税率）”。 五、正在进行施工招标的项目，已发出招标文件未开标的，应按照新税率执行；未发补充招标文件修改的，在项目实施时应按规定做好价格调整工作。 六、2019年4月1日前在建项目未完工程的材料因增值税税率调整因引起价格变化的，发承包双方可以另行协商调整。 七、正在进行施工招标的项目，已发出招标文件未开标的，可按本通知第一条规定以补充招标文件方式修改投标报价税金计算；未发补充招标文件修改的，在项目实施时应按规定做好价格调整工作
3	重庆市住房和城乡建设委员会关于适用增值税新税率调整建设工程计价依据的通知（渝建〔2019〕143号）	（一）2019年4月1日起进行招投标或直接发包的建设工程，以及2019年3月31日前发布了招标文件但尚未开标的建设工程，招标文件、招标控制价编制及合同签订均应按调整后的建筑业增值税新税率执行。 （二）2019年4月1日前已开工但未竣工的建设工程，2019年4月1日前完成工程量部分仍按建筑业增值税原税率执行；2019年4月1日起完成工程量部分按调整后的建筑业增值税新税率执行。 （三）2019年4月1日前已竣工的建设工程，无论是否办理工程结算，仍按建筑业增值税原税率执行

由表2-3可知，北京地区更加尊重发承包双方约定，税率调整有赖于发承包双方之间的友好协商。而重庆和上海地区则着眼于工程施工的不同阶段，对税率处理给出了不同的处理操作方案，实操性更强。结合相关税率政策及工程实际，对于税率变更的相关建议如下：

第一，合同价款中包含的增值税与实际开具发票载明的增值税销项税额并不必然一致。后者是依据相关法律法规确定，需要直接向税务机关缴纳的税费，除符合税务政策中的免抵退及其他税收优惠条件外，一般不会调整；而前者是发承包双方基于平等协商就工程价款中的增值税计算方式达成的一致意见，对发承包双方具有约束力。当然，发承包双方对增值税税率如何约定，甚至承包人给予发包人“税金优惠”乃至不计取税金，都不影响承包人依法开具法定税率的增值税发票并承担相应的缴税义务，否则将会承担相应的行政甚至刑事责任。例如，发承包双方在施工合同中约定税率按10%执行，无论税金政策如何调整，均不再调整合同税率，税金变动风险由承包人负担或受益的，即使税率变更为9%，该约定依然有效，承包人只需要依照相关规定在符合条件后开具9%的增值税发票即可。

第二，承包人应当及时按约开票，迟延开具发票致使发包人产生税金损失的，发包人可以向承包人追偿。如果施工合同明确约定了发包人付款时间以及承包人发票开具时间，但承包人没有按照合同约定及时向发包人开具发票，致使税率降低后承包人无法再按既定税率开具增值税专用发票的，发包人可以向承包人主张税率降低部分的税金损失。虽然严格意义上来讲，税金需要缴纳给税务机关，但增值税作为流转税，税率降低将会致使发包人可以抵扣的进项税额减少，因此会产生部分税金损失，该部分损失属于承包人违约行为给发包人造成的损失，应当由承包人赔偿。

【参考案例】

案例1 福建某建设工程公司与石狮某建设公司建设工程施工合同纠纷案

基本信息

审理法院：石狮市人民法院。

案号：（2021）闽0581民初347号。

案情介绍

石狮市人民法院认为：二、石狮某建设公司主张因国家增值税税率调整而使福建某建设工程公司少缴的税费应在工程款中扣除。对此，本院认为，首先，增值税系对销售货物或者提供加工、修理修配劳务以及进口货物的单位和个人就其实现的增值额征收的一个税种，本案福建某建设工程公司作为施工单位，发生了增值税应税加工行为，应当缴纳增值税。国家降低增值税税率的直接目的是降低企业的税负，激发企业活力，但并不会对双方所约定的施工合同的固定总价产生任何影响，影响的仅是福建某建设工程公司所需要交纳的进项税金额，以及石狮某建设公司可以抵扣的销项税金额。双方合同约定的总价款为包含增值税的固定总价，该价格不因市场变化、政策调整或其他任何因素而调整。其次，福建省住房和城乡建设厅于2019年3月31日将增值税率调整为9%，并于2019年4月1日起施行，而本案案涉工程合同系2016年12月29日签订，2017年12月10日完工，即福建某建设工程公司按约定11%税率向石狮某建设公司支付工程款的时间发生在国家税率调整之前。福建某建设工程公司无权以《关于重新调整我省房屋建筑与市政基础设施工程计价依据增值税税率的通知》的规定为依据要求调整讼争工程的税率约定。再次，根据“竣工验收合格，结算经相关部门审核前，合同内工程进度款按经发包人审核的完成工程量不超过90%的比例申请”的合同约定，石狮某建设公司应在竣工验收合格后支付不超过90%的工程款，但讼争的工程款1 052 739元与已经支付的工程款2 950万元相加后，石狮某建设公司支付的工程款比例仍未超过90%，可见石狮某建设公司并未按约定支付工程款。石狮某建设公司不按约定支付工程款的违约行为，不应得到法律的正面评价，且由此产生的不利法律后果应由石狮某建设公司自行承担，故石狮某建设公司无权要求核减税收调整费用7.737 5万元。综上，石狮某建设公司提出的应从工程款中核减税收调整费用7.737 5万元的主张，依据不足，本院不予采纳。

案例2 浙江某建设公司与宁波某工程公司建设工程施工合同纠纷案

基本信息

审理法院：浙江省宁波市中级人民法院。

案号：(2020) 浙02民终4210号。

裁判要旨

依约案涉合同单价系固定包干单价，其中已包含完成本协议工程所需的所有相关费用，包括但不限于管理、税金等费用。同时，双方当事人在案涉合同中明确约定支付任何款项，需要提供同等金额的增值税专用发票。上述约定表明，无论税率是否调整，案涉工程单价均不会发生变更，仅需提供相应的增值税专用发票即可，因税率变动所产生的利益或亏损应仅与承包人相关，而与发包人无涉。

案情介绍

浙江某建设公司承建了由宁波某置业有限公司开发的鄞州区下应地段江六新村北侧地块项目（即宁波云堇台项目）。2018年10月10日，浙江某建设公司将其承建的鄞州区下应地段江六新村北侧地块项目的土方工程分包给宁波某工程公司施工，并签订了《土方分包合同》，其中合同工期约定，宁波某工程公司应保证按现场情况提供足够的机械、人员进行施工，如浙江某建设公司工期需要，宁波某工程公司应无条件进行日夜加班施工，相关费用包含在本合同固定单价中；同时必须满足每天出土量4 000m^3，如果宁波某工程公司不能满足浙江某建设公司的条件，并延迟工作，浙江某建设公司将以每天5万元的经济处罚。如工期延误另有原因，必须现场负责人签字有效。在合同价款约定，综合承包单价为117元/m^3，土方场内短驳16元/m^3；开挖前由总包、土方单位双方根据施工现场实际所挖土方进行现场测量计算，双方测量所得数据作为最终结算数据；以上所有单价均为固定包干单价，上述固定单价已包含完成本协议工程内容所需的所有相关费用，包括但不限于：管理、税金、台班等；在工程结算及价款支付中约定，宁波某工程公司完成工作量按实结算，宁波某工程公司应在施工完成后，向浙江某建设公司提交结算申请，实际量以浙江某建设公司审核并签发的签订单为准；双方经协商同意本工程分三次支付土方工程款，第一次支付节点：按浙江某建设公司与建设方签订的总合同中底板完成支付节点，建设方支付宁波某工程公司后同步支付土方单位在本次建设方核准的支付所完成土方工程中的80%；第二次支付节点：按浙江某建设公司与建设方签订的总合同中顶板全部完成支付节点，建设方支付宁波某工程公司后同步支付土方单位在本次建设方核准的支付所完成土方工程中的80%；第三次支付节点：余款20%在主体工程全部封顶完成后根据双方签字的结算单金额一个月内付清；自合同签订之日起，每次付款前宁波某工程公司应提供结算单相应数量、金额的发票至浙江某建设公司项目部，并应主动要求签收标明日期，否则浙江某建设公司有权延期至发票提交后 30 个工作日支付，浙江某建设公司此种延期付款行为不视为违约，也无需承担违约责任；宁波某工程公司必须提供与合同供方名称相同的增值税抵扣（10%税率）专用发票，如因宁波某工程公司提供的发票有误等原因而造成的付款延期，由宁波某工程公司自负。若因宁波某工程公司土方处置困难，导致工期延误，每次仅付款至已完工程产值的 50%，宁波某工程公司并承担土方挖运每延误一天 50 000 元的罚款。

法律分析

本案例中的固定包干单价实质为全费用综合单价，价格中不仅包含价税分离计价模式下的综合单价中的人工、材料、机械、管理费、利润，还包括措施费、规费、税金和风险费用等，从费用组成上看全费用综合单价与价税分离计价模式下的综合单价有本质区别，固定全费用综合单价承包人承担除工程量变化以外的全部风险，税率调整属于价格风险，应由固定全费用综合单价的承包人享有或承担。

案例 3 庐山某城建公司与九江某置业公司建设工程施工合同纠纷案

基本信息

审理法院：江西省高级人民法院。

案号：(2020) 赣民终 955 号。

裁判要旨

根据双方合同约定，诉争工程造价并非包干价，合同约定的暂定总价与包干价不同。且双方 2017 年 11 月 28 日签订的《补充协议》第四条虽约定暂定总价 4 000 万元，但同时约定“最终总价以本合同第五条结算为准”，而第五条约定诉争工程按照 2004 年江西省的相关定额结算。因双方约定诉争工程造价按照定额结算，而按照 2004 年江西省的相关定额计取的税金应是依照法定的税率据实结算，故国家增值税税率由 10%下调到 9%，应按 9%据实结算，对于因降低 1%的税率而少交的 58 万元税款不应计入诉争工程总造价。税金的计取不同于合同约定的调差，承包人以税率调整不属于合同约定的调差范围为由主张按照 10%计取税金，无法律依据。

案情介绍

2017 年 12 月 1 日，承包人庐山某城建公司与发包人九江某置业公司签订合同协议书，主要内容如下：工程名称：九江市新雪域进口肉类指定口岸项目。工程地点：九江市浔阳区某工业基地 1 号地 A-04-2 地块。工程内容：土建工程图纸以内的土方开挖、土建、装饰、水、电安装及消防工程。计划开工日期为 2017 年 12 月 1 日，计划竣工日期为 2018 年 10 月 28 日，工期总日历天数为 300 天；工程质量符合合格标准；签约合同价为人民币 4 000 万元；工程缺陷责任期为 24 个月，缺陷责任期自工程通过竣工验收之日起计算。单位工程先于全部工程进行验收，单位工程缺陷责任期自单位工程验收合格之日计算。缺陷责任期终止后，发包人应退还剩余的质量保证金。最终结清：除专用合同条款另有约定外，承包人应在缺陷责任期终止证书颁发后7天内，按专用合同条款约定的份数向发包人提交最终结清申请单，并提供相关证明材料。除专用合同条款另有约定外，发包人应在收到承包人提交的最终结清申请单后14天内完成审批，并向承包人颁发最终结清证书。除专用合同条款另有约定外，发包人应在颁发最终结清证书后7天内完成支付。发包人逾期支付的，按照中国人民银行发布的同期同类贷款基准利率支付违约金；逾期支付超过56天的，按照中国人民银行发布的同期同类贷款基准利率的两倍支付违约金等。

在2020年1月19日的《建设工程结算审核定案表》上，双方均盖章确认案涉工程最终审定总价为73 380 238.94元，并注明本次最终总结算中（73 380 238.94元）不含增值税下调1%（58万元）的部分，58万元增值税双方协商后另行约定。在该建设工程结算审核定案表的结算价明细的附表一中，双方均有盖章，扣减税金调整58万元、钢筋量差197 814.16元、冷藏间及基础工程土建装饰后浇带只有三层357 487.26元等，共计扣减1 252 417.28元。

法律分析

本案例中双方约定诉争工程造价按照定额结算，定额相关计价规范明确税金依照法定的税率据实结算。税金是否调整不能一概而论，需具体项目具体处理，建议发承包双方在合同中明确约定，避免争议。

案例4　泉州某机器人公司与玉环某机床公司买卖合同纠纷案

基本信息

审理法院：浙江省玉环县人民法院。

案号：（2013）台玉商初字第1997号。

裁判要旨

如合同价款未明确约定是否含税，应推定为含税价。

裁判观点

人民法院认为：被告提供的合同来源形式合法、内容真实、与其主张的待证事实具有关联，本院予以采信。故对账单项下的货款在原告无法证明系不含税的情形下依法推定为含税价。被告主张由原告开具票面金额194 000元的增值税发票于法有据。

2.0.30　工程变更　variation

工程总承包合同实施中，由发包人提出或由承包人提出，经发包人批准对发包人要求所做的改变；以及方案设计后发包的，发包人对方案设计所做的改变；初步设计后发包的，发包人对初步设计所做的改变。

【条文解读】

采用工程总承包，由于施工图设计，甚至初步设计已由承包人承担，原本在施工总承包下构成工程变更的情形，在工程总承包模式下很多已不成立。本条根据工程总承包的特点定义了工程总承包中的工程变更。结合项目实践及司法实践满足以下要件之一可能构成工程变更，一是发包人提出且造成承包人实际成本增加，二是承包人提出被发包人采纳且使项目功能明显提升。承包人提出变更经发包人审核同意的，并不一定构成工程变更，需要结合项目功能的变化情况以及发包人对费用增加的意思表示等综合判断。

【法律适用及商务提示】

结合本条定义，工程总承包的变更情形与传统施工总承包存在本质差别，发承包双方应摒弃传统变更计价原则。合同约定时应依据公平原则，参照本规范翔实约定。工程总承包变更与传统施工总承包变更主要存在以下差别。

1. 变更包含范围不同

传统施工总承包，图纸由建设单位提供，图纸中存在问题以及非承包人原因导致的变更及价款增加均由发包人承担。而工程总承包的变更范围在本条作了明确定义，仅包含发包人对发包人要求、方案设计或初步设计的变更。

2. 变更的费用承担方式不同

结合司法实践，工程总承包变更费用的计算基本可遵循以下原则：工程承包范围、内容及功能不发生变化时，原则上没有变更增加；承包人针对工程特点进行深化优化不属于变更增加；承包人利用合同内原有设备适应新的施工需求，并未拆除后重新增加设备，也不属于变更增加；工程建设过程中增加的材料及设备等，没有证据证明将项目功能明显超越原合同约定的功能的不认定变更增加；满足合同未包含、甲方要求或认可、功能确有增加等条件的变更可以计入变更增加；发包人主动对发包人要求、方案设计和初步设计等变更，原则上应计入变更增加。

2.0.31 价格指数 construction cost index

反映建设工程的人工、材料、机械等要素在一定时期内价格水平变动趋势和程度的相对数。

【条文解读】

在施工总承包模式下工程价款调整通常用价差法，而工程总承包本规范明确采用国际通行的价格指数法。实际操作中，价格指数法调整价差时需要明确需调价要素的种类及占比，以及价格指数的参考依据，建议投标前事先做好事先询价和投标策划，做好价格指数谈判，并在合同中进行明确约定。

2.0.32 工程签证 variation instruction

发包人和承包人或其授权的代理人就工程合同履行过程中涉及的责任事件所作的签认证明。

2.0.33 索赔 claim

工程合同履行过程中，合同当事人一方因非己方的原因而遭受损失，按合同约定或法律法规规定应由对方承担责任，从而向对方提出补偿的要求。

【条文解读】

工程签证与索赔是当前 EPC 合同结算纠纷争议的主要焦点。工程签证实质为承包人完成的合同发承包范围外的工作内容。索赔实质是一方当事人因非己方原因遭受损失，要求对方承担责任、赔偿损失。工程总承包中特别注意工程签证、索赔及合同范围的区分。建议投标前做好事先策划，中标后做好谈判并在合同中约定明确，实施中做好过程确权和资料收集，另外注意索赔的时效把控，避免因超时而丧失索赔的权利。

2.0.34 签约合同价 contract sum

发承包双方在工程合同中按照承包范围约定的价格，一般包括工程费用、工程总承包其他费和预备费的合同总金额。

【条文解读】

此处的“签约合同价”不同于施工总承包下的签约合同价。注意使用中发承包双方应根据发包范围分别进行计价，特别注意其包含的费用项目（工程费用、工程总承包其他费和预备费等）。

2.0.35 合同价款支付分解表 payment schedule

工程总承包合同价款支付的金额和方式。即对签约合同价包含的工程费用、工程总承包其他费用按照工程总进度计划的里程碑节点，及其估价形成的付款计划表。

【条文解读】

实行工程总承包，合同约定的很多费用项目是以“项”为单位的总价，无法按照施工总承包按量计价支付，只能使用双方商定的“付款工具——合同价款支付分解表”。合同价款支付分解表是项目付款节点的约定，项目实施中在无变动或意外情况下的，应按照合同价款支付分解表约定的里程碑节点和付款比例进行工程款支付。

2.0.36 进度款 progress payment

合同工程实施过程中，发包人按照合同价款支付分解表，对承包人完成工程进度计划的里程碑节点给予支付的款项，也是合同价款在合同履行过程中的期中结算与支付的款项。

【条文解读】

实行工程总承包，合同价款的支付不同于施工总承包按量计价支付，因此，合同价款按照承包人完成工程进度计划的里程碑节点支付是总承包合同适宜采取的支付方式，本规范借鉴《标准设计施工总承包合同条件》定义这一术语。

2.0.37 竣工结算价（合同价格） completion settlement price(final contract sum)

发包人根据合同约定支付给承包人完成全部承包（包括缺陷修复）工作的合同总金额，包括履行合同过程中按合同约定进行的合同价款的调整及索赔的金额。

【条文解读】

此处的“竣工结算价”，不管是固定总价合同还是可调总价合同，注意要包含“合同外费用”的价款的调整及索赔费用计入，如工程变更、工程签证及索赔。另外注意结合合同约定处理预备费，可调总价合同应将预备费扣除，固定总价合同不应扣除预备费。

3 基本规定

3.1 工程总承包模式条件

3.1.1 发包人宜根据建设项目的特点、自身管理能力和实际需要、风险控制能力选择工程总承包模式。工程总承包包括（但不限于）下列模式：

1 设计采购施工总承包（EPC）；

2 设计施工总承包（DB）。

【条文解读】

设计采购施工总承包（EPC）源于 FIDIC 1999 年发布的银皮书，设计施工总承包（DB）源于 FIDIC 1999 年发布的黄皮书。《工程总承包管理办法》结合国际惯例及我国实际情况，对我国的工程总承包模式作了定义，明确该办法所指称工程总承包是指承包单位按照与建设单位签订的合同，对工程设计、采购、施工或者设计、施工等阶段实行总承包，并对工程的质量、安全、工期和造价等全面负责的工程建设组织实施方式。本规范规定的工程总承包模式与《工程总承包管理办法》保持一致，明确工程总承包包括但不限于设计采购施工总承包（EPC）和设计施工总承包（DB）两种模式。DB 模式适用于业主已经完成了可行性研究及方案设计，有明确的设计方向和总体规划，总承包商承担的设计主要是为了最终输出而具体落实设计某个机电装置及其配套的建筑；EPC 则包括从项目策划、投资研究、方案设计、初步设计、详细设计、合同履约、验收等全过程全方位的总体策划。

3.1.2 具有下列情形时，发包人不宜采用设计采购施工总承包（EPC），可采用设计施工总承包（DB）：

1 投标人没有足够的时间或信息仔细审核发包人要求，或没有足够的时间或信息进行设计、风险评估和估价；

2 施工涉及实质性地下工程或投标人无法检查的其他区域的工程；

3 发包人要密切监督或控制承包人的工作，或审查大部分施工图纸。

发包人以施工图项目进行工程计量和计价应采用施工总承包。

【条文解读】

本条参照了 FIDIC 2017 年发布的银皮书中关于设计采购施工总承包（EPC）合同条件的适用情形，明确了不宜采用 EPC 而应采用 DB 的三种情况。本条体现设计采购施工总承包（EPC）和设计施工总承包（DB）适用的本质区别，即承包商承担风险的不同。在承包商无法充分掌握项目情况、不明地质情况或发包人干预较多时，哪怕是非常有经验的承包商，也可能无法预见相关风险，这种情形下使用设计采购施工总承包（EPC）模式对承包商是显失公平的。本条结合我国目前项目实际特别强调以施工图进行计量和计价的项目不适用于工程总承包。如业主对承包商的每次结算与付款都需要经过按工程量计价确定，甚至在某些项目上对承包商的最终结算还规定以施工图预算评审结果为准，这实际上是“穿着工程总承包的新鞋，走的施工总承包的老路”，因此，本条最后规定，发包人以施工图进行工程计量计价的，应当采用施工总承包。

3.1.3 建设项目工程总承包可在可行性研究报告、方案设计或初步设计批准后进行。发包人应当根据建设项目特点、实际需要和风险控制选择恰当的阶段进行工程总承包的发包。

发包人确定建设项目工程总承包发包阶段后，可按下列规定选择工程总承包模式：

1 可行性研究报告批准后发包的，宜采用设计采购施工总承包（EPC）模式；

2 方案设计批准后发包的，可采用设计采购施工总承包（EPC）或设计施工总承包（DB）模式；

3 初步设计批准后发包的，宜采用设计施工总承包（DB）模式。

【条文解读】

本条结合我国项目实际情况，对采购施工总承包（EPC）和设计施工总承包（DB）模式适用情形作了进一步规定。结合第3.1.2条和第3.1.3条的规定，进一步明确设计采购施工总承包（EPC）和设计施工总承包（DB）模式的本质区别在于承包方在项目建设中负责的工作、发挥的价值和承担的责任的差异。在方案设计或初步设计阶段，承包方承担更多的工作和职责，有更大的发挥空间。在方案设计已获批准、特别是初步设计获得批准后，整个项目的总体规划、功能布局和设计方向等已经有了相对明确的标准，承包商承担工作、职责和发挥空间有限，应适用设计施工总承包（DB）模式。发承包双方应参照本条规定，结合项目实际合理确定项目工程总承包模式。

【法律适用及商务提示】

本条规定了工程总承包模式的适用情形，以便发包人正确选择。对于FIDIC系列合同条件下工程总承包的模式选择，国际咨询工程师联合会为适应市场的发展，于1999年在原有的红皮书合同条件和黄皮书合同条件之外，新增了银皮书合同条件。了解银皮书合同条件出台的背景，有助于理解和适用EPC模式和DB模式。

1. FIDIC银皮书合同条件的出台背景

1999年版FIDIC银皮书合同条件序言中详细说明了银皮书合同条件出台的背景。在红皮书合同条件和黄皮书合同条件适用的过程中，国际咨询工程师联合会注意到建设市场需要一种固定最终价格和竣工日期的合同格式。在交钥匙项目中，许多项目由私人投资，且建设项目只是复杂商业投资项目的一部分，建设项目资金或工期出问题将对整个商业投资项目产生不利影响，因此贷款人要求发包人的项目成本要比传统合同条件中的成本有更大的确定性。在此类项目中，为了更大程度地确定最终价格，承包人需要承担比红皮书合同条件和黄皮书合同条件中更大范围的风险，包括出现不良或未预计到的场地条件等。若要求承包人承担此类风险，发包人必须在承包人签署固定价格合同前，给予承包人一定的时间和机会，以便承包人能够获取和研究所有相关资料。在此类合同中，发包人承担战争、恐怖主义和类似风险，以及其他不可抗力风险等。但对于合同双方来说，在签订合同前，通常也需要对其他风险进行沟通和协商。

在私人融资项目中，越来越多的项目要求合同中的合同价格、时间和功能具有更大的确定性，并且，在许多国家的公共部门的项目中，也要求类似的合同条款，尤其是交钥匙项目的合同。在此类项目中，发包人经常不完全遵照红皮书合同条件和黄皮书合同条件中的条款，而是对相关条款进行修改，把 FIDIC 标准合同中应由发包人承担的风险转移给承包人，实际上摒弃了 FIDIC 合同条件中平衡分配风险的传统原则。国际咨询工程师联合会注意到发包人的这一需求之后，认为应当对合同各方的这类要求公开予以承认，使之合法化、规范化。通过制定 FIDIC 标准合同格式，在发包人要求中明确应当由承包人承担的风险，使得发包人不必为了采取其他风险分配方案而修改标准格式，承包人也可以充分了解其应当承担的风险。并且，承包人考虑到其承担了额外风险，也将适当地增加其投标价格。

根据 FIDIC 合同序言，为设计采购施工（EPC）/交钥匙工程拟定的银皮书合同格式，不仅可适用于 BOT 项目或类似投资模式下的设计采购施工（EPC）合同，还可适用于所有项目，特别是电器和机械，以及其他加工设备项目。

2. EPC 模式和 DB 模式的对比

（1）管理体系的对比。在管理体系方面，EPC 模式和 DB 模式的主要区别在于是否有工程师。

EPC 模式下，管理体系由发包人与承包人两方共同组成，具有以下特点：①发包人对整个项目的设计及实施只具有监督权，没有控制权，通常对项目的干预较少；②承包人具有较大的权利和灵活性，因发包人无法或者没有能力过分干预项目设计，承包人就可以在方案及设计优化、组织实施和选择分包人等方面享有较高维度的自主权，能够充分发挥承包人的主观能动性和优势；③整个项目的设计、采购与施工全部处于承包人的掌控之下，承包人对设计、工期、价款、质量等全部直接承担责任，扯皮空间较小；④由于承包人的自由度较大，相关方案选择及具体实施可能会面临更大的风险，同时管理义务及管理责任也较大，发包人往往通过固定总价合同方式将风险及管理义务转移给承包人，一旦承包人未能合理组织施工，将会面临直接大额违约责任。

DB 模式下，管理体系除了有发承包双方外，还有工程师，其中工程师与承包人之间往往没有直接的合同关系，双方均分别与发包人之间存在直接的合同关系，工程师接受发包人的委托对承包人进行监督，而承包人也应当接受工程师的监督。具有以下特点：①工程师通常为专业单位及人员，具备较高的专业知识与项目管理能力，对工程质量和工期管控均较为严格；②承包人完成的设计图纸一经发包人确认就应作为施工依据，工程师以发包人确认的施工图纸为依据对承包人的施工进行全面监督，如有未按图纸施工部分，将会下发整改或停工要求；③DB 合同可以选择采用固定总价合同或者可调总价合同。

（2）承包范围的对比。EPC 模式下，承包人负责设计、采购和施工，承包范围更广，而 DB 模式下，承包人负责设计和施工两项工作，不包括工程设备等采购工作。

（3）设计内容的对比。EPC 模式下，承包人的设计包括概要设计和详细设计等，DB 模式下，承包人的设计内容仅指详细设计，不包括概要设计，即需将发包人要求及提供的初步设计等文件具体落地。

（4）承包人风险承担的对比。EPC 模式下，承包人承担的风险高于 DB 模式下承包人的风险。EPC 模式下，发包人将项目几乎全部工作都交由承包人实施，相应的相关风险也一并转移给承包人，除了合同价款不因不可预见的困难和条件而调整外，甚至发包人要求或提供资料存在错误相应的风险，也由承包人负担。

DB 模式下，承包人所承担的风险介于施工总承包模式与 EPC 模式之间，发包人要求及提供资料存在错误或者发包人要求发生变更的，通常应当调整合同价款。

（5）索赔范围的对比。EPC 模式下，承包人索赔的范围小于 DB 模式下承包人的索赔范围。

EPC 模式下，2017 年版银皮书规定承包人可提出索赔的条款包括：第 2.1 款规定的现场进入权，第 4.24 款规定的化石，第 7.4 款规定的试验，第 8.4 款规定的竣工时间的延长，第 8.5 款规定的当局造成的延误，第 8.9 款规定的暂停的后果，第 10.3 款规定的对竣工试验的干扰，第 12.2 款规定的延误的试验，第 12.4 款规定的未能通过竣工后试验，第 13.7 款规定的因法律改变导致的调整，第 14.8 款规定的延误的付款，第 16.1 款规定的承包商暂停工作的权利，第 17.4 款规定的雇主风险的后果，第 18.1 款规定的有关保险的一般要求，第 19.4 款规定的不可抗力的后果。

DB 模式下，除了上述 EPC 模式下承包人可提出索赔的条款之外，承包人还可以根据第 1.9 款雇主要求中的错误、第 4.7 款放线、第 4.12 款不可预见的物质条件、第 10.2 款部分工程的接收等进行索赔。

3. 关于 EPC 模式和 DB 模式的选择建议

（1）不适用 EPC 模式的情形。FIDIC 银皮书合同条件中未规定哪些项目适用 EPC 模式，而是反向规定了不适用 EPC 模式的情形。1999 年版 FIDIC 银皮书合同条件规定的不适用 EPC 模式的情形有：①如果投标人没有足够时间或资料，以仔细研究和核查发包人要求，或进行他们的设计、风险评估和估算（特别是考虑第 4.12 款和第 5.1 款）；②如果建设内容涉及相当数量的地下工程，或投标人未能调查的区域内的工程；③如果发包人要严密监督或控制承包人的工作，或要审核大部分的施工图纸；④如果每次期中付款的款额要经职员或其他中间人确定。

2017 年版 FIDIC 银皮书合同条件对不适用 EPC 模式的情形进行了调整，具体如下：①如果投标人没有足够的时间或信息仔细审核和检查雇主要求，或没有足够的时间或信息进行设计、风险评估研究和估价；②如果施工涉及实质性地下工程或投标人无法检查的其他区域的工程，除非有特别规定说明不可预见的条件；③如果发包人打算密切监督或控制承包人的工作，或审查大部分的图纸。

同时，国际咨询工程师联合会建议，在上述不适用于 EPC 模式的情形下，承包人负责设计的工程项目，可以适用黄皮书合同条件，即采用 DB 模式。

本规范第 3.1.2 条借鉴 FIDIC 合同的前述规定，要求在该条所列的三种情形下应当使用 DB 模式，而非使用 EPC 模式。

（2）《菲迪克（FIDIC）合同指南》对 EPC 模式的选择建议。根据《菲迪克（FIDIC）合同指南》中对于 EPC 模式和 DB 模式进行了对比，并就两种模式的选择提出了建议，EPC 模式适用于：①项目的最终价格和工期要求有更大的确定性；②有承包人承担项目的设计和实施全部职责的，加工或动力设备、工厂或类似设施、基础设施项目或其他类型开发项目。

在私人融资（或公/私融资）项目中，采用建造—运行—移交或类似的形式，由雇主对项目的融资、施工和运行承担全部职责，符合以下条件的，建议采用 EPC 模式：①发包人需要与承包人签订一个合同，规定由承包人承担基础设施或其他设施的设计和施工的全部职责，并做到不超过合同协议价格和工期，实现更大程度的确定性；②只要最终结果符合发包人规定的性能标准，发包人不希望介入工作的日常进展；③有关各方（如发起人、贷款人和发包人）愿意向承包人多支付一些价款，作为对承包人承担最终合同价格和工期固定性的额外风险的回报。

在加工设备或动力设备（或工厂或类似的设施）项目中，发包人（由其提供资金）希望按照固定价交钥匙完成项目，符合以下条件的建议采用 EPC 模式：①发包人希望承包人承担加工或动力设施的设计和施工的全部职责，做好移交、“转动钥匙”即可运行的准备；②发包人希望合同价格和工期都不超过协议的约定，实现更大程度的确定性；③发包人希望项目严格按照双方方式组织，即没有“工程师”参与；④只要最终结果符合发包人规定的性能标准，发包人不希望介入工作的日常进展；⑤有关各方（如发起人、贷款人和发包人）愿意向承包人多支付一些价款，作为对承包人承担最终合同价格和工期固定性的额外风险的回报。

在基础设施项目（如公路、铁路、桥梁、供水或污水处理厂、输电线，乃至水坝或水电厂）或类似工程，发包人（由其提供资金）希望按固定价格交钥匙方式完成项目，符合以下条件的建议采用 EPC 模式：①发包人希望由承包人承担设计和施工的全部职责；②发包人希望合同价格和工期都不超过协议的约定，实现更大程度的确定性（如可能有在不确定或困难场地条件下的地下工程，未预见的场地条件的风险应由发包人承担，并使适用黄皮书第 4.12 款的情况除外）；③发包人希望项目严格按照双方方式组织，即没有“工程师”参与；④只要最终结果符合发包人规定的性能标准，发包人不希望介入工作的日常进展；⑤有关各方（如发起人、贷款人和发包人）愿意向承包人多支付一些价款，作为对承包人承担最终合同价格和工期固定性的额外风险的回报。

在建筑项目中，发包人希望其建筑物按固定价格交钥匙方式建设，通常配齐家具、装置、设备，符合以下条件的建议采用 EPC 模式：①发包人希望承包人承担设计和施工的全部职责；②发包人希望合同价格和工期都不超过协议的约定，实现更大程度的确定性；③发包人希望项目严格按照双方方式组织，即没有“工程师”参与；④只要最终结果符合发包人规定的性能标准，发包人不希望介入工作的日常进展；⑤有关各方（如发起人、贷款人和发包人）愿意向承包人多支付一些价款，作为承包人承担最终合同价格和工期固定性的额外风险的回报。

（3）《菲迪克（FIDIC）合同指南》对 DB 模式的选择建议。DB 模式推荐用于由承包人（或其代表）承担大部分（或全部）设计的电气和（或）机械设备供货和建筑或工程项目。对于较大或较复杂的项目，在承包人要承担大部分设计工作的情况下，符合以下条件的建议采用 DB 模式：①如在传统项目中（例如电气和机械工程，包括现场安装），承包人承担大部分设计（例如生产设备或装备的详细设计），使生产设备符合雇主编制的纲要或性能规范。在设计—施工和交钥匙类型的项目中，承包人也承担大部分设计（不仅是生产设备还有各种基础设施和其他类型的项目），并要求项目符合雇主编制的纲要或性能要求；②有工程师（或雇主代表）管理合同、监督设备制造与现场安装或施工工作，以及证明付款；③付款方式一般依照实际完成的工程里程碑按总额支付。

3.1.4 发包人采用工程总承包模式，应编制工程总承包合同中称为“发包人要求”的文件，在文件中明确建设项目工程总承包的目标、范围、功能需求、设计与其他技术标准。

发包人没有编制“发包人要求”，或编制的“发包人要求”不能实现工程建设的目标时，不宜采用工程总承包模式。

【条文解读】

发包人要求是体现工程总承包与施工总承包本质区别的核心文件。施工总承包依据技术标准、要求和图纸等投标报价，而实质上工程总承包中的发包人要求和施工总承包中的技术标准、要求和图纸等都是发包人关于工程目的的体现。发包人要求是承包人投标的重要依据，是合同文件的重要组成部分，是指导工程实施并检查工程是否符合发包人预定目标的重要基础，是我国工程总承包法规制度的核心和灵魂。发包人要求的深度、广度等直接决定项目的整体建设情况。

【法律适用及商务提示】

1. 发包人要求应清晰准确、没有歧义

施工总承包模式下，设计图纸及施工过程中的各项变更及现场指令构成了“发包人要求”，整个建设项目从整体到任一细部在设计图纸及相关图集中都有充分体现，包含了尺寸、型号、工艺等方方面面，成百上千张的图纸外加图纸会审及交底等共同确保承包人准确无误地理解发包人要求，将构想化为现实。

工程总承包模式下，无论是初步设计完成前的发包，还是初步设计完成后的发包，均无法达到前述效果。发包人要求通常是在方案设计、初步设计等基础上，通过语言文字描述的方式进行，由于相关设计图纸仅是关于本项目的整体设想，无法具体到每一个部位，而语言文字又极易产生理解偏差，给合同履行及结算带来了极大的风险。因此，发包人要求应当清晰明确，对于可以定量的要求，应当通过列表等形式予以定量，相关做法和要求可以直接引用相关规范或图集。

（1）发包人角度。

1）提高对发包人要求的重视程度，结合需求，尽可能完善发包人要求，列明工程总承包项目的目标、范围、功能需求、设计与其他技术标准。特别针对竣工（后）试验、项目管理规定及其他作出详细要求。相关要求应提纲挈领、简明扼要、内容全面，且应当达到合同双方当事人对于合同目的有基本认识一致的程度。

2）可参照类似项目的建设过程资料编制发包人要求。涉及重大事项的可以通过一次或多次专家论证的方式明确。标准引用时注意在项目建设期将失效或生效的标准需特别说明。如可能失效或者生效的标准对项目建设造成重大影响的，建议在发包人要求或者合同中明确具体处理方式。

3）建议在合同或发包人要求中明确承包人对发包人要求进行详细审核的义务和提出合理化建议的权利，审慎研究承包人提出的相关问题和合理化建议并完善发包人要求。如发包人要求中存在有经验的承包商可预见的问题，承包人在招投标阶段或商务谈判阶段未提出的，相关费用增加和工期延误由承包人承担；如承包人提出的合理化建议实现对项目建设提质增效，向承包人进行适当比例的利益分成。

4）建议发包人与承包人对于发包人要求文件推进交底制度，应当互相对文件条款进行进一步的解释，避免出现理解偏差。

5）《工程总承包管理办法》第七条规定：“采用工程总承包方式的政府投资项目，原则上应当在初步设计审批完成后进行工程总承包项目发包”。根据该规定，政府投资的工程总承包项目应以经批准的初步设计及概算等资料为依据，特别是《发包人要求》的编制不得与已审批的初步设计及概算等资料存在实质偏差。

（2）承包人角度。

1）承包人作为专业的设计施工单位，应尽到更高的审慎义务，建议组织专业团队研究发包人要求，充分掌握发包人对目标、范围、功能需求、设计与其他技术标准的相关要求。对发包人要求中不明确或者其他制约报价的因素，及时与发包人沟通明确。

2）结合项目实际，从有经验的承包商角度，客观公正地提出发包人要求中存在的问题及缺陷。针对发包人未予采纳的问题和缺陷，项目实施过程中确实发生的可以索赔相关费用及工期。

3）招投标阶段或商务谈判与发包人商定合理化建议予以利益分成，在项目前期及实施阶段从为项目提质增效的角度提出合理化建议。

2. 履约过程中及时完善发包人要求

实践中一些工程总承包项目受发包人招标时前期设计深度和技术要求不够明确等限制，对于发包人要求并未在招标或签约时予以具体明确，此时发承包双方在履约过程中应及时完善发包人要求。注意完善发包人要求不应作实质性功能改变，如确实需要改变功能的，按变更处理。

3.1.5 发包人采用工程总承包模式，应依据相关法律规定，要求承包人提供履约担保，并在合同中约定履约保函占签约合同价的比例及数额。

发包人应当向承包人提供工程款支付担保。

【条文解读】

本条第 1 段借鉴目前通行做法，要求承包人提供与承包范围相适应的高额保函，是维护发包人利益、保障工程总承包顺利推行的重要举措。《保障农民工工资支付条例》（国务院令第 724 号，以下简称《保障农民工工资支付条例》）第二十四条第一款规定：“建设单位应当向施工单位提供工程款支付担保”。本条第 2 段依据该条规定，规定发包人应当对等地提供保函，维护承包人的利益。

【法律适用及商务提示】

1. 履约担保时效管理

项目建设实施中应做好履约担保的时效管理，确保履约担保在项目建设、竣工及缺陷责任期内持续有效。

2. 工程款支付担保

虽然本规范规定发包人需要向承包人提供工程款支付担保，但工程实践中，发包人实际向承包人提供工程款支付担保数量较少。《保障农民工工资支付条例》第五十七条：“有下列情形之一的，由人力资源社会保障行政部门、相关行业工程建设主管部门按照职责责令限期改正；逾期不改正的，责令项目停工，并处 5 万元以上 10 万元以下的罚款：

（一）建设单位未依法提供工程款支付担保；（二）建设单位未按约定及时足额向农民工工资专用账户拨付工程款中的人工费用；（三）建设单位或者施工总承包单位拒不提供或者无法提供工程施工合同、农民工工资专用账户有关资料。”根据本条规定，向承包人提供工程款支付担保系发包人的法定义务，承包人可以据此要求发包人提供相关担保。

3.1.6 采用工程总承包模式，发承包双方应实行工程保险，增强防范风险能力。

【条文解读】

《工程总承包管理办法》第十五条规定：“鼓励建设单位和工程总承包单位运用保险手段增强防范风险能力”。由于相较于施工总承包，工程总承包模式下，发承包双方都会面临更大的风险，因此本规范也推荐发承包双方实行工程保险，增强防范风险能力。

【法律适用及商务提示】

（1）施工企业的人员、财产和车辆保险费包含在工程费用中。根据《建筑安装工程费用项目组成》相关规定，施工企业管理人员的社会保险和劳动保险、除管理人员以外其他人员的劳动保险、财产和车辆保险费包含在企业管理费中。

（2）建设项目工伤保险和意外伤害险。《关于进一步做好建筑业工伤保险工作的意见》（人社部发〔2014〕103号）规定“建筑施工企业应依法参加工伤保险；针对建筑行业的特点，建筑施工企业对相对固定的职工，应按用人单位参加工伤保险；对不能按用人单位参保、建筑项目使用的建筑业职工特别是农民工，按项目参加工伤保险”；《中华人民共和国建筑法》（2019年修正，以下简称《建筑法》）第四十八条规定：“建筑施工企业应当依法为职工参加工伤保险，缴纳工伤保险费，鼓励企业为从事危险作业的职工办理意外伤害保险，支付保险费”。依据上述规定，建筑施工企业应按项目投保工伤保险和意外伤害险。结合各地费用组成相关规定，建设项目工伤保险和意外伤害险二选一投保即可，且相关费用包含在工程费用中，费用计算可参照各地的工程费用计算标准。

（3）建议发承包双方利用保险增强防范风险能力。工程保险费是规避项目建设风险、提高发承包双方及建设各方的抗风险能力的有效手段，建议各方通过保险手段规避风险。相关费用标准可依据项目规模、保险内容等与保险公司商定。投标限价及投标报价编制时，需要注意此项费用与工程费用的范围和内容，避免重复或遗漏。

3.2 工程总承包计价方式

3.2.1 发包人采用工程总承包模式时，应根据发包内容，按照下列规定作为建设项目控制投资的基础：

1 在可行性研究报告批准或方案设计后，按照投资估算中与发包内容对应的总金额作为投资控制目标；

2 在初步设计批准后，按照设计概算中与发包内容对应的总金额作为投资控制目标。

【条文解读】

本条明确了工程总承包的投资控制目标，与《政府投资条例》《中央预算内直接投资项目管理办法》《中央预算内直接投资项目概算管理暂行办法》等文件中关于建设项目投资管理中的投资估算、设计概算等做到衔接与统一，便于从源头上使投资受到有效管理和控制。

【法律适用及商务提示】

（1）投资估算或设计概算作为投资控制目标需注意范围匹配。按照本条约定，投资控制目标应为发包范围对应的投资估算或设计概算，在此说明以下两点：

1）结合项目实践，本条所说的投资估算或设计概算应包括发包范围对应的建筑安装工程费、设备购置费、工程建设其他费和预备费，常规投资估算或设计概算中包含的铺底流动资金和建设期贷款利息等不应计入上述范围。另外特殊项目投资估算或设计概算批复的部分配套项目（如轨道交通项目的车辆购置费等）应根据发包内容来确定。

2）本条明确以发包范围对应的投资估算或设计概算作为投资控制目标，并不是明确可直接将上述投资估算或设计概算作为工程总承包的招标限价，仍需要根据发包范围调整。

（2）投资估算或设计概算限额管理。《政府投资条例》第十二条明确经投资主管部门或者其他有关部门核定的投资概算是控制政府投资项目总投资的依据，初步设计提出的投资概算超过经批准的可行性研究报告提出的投资估算 10% 的，项目单位应当向投资主管部门或者其他有关部门报告，投资主管部门或者其他有关部门可以要求项目单位重新报送可行性研究报告。《政府投资条例》第二十三条明确政府投资项目建设投资原则上不得超过经核定的投资概算，因国家政策调整、价格上涨、地质条件发生重大变化等原因确需增加投资概算的，项目单位应当提出调整方案及资金来源，按照规定的程序报原初步设计审批部门或者投资概算核定部门核定，涉及预算调整或者调剂的，依照有关预算的法律、行政法规和国家有关规定办理。《中央预算内直接投资项目概算管理暂行办法》明确项目由于政策调整、价格上涨、地质条件发生重大变化等原因确需调整投资概算的，由项目单位提出调整方案，按照规定程序报原概算核定部门核定。概算调增幅度超过原批复概算 10% 的，概算核定部门应按照规定委托评审机构进行专业评审，并依据结论进行概算调整。上述投资管理办法明确两个原则：一是投资估算或设计概算原则上不允许突破，如确需突破的不得超过 10%；二是如果突破超过 10%，需要按照法定流程进行重新审查和审批，非政府投资项目在突破投资估算和设计概算时也需要进行重新审查和审批。

（3）投资控制目标不等同于招标限价。结合项目实践，即便工程总承包可为发包人规避大部分设计变更的风险，但工程实际建设中难免存在工程签证及索赔等事项，投资控制目标应考虑签证及索赔等。为合理管控投资、规避超估算和超概算风险，可将整体控制目标适当下浮后作为招标限价或在充分竞争的基础上合理确定合同价格。

（4）审慎确定工程总承包项目的价格及工期。项目实践中应重视前期工作，加强成果文件审核，客观全面审慎确定各投资估算、设计概算、招标限价、合同价，并客观制订工期计划。

【参考案例】

案例　江西某建设公司与江西某园区管理委员会建设工程施工合同纠纷案

基本信息

审理法院：最高人民法院。

案号：（2020）最高法民终 115 号。

裁判要旨

在鉴定结论与合同约定的总价及工期相差巨大，按合同总价确定工程款会导致双方权利义务失衡，且双方对实际施工成本高于合同价均有过错的情况下，法院可突破固定总价，依据鉴定结论确定应付工程款。

案情介绍

（1）2017年8月10日，江西省余干县公共资源交易中心网站发布了余干某产业园设计施工一体化（EPC）项目招标公告，江西某园区管理委员会为招标人，招标范围为余干某产业园设计施工一体化（EPC）项目的设计、采购、施工及项目管理工作，报名时间为2017年8月11日至2017年8月17日，江西某建设公司与深圳某建筑设计公司、案外人杭萧某股份公司组成联合体提交了报名资料。招标文件明确："投标企业应根据自身企业及本项目特点的实际情况及扩大初步设计阶段图纸进行项目概（预）算等造价文件编制并投标报价；本项目中标价为暂定合同价，中标后，招标人组织对中标人提交的扩大初步设计及前期设计文件进行综合评审，中标人依照评审结果进行设计修改和完善，并接续展开施工图设计。开工前，中标人需在投标造价文件及施工图设计的基础上编制施工图预算造价文件（全部费用总额不得高于中标价），经财政等部门审核后，作为施工造价控制及竣工结算的重要依据。"

（2）2017年11月10日，江西某建设公司、江西某园区管理委员会、深圳某建筑设计公司签订了《总承包合同》，约定工程内容为余干某产业园设计施工一体化（EPC）项目的设计、采购、施工及项目管理工作，建设规模约25万m^2，约定竣工时间为2017年12月31日，合同价格为36 768.26万元。

第一部分《合同协议书》主要约定工程概况、承包范围及要求，在第六条合同价格和付款写明，合同价格为36 768.26万元；合同价格说明及有关要求：本合同价为完成本项目招标范围内所有工作的全部费用总额；主材设备按照合同生效日期同期《江西省造价信息》中发布的当日信息价调差，其未收入的按有关规定规范执行；本合同价格有关要求：①承包人须准确响应本项目招标文件中关于造价文件编制的有关规定；②造价文件的编制须按照江西省住房和城乡建设厅《关于做好我省装配式建筑工程计价工作的通知》文件内容执行，其他非装配式建筑的工程计价按照国家现行规范和江西省现行工程定额执行；③造价文件须采用工程量清单计价，并出具各清单项分析表；④发包人组织对承包人提交的扩大初步设计及前期设计文件进行综合评审，承包人依照评审结果进行设计修改和完善，并接续展开施工图设计，承包人需在投标造价文件及施工图设计的基础上编制施工预算造价文件（全部费用不得高于合同价）；⑤承包人提交的预算造价文件须经余干县财政局等部门审核后，作为项目全过程造价控制及竣工结算的重要依据，结算造价文件须经余干县审计局等部门审计，终审结论造价即为本项目最终结算价。

（3）江西某建设公司于2017年12月18日向江西某园区管理委员会提交按照上述施工图纸编制的包含土建、装饰、幕墙、钢构、市政、安装、消防等分项在内的预算造价文件共11册，并报送余干县财政局财审，送审总价为72 970.443 88万元。但江西某园区管理委员会至今尚未作出最终的正式财审意见，余干县财政局余干某产业园项目科员胡某、财审主任徐某通过邮件形式回复江西某建设公司员工揭某，B 地块共 12 栋楼的工程审计造价为 30 034.743 298 万元，C01#楼审计造价为 3 919.456 428 万元。

（4）根据江西某建设公司的申请，一审法院委托江西某造价咨询有限公司对江西某建设公司承建的余干某产业园设计施工一体化（EPC）项目的造价及合理工期进行了鉴定。结论为：本次鉴定工程完成量的工程造价合计为 35 040.624 661 万元，本项目工程总工期为 671.9d。

法律分析

本案例中固定总价被突破的很重要的原因是“合同价格与客观事实不相符”，发包人对案涉工程实际施工成本高于合同价具有过错，造成合同价格与客观事实不相符，最终导致法院突破固定总价，依据鉴定结论确定应付工程款。项目实践中应重视前期工作，加强各阶段成果文件审核，特别是前期可行性研究、初步设计阶段，同时加强合同及项目管理，避免出现本案情形。

3.2.2 发承包双方应按照国家勘察设计规范，技术标准或发包人要求中提出的标准和合同中约定的承包范围，完成各自职责范围内建设项目的勘察设计工作并提供勘察设计文件，并应对各自提供的勘察设计文件的质量负责。

采用工程总承包，除发包人将全部勘察工作单独委托勘察人实施或合同另有约定外，发承包双方对勘察设计工作可按下列分工进行：

1 可行性研究报告批准或方案设计后发包，由发包人负责可行性研究勘察和初步勘察；承包人负责详细勘察和施工勘察以及初步设计和施工图设计、专项设计工作，按规定取得相关部门的批准，并符合专用合同条件的约定；

2 初步设计后发包的，由发包人负责详细勘察；承包人负责施工勘察以及施工图设计、专项设计工作，按规定取得相关部门的批准，并符合专用合同条件的约定。

【条文解读】

本条对于工程总承包项目不同发包模式下，发承包双方对勘察设计工作的分工进行了明确，以便于双方厘清计价界面，分清责任。

【法律适用及商务提示】

根据《岩土工程勘察规范》，岩土工程勘察宜分阶段进行，可分为可行性研究勘察、初步勘察、详细勘察、施工勘察四类。可行性研究勘察应符合选择场址方案的要求，初步勘察应符合初步设计的要求，详细勘察应符合施工图设计的要求，场地条件复杂或有特殊要求的工程，宜进行施工勘察，场地较小且无特殊要求的工程可合并勘察阶段。当建筑物平面布置已经确定，且场地或其附近已有岩土工程资料时，可根据实际情况，直接进行详细勘察。

因勘察与相应阶段设计工作的紧密性，工程实践中，发承包双方可根据项目实际情况对勘察与设计的匹配方式进行调整，从而充分发挥承包方的主观能动性，增强项目设计的可施工性，充分发挥工程总承包模式的优势，实现项目建设的提质增效。

3.2.3 建设项目工程总承包应采用总价合同，除工程变更外，工程量不予调整。

总价合同中也可在专用合同条件约定，将发承包时无法把握施工条件变化的某些项目单独列项，按照应予计量的实际工程量和单价进行结算支付。

发承包双方可根据本规范第 6 章的规定在合同中约定合同价款调整的内容，形成可调总价合同，据此进行调整，否则视为固定总价合同，合同价款不予调整。

【条文解读】

本条第 1 段规定了工程总承包合同采用总价合同方式。第 2 段是针对第 1 段的特殊性规定，根据工程建设的复杂性和施工条件的多变性，规定了可以将某些项目（如土石方）单独列项，形成了按实计量计价的单价项目，但并未改变总价合同的性质。第 3 段规定判断总价合同是可调的还是固定的，应当依据专用合同条件的约定。

【法律适用及商务提示】

1. 工程总承包合同价格形式的其他规定

工程总承包项目采用总价合同是国际和国内工程领域的共识，1999 版银皮书和黄皮书均明确 EPC 和 DB 项目应采用总价合同。

《工程总承包管理办法》第十六条明确规定："企业投资项目的工程总承包宜采用总价合同，政府投资项目的工程总承包应当合理确定合同价格形式。采用总价合同的，除合同约定可以调整的情形外，合同总价一般不予调整。建设单位和工程总承包单位可以在合同中约定工程总承包计量规则和计价方法。依法必须进行招标的项目，合同价格应当在充分竞争的基础上合理确定。"《工程总承包合同示范文本》合同协议书第四条第 2 款约定"合同价格形式为总价合同，除根据合同约定的在工程实施过程中需进行增减的款项外，合同价格不予调整，但合同当事人另有约定的除外。"本规范与《工程总承包管理办法》和《工程总承包合同示范文本》保持一致。

2. 部分按实计量计价部分的总价合同与可调总价合同的区别

部分按实计量计价部分的总价合同与可调总价合同有实质性的差别：总价合同中的按实计量计价部分是针对无法把握工程施工条件的情形，按照公平原则予以按实计量计价；可调总价合同是依据本规范第 6 章规定在合同中约定项目的可调价部分。

3. 注重工程总承包项目变更的把控

工程总承包项目的价格，需要严控变更，变更的认定原则可参照本规范第 2.0.30 条的相关描述。

4. 据实结算部分单价的控制及风险控制

工程总承包的据实结算部分实质与施工总承包的固定综合单价或预算下浮等计价方式相同。项目招标或商务谈判阶段需规避综合单价或预算下浮等计价方式中的高频争议点，如不平衡报价、基期确定、设备材料价格确定、人工材料调差以及下浮率等问题。

5. 可调价部分的约定应清晰、详实并具备可操作性

项目招标或商务谈判阶段，发承包人需根据项目建设内容、建设周期及可能风险等方面综合考量确定项目的计价模式，确有需要过程调价的应在合同中明确约定，明确调整内容及调整方式，调整方式需详实具体并具备可操作性。

6. 政府投资项目的价格形式选择

根据《工程总承包管理办法》规定，政府投资项目的工程总承包应当合理确定合同价格形式，应根据项目的发承包依据、发承包范围及其他项目情况合理确定，价格形式选用

可执行本规范相关规定。

对于政府投资的工程总承包项目而言，应审慎采用总价模式。其原因在于，不同于传统先设计后施工的模式，工程总承包模式的发包阶段相对靠前，而工程总承包单位既负责设计又负责后续的施工，如果采用总价合同，可能会存在利益输送的问题，例如前期设计方案较为复杂，将投资估算或设计概算做高，而在施工图阶段通过相关的优化措施，以使相关的施工成本降低，从而在总价合同的基础上使承包人获得不正当的收益，导致资金流失、投资浪费。

【参考案例】

案例 1 中国某集团公司与西安某环保科技公司等建设工程施工合同纠纷案

基本信息

审理法院：最高人民法院。

案号：（2021）最高法民终 750 号。

裁判要旨

法院主要从合同为固定总价合同、变更工作量比例是否满足合同约定的价款调整要求、变更项目是否属于承包范围、双方是否达成变更合意等方面进行判定。

案情介绍

2013 年 5 月 7 日，某集团钢铁公司作为业主与西安某冶金设计研究院作为承包商签订《榆钢支持抵债灾区恢复重建项目干熄焦分项 EPC 总承包合同》（以下简称总承包合同），工程承包范围为榆钢支持地震灾区恢复重建项目干熄焦项目 EPC 总承包工程的设计、采购、施工、安装调试、试车、试生产和功能考核直至竣工验收。合同总价款为（含税价）129 500 000 元，其中设备费为 77 060 000 元；建筑安装费为 47 237 500 元；其他费为 5 202 500 元。

通用条款 4. 5. 1（3） 承包商雇用的建筑和安装分包商不允许转包。

专用条款 3. 2 合同为固定总价合同，除下列原因外，不因政策性费用变化、市场价格变化而调整：因业主调整工程建设规模、技术标准所引起的投资增减；在合同履行中，因业主原因调整工程总承包范围及业主原因导致的较大设计变更引起的投资增减。

3. 3 由业主原因引起的较大设计变更导致合同价格调整：业主批准的设计变更，施工单位必须全面履行，但上述变更导致合同总价增加 5% 以内（包括 5%）的部分不予调整，工程变更造价差额超过 5% 的部分计价原则：按项目指挥部工程造价计价原则结算，按以上原则计算出的工程造价作补充合同另行签订。

2013 年 5 月 15 日，西安某冶金设计研究院作为发包商与承包商西安某环保科技公司签订《榆钢支持抵债灾区恢复重建项目干熄焦分项 EPC 总承包合同》（以下简称分项 EPC 总承包合同），工程承包范围为榆钢支持地震灾区恢复重建项目干熄焦项目 EPC 总承包工程的设计、采购、施工、安装与调试、试车、试生产和功能考核直至竣工验收。合同总价款为（含税价）126 750 000 元，其中设备费为 75 560 000 元；建筑安装费为 46 087 500

元；其他费为 5 102 500 元。

通用条款 4. 5. 1（3） 承包商雇用的建筑和安装分包商不允许转包。

专用条款 3. 2 合同为固定总价合同，除下列原因外，不因政策性费用变化、市场价格变化而调整：因发包商调整工程建设规模、技术标准所引起的投资增减；在合同履行中，因发包商原因调整工程总承包范围及发包商原因导致的较大设计变更引起的投资增减。

3. 3 由发包商原因引起的较大设计变更导致合同价格调整：发包商批准的设计变更，施工单位必须全面履行，但上述变更导致合同总价增加 5% 以内（包括 5%）的部分不予调整，工程变更造价差额超过 5% 的部分计价原则：按项目指挥部工程造价计价原则结算，按以上原则计算出的工程造价作补充合同另行签订。

2013 年 7 月 6 日，西安某环保科技公司作为发包人与承包人中国某集团公司签订案涉合同。承包范围为干熄焦本体、余热锅炉、汽轮发电、综合电气室、循环水泵房、冷却塔、除盐水站、迁车台、焦仓、环境地面除尘站等的土建施工、机械设备（制作）安装与调试、试车、试生产和功能考核直至竣工验收。项目总投资 130 000 000 元，其中甲供设备约 77 000 000 元。本合同总价款为（含税价）38 244 326 元。

通用条款 3. 5 发包人代表应努力达成协议，当需要发包人代表对价值、费用或延期作出决定时，发包人代表应与承包人协商努力达成协议。

专用条款 3. 2 本合同为固定总价合同，不因政策性费用变化、市场价格变化而调整。承包范围工程量发生变化和设计变更是正常情况，承包范围以内和工程量清单中的工程量（除土建工程量——附件 2 外）无论发生多大的变化，丝毫不影响合同条款的有效性，乙方不得以工程量发生变化、设计变更向甲方提出其他任何工期和费用索赔。土建施工图工程量与附件 2 中的土建工程量清单变化增加 5% 以内（含 5%）不作调整，工程量清单变化超出 5% 以上的，按超出部分减去 5% 及工程量清单中的单价进行调整。

一审法院审理中，中国某集团公司提交鉴定申请，一审法院依法委托甘肃某工程造价公司对比土建施工图工程量与合同附件 2 中的土建工程量清单变化，增加是否超过 5%，对超出 5% 以上的工程量造价进行鉴定。鉴定初稿经质询后，甘肃某工程造价公司形成鉴定意见为：附件 2 中超出 5% 的鉴定造价为 4 217 817. 60 元。附件 2 中的工程量与土建施工图工程量对比后没有的项目（应调增）为 6 834 933. 17 元。附件 2 中工程量大于土建施工图工程量项目（应调减）为 2 520 933. 45 元。土建施工图工程签证及变更（调增）为 3 077 266. 53 元。上述意见，鉴定人员出庭接受质询后，甘肃某工程造价公司对其认为可以采纳的异议意见进行修正，将鉴定意见调整为：附件 2 中超出 5% 的鉴定造价为 4 284 065. 60 元。

法律分析

结合本案例可以看出，合同价格是否调整取决于多种因素，比如合同价格形式、工程量变化范围、合同相关约定及双方的相关意思表示等。项目实施中还应在合同中针对具体项目情况进行具体约定，规避可能发生的价款争议。同时发包人应加强项目管理，对认可或不予认可的事项及时给予明确答复，避免因未及时发表意见或意见不明而遭受损失。

案例2 三明市某置业公司与厦门某建设公司建设工程施工合同纠纷

基本信息

审理法院：福建省三明市中级人民法院。

案号：（2022）闽04民终1593号。

裁判要旨

工程总承包合同不等于总价合同，合同当事人对计价方式另有约定的，按照当事人的约定执行。

案情介绍

清流县凤凰城房地产开发项目位于清流县经济开发区龙翔片区，2018年9月，三明市某置业公司通过参与司法拍卖程序获得了该项目的所有权及开发权。

2019年6月21日，三明市某置业公司通过公开招标方式选择承包单位。2019年8月6日，厦门某建设公司、福建某设计院以及西北某设计院组成的联合体中标。2019年10月11日，发承包双方签订《建设工程施工合同》。

《建设工程施工合同》第一部分“合同协议书”第四条“签约合同价与合同价格形式”约定：“合同总价暂定人民币（大写）：柒亿叁仟柒佰壹拾捌万壹仟玖佰元整（737 181 900.00元）；合同价格形式：定额计价降浮系数。”

《建设工程施工合同》第三部分“专用合同条款”第17.1.1条约定：“投标人按照业主提供的设计任务书执行限额设计，总投标报价限额79 748.025万元（其中一期续建修缮部分建筑安装工程费限额3 206万元，二期及（后期）建筑安装工程费限额75 487.2万元，设计费限额843.86万元，勘察测量费限额：210.965万元）。上述设计费和勘察费是投标时的最高报价，实际以经第三方审核机构审定的建筑安装工程费为计费基数，按实调整设计费及勘察费，但招标文件约定的设计费及勘察费浮动幅度不变。”

合同签订后，厦门某建设公司于2019年10月28日开始施工。

2020年7月16日，第三方审核机构某银行厦门分行受三明市某置业公司委托对案涉项目进行预算编制，并出具《咨询成果报告》（工程审核书）。《咨询成果报告》（工程审核书）载明“建筑面积：34 628平方米，工程造价50 014 266元，经济指标1 444元/平方米”。在某银行厦门分行作出《咨询成果报告》（工程审核书）后，三明市某置业公司与厦门某建设公司、福建某设计院、西北某设计院双方未按照《建设工程施工合同》第三部分“专用合同条款”第17.1.2条的约定签订补充协议。

2020年12月16日，清流县凤凰城（一、二、三期）建设项目中一期续建修缮工程经竣工验收合格，于2020年12月25日移交给三明市某置业公司。2021年9月15日，厦门某建设公司向三明市某置业公司提交案涉项目结算资料，送审造价合计为62 225 060.03元。此后，三明市某置业公司委托第三方审核机构某银行厦门分行进行结算审核。

2022年5月10日，某银行厦门分行出具清流县凤凰城一期修缮工程的《工程审核书》。《工程审核书》中的“审核说明”载明“暂不考虑合同约定的限额和施工范围，仅按照业主提供的竣工图纸、施工界面、施工范围及变更签证内容等，采用定额计价乘以降浮系数的方式，采用2019年11月三明市清流县报告期及当期的费用定额进行审核。”《结算造价汇总表》载明审核金额合计为52 565 468.77元。某银行厦门分行在该《结算造价汇总表》中加盖工程造价咨询审核章，厦门某建设公司、三明市某置业公司在该《结算造价汇总表》中加盖公章。

本案的争议焦点之一在于，三明市某置业公司主张合同限额为3 206万元，厦门某建设公司是否有权突破合同限额约定进行主张的问题。

法律分析

三明市中级人民法院认为：厦门某建设公司是否有权突破合同限额约定进行主张的问题，实质上是双方当事人对本案工程计价方式的分歧。《房屋建筑和市政基础设施项目工程总承包管理办法》第十六条规定：“企业投资项目的工程总承包宜采用总价合同，政府投资项目的工程总承包应当合理确定合同价格形式。采用总价合同的，除合同约定可以调整的情形外，合同总价一般不予调整。建设单位和工程总承包单位可以在合同中约定工程总承包计量规则和计价方法。”即工程总承包合同不等于总价合同。

招标文件投标须知前附表中第3.2.4条投标计价方法中第6点约定，中标价仅作为合同暂定价，基于项目需分期建设，要求根据项目分期规模执行限额设计，按期分摊建安工程费，针对每期建安工程费另行签订合同补充协议。每期施工审查合格后编制预算造价，并经发包人委托第三方审核机构审核，再根据中标人在投标时所填报下浮率K进行下浮，即每期建安工程费另行签订合同补充协议。合同补充协议为固定总价合同，即除了项目业主对施工做出变更、调整以及合同约定调整的因素外，经双方确定的合同价格在合同实施期间保持不变。招标文件投标须知前附表中第3.2.4条投标计价方法中第7点约定，最终结算金额以经发包人委托第三方审核后的金额（须含下浮率）为基数，投标人对此无异议。案涉《建设工程施工合同》第一部分合同协议书第四点签约合同价与合同价格形式中约定，合同总价暂定人民币。案涉《建设工程施工合同》第三部分“专用合同条款”第17.1.2条约定：“建筑安装工程费：17.1.2.1根据分期施工需要，分阶段完成预算编制，承包人须在施工图经发包人同意及图审合格后30天内完成工程预算编制，在之后的25天内与发包人委托的第三方审核机构核对并确定价款。如无法在上述规定时间内完成核对并确定，则以第三方审核机构出具的预算为准。预算编制及核对均根据造价管理机构颁布的各阶段核对期间最新的定额、费用标准、价格信息、机械台班。经发包人、承包人双方确认后，按投标时所填报的下浮率计算下浮后的金额作为建筑安装工程费［即建安工程费=（经建设单位审核及施工图审查机构审查后的施工图预算造价）×（1−K）］合同价款，并签订补充协议。所签补充协议为固定总价合同，即除了项目业主对施工图做出变更、调整以及合同约定可以调整因素外，经双方确定的实际合同价格在合同实施期间保持不变。若各期经建设单位审核及施工图审查机构审查后的施工图预算造价总计超过估算金额（78 693.2万元），则各期合同补充协议内建安工程费的固定总价之和最高按［估算金额（78 693.2万元）×（1−K）］进行计取。”

因此，根据上述约定可知，招标文件、中标通知书及《建设工程施工合同》中虽约定一期工程合同限额3 206万元，但该约定实质上系合同签约价、合同暂定价，非合同实际价格（即建筑安装工程费合同价款）。合同实际价格应依据《建设工程施工合同》第三部分“专用合同条款”第 17.1.2 条约定以补充协议中约定的价格为建筑安装工程费合同价款（即合同实际价格），所签补充协议才为固定总价合同。因本案中未签定补充协议，故并未形成固定总价的计价方式，应按《建设工程施工合同》第一部分合同协议书第四点签约合同价与合同价格形式中约定的计价方式定额计价降浮系数为合同计价方式。故三明市某置业公司关于“基于 EPC 合同的特殊性，厦门某建设公司无权要求突破 3 206 万元的限额予以调整”的上诉主张，缺乏事实与法律依据，本院不予支持。

鉴于某银行厦门分行于 2022 年 5 月 10 日做出清流县凤凰城一期续建修缮工程《结算造价汇总表》，系按照三明市某置业公司提供的竣工图纸、施工范围及签证变更内容等，采用定额计价乘以降浮系数的方式进行审核，且经厦门某建设公司、三明市某置业公司盖章确认。据此，一审法院认定案涉项目一期续建修缮工程的结算款项应当为 52 565 468.77 元。

3.2.4 工程总承包中价格清单项目的价格应包括成本、利润。

成本中的应纳税金由发包人按照下列规定在发包人要求中明确，并在合同中约定：

1 由承包人结合具体工程测算，将应纳税金计入价格清单项目汇入合同总价；

2 由承包人将应纳税金单列计算。

【条文解读】

本条规定价格清单项目应包括成本和利润，作为成本组成部分的应纳税金当然包括在内。本条还规定了税金计价的两种方式，但倾向于应纳税金应由承包人根据增值税实际税负进行测算，汇入合同总价而不单列。

【法律适用及商务提示】

1. 应纳税金测算

本条明确项目中的应纳税金由承包人结合具体工程测算，项目的税金计算应结合税法相关规定进行。目前施工类项目主要采用两种计税模式，一般计税和简易计税。简易计税主要适用于清包工、甲供工程和营改增之前的老项目，工程总承包基本不适用简易计税模式，本解读主要讨论一般计税模式的适用。一般计税模式的建设项目中的税金是指增值税及附加税。发承包范围及项目投资额确定时，工程总承包项目的销项税额也随之确定，项目实践中附加税通常含在企业管理费中，如企业管理费的报价中未包含附加税额，可在价格清单的税金部分单独计列。鉴于此，工程总承包项目税金部分最主要的任务是根据项目测算项目的增值税综合税负，建议承包人通过税务整体策划，降低项目的增值税综合税负，从而提高报价的竞争力。

2. 合同中明确增值税是否随政策调整

本条特别说明要求承包人报价时单独测算税金并在报价中单独列项。随着国家减税降费政策的有效实施，工程总承包涉及的施工、服务及采购等行业增值税税率可能进一步变动。销项税额变动，对增值税综合税率会产生一定的影响，故增值税税率是否根据国家政策调整，建议在合同中明确。

3.2.5 除合同另有约定外，采用工程总承包模式发包，应由承包人负责材料和设备的采购、运输和保管。

发包人要提供部分材料和设备时，应在发包人要求中提出，并应在合同中明确约定。发包人应按工程进度计划的要求保质保量按期提供。

工程总承包范围的材料、设备需要加工定制时，承包人可以外包并负责采购策划、设计、招标、签约、催交、检验、运输、验收、入库等。

【条文解读】

本条第1段明确了材料设备采购的一般原则，即由承包人负责。第2段规定了例外，如发包人要提供部分甲供材料及机械设备，应在发包人要求中明确，并应按时按量提供，否则发包人应承担由此增加的费用及合理利润和（或）工期延长的责任。第3段针对可能需要加工定制的非标设备规定承包人可以外包并承担相应责任。

【法律适用及商务提示】

（1）发包人应尽量减少甲供材料、设备。

1）材料、设备甲供相当于将甲供材料、设备的相应风险承担方由承包人转移到发包人，如设计匹配风险、质量风险、供货及时性风险等；甲供材料、设备采购的进项税额无法由承包人抵扣，增加承包人成本导致项目投资增加。

2）《关于促进建筑业持续健康发展的意见》明确提出“按照总承包负总责的原则，落实工程总承包单位在工程质量安全、进度控制、成本管理等方面的责任。”《工程总承包管理办法》中关于工程总承包的定义，实质上也明确了工程总承包应以承包商全面负责为核心的根本内涵，这个核心也是工程总承包相关规范实施和工程总承包推行的基础。非必需甲供的材料、设备建议全部由承包人自行采购、运输和保管。

3）从项目建设运维或控制投资角度，确有必要需要甲供的材料、设备，在发包人要求及合同中明确，并做好材料、设备设计匹配及供应工作，避免承包人索赔。此外，确有必要的甲供材料、设备可考虑甲控乙供的供货方式。

（2）承包人应合理评估甲供材料、设备的相关影响。

1）合理评估材料、设备甲供引起的成本增加及相关影响，在招投标或商务谈判阶段做好与发包人的沟通工作，合理确定是否甲供及甲供材料、设备品种，并将相应成本增加考虑在投标报价中。

2）针对甲供或者甲控乙供的材料、设备做好与发包人的配合工作，并明确各项要求，如设计匹配、供货品质、供货时间及数量等在合同中进行明确。

（3）重视采购工期管理，避免工程延期。施工总承包模式下，由于工程设计是明确的，工程采购进度计划是根据工程施工进度分配采购的进度目标，因此采购进度计划一般是作为施工进度计划的附属或组成部分，采购目标也是明确的。但在工程总承包模式下，参建单位往往容易忽视采购进度计划的特殊性和重要程度，采购一旦延期会导致整个工程的工期拖延。

工程总承包模式下的采购计划应当与设计计划、施工计划统筹考虑，合理制定衔接计划，既要考虑阶段性采购目标的实现，更要注意总体采购目标的流水线安排，做到设计、采购、施工无缝衔接。

（4）熟悉专业领域，避免设备出现质量问题。大型、特种、定制的材料、设备与普通的材料、设备不同，此类型的材料设备的设计往往是工程总承包商的设计部门与供应商的设计部门结合工程项目实际配合设计完成，因此就算是同一类型的材料设备，在细节上也会有较多不同，即使供应商是专业的制造商，但对于这些不同的细节而言，依然属于不熟悉的领域。《工程总承包管理办法》的适用范围是房建工程与市政基础设施工程，房建工程中，特殊材料设备较少，但市政基础设施中有大量以工程设备为主体的工程项目，如污水处理厂、净水厂、中水厂、热力厂等项目，是以设备性能及其安装要求为主体，土建工程、装修工程等其他工程均是为了设备的安装运行而服务，设备的质量与性能是工程的核心。而大型、特种、定制的材料、设备也存在大量类似土建工程中“隐蔽工程”的内容，仅从外观检查是无法判断其质量与性能的，一旦设备制造完成、安装、运行之后才发现质量问题，对工程的影响往往是致命的。

工程总承包的采购应当通过合同明确总承包商的监造权利。有必要通过工程总承包商的监造程序，共同管理、监督设计方案的真正落实，通过监造程序对采购的材料、设备进行全过程监造，以把控材料、设备的质量。

监造程序在国内并不是很成熟的商业惯例，且因材料、设备的不同，监造程序往往也具有相当大的差异，因此工程总承包商有必要在采购之前结合项目特点，设计合理的监造程序，并通过采购合同落实自身的此项权利。

（5）采购变更难修改，设备废弃成本高。变更程序在工程总承包模式下，一旦涉及大型、特种、定制设备，其将带来复杂的问题。设备相较于土建，整体性更强。对于土建工程而言，大部分变更可以通过局部整改的方式完成，但设备不同。大部分设备事实上很难局部修改，尤其是关键部位或者关键参数，一旦修改，往往意味着设备已制造部分的废弃或是设备性能发生难以预料的变化。因此，设备的变更成本、风险远高于土建工程。

因为设备制造变更的特殊性，采购中的变更应当结合工程总承包项目的特点设立相应合同条款。承包人需结合项目特别自行订立合同专用条款，避免自身权益受到损失。

3.2.6 承包人应按照合同约定的品牌、规格提供材料和设备，并应满足合同约定的质量标准。若需更换时，应报发包人核准；若承包人擅自更换时，承包人应进行改正，并应承担由此造成的返工损失，延误的工期应不予顺延。发包人发现后予以核准时，因更换而导致的费用增加，发包人不应另行支付。因更换而导致的费用减少，发包人应核减相应费用。

发包人可根据工程具体情况，要求承包人在施工过程中更换相关材料或设备，对更换部分的价格变化应按合同约定的有关规定执行。对承包人造成影响的，由此导致的费用增加和工期延误应由发包人承担。

【条文解读】

本条第1段明确了承包方对乙供材机采购的责任、更换程序及擅自更换导致的责任承担及费用增减规定。第2段明确了发包人如要求更换相关乙供材机时的责任承担：①价格变化应按合同约定；②引起费用增加和工期延长由发包人承担。

【法律适用及商务提示】

1. 发包人角度

（1）工程总承包项目发包人对材料、设备的品牌规格有要求的，应在发包人要求及合同中明确；在招投标阶段无法明确规格、参数的材料、设备，可在发包人要求中明确品牌档次及相关技术要求，或采取本规范第3.2.3条第1段规定采用据实计量计价的方式。

（2）严格审查承包人供应的材料、设备是否满足发包人要求、设计要求及项目需求等，避免返工或影响项目功能。

（3）严格现场管理，避免出现未经发包人批准，承包人擅自更换材料、设备的情形，如发生此类情形的按照合同约定及本规范规定进行价款和工期处理。

（4）除承包人提供材料设备不满足发包人要求、设计要求及项目功能需求等情形外，尽量不要求承包人在施工过程中更换相关材料或设备。

2. 承包人角度

（1）针对发包人对材料、设备的品牌规格有要求的情形，在发承包阶段与发包人商定并在报价中考虑、在合同中明确，针对发承包阶段无法明确规格、参数的材料、设备，商定处理方式。

（2）结合发包人对材料、设备要求及项目情况，在确保满足发包人要求、设计要求及项目功能需求的前提下，合理做好设计优化，降低施工成本，遵照合同按照诚实信用原则提供材料、设备，避免因材料、设备供应问题导致返工或影响项目功能。

（3）严格现场管控，加强计划性，避免出现未经发包人批准承包人擅自更换材料、设备的情形。

（4）如发包人要求更换合格的材料、设备，做好沟通及配合工作，并按照合同及本规范规定做好索赔工作。

3.2.7 采用工程总承包模式，发包人对建筑安装工程价款的计价，除专用合同条件约定的按照应予计量的实际工程量进行结算支付的单价项目外，不得以项目的施工图为基础对合同价款进行重新计量或调整。

【条文解读】

本条规定旨在遏制一些项目采用工程总承包签订总价合同，但又在专用条款约定以承包人设计的施工图预算评审作为竣工结算依据的做法。这一做法形成了事实上的按实计价，既违背合同诚信、公平原则，又阻碍了工程总承包的顺利推行，因此本条明确采用工程总承包模式不以施工图项目的工程量清单计价计量。

3.2.8 价格清单列出的建筑安装工程量仅为估算的数量，不得将其视为要求承包人实施工程的实际或准确的数量。

价格清单中列出的建筑安装工程的任何工程量及其价格，除按本规范第3.2.3条第二段规定在专用合同条件中约定的单价项目外，应仅限于作为合同约定的变更和支付的参考，不应作为结算依据。

【条文解读】

本条第1段规定价格清单中的数量只是估计值，并不是承包人的义务范围。根据总价合同约定，承包人承担其估计数量不足的风险。第2段规定用以防止任何一方试图因数量变化谋求调整合同价格的情形。本条规定也是工程总承包计价与施工总承包计价规则的重大区别之一。

3.2.9 建设项目实施过程中的期中结算与支付应按照合同价款支付分解表，并应依据进度计划完成的里程碑节点进行支付。

【条文解读】

本条根据工程总承包的客观要求，规定了工程实施过程中的期中结算与支付，应根据进度计划完成的里程碑节点，按照合同价款支付分解表进行结算与支付。合同价款支付分解表是项目付款节点的约定，项目实施中在无变动或意外情况下的，应按照合同价款支付分解表约定的里程碑节点和付款比例进行工程款支付。如项目实施过程中，因各种因素导致合同约定的合同价款支付分解表已不再适用，承包方应及时修正合同价款支付分解表，并报发包人审批。

3.2.10 预备费按下列规定使用：

1 工程总承包为可调总价合同，已签约合同价中的预备费应由发包人掌握使用，发包人按照合同约定支付后，预备费如有余额应归发包人所有；

2 工程总承包为固定总价合同，预备费可作为风险包干费用，在合同专用条件中约定，预备费归承包人所有。

【条文解读】

本条根据工程总承包的内在规律，对预备费的用途按可调总价合同和固定总价合同分别做了规定，预备费的使用规则取决于合同价格形式及承包人所承担的风险。对可调总价合同而言，已签约合同价中的预备费应由发包人掌握使用。发包人按照合同约定支付后，预备费如有余额应归发包人所有。对固定总价合同而言，预备费可以作为风险包干费用，在合同专用条件中约定，预备费归承包人所有，不分盈亏不做调整。工程总承包范围内的预备费的数额应与发包范围保持口径一致。

3.3 工程总承包计价风险

3.3.1 建设项目工程总承包中，发包人应根据采用的工程总承包模式以及发承包依据的基础条件，按照权责对等和平衡风险分担的原则，在发包人要求、工程总承包合同中明确计价的风险范围。存在下列情形时，造成合同工期和价格的变化主要由发包人承担：

1 国家法律发生变化；

2 专用合同条款中约定的人工、主要材料等市场价格变化超过合同约定幅度；

3 可行性研究报告批准或方案设计后发包，发包人要求和方案设计发生变更；初步设计后发包，发包人要求和初步设计发生变更；

4 不可预见的地质条件、地下掩埋物等变化；

5 不可抗力。

具体风险分担内容由发承包双方根据采用的工程总承包模式在专用合同条件中约定。

【条文解读】

本条参照《工程总承包管理办法》及《公路工程设计施工总承包管理办法》相关规定和工程总承包的内在逻辑，对风险分担进行了原则划分。发承包阶段要根据项目具体情况在发包人要求及招标文件中按照权责对等和风险平衡分担的原则作出风险分担具体约定，投标人要针对风险分担原则做好风险应对预案并在投标报价中考虑，采取适当的保险手段增强防范风险能力。项目实施如发生风险事项，注意在规定时限内根据发包人要求及合同相关约定进行风险承担分析及相关费用索赔工作。

【法律适用及商务提示】

《工程总承包管理办法》第四条规定："工程总承包活动应当遵循合法、公平、诚实守信的原则，合理分担风险，保证工程质量和安全，节约能源，保护生态环境，不得损害社会公共利益和他人的合法权益。"第十五条规定："建设单位和工程总承包单位应当加强风险管理，合理分担风险。"《清单规范》强制性条文第 3. 2. 1 条规定，"采用工程量清单计价的工程，应在招标文件或合同中明确计价中的风险内容及其范围（幅度），不得采用无限风险、所有风险或类似语句规定计价中的风险内容及范围（幅度）。"上述规定正是基于公平原则要求发承包方正确合理分担工程承包中的风险。

1. 各地建设主管部门对风险负担条款的指导意见

建设工程行业作为微利行业，工程造价 5% 的上涨就可能导致承包人亏损，合理划分发包人与承包人应承担的风险范围至少能够实现形式上的公平。如果发包人利用优势或利用对方没有经验致使双方权利义务明显失衡，属于"显失公平"，承包人可以要求撤销合同。如果人工费、材料价格出现超过正常商业风险的异常波动，承包人可以依据情势变更制度请求对工程造价进行调整。情势变更对价格波动的程度要求应综合考虑合同价格、缔约过程及社会整体通胀程度等因素。

承包人在进行投标报价前应充分考虑工程要素价格在过去一定期限内的平均波动区间，具体可以借助当地造价主管部门发布的价格信息以及相关网站发布的参考价格。如经合理统计价格在一定区间波动或呈一定速率波动上涨的，承包人可以合理预估未来风险波动情况并进行投标报价。当价格上涨幅度超出这一历史平均波动区间的就不属于承包人可合理预见的范围，如果这种上涨造成继续履行合同显失公平，承包人就可以主张适用情势变更原则，要求调整合同价款。

各地建设主管部门以"指导意见""通知"等名义发布的文件不是法律、行政法规，仅为指导意见，不能证明情势变更的事实，但作为材料价格大幅上涨的支撑性文件，法院或者仲裁机构可以将这些标准作为裁判重要的参考依据。部分地区建设行政主管部门关于工程合同风险约定和价款调整的指导意见见表 3-1。

表 3-1　建设行政主管部门关于合同风险约定和价款调整的指导意见简表

序号	部门	文件名称	文件中相关内容
1	北京市住房和城乡建设委员会办公室	《关于加强建设工程施工合同中人工、材料等市场价格风险防范与控制的指导意见》	在施工合同中，不得采用无限风险、所有风险或类似语句规定计价中的风险内容及范围，不得约定明显风险不合理或显失公平的内容

续表3-1

序号	部门	文件名称	文件中相关内容
2	江西省住房和城乡建设厅	《关于防范和化解建筑材料价格波动风险的指导意见》	建设工程发承包双方在建设工程招投标和施工合同签订过程中，应充分考虑合同履约过程中建筑材料价格的波动风险，增强风险防范意识，明确材料价格的风险内容及其范围以及超过风险范围以外的调整办法；合同内容中不得采用无限风险、所有风险或类似语句规定计价中的风险内容及范围，不得约定明显不合理的风险防范和化解或显失公平内容
3	四川省住房和城乡建设厅	《关于建设工程合同中价格风险约定和价格调整的指导意见》（川建造价发〔2021〕302号）	规范价格风险分担行为，合理约定价格风险分担条款。 根据《建设工程工程量清单计价规范》（GB 50500—2013）第3.4.1条强制性条文“建设工程发承包，必须在招标文件、合同中明确计价中的风险内容及其范围，不得采用无限风险、所有风险或类似语句规定计价中的风险内容及范围”，发包人在编制招标文件和拟订合同条款时，应按规定合理分担价格风险
4	湖北省住房和城乡建设厅	《关于建设工程材料价格风险管控的指导意见》	发承包双方应增强风险防范意识，尤其是建筑材料价格风险。在编制投资估算和设计概算时，应充分考虑建筑材料价格风险因素。在招投标和施工合同签订中，发承包双方应按风险共担原则，明确约定主要材料的范围、风险幅度和调整方法，对主要材料价格不得采用无限风险、所有风险等类似表述
5	广东省住房和城乡建设厅	《关于加强建筑工程材料价格风险管控的指导意见》（粤建市函〔2018〕2058号）	提高发承包双方的风险意识，合理确定建材价格。 近期砂石、水泥、预拌砂浆、混凝土及混凝土制品等材料价格的波动，客观因素较多，超出了发承包双方按以往经验所能预见与避免的范围和承担的风险，已造成合同双方利益的严重失衡，在编审工程投资估算、设计概算、施工图预算、招标控价、投标投价、发承包合同的签订、工程结算（决算）时，发承包双方应进一步增强工程风险意识。一是建设单位在工程建设全过程应充分考虑建材价格波动对工程质量、安全、工期和造价的影响。二是投标人在投标报价时应考虑建材价格波动存在的风险因素，合理报价，确保工程质量和施工安全，保证工程按期交付使用。三是发承包双方签订发承包合同时，应在合同中明确可调价的主要材料范围，合理约定主要材料价格波动的风险幅度及超出幅度后的调整办法，公平分担主要材料价格波动造成的风险，以保障工程的顺利实施。四是涉及建设工程人工、材料、施工机具台班价格波动异常，超出发承包双方按以往经验所能预见与避免的范围和承担的风险的，可参照《建设工程工程量清单计价规范》（GB 50500—2013）第9.8.2条原则重新协商合同价款调整方法

续表3-1

序号	部门	文件名称	文件中相关内容
6	江苏省建设厅	《关于加强建筑材料价格风险控制的指导意见》（苏建价〔2008〕67号）	建筑材料价格的大幅波动将严重影响发承包双方对施工合同的正常履行，给工程施工带来潜在的质量安全隐患。工程施工发承包双方在招投标和施工合同签订过程中，应增强风险防范意识，签订合理的材料价格风险控制条款，明确各方承担风险影响的原则，切实保障建设工程的顺利实施
7	辽宁省住房和城乡建设厅	《辽宁省建设工程造价信息管理办法》	第十条　人工费风险应由建设工程发承包双方共同承担，禁止单方承担无限风险。我省规定人工费风险幅度为±10%。 第二十四条　建设工程发承包双方，必须在招标文件、合同中明确计价中的风险内容及范围，不得采用无限风险、所有风险或类似语句规定计价中的风险内容及范围。 价格风险应由发承包双方共同承担，禁止单方承担无限风险。我省规定材料价格风险系数为±5%

2. 约定承包人承担无限风险的条款的效力

从公平原则的角度解读，国家层面及地方层面相关建设行政主管部门均发文强调不得采用无限风险、全部风险，规定合同条款中的人工、机械、材料等组成要素的波动风险应当合理分配。合同已约定不调整主要材料价格或约定承包人承担无限材料价格风险的，当主要材料的涨跌幅度过大，发承包双方应本着实事求是和公平公正的原则，协商签订主要材料价格调整的补充协议。

工程总承包领域的市场主体应当积极响应行政监管的要求，共同促进建设市场的繁荣和发展。虽然民法典合同编调整的是平等主体之间的法律关系，属于私法自治的范畴。但在关乎公共利益的时候，它也涉及行政管理等公法的范畴。在工程总承包模式下，为了确保工程建设的顺利实施，稳定建筑市场秩序，保证工程质量和安全，法律法规以及各种规范等就需要对它予以规制，这也是工程总承包管理办法强调风险合理分配的底层逻辑所在。

在工程总承包中，发包人与总包人均是具有一定专业知识与风险识别能力的法人。其签订的工程总承包合同如果将风险进行了明确约定且未严重失衡的，并不违反强制性法律规定，应为有效。如果发包人利用其自身强势地位将所有的风险均以合同约定的形式赋予总包人承担，最终致使双方权利义务严重失衡时，仍可能由人民法院予以调整。

3. 依据各地规定约定风险警戒值

对于发包人而言，发包时在合同文本中明确约定人材机价格无论如何波动均不予调整，虽然有利于前期投资控制，但无法避免投标人恶性竞争、低价抢标的情况。一些承包人为了拿下工程项目，对于发包人设置的各类条款并不会予以充分考虑，而是在施工合同签订之后再以各种理由主张调整合同价，甚至在潜亏即将或已经转化为实亏时，刻意占据现场并放慢施工节奏，甚至中途撤场等，逼迫发包人修改合同条款，同时对工期产生严重影响。因此建议发包人根据各地造价管理机构发布的招标风险警戒值，在合同文件中设置专门条款明确招标风险警戒值，尽量避免使用无限风险、所有风险或类似表述将应由招标人承担的计价风险转嫁给投标人。

各地建设主管部门出台的相关指导性文件对人工、材料、机械的价格波动风险负担范围做出了明确的区分划定，发承包双方需根据工程所在地的具体规定进行合理的合同安排。以目前出台的文件来看，多数地区规定承包人所负担价格波动范围最高不得超过5%，但也有地区规定承包人承担材料价格风险范围为10%，详见表3-2。

表3-2 建设行政主管部门关于合同风险范围指导意见简表

序号	省份	内容
1	北京	人工风险幅度不得超过±5%，材料、工程设备、施工机械台班等风险幅度一般不超过±5%
2	四川	投标人或承包人承担的材料、工程设备价格风险幅度一般不超过±5%，对单位价值较高或总价值较大的金属材料、装配式构件、商品混凝土等的风险幅度宜控制在±3%以内
3	湖北	施工合同中，主要材料价格约定的风险幅度按《建设工程工程量清单计价规范》GB 50500—2013规定，宜控制在5%以内。风险幅度以内的由承包人承担或受益，风险幅度以外的由发包人承担或受益
4	江苏	当工程施工期间第一类主要建筑材料价格上涨或下降幅度在10%以内的，其差价由承包人承担或受益，超过10%的部分由发包人承担或受益；当工程施工期间第二类主要建筑材料价格上涨或下降幅度在5%以内的，其差价由承包人承担或受益，超过5%的部分由发包人承担或受益
5	辽宁	人工费风险应由建设工程发承包双方共同承担，禁止单方承担无限风险。我省规定人工费风险幅度为±10%。 建设工程发承包双方，必须在招标文件、合同中明确计价中的风险内容及范围，不得采用无限风险、所有风险或类似语句规定计价中的风险内容及范围。价格风险应由发承包双方共同承担，禁止单方承担无限风险。我省规定材料价格风险系数为±5%

4. 承包人风险范围的合理划定与评估

《工程总承包管理办法》第十五条列举了发包人承担风险的五种情形，具体包括市场价格波动、法律法规政策变化导致的价格变化、不可预见的地质条件、发包人原因产生的工程费用和工期变化、不可抗力，并明确“具体风险分担内容由双方在合同中约定”。

发承包人关于风险负担的约定原则上不应突破《工程总承包管理办法》，如果突破的话，需要依据风险范围支付合理对价。但需要注意的是，即使总承包合同对风险范围有明确约定，可能也无法涵盖工程实践中的所有特殊情况，或者在相关事件发生后无法区分风险负担范围。例如，发承包双方约定法律变化的风险由发包人负担，而材料费用上涨的风险由承包人承担，合同履行过程中，受环保政策影响，当地政府部门关停了大型的砂石场，其他地区材料供应不及时且价格均较高，由此引发的材料本身价格及运输费用上涨的风险，应当由何方负担可能会存在争议，而且对于承包人而言，如何证明材料价格上涨系环保政策影响也较为困难。发承包双方应当全面考虑合同履行过程中可能发生的全部风险，在此基础上进行合理划分。

对于承包人而言，在签订施工合同或投标前，至少应当考虑本规范提及的以下风险：

（1）国家法律发生变化：此处的法律变化是指合同基准日后的法律变化，该等法律变化通常无法为承包人所预见，但如果在施工合同签订时相关法律变化已经在酝酿或已经公布征求意见稿时，承包人应当将可能的变化考虑在内。除了法律法规外，还包括相关主管部门对工艺、材料等发布的各类禁止性文件，承包人作为专业的施工单位，应当对行业先进技术、落后可能被淘汰技术有较为清晰的认知，每隔一定期间，国家层面和地方层面都会出台相关规范，升级工艺及材料要求，承包人应当合理判断该等标准提高风险。

（2）人工、主要材料等市场价格变化：承包人应当评估合同人工及主要材料的风险范围是否能够接受，一些项目虽然合同约定了无限风险条款，但由于结构类型简单且工期较短，可以结合历史价格信息合理预估市场价格波动风险。

（3）发包人要求变更风险：通常而言，发包人要求变更风险是由发包人负担，但一些项目中，发包人可能会要求发包人要求导致价格变动未超过一定幅度的，价格不予调整，或者发包人要求调整正好是承包人不平衡报价中利润较高的部分，承包人应当充分考虑该部分风险。

（4）不可预见的地质条件、地下掩埋物等变化：该部分通常会是影响发承包双方权利义务影响最大的部分，一旦发生，可能会直接致使承包人陷入巨大亏损。承包人在投标或合同签订前应当充分评估该部分风险，全面收集相关地质资料，认真进行现场踏勘等。

（5）不可抗力：合同履行过程中可能会发生多种不可抗力，特别是近些年暴雨影响较大，承包人应当合理评估该部分风险。

当然，除了评估相关风险的发生概率及接受程度外，承包人还可以考虑可供使用的风险防范措施，相关措施至少包括：第一，向分包分供转移风险，在签订施工合同后能否及时锁定分包分供，能否依据总包合同的风险负担条款设定各分包分供的风险负担条款，如果合同主要材料及劳务能够通过该等方式锁定风险的，可较大限度减轻承包人的风险压力；第二，购买保险转移风险，对于合同履行过程中可能会发生的意外事件及不可抗力等，可以通过投保建设工程相关保险方式将风险转移至保险公司。

5. 缔约后的情势变更救济制度

承包人签订建设工程合同后，应当关注乙供材料的价格，一旦发现材料价格出现大幅度上涨且按照合同条款不能调价或不能足额调价，应当立即与发包人协商，争取发包人同意调整该价差，如有必要，需诉诸法律途径解决。

【参考案例】

案例　天津某电子公司与江苏某建设工程公司建设工程施工合同纠纷

基本信息

审理法院：天津市高级人民法院。

案号：(2014) 津高民一终字第 0037 号。

裁判要旨

本案讼争工程履行期间恰逢天津市主要建筑材料价格持续上涨，天津市建设管理委员会作出价格调整的指导性文件，明确对于在施工合同中约定承包人承担全部风险的，视为风险约定不明，发承包方应当按照合理分担风险的原则对价格调整进行协商。因此，双方当事人虽在《建设工程施工合同》中约定 1 800 万元固定价款中已包含人工、材料价格波动及政策性调价，但合同履行过程中，双方依据行政主管部门的指导性文件约定适用 2008 年 5 月造价信息对原工程量清单中的内容进行调价，符合当时的建筑市场现状，也不违反相关法律规定，该约定应当认定为合法有效。

双方当事人虽对调价标准进行了上述约定，但并未确定双方就调价应当承担的风险责任。按照双方在建设工程施工合同中的约定，涉案工程应于 2008 年 1 月 31 日竣工验收。而导致涉案工程未按期竣工进而遭遇市场价格持续上涨风险的主要原因于江苏某建设工程公司存在施工现场管理混乱，施工力量不足，资金不到位等情形。同时，天津某电子公司也存在欠付工程款的情形，对工期延迟也有一定影响。根据导致涉案工程工期延误的主次原因及风险分担的原则，本院酌定对于鉴定报告依据第 37 份签证确定的调增款 4 544 561 元，由江苏某建设工程公司与天津某电子公司按照 7：3 的比例分担调价风险责任。按照上述比例，江苏某建设工程公司应取得调增价款 1 363 368 元。

3.3.2 发包人应在基准日期前，将其取得的现场地形和地下、水文、气候及环境条件方面的所有相关现场数据，提供给承包人。发包人在基准日期后得到的所有此类数据，也应及时提供给承包人。

原始测量控制点、基准线和基准标高等参考数据应在发包人要求中提出。

承包人应负责验证和解释发包人提供的参考数据，按照合同约定对与参考数据有关的工程放线，并核实参考数据的准确性，纠正在工程的位置、标高、尺寸或定线中的错误，负责对工程的所有部分正确定位。

对发包人提供的现场数据和参考数据的错误可按下列规定分担责任：

1 采用设计采购施工总承包 (EPC) 模式时，发包人除按照合同约定或本规范第 3.3.3 条第 1 款的规定承担责任外，不对现场数据和参考数据的准确性、充分性和完整性承担责任。

2 采用设计施工总承包 (DB) 模式时，承包人应及时将发现参考数据中的错误通知发包人，如果承包人因错误而遭受延误和 (或) 费用增加时，承包人有权获得工期的延长和 (或) 额外费用的增加及合理的利润。

【条文解读】

本条明确了“基础资料”错误风险责任划分原则。本条规定借鉴了 FIDIC 银皮书及黄皮书中针对现场数据核查和放线中发现问题的处理原则。工程总承包合同双方应当在合同中明确和合理分配基础数据和资料的提供、审查和校核责任主体和风险分担机制，作为后续解决双方争议以及支撑变更和索赔的依据。

【法律适用及商务提示】

1. 发包人角度

（1）重视现场地形和地下、水文、气候及环境条件等现场数据以及原始测量控制点、基准线和基准标高等参考数据的收集工作。一是规范数据收集流程，必要时邀请专业单位进行数据收集整理或参照相关主管部门公布的数据；二是加强数据复核，结合项目实际情况对相关数据做好二次复核，避免相关数据出现错误。

（2）对于发包人提供的或不可变更的基础数据和资料，尤其应当确保准确性。若发包人在招标时无法确定部分基础数据和资料的准确性的，可在招标文件中要求承包人进行进一步的审查和核实。

（3）在发包人要求及合同中提供各项基础数据，结合项目工程总承包模式，在发包人要求中明确承包人的数据核查义务及数据错误风险分担方式。

2. 承包人角度

（1）突破施工总承包的固有思维，审慎研究发包人提供的现场数据和参考数据，并对数据的正确性、合理性作出有经验的承包商应预见的分析与判断。

（2）无论采用何种工程总承包模式，本着诚信原则向发包人提交己方基于发包人提供的现场数据和参考数据的专业判断与分析，特别是设计采购施工总承包（EPC）模式需要对相关数据作更详尽的分析与判断。

（3）结合项目实际及本规范规定的原则，在发承包阶段与发包人商定现场数据和参考数据错误风险分担方式。

（4）项目实施如发生风险事项，注意在规定时限内根据发包人要求及合同相关约定进行风险承担分析及相关费用索赔工作。

3. FIDIC 合同条件中的相关规定

（1）发包人提供现场数据的义务。2017 年版 FIDIC 银皮书与黄皮书中，关于发包人提供现场数据的义务对比，详见表 3-3。

表 3-3　2017 年版 FIDIC 银皮书与黄皮书对比表一

2017 年版银皮书	2017 年版黄皮书
第 2.5 款“现场数据和参考事项”规定了在 EPC 模式下发包人提供现场数据的义务： “雇主应在基准日期前，向承包商提供其拥有的现场地形和地下、水文、气候及现场环境条件方面的所有相关数据，供承包商参考。雇主应立即向承包商提供在基准日期后其拥有的所有此类数据。 原始测量控制点、基准线和基准标高（本条件中的“参考事项”）应在雇主要求中规定。 除第 5.1 款［一般设计义务］规定外，雇主对此类数据和/或参考事项的准确性、充分性或完整性不承担任何责任”	第 2.5 款“现场数据和参考事项”规定了在 DB 模式下发包人提供现场数据的义务： “雇主应在基准日期前，向承包商提供其拥有的现场地形和地下、水文、气候及现场环境条件方面的所有相关数据，供承包商参考。雇主应立即向承包商提供在基准日期后其拥有的所有此类数据。 原始测量控制点、基准线和基准标高（本条件中的“参考事项”）应在雇主要求中规定，或由工程师向承包商发出通知”

（2）承包人对发包人提供数据的使用和核查义务。2017 年银皮书与黄皮书中，关于

承包人对发包人提供数据的使用和核查义务，详见表 3-4。

表 3-4 2017 年版 FIDIC 银皮书与黄皮书对比表二

2017 年版银皮书	2017 年版黄皮书
第 4.7 款“放线”和第 4.10 款“现场数据的使用”规定了在 EPC 模式下承包人对发包人提供数据的使用和核查义务： （1）第 4.7 款“放线”规定：“承包商应按照第 2.5 款［现场数据和参考事项］的规定对与参考事项有关的工程放线。承包商应：（a）在工程使用前，核实所有这些参考事项的准确性；（b）纠正在参考项目中的工程的位置、标高、尺寸或定线中的任何错误；（c）负责对工程的所有部分正确定位。” （2）第 4.10 款“现场数据的使用”规定：“承包商应负责验证和解释雇主根据第 2.5 款［现场数据和参考事项］的规定提供的所有数据。”	第 4.7 款“放线”和第 4.10 款“现场数据的使用”规定了在 DB 模式下承包人对发包人提供数据的使用和核查义务： （1）第 4.7 款“放线”规定： 承包商应按照第 2.5 款［现场数据和参考事项］的规定对与参考事项有关的工程放线。 第 4.7.1 项“准确性”：承包商应当：（a）在工程使用前，核实所有这些参考事项的准确性；（b）及时将核实的每项结果送交工程师；（c）纠正在工程的位置、标高、尺寸或定线中的任何错误；（d）负责对工程的所有部分正确定位。 第 4.7.2 项“错误”：如果承包商在任何参考事项中发现错误，承包商应向工程师发出通知，按以下要求对错误进行说明：（a）如果在雇主要求中规定了参考事项，从开工日期算起的、合同数据中规定的期限内（如未规定，则为 28 天）；（b）如果参考事项是由工程师根据第 2.5 款［现场数据和参考事项］的规定签发的，在可行的范围内受到参考事项后。 第 4.7.3 项“对整改措施、延误和/或成本的商定或确定”：在收到承包商根据第 7.4.2 项［错误］规定发出的通知后，工程师应根据第 3.7 款［商定或确定］的规定就以下事项作出商定或确定：（a）参考事项中是否有错误；（b）谨慎行事、经验丰富的承包商是否会（考虑到成本和时间）发现这样的错误在提交投标书前，对现场和雇主要求进行审核时或根据第 5.1 款［一般设计义务］审查雇主要求时，如果雇主要求中规定了参考事项，且承包商的通知是在第 4.7.2 项（a）段规定的期限届满后发出的；（c）承包商需要采取什么措施（如果有）改正错误。根据以上（b）段所述，如果经验丰富的承包商不能发现错误：①第 13.3.1 项［指示变更］的规定应适用于要求承包商采取的措施（如果有）；②如果承包商因错误而遭受延误和/或招致增加费用，承包商应根据第 20.2 款［付款和/或竣工时间延长的索赔］的规定，有权获得竣工时间的延长和/或此类成本加利润的支付。

续表3-4

2017 年版银皮书	2017 年版黄皮书
第 4.7 款“放线”和第 4.10 款“现场数据的使用”规定了在 EPC 模式下承包人对发包人提供数据的使用和核查义务： （1）第 4.7 款“放线”规定：“承包商应按照第 2.5 款［现场数据和参考事项］的规定对与参考事项有关的工程放线。承包商应：（a）在工程使用前，核实所有这些参考事项的准确性；（b）纠正在参考项目中的工程的位置、标高、尺寸或定线中的任何错误；（c）负责对工程的所有部分正确定位。” （2）第 4.10 款“现场数据的使用”规定：“承包商应负责验证和解释雇主根据第 2.5 款［现场数据和参考事项］的规定提供的所有数据。”	（2）第 4.10 款“现场数据的使用”规定： 承包商应负责解释根据第 2.5 款［现场资料和参考事项］提供的所有数据。在可行的范围内（考虑到成本和时间），承包商应被视为已获得关于可能影响投标或工程的风险、意外和其他情况的所有必要信息。在同样的范围内，承包商应被视为已检查并审核现场、进入现场、其周围环境、上述数据和其他可用信息，并在提交投标书之前已对与工程执行相关的所有事项满意，包括：（a）现场的形式和性质，包括表面之下的条件；（b）水文和气候条件，以及场地气候条件的影响；（c）实施工程所需的工作和货物的范围和性质；（d）国家的法律、程序和劳工事务；（e）承包商对出入、住宿、设施、人员、电力、运输、水和任何其他公用事业或服务的要求

（3）发包人提供数据错误的风险分担。2017 年银皮书与黄皮书中，关于发包人提供数据错误的风险分担，详见表 3-5。

表 3-5　2017 年版 FIDIC 银皮书与黄皮书对比表三

2017 年版银皮书	2017 年版黄皮书
第 5.1 款“一般设计义务”规定了在 EPC 模式下发包人提供数据错误的风险分担原则： 承包商应被视为，在基准日期前已仔细审查了雇主要求（包括设计标准和计算，如果有）。 除下述条款规定的情况外，承包商应实施并负责工程的设计并对雇主要求（包括设计标准和计算）的正确性负责。 除下述本款情况外，雇主不应对原包括在合同内的雇主要求中的任何错误、不准确或遗漏负责任，并不应被认为，对任何数据或资料给出任何准确性或完整性的表示。承包商从雇主或其他方面收到任何数据或资料，不应免除承包商对工程施工承担的承包商职责。 但是，雇主应对雇主要求中的下列部分，以及由雇主（或其代表）提供的下列数据和资料的正确性负责：（a）在合同中规定的由雇主负责的或不可变的部分、数据和资料；（b）对工程或其任何部分的预期目的的说明；（c）竣工工程的试验和性能的标准；（d）除合同另有说明外，承包商不能核实的部分、数据和资料	第 1.9 款“雇主要求中的错误”和第 5.1 款“一般设计义务”规定了在 DB 模式下发包人提供数据错误的风险分担原则： （1）第 1.9 款“雇主要求中的错误”规定： 如果承包商根据第 5.1 款［一般设计义务］进行了仔细检查后发现雇主的要求存在错误、差错或缺陷，则承包商应在合同数据中规定的期限内（如无规定，则为 42 天）向工程师发出通知，从开工日期算起。 如果在此期限到期后，承包商发现雇主要求中存在错误、差错或缺陷，则承包商还应向工程师发出通知，说明错误、过失或缺陷。 然后，工程师应按照第 3.7 款［商定或确定］的规定进行商定或确定： （a）雇主要求中是否存在错误、差错或缺陷； （b）履行照管责任的有经验的承包商是否（考虑成本和时间）会发现错误、过失或其他缺陷：在提交投标书之前检查场地和雇主要求时；或如果承包商通知是在本款第一项规定的期限届满后发出的，则在审核第 5.1 款［一般设计义务］规定的雇主要求时；

续表3-5

2017 年版银皮书	2017 年版黄皮书
第 5.1 款"一般设计义务"规定了在 EPC 模式下发包人提供数据错误的风险分担原则： 承包商应被视为，在基准日期前已仔细审查了雇主要求（包括设计标准和计算，如果有）。 除下述条款规定的情况外，承包商应实施并负责工程的设计并对雇主要求（包括设计标准和计算）的正确性负责。 除下述本款情况外，雇主不应对原包括在合同内的雇主要求中的任何错误、不准确或遗漏负责任，并不应被认为，对任何数据或资料给出任何准确性或完整性的表示。承包商从雇主或其他方面收到任何数据或资料，不应免除承包商对工程施工承担的承包商职责。 但是，雇主应对雇主要求中的下列部分，以及由雇主（或其代表）提供的下列数据和资料的正确性负责：（a）在合同中规定的由雇主负责的或不可变的部分、数据和资料；（b）对工程或其任何部分的预期目的的说明；（c）竣工工程的试验和性能的标准；（d）除合同另有说明外，承包商不能核实的部分、数据和资料	（c）要求承包商采取什么措施（如有）纠正错误、过失或缺陷（并就第 3.7.3 项［时限］而言，工程师收到承包商根据本款发出的通知的日期应为第 3.7.3 项规定的商定的期限开始日期）。 如果根据上述（b）段，有经验的承包商不会发现错误、过失或其他缺陷： （i）第 13.3.1 项［指示变更］应适用于要求承包商采取的措施（如有）；（ii）如果承包商因错误、过失或缺陷而遭受延误和/或招致费用，承包商应有权依据第 20.2 款［付款和/或竣工时间延长的索赔］的规定，获得竣工时间的延长和/或此类成本加利润的支付。 （2）第 5.1 款"一般设计义务"规定： 在收到第 8.1 款［工程的开工］的规定发出的通知后，承包商应仔细检查雇主要求（包括设计标准和计算书，如有）。如果承包商发现雇主要求中的任何错误、食物或其他缺陷，则应适用第 1.9 款"雇主要求中的错误"（除非是雇主要求中规定的参考事项中的错误，在这种情况下，应适用第 4.7 款"放线"）

4.《工程总承包合同示范文本》中的相关规定

《工程总承包合同示范文本》中涉及发包人提供基础资料的条款主要在通用合同条件中的第 1.12 款、第 2.3 款和第 4.7.1 款，明确发包人负有提供基础资料的义务，且发包人应对因其提供的基础资料错误导致的费用增加和工期延误承担责任，承包人对其根据基础数据作出的解释和推断负责。具体条款如下：

第 1.12 款"《发包人要求》和基础资料中的错误"：承包人应尽早认真阅读、复核《发包人要求》以及其提供的基础资料，发现错误的，应及时书面通知发包人补正。发包人作相应修改的，按照第 13 条［变更与调整］的约定处理。

《发包人要求》或其提供的基础资料中的错误导致承包人增加费用和（或）工期延误的，发包人应承担由此增加的费用和（或）工期延误，并向承包人支付合理利润。

第 2.3 款"提供基础资料"：发包人应按专用合同条件和《发包人要求》中的约定向承包人提供施工现场及工程实施所必需的毗邻区域内的供水、排水、供电、供气、供热、通信、广播电视等地上、地下管线和设施资料，气象和水文观测资料，地质勘察资料，相邻建筑物、构筑物和地下工程等有关基础资料，并根据第 1.12 款［《发包人要求》和基础资料中的错误］承担基础资料错误造成的责任。按照法律规定确需在开工后方能提供的基础资料，发包人应尽其努力及时地在相应工程实施前的合理期限内提供，合理期限应以不影响承包人的正常履约为限。因发包人原因未能在合理期限内提供相应基础资料的，由发包人承担由此增加的费用和延误的工期。

第 4.7.1 项：除专用合同条件另有约定外，承包人应对基于发包人提交的基础资料所作出的解释和推断负责，因基础资料存在错误、遗漏导致承包人解释或推断失实的，按照第 2.3 款［提供基础资料］的规定承担责任。承包人发现基础资料中存在明显错误或疏忽的，应及时书面通知发包人。

【参考案例】

案例 1　上海某环保公司与南京某热管公司建设工程施工合同纠纷案

基本信息

审理法院：湖北省黄石市中级人民法院。

案号：（2019）鄂 02 民终 1870 号。

裁判要旨

发包人系原始设计参数的提供者，对该原始数据的准确性负有责任。即使是在承包人“包设备、包设计、包施工、包技术”的 EPC 工程总承包模式下，承包人的责任也不是“基于发包人要求的绝对责任”。承包人的设计责任以发包人的原始数据的准确性为前提。

案情介绍

上海某环保公司（发包人）与南京某热管公司（承包人）于 2014 年 5 月 8 日签订了一份《合作协议》，双方一致同意就某特钢公司 7$^{\#}$、8$^{\#}$电炉烟气余热利用项目开展合作。协议签订后，南京某热管公司于 2014 年 6 月 27 日向上海某环保公司出具《承诺书》一份，载明：“关于某特钢公司 7$^{\#}$、8$^{\#}$电炉配套余热锅炉产汽量问题，我公司承诺在电炉及余热锅炉正常运行情况下：a. 电炉满负荷生产，出钢量≥70t/炉钢；b. 铁水热装比≥60%；c. 单台电炉平均每天炼钢炉数≥24 炉；d. 电炉活动滑套及卸灰阀密封恢复完成，沉降室密封完好（业主方完成此工作）。每台余热锅炉中压产汽量≥9t/炉钢。”2014 年 8 月 25 日，上海某环保公司与某特钢公司签订一份《7$^{\#}$、8$^{\#}$电炉烟气余热回收利用项目节能服务合同》，该合同经某特钢公司、上海某环保公司协商同意按“合同能源管理”模式就某特钢公司 7$^{\#}$、8$^{\#}$70t 电炉烟气系统进行专项技术节能改造，根据节能效果支付相应的节能费用。2014 年 8 月 27 日，南京某热管公司与上海某环保公司签订《7$^{\#}$、8$^{\#}$70t 电炉烟气余热回收项目合同技术附件》，该附件包括若干附件，其中发包方（上海某环保公司）向承包方（南京某热管公司）提供的工艺要求和基本条件：附件 1 第 1.2.1.3 项余热锅炉参数规定，额定烟气流量为 120 000m^3/h（标准状态下），铁水比为 60%；额定烟气温度为 800℃进口烟温，额定蒸发量 t/炉钢≥9，附件 9 第 9.1.2.1 项约定，考核分功能考核和验收考核，第 9.2.2 项约定，在准备工作完成条件下，单台锅炉平均输出蒸汽量≥9t 炉钢（铁水比 60%时），本系统蒸汽输送至蒸汽蓄热器。2014 年 10 月 31 日，上海某环保公司与南京某热管公司签订一份《某特殊钢股份有限公司 7$^{\#}$、8$^{\#}$70t 电炉烟气余热回收总承包合同》，双方约定：上海某环保公司（发包人）委托南京某热管公司（承包人）承担某特殊钢股份有限公司 7$^{\#}$、8$^{\#}$70t 电炉烟气余热回收总承包（本合同）。发包人委托承包人以“EPC 总承包方式”承担本工程全部建设内容。承包人以总承包方式为发包人实施本合同及技术附件规定的某特殊钢股份有限公司 7$^{\#}$、8$^{\#}$70t 电炉烟气余热回收内容。承包人是本工程工艺、设备、施工和调试的技术总负责和总集成者，应对其完整性、可靠性、先进性向发包人负责。承包人负责从设计、设备采购及供应、建筑及安装工程施工至竣工考核验收完毕的全过程总承包。具体内容主要包括设计及设备供货、安装、无负荷调试、负荷试车配合和指导、试生产保驾、考核验收、竣工等至本工程质保期结束的全部总承包工作。本合同范围内的建筑及安装包括建筑、安装、单试、联试、交工及各项配合、服务等全部内容。卖方确保工程质量和工期，并在本工程质量保证期内承担工程质量保修责任。本合同自生效之日起，工期至 2015 年 3 月 2 日止，承包人不得以任何理由推延项目投产日期。在本工程整个机组热负荷试车后 1 个月内，双方按附件所规定的考核要求和方法完成相关功能考核并竣工验收。本工程合同总价为 2 194.56 万元人民币。

2015 年 8 月本案讼争项目的工艺、设备竣工，2015 年 11 月 20 日工程项目竣工验收项目表中“验收是否合格”一栏中记载为“合格”，同时记载“无影响主体设备运行的遗留问题，实际生产未能达到预期产能”等。2016 年 5 月 13 日，某特钢公司、上海某环保公司、南京某热管公司三方共同召开产能分析、系统优化推进会，通过会议分析，各方一致认为南京某热管公司提供的项目余热锅炉换热面积足够，其性能完全具备合同约定的产汽能力。各方同时认为产汽能力不足的原因有余热锅炉入口烟气温度偏离设计值，烟气入口烟气温度低、热量少等。

裁判观点

二审法院认为：根据双方当事人的诉辩意见，该案争议的焦点为案涉工程产汽量不达标的责任是否应由南京某热管公司承担，上海某环保公司拒付工程余款并主张南京某热管公司赔偿相应损失的理由是否成立。

本案中，案涉余热回收工程项目实际产汽量达不到设计值是双方当事人争议的根源所在，根据当事人签订的总承包合同及技术附件可知，产汽量一方面取决于可利用的热源本身热量大小，另一方面受制于余热回收效能的高低。通过工程项目验收表记载的内容来看，案涉工程项目的工艺、设备、仪电、建筑、结构等方面不存在影响主体设备运行的遗留问题，试运行期间设备运转正常，相关性能参数均达到技术协议要求，同时建筑结构满足使用要求，但实际生产未能达到预期产能。在 2016 年 5 月 13 日某特钢公司、上海某环保公司、南京某热管公司三方产能分析、系统优化推进会会议纪要中，各方一致认为案涉项目余热锅炉换热面积足够，其性能完全具备合同约定的产汽能力；导致产汽不足的原因是余热锅炉入口烟温偏离设计值，烟气入口烟气温度低、热量少，同时余热锅炉设备烟气侧阻力远高于设计值，设备可能存在积灰问题，导致换热效率降低、烟气流量低于设计值。2017 年 3 月 8 日上海某环保公司和南京某热管公司再次形成会议纪要，双方达成共识，其中，双方认为余热锅炉设计能力能够满足性能要求，设计换热面积足够，而造成产汽量不足的根本原因在于热源条件不足，高温区间不够，后续需从热源条件、系统节能总体上分析，与业主谈判改变原有条款，提升蒸汽单价，分析节能综合效益，与业主（某特钢公司）商谈回购事宜。

上述当事人认可的事实表明，余热锅炉从设计工艺、仪电设备、建筑结构等方面均符合性能要求，不存在工程本身导致产汽量不足的因素，产汽量不达预期的根本原因在于热源条件不足，而形式上则直接表现为余热锅炉入口烟温偏离设计值。由此就需要重点关注入口烟温和设计值这两个不同的概念，厘清二者与合同双方当事人之间的关联。结合案涉余热锅炉项目系利用某特钢公司炼钢炉回收利用热能的工作原理不难看出，炼钢炉所能提供的热量才是决定入口烟温的内在因素，而炼钢炉的铁水热装比、每炉钢的出钢量以及炼钢总炉数等与钢炉所能提供的热量直接相关。显然上述与热量相关的数据是案涉余热锅炉确定对应设计值的基础，因而必须从提供原始数据的来源和最终的设计值与原始数据匹配度这两个方面来认定设计值的合理性、正确性，并依此确定余热锅炉入口烟温偏离设计值的责任所在。

根据合同技术附件 1 的规定，南京某热管公司对工程总负责，但上海某环保公司作为发包方向南京某热管公司提供工艺要求和基本条件，其中主要工艺条件包括案涉 7#、8#电炉设备参数、电炉实际运行工况等数据。该事实说明，上海某环保公司系余热锅炉原始设计参数的提供者，对该原始数据的准确性负有责任。从设计值与基础数据匹配度的角度看，对照电炉设备参数和实际冶炼数据，其中案涉 7#、8#电炉平均出钢量为 70t，最大出钢量 85t，铁水热装比一般达到 60%，实际运行平均铁水热装比超过 60%。该部分数据与南京某热管公司承诺书载明电炉出钢量不小于每炉 70t、铁水热装比不小于 60% 的条件相一致。南京某热管公司则根据上述基础数据，最终确定余热锅炉额定烟气温度为 800℃。又结合案涉总承包合同中 9.1 条款规定，南京某热管公司在完成工程初步设计、非标设备基本设计、功能需求书、功能规格书、设备规格书、设备清单、施工图等编制或设计后，应交由上海某环保公司组织审查，南京某热管公司对上海某环保公司提出的意见予以充分考虑。由此可见，双方当事人对于设计方案详细内容的审查明确约定了各自的权利义务。而关于“本合同项目详细设计审查通过后”支付相应技术服务费的规定，以及上海某环保公司实际履行对应技术服务费的事实，可以进一步佐证南京某热管公司选定烟温 800℃是以上海某环保公司提供的数据为基础，并通过了上海某环保公司的审查，上海某环保公司称额定烟温 800℃等参数是由南京某热管公司设定的说法与客观事实不符。

合法有效的合同所约定的内容是当事人享有合同权利、承担合同义务的基础和前提，合同双方均应依约行事。虽然案涉合同为总承包合同，南京某热管公司从项目设计、设备材料采购及供应、建筑安装施工至竣工验收全过程负责，但南京某热管公司系以上海某环保公司提供的原始参数作为承诺余热锅炉中压产汽量不小于 9t/炉钢的前提条件，在包含额定烟气温度 800℃等设计值为内容的设计方案依约需经上海某环保公司审查通过的情形下，案涉余热锅炉项目本身亦经验收合格后，上海某环保公司仍基于产汽量不达标的结果，主张南京某热管公司应对选定 800℃烟气温度的正确性负责，实则是拉长了产汽量不足的因果链条，回避了本身应对基础数据准确性负责、对设计方案依约进行审查的合同权利和义务。根据一审查明的事实，案涉余热锅炉项目竣工验收后，7#、8#电炉客观上存在不能达到铁水热装比 60% 等实际运行工况，直观的表现为余热锅炉入口烟温达不到额定 800℃，从而导致无法达到中压产汽量不小于 9t/炉钢的设计目标，并非南京某热管公司设计方案中的设计值本身所致，也非余热锅炉项目工程本身性能不符造成。故在上海某环保公司负有提供原始数据的合同义务，且对设计方案内容享有合同约定的审查权利的情形下，一审判决对上海某环保公司以工程设计问题为由，拒付工程余款的抗辩主张不予支持，并无不当，本院予以维持。

案例2 北京某科技发展公司与某煤电集团公司合同纠纷案

基本信息

审理法院：甘肃省兰州市中级人民法院。

案号：（2020）甘01民初522号。

裁判要旨

（1）工程项目承包人的工作范围一定是有边界的，且该边界将在合同中进行明确约定，并对应了相应的合同价款。

（2）处理原料的范围与投资规模密不可分，而投资规模系由发包人考虑决定，因此，原料参数指标应系发包人设定。

（3）原料是否符合技术协议约定的原料参数指标，其举证责任在于发包人，发包人既无证据证明原料参数指标符合技术协议约定的标准，也不同意鉴定，依法应当承担不利后果。

案情介绍

2015年4月29日，联合体牵头人北京某科技发展公司及成员单位山西某设计院与某煤电集团公司签订了《某煤电集团公司油页岩炼油项目二期工程总承包合同书》和《某煤电集团公司油页岩炼油项目二期工程总承包技术协议书》。上述总承包合同和技术协议对承包范围、合同价款、付款期限、末页岩原料要求、竣工验收等事项进行了全面约定。

北京某科技发展公司与案外人山西某设计院签订了《联合体协议书》，协议约定北京某科技发展公司为联合体主办单位，负责收取案涉工程项下的全部工程款。

案涉项目于2016年5月25日至8月9日进行了第一次带料试运行，又于2017年7月25日至10月22日进行了第二次带料试运行，但系统无法实现独立满负荷运行。

2019年4月30日，北京某科技发展公司和某煤电集团公司共同组织以金院士为组长的专家团队对案涉项目运行情况和改造技术方案进行了评审。专家组认真听取了项目组汇报，经分析和讨论，出具了编号为“HB-2019-YJGZ-1-P-11”的《某煤电集团公司油页岩炼油项目二期工程改造技术方案专家评审会评审意见》，该专家评审意见认为：现场原料实际指标低于设计值是导致自产煤气热值低，系统无法实现独立满负荷运行的关键因素。为适应现有原料末页岩指标条件，通过工艺调整、主要设备的改造与配套系统的优化等技术方案，可实现系统自循环连续稳定运行。建议尽快开展后续项目改造工作，实现窑煤-国富系统安全、稳定、长期、优质的运行。

该案的核心争议焦点是EPC工程总承包合同发包人提供的基础资料与实际原料不一致，导致承包人完工的项目无法按约交付，责任应由谁承担。

裁判观点

本院认为，案涉项目至今虽未能通过达产达标测试和总体竣工验收，但责任应在某煤电集团公司，某煤电集团公司依法应当向北京某科技发展公司支付全额工程价款，理由如下：

（1）案涉项目对于原料的要求。案涉项目的目的在于将末页岩中含有油通过一定技术加工提炼出来，这样提炼的过程势必会考虑技术的可行性和经济性，意味着仅有部分品质比较高的原料才能进行提炼且提炼具有价值。因此，案涉项目顺利投产后客观上仅能处理部分末页岩原料，不可能处理任何末页岩。一个工程项目，作为承包商的工作范围一定是有边界的，且该边界将在合同中进行明确约定并对应了相应的合同价款。具体到本案，在技术协议的第3.9条对原料参数指标进行了明确约定，案涉项目顺利运行后将处理符合技术协议第3.9条约定的原料，超过此范围的原料则不在处理范围之内。

（2）原料参数指标系某煤电集团公司所提供。原料参数指标的设定即意味着案涉项目应当处理符合什么条件的原料。处理原料的范围与投资规模密不可分，而投资规模系由业主方考虑决定，因此，原料参数指标应系某煤电集团公司设定。同时，技术协议第3.9条对于原料性质进行了明确约定，如（末页岩铝甑分析表<550℃>）含油量8.97%、含水量5.51%及干馏气量5.78%。该条又载明：原料详细数据见油页岩公司提供材料。可见末页岩原料参数指标系由某煤电集团公司设定，某煤电集团公司应当负责提供符合技术协议第3.9条约定条件的原料，否则将承担不利后果。

（3）案涉项目未能通过达产达标测试和总体竣工验收的责任在于某煤电集团公司。原料是否符合技术协议约定的原料参数指标，其举证责任在于某煤电集团公司，某煤电集团公司有义务证明原料参数指标符合技术协议约定的标准。某煤电集团公司既无证据证明原料参数指标符合技术协议约定的标准，也不同意鉴定，依法应当承担不利后果。《某煤电集团公司油页岩炼油项目二期工程改造技术方案专家评审会评审意见》认为：现场原料实际指标低于设计值是导致自产煤气热值低，系统无法实现独立满负荷运行的关键因素。北京某科技发展公司主张某煤电集团公司提供的原料不符合技术协议的要求是案涉工程项目无法通过总体竣工验收的原因，某煤电集团公司对此应当承担全部责任。该评审会签到表中除有专家签名外，还有原被告双方人员的签字，该专家评审意见系由原被告双方共同委托的，对双方均具有约束力，因此，北京某科技发展公司的主张于法有据，某煤电集团公司提供的原料不达标导致系统无法实现独立满负荷运行，应当承担全部责任。

3.3.3 发包人要求中错误的责任可按下列规定分担：

1 采用设计采购施工总承包（EPC）模式，承包人应复核发包人要求，发现错误应书面通知发包人。发包人做相应修改的，按照合同约定进行调整；如确有错误，发包人坚持不改，应承担由此导致承包人增加的费用和（或）延误的工期，以及合理的利润。

承包人未发现发包人要求中存在错误和（或）未通知发包人提交说明文件的，除专用合同条件另有约定外，承包人自行承担由此导致的费用增加和（或）工期延误。

无论承包人发现与否，发包人要求中的下列错误导致承包人增加的费用和（或）延误的工期，由发包人承担，并向承包人支付合理利润：

1）发包人要求中或合同中约定由发包人负责的或不可变的数据和资料；

2）对工程或其他任何部分的预期目的的说明；

3）竣工工程的试验和性能的标准；

4）除合同另有约定外，承包人不能核实的数据和资料。

2 采用设计施工总承包（DB）模式，承包人应复核发包人要求，发现错误应书面通知发包人。

发包人要求中的错误导致承包人增加费用和（或）工期延误的，应承担承包人由此增加的费用和（或）延误的工期以及合理的利润。

【条文解读】

本条主要明确两方面事项的风险承担原则：一是工程总承包项目针对合同约定范围全部工作的组织、协调、进度控制等所有相关工作由承包人负责；二是再次强调设计责任的主体，特别是设计单位和施工单位组成联合体承包的，对施工图设计变更相应责任由承包人承担。

本条根据《标准设计施工总承包合同文件》规定，分别对EPC及DB两种模式下发包人要求中的错误风险责任进行了明确划分。工程建设中的发承包双方应当是合作关系，风险分配和合同条文设置不应当引导任何一方在发现对方提交的文件中存在明显错误或疏忽时，任由这些错误发生，再利用这些错误索赔，因此，条文规定承包人应复核发包人要求，发现错误应书面通知发包人。

由于EPC和DB承包范围不同，承包人对发包人要求中的错误承担的风险也不同。本条第1款采用《标准设计施工总承包合同条件》第1.13（B）条的规定，第2款采用第1.13（A）条的规定。

【法律适用及商务提示】

1. 合同中明确风险分担原则

承包人应在投标前认真核查发包人要求及工程总承包合同，并进行策划；合同谈判中要按照以上原则及权责对等和风险平衡分担的原则进行谈判签约；实施中要按照约定及时确权支付。

2. 发包人提供设计文件错误的处理

如果发包人提供的设计文件属于承包人的设计范围，但构成对承包人的要求，发包人对其准确性承担责任，承包人负有复核和缺陷通知义务。

如果发包人提供的设计文件属于承包人的设计范围，且不构成对承包人的要求，承包人对其准确性承担责任。

施工总承包模式下，除合同另有约定外，建设单位提供的基础资料和条件存在错误，责任由发包人承担。但工程总承包模式下，除非合同中约定由发包人承担或承包人不具有核实资料条件可能性外，资料和条件过错责任由承包人承担。

《工程总承包管理办法》规定业主须提供相应的资料并对其提供资料的准确性和完整性负责，但实际履行过程中，业主往往在合同中明确发包人提供的资料仅供参考，承包人需自行核实，如未提出异议的视为认可。许多承担勘察或设计责任的工程总承包单位不重视对业主提供资料的审核，完全依照业主提供的资料进行投标报价，甚至直接依据该资料进行设计。在发生相应事件后又另行向业主提出索赔，获得支持的难度较大。

【参考案例】

案例　泰安某发电公司与江苏某环保股份公司建设工程合同纠纷案

基本信息

审理法院：江苏省南京市中级人民法院。

案号：（2016）苏01民终5015号。

裁判要旨

EPC总承包项目，承包人负责工程的勘测、设计、设备材料供货、建筑安装、调试、试验及检查、试运行、考核验收、消缺、培训和最终交付投产、运行管理，且合同明确发包人提供的数据供承包人参考，因此承包人作为烟气案涉项目的设计方，应当对相关技术参数的准确性负责。因技术参数不准确导致的项目增项的费用由承包人承担。

案情介绍

2007年10月，泰安某发电公司与江苏某环保股份公司签订《2×150MW机组烟气脱硫工程合同文件》，约定由江苏某环保股份公司承包泰安某发电公司1#、2#机组炉外烟气脱硫工程，承包方式为EPC总承包，协议价款为固定总价5 240万元。合同价格第4.3条约定，本合同总价在合同执行期内为不变价，遇下列情况做相应调整：氧化风机已包含在合同总价中，如设计不需要，按承包人投标价格从合同总价中扣除；如承包人考虑不周，漏设或其他原因等造成工程量的增加，增加的工程量不再增加费用。合同专用条款中约定，承包方式采用EPC总承包方式建造；本合同价款为闭口价，除合同条件第4.3条外，在整个合同执行期内不变，本合同价款包含但不限于承包人为完成本工程所发生的所有费用及风险，承包人已在投标报价时充分考虑。双方在技术协议书中约定：在本协议书中关于各系统的配置和布置等是发包人的基本要求，仅供承包人设计参考，并不免除承包人对系统设计和布置等所负的责任。合同签订后江苏某环保股份公司开始施工。

2009年12月18日，泰安某发电公司与江苏某环保股份公司召开脱硫干燥系统改造方案讨论会，会议对干燥系统改造方案进行讨论研究并形成会议纪要，会议纪要第4条载明：采用蒸汽换热方式，由于出料量设计为18t/h，蒸汽消耗量较大，江苏某环保股份公司应设计采用电厂锅炉热风作为干燥源，根据山东某电厂锅炉热风运行参数和干燥系统运行参数选择合适的管径和阀门，干燥方案报泰安某发电厂审批后组织实施。后江苏某环保股份公司实施了改造工程。

2015年12月21日，经法院委托的鉴定机构就江苏某环保股份公司主张的增项工程量造价作出苏经纬鉴（2015）1657号工程造价鉴定意见书，鉴定结论为：2009年4月6日之后山东某发电公司“2×150MW机组烟气脱硫工程”发生的EPC总包合同之外的增加工程量造价为2 988 421.46元。

裁判观点

南京市中级人民法院认为：江苏某环保股份公司主张其施工的脱硫装置的热风管道及干燥系统改造工程为双方签订的“2×150MW机组烟气脱硫工程合同”的增项，并主张泰安某发电公司支付增项工程款。本院认为，首先，江苏某环保股份公司并未提供证据证明就该增项工程与泰安某发电公司另行签订协议约定相应工程款项，亦未提供证据证明在本次诉讼前向泰安某发电公司主张过该增项工程款，故江苏某环保股份公司要求泰安某发电公司支付增项工程工程款依据不足；其次，根据江苏某环保股份公司提供的《168小时满负荷试运行报告》以及2009年12月18日脱硫干燥系统改造方案专题会议纪要，该增项工程原因是经试运行后发现蒸汽压力达不到设计要求的0.8MPa，为确保干燥效果，故需进行干燥系统的改造，改用锅炉热风作为干燥源。虽然蒸汽压力数据系泰安某发电公司提供，但双方合同约定采用EPC总承包方式建造，即江苏某环保股份公司承包的内容包括工程的勘测、设计、设备材料供货、建筑安装、调试、试验及检查、试运行、考核验收、消缺、培训和最终交付投产、运行管理，且双方签订的《技术协议书》明确约定“各系统的配置和布置等是泰安某发电公司的基本要求，仅供江苏某环保股份公司设计参考，并不免除江苏某环保股份公司对系统设计和布置所负的责任”，因此江苏某环保股份公司作为烟气脱硫工程的设计方，应当对相关技术参数的准确性负责。江苏某环保股份公司为改进烟气脱硫工程运行效果进行的增项工程，应由其自行承担费用。综合以上情况，本院对江苏某环保股份公司主张的增项工程款不予支持。

法律分析

工程总承包合同往往会约定业主提供的资料仅供承包人参考，并不免除承包人的设计和施工责任。对于进行了此种约定的项目，承包人必须仔细审核业主提供的资料，对于有疑问的或有可能影响报价的地方，应当认真列明并提请发包人澄清，摒弃“低中标、高索赔”策略。

3.3.4　工程总承包项目的承包人应按照合同约定范围统一负责建设项目的勘察、设计、材料设备采购、施工等的组织、协调、进度控制等所有相关工作。

设计单位和施工单位组成联合体的，应当根据项目特点和复杂程度，合理确定牵头单位，明确各自的权利和责任。若设计单位对合同约定范围内的施工图设计变更，施工单位不得向发包人申请合同价款调整。

【条文解读】

本条主要明确两方面事项的风险承担原则：一是工程总承包项目针对合同约定范围全部工作的组织、协调、进度控制等所有相关工作由承包人负责；二是再次强调设计责任的责任主体，特别是设计单位和施工单位组成联合体承包的，对施工图设计变更相应责任由承包人承担。

【法律适用及商务提示】

1. 发包人角度

（1）为避免过程争议，可在合同中明确执行本规范或将相关规定写入合同中。

（2）项目实施中发生相关事项做好责任辨析工作，明确责任主体，不承担不该承担的责任与损失，可索赔的在规定时限内根据合同相关约定进行相关费用索赔工作。

2. 承包人角度

（1）清楚认知承包人在工程总承包项目中的职责、定位和角色；做好项目实施规划，明确内部责任划分特别是联合体单位间的责权划分。

（2）充分发挥承包人的优势，做好资源统筹利用、各项工作组织协调，特别注意勘察与设计统一、设计与施工的统一等工作，实现降本增效。

3. 联合体连带责任及风险规避

根据《中华人民共和国招标投标法》（2017年修正，以下简称《招标投标法》）及

《建筑法》等的相关规定，联合体需对发包人承担连带责任。结合已有判例，联合体不仅需对发包人承担连带责任，联合体成员在《联合体协议书》授权范围内代表“联合体”对外签订的全部合同对联合体全部成员具有约束力。由于严格的对外连带责任，如对联合体合作方选择不慎，可能导致巨额赔偿，为规避此类联合体连带责任风险，本书提出以下建议：

（1）在缔约准备阶段，应选择履约能力、资质等级、信誉水平等综合评价最优的企业作为合作单位，并要求其提供履约保函、保证金等确保其有履约能力和风险事件发生后的偿付能力。

（2）在签约阶段，既然对外连带责任无法避免，就应当在《联合体协议》中明确内部责任，对于联合体成员一方导致的损失，根据损益相当原则进行合理分配，明确风险负担原则，避免牵头单位承担过重的管理责任。

（3）在履约阶段，对于联合体成员对外签订合同的行为应当在《联合体协议》中明确各成员代表权限，如成员超越权限擅自以联合体名义对外签订合同，产生的责任由该成员独立承担。此外，在合作过程中可能相互接触到对方的新技术、新工艺及商业秘密，各方应当签订保密协议，对于对方的新技术、新工艺及商业秘密不予泄露，对己方的相关内容采取必要保密措施。

4. 变更联合体成员的效力分析

实践中出现联合体在投标时与合同签订或合同履行时的成员构成不一致。根据《招标投标法》第三十一条第三款规定，联合体各方应当签订共同投标协议，明确约定各方拟承担的工作和责任，并将共同投标协议连同投标文件一并提交招标人。联合体中标的，联合体各方应当共同与招标人签订合同，就中标项目向招标人承担连带责任。

从招投标程序的角度来说，《招标投标法》的立法目的在于规范招标投标活动，保护国家利益、社会公共利益和招标投标活动当事人的合法权益，保证工程项目质量。对于法定必须招标的工程项目，如签约主体和投标主体不一致，则该次投标无效，发包人和变更后的签约主体系未经投标，擅自签约。根据《司法解释一》第一条的规定，“建设工程施工合同具有下列情形之一的，应当根据《民法典》第一百五十三条第一款的规定认定无效：……（三）建设工程必须进行招标而未招标或者中标无效的”，此时发包人与变更后的主体签订的合同属无效合同。相反，对于非必须招标的工程项目，发包人可以自行决定选择承包人的方式，如经过招投标程序后，发包人基于商业考虑，选择另行寻找承包人签订新合同，只要新合同不存在合同无效的情形，则该联合体合法有效。但发包人可能被处中标项目金额千分之五以上、千分之十以下的罚款。无论属于前述哪种情形，首先都需要检查是否存在承包人无资质或超越资质、挂靠、转包、违法分包等直接导致合同无效的情形。

为避免上述情形，发包人在招投标阶段可以要求联合体出具承诺书，保证不在资格预审后变更联合体成员，否则根据《中华人民共和国招标投标法实施条例》（国务院令第709号，以下简称《招投标法实施条例》）第三十七条第二款的规定，其投标无效，且要没收投标保证金。在签约阶段，发包人应当再次确认签约主体是否与投标协议确认的联合体成员一致。

【参考案例】

案例1 四川某冶金设备公司与四川某冶金设计院、贵州某冶金公司建设工程施工合同纠纷案

基本信息

审理法院：最高人民法院。

案号：（2018）最高法民申2076号。

裁判要旨

联合体成员在《联合体协议书》授权范围内代表“联合体”对外签订的合同对联合体全部成员具有约束力。

案情介绍

2011年1月23日，四川某冶金设备公司、四川某冶金设计院、贵州某冶金公司三方签订《联合体协议书》，约定：三方自愿组成德昌某公司环保技改搬迁项目总承包联合体，共同参加德昌某公司环保技改搬迁一期工程标段施工投标。四川某冶金设备公司为联合体的牵头人，代表联合体各成员负责本招标项目投标文件编制和合同谈判活动，并代表联合体提交和接收相关资料、信息及指示，并处理与之有关的一切事务，负责合同实施阶段的主办、组织和协调工作。联合体对外承担连带责任。联合体各成员单位内部的职责分工如下：①四川某冶金设备公司总体负责项目的合同签订、工程施工、工程管理及投产试生产等所有总承包工作；②四川某冶金设计院负责项目的施工图设计及现场设计服务工作；③贵州某冶金公司负责项目的建筑、结构施工及机电设备安装调试工作。

2011年1月24日德昌某公司出具《中标通知书》。

2011年1月25日，德昌某公司与四川某冶金设备公司签订案涉《总承包合同》约定：本工程采用设计、采购、施工（EPC）/交钥匙工程总承包方式。设计、施工及施工管理方采用联合体的方式投标，联合体的权利、义务、分工和组织形式在联合体协议中约定，但无论怎样约定，联合体成员之一或全部必须按照国家法律对发包人承担连带责任。承包人不得将本工程向投标联合体以外的第三人分包或转包（含肢解后的转包），外委制造加工项目除外。

2011年3月10日，四川某冶金设备公司（甲方）与唐某、王某（乙方）签订《土建工程施工承包合同》，就德昌某公司项目技改、搬迁一期工程承包达成协议。合同签订后，唐某、王某进场施工，并于2011年11月完成工程施工。2012年8月29日，唐某、王某与四川某冶金设备公司进行结算形成了《竣工结算确认书》，双方确认应付工程款为13 688 800元，已付工程款为10 563 863元，欠付工程款为3 124 937元，暂扣质量保证金426 000元，本次应付2 698 937元。

2014年，唐某、王某向一审法院起诉立案，要求四川某冶金设计院、贵州某冶金公司与四川某冶金设备公司作为案涉工程总承包项目的联合体承包商，承担连带支付分包工程款的义务。

争议焦点：在联合体牵头人四川某冶金设备公司单独与唐某、王某签订《土建工程施工承包合同》的情况下，联合体的其他方贵州某冶金公司和四川某冶金设计院是否要对四川某冶金设备公司欠付唐某、王某的工程款承担连带责任？

再审法院认为：《联合体协议书》第 4 条约定作为“联合体”牵头人的四川某冶金设备公司“总体负责项目的合同签订、工程实施、工程管理及投产试生产等所有总承包工作”。结合该条对其他“联合体”成员内部职责分工的约定，四川某冶金设计院负责“现场技术服务”，贵州某冶金公司负责“项目的建筑、结构施工及机电设备安装调试”。可见，《联合体协议书》第四条是对“联合体”成员在工程具体实施过程中职责分工的约定，故四川某冶金设备公司有权在案涉工程施工过程中代表“联合体”对外签订合同。原判认定四川某冶金设备公司与唐某、王某签订的《土建工程施工承包合同》应约束四川某冶金设计院和贵州某冶金公司，并无不当。

四川某冶金设计院和贵州某冶金公司申请再审，主张四川某冶金设备公司无权代表“联合体”对外签订合同，原判适用法律错误。但依据《联合体协议书》第二条、第四条的约定，四川某冶金设备公司有权在招投标程序以及工程具体施工过程中代表“联合体”对外签订合同，四川某冶金设备公司的代理具备合同依据，不属于无权代理。虽然本案中“联合体”投标、中标的行为因违反《招标投标法》（1999 年）第三十一条的规定属无效，四川某冶金设备公司单方与德昌某公司签订的《工程总承包合同》以及四川某冶金设备公司与唐某、王某签订的《土建工程施工承包合同》均属无效，但不影响四川某冶金设计院和贵州某冶金公司依据《联合体协议书》就“联合体”的对外行为承担责任。

四川某冶金设计院和贵州某冶金公司申请再审，主张《联合体协议书》效力仅及于招投标法律关系，“联合体”之间的连带责任不适用于“联合体”与唐某、王某之间，原审适用连带责任错误。《联合体协议书》第三条约定“联合体将严格按照招标文件的各项要求，递交投标文件，履行合同，并对外承担连带责任”，而实施工程的行为属于履行总承包合同的行为。结合《联合体协议书》第四条对“联合体”成员在工程具体实施过程中职责分工的约定，可见，《联合体协议书》并非仅是对招投标程序的约定。四川某冶金设计院和贵州某冶金公司主张《联合体协议书》效力仅及于招投标法律关系，缺乏事实依据，理由不成立。

案例 2　大悟县某电力设备公司与深圳某芯发展公司、合肥某计算机开发公司等建设工程施工合同纠纷案

基本信息

审理法院：湖北省孝感市中级人民法院。

案号：（2016）鄂 09 民终 1114 号。

裁判要旨

《联合体协议书》无明确授权时，联合体成员对外签订的合同对联合体全部成员不必然具有约束力。

案情介绍

2013年深圳某芯发展公司、合肥某计算机开发公司、某通信集团大悟分公司组成联合体中标大悟县天网工程的建设、施工。2013年深圳某芯发展公司将大悟县天网工程中心机房改造施工发包给大悟县某电力设备公司，该工程2013年11月中旬开工，2014年3月10日完工；2014年3月20日，该工程经大悟县公安局和深圳某芯发展公司验收合格并交付使用。2015年1月，为中心机房改造施工工程款的支付，深圳某芯发展公司与大悟县某电力设备公司补签《大悟县天网工程中心机房改造施工合同》，合同对工程的具体内容、价款与费用结算、双方的权利义务、工程质量与验收及违约责任等进行了约定。合同签订后，深圳某芯发展公司向大悟县某电力设备公司支付工程款114 000元。因深圳某芯发展公司未支付下余款项，大悟县某电力设备公司遂诉至一审法院。在本案的审理过程中，大悟县某电力设备公司放弃要求深圳某芯发展公司支付逾期付款违约金53 200元。

裁判观点

二审法院认为：合肥某计算机开发公司、某通信集团大悟分公司不应对深圳某芯发展公司所欠工程款承担连带清偿责任。虽然深圳某芯发展公司、合肥某计算机开发公司、某通信集团大悟分公司为完成大悟县天网工程的施工，设立项目部，但是《大悟县天网工程中心机房改造工程施工合同》的发包人是深圳某芯发展公司，不包括合肥某计算机开发公司、某通信集团大悟分公司，且合肥某计算机开发公司、某通信集团大悟分公司亦未在该合同上签字盖章，应当认为其不是合同的当事人。深圳某芯发展公司、合肥某计算机开发公司、某通信集团大悟分公司与大悟县人民政府签订的是《大悟县天网工程系统项目建设、运维服务和租赁合同书》。2013年8月20日，深圳某芯发展公司、合肥某计算机开发公司、某通信集团大悟分公司按照大悟天网工程项目招标要求，自愿组成联合体参与项目投标，深圳某芯发展公司、合肥某计算机开发公司、某通信集团大悟分公司自愿订立《联合体协议书》，约定由某通信集团大悟分公司作为牵头方，其在招标文件中的所有承诺均代表了联合体各成员。联合体成员共同与大悟县公安局签订合同书，并就中标项目向大悟县公安局负连带责任和各自的法律责任。深圳某芯发展公司将大悟县天网工程中心机房改造项目发包给大悟县某电力设备公司施工，与深圳某芯发展公司、合肥某计算机开发公司、某通信集团大悟分公司根据《联合体协议书》约定与大悟县政府签订的天网工程总包合同无关，故大悟县某电力设备公司的该项上诉请求本院予以驳回。

案例3　北京某煤炭工程公司、北京某选煤技术公司与大同某煤矿公司建设工程施工合同纠纷案

基本信息

审理法院：山西省高级人民法院。

案号：（2015）晋商终字第30号。

案情介绍

一审法院经审理查明：2008年3月，北京某煤炭工程公司对诉争的工程进行投标，

2008年3月28日，原告北京某煤炭工程公司、北京某选煤技术公司与被告大同某煤矿公司对诉争工程签订《工程总承包合同》，约定诉争工程开工日期为2008年4月1日，竣王日期2008年10月1日，合同价款为9 888万元。诉争工程于2008年11月竣工并投入试运行。2011年7月17日，原告、被告对诉争工程认可审定价为95 224 279元。2012年6月6日，审计部门对诉争工程作出审计结果，诉争工程总造价为95 224 279元。截止2013年10月9日，被告尚欠原告工程款17 598 279元。被告对诉争工程在质保期内未提出质量问题。关于被告辩称《旧高山洗煤厂技术改造项目工程总承包合同》无效的问题。一审法院认为，该承包合同不存在法律规定的无效情形，被告辩称的因中标单位没有北京某选煤技术公司，并不必然导致承包合同的无效，对被告的该辩解理由不予支持。

大同某煤矿公司主张：一审法院认定《旧高山洗煤厂技术改造项目工程总承包合同》为有效协议，系适用法律不当。首先，依据《招投标法》第三条规定："在中华人民共和国境内进行下列工程建设项目包括项目的勘察、设计、施工、监理以及与工程建设有关的重要设备、材料等的采购，必须进行招标：大型基础设施、公用事业等关系社会公共利益、公众安全的项目；全部或者部分使用国有资金投资或者国家融资的项目；使用国际组织或者外国政府贷款、援助资金的项目。"本案中，所涉的工程项目，价值过亿，且投资主体同煤集团及中国五矿集团均属国有企业，系国有资本投资，应严格按照招投标法的规定进行招标。

其次，依据《招投标法》第三十一条规定："两个以上法人或者其他组织可以组成一个联合体，以一个投标人的身份共同投标。联合体各方均应当具备承担招标项目的相应能力；国家有关规定或者招标文件对投标人资格条件有规定的，联合体各方均应当具备规定的相应资格条件。由同一专业的单位组成的联合体，按照资质等级较低的单位确定资质等级。联合体各方应当签订共同投标协议，明确约定各方拟承担的工作和责任，并将共同投标协议连同投标文件一并提交招标人。联合体中标的，联合体各方应当共同与招标人签订合同，就中标项目向招标人承担连带责任"。但本案中，该工程的投标及中标单位是北京某煤炭工程公司与某建筑安装工程公司，而且在联合投标体中，某建筑安装工程公司主要负责土建施工和设备安装，承担工程的主要工作。但从双方实际签订的总承包合同看，是北京某煤炭工程公司和北京某选煤技术公司两个公司与上诉人大同某煤矿公司所签，另一中标单位某建筑安装工程公司被北京某选煤技术公司取代，签约主体擅自进行了变更，违背了上述法律的强制性规定，完全丧失招投标的意义。

最后，被上诉人北京某煤炭工程公司并未向法庭提供其有相应的施工资质。而依据最高人民法院《建设工程施工合同司法解释》第一条规定，建设工程施工合同具有下列情形之一的，应当根据《合同法》第五十二条第（五）项的规定，认定无效：一是承包人未取得建筑施工企业资质或者超越资质等级的；二是没有资质的实际施工人借用有资质的建筑施工企业名义的；三是建设工程必须进行招标而未招标或者中标无效的。

裁判观点

二审法院认为：关于第一个焦点，即《旧高山洗煤厂技术改造项目工程总承包合同》是否有效。第一，依据大同某煤矿公司提交的《投标文件》，旧高山洗煤厂技术改造项目由大同某煤矿公司组织公开招标。第二，北京某煤炭工程公司依据山西省招标有限公司的招标文件，参照旧高山洗煤厂技术改造项目投标，并中标。且招标项目、招标过程及中标结果并未发现有《招标投标法》和相关法律规定的中标无效情形。第三，依据投标文件《联合体协议书》第三条、第四条的规定，北京某煤炭工程公司作为联合体代表有权与其他业务合作方签订相关业务协议，大同某煤矿公司对此应是知晓的。第四，北京某煤炭工程公司中标后、北京某选煤技术公司遂与大同某煤矿公司签订总承包合同，大同某煤矿公司对北京某煤炭工程公司和北京某选煤技术公司的签约主体资格认可并无异议，且签字盖章。合同履行过程中，也未提出异议。综上，大同某煤矿公司主张合同无效无事实和法律依据，《旧高山洗煤厂技术改造项目工程总承包合同》合法有效。

3.3.5 承包人在合同约定承包范围内实施设计时，应在满足发包人要求的前提下进行优化设计，并应从中选取最优设计方案；在满足发包人提供的设计文件技术标准的前提下进行深化设计，实现合同目标，优化设计和深化设计导致的盈亏均归承包人享有或承担。

【条文解读】

本条明确在工程总承包中，承包人进行的优化设计或深化设计在满足发包人要求的前提下，其盈亏均由承包人享有或承担。此条约定对承包人而言是挑战，更是机遇。《关于促进建筑业持续健康发展的意见》明确促进建筑业持续健康发展需要“强化队伍建设，增强企业核心竞争力”，这也是国家推广工程总承包的“初心”之一。承包人应抓紧机遇，不断强化队伍建设、提升业务能力（特别是设计施工整合能力）、增强核心竞争力。

针对项目而言，做好项目“设计施工整合策划”，明确各个设计阶段的工作目标和任务，在满足发包人要求的前提下持续优化，实现效益最大化。项目实践中针对优化设计和深化设计导致的盈亏的分享或分担方式存在争议，建议在合同中进一步明确。

3.3.6 除本规范第3.3.3条规定的发包人要求的错误导致承包人文件出错的外，当承包人文件中存在错误、遗漏、含糊、不一致、不适当或其他缺陷，即使发包人作出了同意或批准，承包人仍应对前述问题带来的缺陷和工程问题进行改正，并应承担相应费用和工期延误。

【条文解读】

本条依据《工程总承包管理办法》对工程总承包模式下承包人“文件”中的错误风险责任进行了明确的界定，干脆利索无拖泥带水。本条符合《关于促进建筑业持续健康发展的意见》明确的“强化队伍建设，增强企业核心竞争力”的要求，工程总承包模式对承包人提出了更高的要求，承包方要持续提升、不断增强企业核心竞争力。本条中承包人“文件”（包括设计成果）的广阔性需重视。

3.3.7 承包人应被认为已确信工程总承包合同约定的合同金额的正确性和充分性，除合同另有约定外，签约合同价应被视为包括承包人根据合同约定应承担的全部义务，以及按照合同约定为正确的实施工程所需的全部有关事项的费用。

【条款解读】

本条规定参照1999版银皮书第4.11条合同价格的充分性条款。本条是针对工程总承包风险对承包人的再次提示，提示承包人要为自己的要约行为负责，承包人应当遵守诚信原则，履行合同义务，防止出现承包人自我否定的现象。本条实质上要求承包人对“报价”及“合同价”与其承担的全部义务的对等性反复核对。

3.3.8 采用设计采购施工总承包（EPC）模式时，承包人应被认为已取得对承包工程可能产生影响或作用的有关风险、意外事件和其他情况的全部必要资料，接受为完成工程预见到的所有困难和费用的全部职责，除合同另有约定外，合同价款不予调整。

【条款解读】

本条规定参照1999版银皮书第4.12条不可预见困难约定。本条是针对工程总承包项目不可预见困难的风险对承包人的再次提示。针对项目实施中可能发生的不可预见困难，发承包双方应在合同中予以明确，或明确处理原则，避免结算争议。

3.3.9 当不可抗力发生影响合同价款时，除合同另有约定外，发承包双方责任的分担应符合本规范第6.5节的规定。

【条款解读】

本条针对“不可抗力”风险处理原则作了规定，具体见本规范第6.5节。

4 工程总承包费用项目

4.1 工程总承包费用项目组成

4.1.1 建设项目工程总承包费用由工程费用和工程总承包其他费组成。

【条文解读】

本条是关于工程总承包费用组成的规定。鉴于财政部《建设成本管理规定》是针对所有专业工程投资成本的管理规定，对建设单位来说是投资成本，反过来对承包单位来讲就是营业收入。因此，本规范以此为基础选择工程总承包费用项目，同时参照了其他部委的相关规定，剔除了完全由建设单位使用的相关费用，且适当进行费用的细分、调整或重新定义。

【法律适用及商务提示】

工程总承包费用项目可以分为三类：一是必然要发生，并应全部计入总承包费用的项目，如：工程费用的建筑工程费、设备购置费、安装工程费；二是必然要发生，但计入工程总承包的费用金额是变化的，需要根据发承包范围确定，如勘察费、设计费、总承包管理费等；三是可能要发生，也可能不发生的，应根据发包范围判断是否计入工程总承包的项目，如：研究试验费、临时用地及占道使用补偿费等。

《建设项目工程总承包费用项目组成》（建办标函〔2017〕621 号）第三条规定，建设项目工程总承包费用项目由建筑安装工程费、设备购置费、总承包其他费、暂列费用构成。本条虽然没有将预备费单列，但根据本规范表 A.0.2 标底（最高投标限价）/投标报价汇总表的列示，预备费应当和工程费用及工程总承包其他费并列，单独作为一项列出，这符合大多数地方规定和行业既有习惯。在此列出各地规定供参考，如表 4–1 所示。

表 4–1 各地工程总承包费用组成政策对比表

序号	文件名称	文件中相关内容
1	《江苏省房屋建筑和市政基础设施项目工程总承包计价规则（试行）》	2.1 工程总承包费用项目组成如下：工程设计费、建安工程费、设备购置费、工程总承包其他费、暂列金额
2	《山东省房屋建筑和市政基础设施项目工程总承包计价规则》	3.1.5 工程总承包项目清单应由工程费用项目清单、工程总承包其他费项目清单和暂列金额组成
3	《关于四川省房屋建筑和市政基础设施项目工程总承包合同计价的指导意见》	二、工程总承包费用项目组成 （一）工程总承包费用项目包括工程费用、工程总承包其他费和工程总承包预备费（暂列金额）

续表4-1

序号	文件名称	文件中相关内容
4	《湖南省建设工程总承包计价规则》	4.1.1 建设项目工程总承包费由工程费、工程总承包其他费和暂列金额组成
5	《新疆维吾尔自治区房屋建筑和市政基础设施项目工程总承包计价指导意见（试行）》	二、费用项目组成 工程总承包根据不同阶段及费用性质，其费用项目组成包括工程设计费、设备购置费、建筑安装工程费、总承包其他费、暂列金额，工程总承包中所有项目均应包括成本、利润和税金。招标文件给定的，用于支付必然发生但暂时不能确定价格的费用以暂估价的形式计列
6	《广西壮族自治区房屋建筑和市政基础设施项目工程总承包计价指导意见（试行）》	（一）费用构成。工程总承包项目费用包括设计费、建筑安装工程费。设计费包含 BIM 技术应用费，其中 BIM 技术应用费按照模型的精度及成果交付标准计算。建筑安装工程费包含固定总价、暂估价、暂列金额三部分

4.1.2 工程费用包括建设项目总投资中的下列费用：

1 建筑工程费；

2 设备购置费；

3 安装工程费。

【条文解读】

本条是对工程费用的具体规定。工程费用是指建设期内直接用于工程建造、设备购置及其安装的费用，包括建筑工程费、设备购置费和安装工程费。

【法律适用及商务提示】

此处的设备购置费不包括建筑设备，建筑设备的价值应计入建筑安装工程费。设备购置费一般指生产性项目的工艺设备或装置，如污水处理设备。按照《建设项目设计概算编审规程》CECA/GC 2—2015 的规定：设备购置费指需要采购或自制设备和为生产准备的达到固定资产标准的工具、器具的费用，不包括应列入建筑安装工程费的建筑设备的价值。《建设工程计价设备材料划分标准》GB/T 50531—2009 中关于建筑设备的定义：建筑设备是指房屋建筑及其配套的附属工程中电气、采暖、通风空调、给排水、通信及建筑智能等为房屋功能服务的设备。

4.1.3 工程总承包其他费包括建设项目总投资中工程建设其他费中的下列部分费用：

1 勘察费：详细勘察费、施工勘察费；

2 设计费：初步设计费、施工图设计费、专项设计费；

3 工程总承包管理费；

4 研究试验费；

5 临时用地及占道使用补偿费；

6 场地准备及临时设施费；

7 检验检测及试运转费；

8 系统集成费；

9 工程保险费；

10 其他专项费。

【条文解读】

本条对工程总承包其他费项目组成作出规定。

【法律适用及商务提示】

（1）注意与“建设项目投资组成”及“建安工程费用组成”的联系对比。传统施工总承包仅包含建筑安装工程费用，而工程总承包除建筑安装工程费还涉及其他费用。对于其他费用项目组成，实质就是在工程建设项目总投资费用中选出适用于工程总承包的费用项目以达到合理界定工程总承包计价范围的目的。发包人应根据专业工程的特点及项目的建设目标，从建设项目总投资中的工程建设其他费中选择适用于工程总承包的其他费用项目。

（2）根据发包范围确定费用项目。发包人应根据工程总承包项目的发包范围，结合本条规定的项目对工程总承包其他费用进行适当调整。

4.1.4 发包人应根据工程总承包项目的发包范围，对工程总承包其他费用按照本规范第4.1.3条的规定予以增加或减少。

【条文解读】

本条规定了“工程总承包其他费用”的设置办法。

【法律适用及商务提示】

发包人应根据项目特点、投资估算或设计概算、发包范围，从建设项目总投资中的工程建设其他费中，参照本规范以上规定选择适用于工程总承包其他费用的项目，既可增加也可减少。

4.1.5 如发包人将建设项目的报建报批等其他服务工作列入发包范围，代办服务费应纳入工程总承包其他费。

【条文解读】

本条规定了发包人如将建设项目报建报批等服务工作列入发包范围时，工程总承包其他费中应增加代办服务费项目。

4.2 工程总承包费用项目清单

4.2.1 发包人应在建设项目总承包发包时对工程总承包费用项目编制项目清单列入招标文件。项目清单可根据不同的发承包阶段，分为可行性研究或方案设计后清单、初步设计后清单。

【条文解读】

本条规定了工程总承包费用项目清单应根据发承包阶段的不同分为可行性研究或方案设计后清单、初步设计后清单。本条明确发包人应将工程总承包费用项目编制项目清单列入招标文件。

【法律适用及商务提示】

1. 项目清单的编制

发包人应结合项目功能需求，审慎编写发包人要求及项目清单。在发包人要求及招标文件中明确承包人对招标文件、发包人要求及项目清单等的审查义务及责任划分原则，并明确承包人在满足发包人要求的条件下可对项目清单作适当修改。针对项目清单中存在的有经验的承包商可预见的问题或风险，承包人在招投标阶段未提出的，由其承担相应风险和损失。

2. 项目清单的审查和修改

承包人应审慎研究招标文件、发包人要求及项目清单等发包人提供的报价依据。诚信、客观、公正地提出存在或可能存在的问题及风险，提前规避己方风险。针对项目清单中不合理之处在满足发包人要求的条件下与发包人协商修改。

根据本规范第 5.3.3 条："初步设计后发包的，发包人提供的工程费用项目清单仅作为承包人投标报价的参考，投标人应依据发包人要求和初步设计文件、详细勘察文件进行投标报价。1　对项目清单内容可以增加或减少；2　对项目进行细化，在原项目下填写投标人认为需要的施工项目和工程数量及单价。"也就是说，发包人提供的项目清单并不作为统一的竞价基准，投标人在此基础上形成的价格清单才是对当事人具有约束力的合同文件。

3. 项目清单和价格清单不能作为结算依据

《房屋建筑和市政基础设施项目工程总承包计价计量规范（征求意见稿）》（建办标函〔2018〕726 号，以下简称《工程总承包计价计量规范（征求意见稿）》）第 4.1.5 条："项目清单和价格清单列出的数量，不视为要求承包人实施工程的实际或准确的工程量。"项目清单和价格清单仅能用于帮助形成合同价格，而起不到锁定工程量的效果。如承包人实际完成的工程量高于招标项目清单中注明的工程量，承包人无法据此要求增加合同价款。同理，如实际完成工作量少于项目清单，发包人也不得据此要求调减。

4. 投标人应该对价格清单的准确完整负责

《工程总承包计价计量规范（征求意见稿）》第 4.1.4 条："除另有规定和说明者外，价格清单应视为已经包括完成该项目所列（或未列）的全部工程内容。"价格清单则是由投标人编制的，投标人应该对价格清单的准确完整负责。如果投标人在价格清单时遗漏项目清单所含内容或未能描述清楚，实际是背离发包人要求，相应责任由投标人承担。

4.2.2　编制项目清单应依据本规范和发包人要求，以及专业工程计量规范，按照不同发承包阶段的发包范围和内容，确定工程总承包费用项目。

【条文解读】

本条规定了编制项目清单的总体依据及要求。

【法律适用及商务提示】

1. 参照规范进行编制

《工程总承包计价计量规范（征求意见稿）》中对可行性研究及方案设计后和初步设计后的项目清单进行了列示，发承包人可以结合工程实际参考适用。

2. 建立多层级清单

完善项目划分、建立多层级工程量清单是我国建设工程招投标领域的大势所趋，中华人民共和国住房和城乡建设部标准定额司 2016 年就提出该建议，目前多个省份进行了积极探索。建立多层级工程量清单可以根据不同设计深度和不同阶段对造价的要求确定工程量清单的层级及项目划分，并提前考虑各阶段造价文件的关联与转换，统一各阶段造价文件的口径，实现全过程全方位造价管理①。中华人民共和国住房和城乡建设部标准定额司《关于印发 2016 年工作要点的通知》（建标综函〔2016〕17 号）指出："加强工程造价管理改革和制度建设是研究编制多层级工程量清单，满足工程总承包等不同工程建设组织方式对工程造价管理需要。"各地纷纷响应，积极探索。广东省住房和城乡建设厅《关于公布广东省工程造价改革第一批试点项目的通知》（粤建标函〔2021〕659 号）中指出广东省住房和城乡建设厅审核确定广东省中医院中医药传承创新工程等 28 个项目为广东省工程造价改革第一批试点项目，其中多个项目的改革内容包括"改进工程量清单计价规则，推行多层级工程量清单。"安徽省住房和城乡建设厅关于印发《安徽省"十四五"建筑业发展规划》的通知指出要建立健全计价依据体系，完善多层级工程量清单计价机制，规范费用组成和计费方法。

发包人在编制分部分项工程可以设置多层级项目清单。由于可行性研究或方案设计阶段无法依据设计文件计算分部分项工程量，但不意味着发包人对分部分项工程的没有明确的要求，比如管道材质、洁具品质等。设置分部分项工程层级清单就是引导清单编制人将影响工程交付的目标、标准在没有详细设计图纸的情况下描述清楚，将发包人要求进行明确和具体化。承包人此后进行设计优化和价值工程都必须建立在已经满足层级清单要求的基础上，否则可能最终无法交付符合发包人要求的工程。

4.2.3 工程费用项目清单宜依据相关专业工程的工程总承包计量规范编制。

【条文解读】

本条规定了编制"工程费用项目清单"的具体依据及要求，即《房屋工程总承包工程量计算规范》T/CCEAS 002—2022、《市政工程总承包工程量计算规范》T/CCEAS 003—2022 及《城市轨道交通工程总承包工程量计算规范》T/CCEAS 004—2022。

【法律适用及商务提示】

本规范是工程总承包的计价规范，与本规范配套且同期发布的有三个工程总承包工程量计算规范，分别是《房屋工程总承包工程量计算规范》《市政工程总承包工程量计算规范》《城市轨道交通工程总承包工程量计算规范》（以下统称"工程总承包工程量计算规范"）。"工程总承包工程量计算规范"按专业分为房屋工程、市政工程和城市轨道交通工程三类，为工程总承包项目清单列项作出规定和示范，工程量计算规范将项目清单分为

① 罗燕，付兴华，姚毅．完善工程项目划分建立多层级工程量清单［J］．工程造价管理，2016（06）：13-17.

“可行性研究或方案设计后项目清单”和“初步设计后项目清单”两种。

“工程总承包工程量计算规范”中明确工程总承包的计量除应符合本规范外，尚应符合国家现行有关标准的规定。结合本规范及“工程总承包工程量计算规范”相关规定，工程总承包项目发承包过程中应按“工程总承包工程量计算规范”相关规定进行项目列项，并按其中相关规定执行。

4.2.4 工程总承包其他费清单应根据工程总承包范围和内容列项。

【条文解读】

本条是对编制“工程总承包其他费清单”的具体依据及要求。

“工程总承包工程量计算规范”中仅包含工程费用的部分清单，工程总承包其他费清单由发承包双方按照承包范围及内容列项。

【法律适用及商务提示】

1. FIDIC 相关条文

2017 年版 FIDIC 黄皮书（生产设备和设计—施工合同条件）中与发包人编制项目清单有关的条文为第 1.1.72 条、第 1.5 条和第 4.1 条。

第 1.1.72 条约定：“‘资料表’系指合同中名为各种表的文件，由雇主编制、由承包商填写并随投标函一起提交。此类文件可包括数据、表册、付款计划表、费率和（或）价格表。”

第 1.5 条约定：“构成合同的文件应能够相互说明。如有任何冲突、歧义或不一致，文件的优先次序如下：(a) 合同协议书；(b) 中标函；(c) 投标函；(d) 专用条件 A 部分——合同数据；(e) 专用条件 B 部分——特别规定；(f) 通用条件；(g) 雇主要求；(h) 资料表；(i) 承包商建议书；(j) 联营体承诺书（如果承包商是联营体）；(以及) (k) 构成合同组成部分的任何其他文件。如一方发现文件有歧义或不一致，应立即向工程师发出通知，说明歧义或不一致之处。收到此类通知后，如工程师发现文件中的歧义或不一致之处，工程师应发出必要的澄清或指示。”

第 4.1 条“承包商的一般义务”约定：“工程应包括满足雇主要求、承包商建议书和资料表所需的任何工作，或合同隐含的工作，以及（尽管合同中未提及）为工程的稳定或竣工或安全和有效运行所需的所有工作。”

从上述相关条文来看，2017 版 FIDIC 黄皮书并未将编制项目清单作为发包人必须履行的一项义务，发包人编制的“资料表”并不必然包括项目清单。

2. 国内实践情况

工程总承包项目由于多采用固定总价计价模式，同时即使发包人提供工程费用项目清单，该等清单仅作为承包人投标报价的参考，承包人可以根据发包人要求和其他项目情况文件，自行对项目清单内容进行增加、减少、细化，因此发包人提供的工程费用项目清单如有缺项漏项，责任不再由发包人承担。

实践中，发包人为避免自己提供的项目清单因有缺项漏项、与图纸不一致等问题产生后续争议，根据项目的特点可以不提供项目清单的，有时不向承包人提供项目清单，由承包人自行研究招标文件后自主报价。即使是由发包人在招标文件中提供项目清单，由于后续设计尚不确定，不同的承包人进行后续设计的方向亦可能不同，发包人编制的清单通常具有高度的概括性，以尽量兼容所有投标人的报价方式①。

如发包人在招标文件中提供项目清单的，可以参考《工程总承包工程量计算规范》，区分可行性研究或方案设计后项目清单、初步设计后项目清单进行编制。同时，为避免争议，发包人应当在招标文件相应位置写明，发包人提供的项目清单仅供承包人投标报价参考，项目清单列出的数量不能视为要求承包人实施工程的准确工程量，承包人应依据发包人要求自行增减、细化项目清单内容。

4.2.5 发包人在建设项目工程总承包发包时，应将预备费列入工程总承包项目清单中。

【条文解读】

本条规定了编制“工程总承包项目清单”时预备费的处理方法，明确了“预备费”在工程总承包项目费用组成中的位置。

① 文武杰. EPC项目的计价模式和计价方法分析［J］. 安徽建筑，2023，30（01）：187-189. DOI：10.16330/j.cnki.1007-7359.2023.1.074.

5 工程价款与工期约定

5.1 一般规定

5.1.1 发包人应通过招标或直接发包等方式，择优选择承包人。依法必须招标的建设项目，应通过招标方式确定承包人。

【条文解读】

本条对承包人的选定方式进行了规定。建设项目承包人的选定应当符合相关法律法规规定。根据《建筑法》《招标投标法》《招标投标法实施条例》《工程总承包管理办法》等法律法规，依法应当招标的项目，应通过公开招标或邀请招标方式选定承包人，非必须招标的项目，可通过招标或直接发包等方式确定承包人。

【法律适用及商务提示】

《最高人民法院关于审理建设工程施工合同纠纷案件适用法律问题的解释（一）》（法释〔2020〕25号，以下简称《建设工程司法解释一》）第一条规定："建设工程施工合同具有下列情形之一的，应当依据《民法典》第一百五十三条第一款的规定，认定无效：（三）建设工程必须进行招标而未招标或者中标无效的。"根据本条规定，依法必须招标的项目如未组织招标投标而直接签订合同，或者存在中标无效情形的，发承包双方签订的施工合同无效。

1. 依法必须招标的项目范围

对于符合条件的勘察、设计、施工、监理以及与工程建设有关的重要设备、材料等的采购，必须进行招标，具体项目范围需要根据《招标投标法》第三条，《招标投标法实施条例》第三条，《必须招标的工程项目规定》（国家发展和改革委员会令第16号，以下简称《必须招标的工程项目规定》）《必须招标的基础设施和公用事业项目范围规定》（发改法规规〔2018〕843号）以及《国家发展和改革委员会办公厅关于进一步做好〈必须招标的工程项目规定〉和〈必须招标的基础设施和公用事业项目范围规定〉实施工作的通知》（发改办法规〔2020〕770号）等法律法规确定。

（1）全部或者部分使用国有资金投资或者国家融资。

1）使用预算资金200万元人民币以上，并且该资金占投资额10%以上的项目。"预算资金"是指《中华人民共和国预算法》（2018修正）规定的预算资金，包括一般公共预算资金、政府性基金预算资金、国有资本经营预算资金、社会保险基金预算资金。

2）使用国有企业事业单位资金，并且该资金占控股或者主导地位的项目。

第一，"国有企业事业单位"中的"国有企业"既包括国有全资企业，同时也包括国有控股企业。

第二，"占控股或者主导地位"，参照《中华人民共和国公司法》（2018修正）第二百一十六条关于控股股东和实际控制人的理解执行，即"其出资额占有限责任公司资本总额50%以上或者其持有的股份占股份有限公司股本总额50%以上的股东；出资额或者持有股份的比例虽然不足50%，但依其出资额或者持有的股份所享有的表决权已足以对股东会、股东大会的决议产生重大影响的股东”；国有企业事业单位通过投资关系、协议或者其他安排，能够实际支配项目建设的，也属于占控股或者主导地位。项目中国有资金的比例，应当按照项目资金来源中所有国有资金之和计算。

（2）国际组织或者外国政府贷款、援助资金。

1）使用世界银行、亚洲开发银行等国际组织贷款、援助资金的项目。

2）使用外国政府及其机构贷款、援助资金的项目。

（3）大型基础设施、公用事业等关系社会公共利益、公众安全的项目。

1）煤炭、石油、天然气、电力、新能源等能源基础设施项目。

2）天然气、电力、新能源等能源基础设施项目。

3）电信枢纽、通信信息网络等通信基础设施项目。

4）防洪、灌溉、排涝、引（供）水等水利基础设施项目。

5）城市轨道交通等城建项目。

以下项目可以不通过招标投标程序确定承包人：

①与新建、改建、扩建工程无关的装修、拆除、修缮等。

《招标投标法》第三条规定：“在中华人民共和国境内进行下列工程建设项目包括项目的勘察、设计、施工、监理以及与工程建设有关的重要设备、材料等的采购，必须进行招标”《招标投标法实施条例》第二条规定：“招标投标法第三条所称工程建设项目，是指工程以及与工程建设有关的货物、服务。前款所称工程，是指建设工程，包括建筑物和构筑物的新建、改建、扩建及其相关的装修、拆除、修缮等；所称与工程建设有关的货物，是指构成工程不可分割的组成部分，且为实现工程基本功能所必需的设备、材料等；所称与工程建设有关的服务，是指为完成工程所需的勘察、设计、监理等服务。”

根据前述规定，“建筑物和构筑物的新建、改建、扩建及其相关的装修、拆除、修缮”符合一定条件时将属于必须招标投标的项目，但若特定施工内容属于与新建、改建、扩建无关的装修时，即使其符合规模标准，也并不属于必须招标的项目范围。

②施工图审查、第三方监测等未明确列举的服务。

《招标投标法实施条例》第二条规定：“招标投标法第三条……所称与工程建设有关的服务，是指为完成工程所需的勘察、设计、监理等服务。”《必须招标的工程项目规定》第五条规定：“本规定第二条至第四条规定范围内的项目，其勘察、设计、施工、监理以及与工程建设有关的重要设备、材料等的采购达到下列标准之一的，必须招标：……（三）勘察、设计、监理等服务的采购，单项合同估算价在100万元人民币以上。”《关于进一步做好〈必须招标的工程项目规定〉和〈必须招标的基础设施和公用事业项目范围规定〉实施工作的通知》（发改办法规〔2020〕770号）第一条规定：“（三）关于招标范围列举事项。依法必须招标的工程建设项目范围和规模标准，应当严格执行《招标投标法》第三条和16号令、843号文规定；法律、行政法规或者国务院对必须进行招标的其他项目范围有规定的，依照其规定。没有法律、行政法规或者国务院规定依据的，对16号令第五条第一款第（三）项中没有明确列举规定的服务事项、843号文第二条中没有明确列举规定的项目，不得强制要求招标。”

根据前述规定，由于现行法律法规目前主要列举了勘察、设计、监理等服务，对于施工审查、第三方监测、见证取样等未列举的服务事项，依法不属于必须招标的范围。

2. 依法必须招标的项目规模

对于前述全部或者部分使用国有资金投资或者国家融资的项目，国际组织或者外国政府贷款、援助资金的项目以及大型基础设施、公用事业等关系社会公共利益、公众安全的项目，其勘察、设计、施工、监理以及与工程建设有关的重要设备、材料等的采购达到下列标准之一的，必须招标：

（1）施工单项合同估算价在400万元人民币以上。

（2）重要设备、材料等货物的采购，单项合同估算价在200万元人民币以上。

（3）勘察、设计、监理等服务的采购，单项合同估算价在100万元人民币以上。

同一项目中可以合并进行的勘察、设计、施工、监理以及与工程建设有关的重要设备、材料等的采购，合同估算价合计达到前述金额规定标准的，必须招标。

此外，需要注意以下几个问题：

第一，“合同估算价”是指采购人根据初步设计概算、有关计价规定和市场价格水平等因素合理估算的项目合同金额。没有计价规定情况下，采购人可以根据初步设计概算的工程量，按照市场价格水平合理估算项目合同金额。

第二，依法必须招标的项目需要同时满足项目范围及项目规模。对于属于招标项目范围但尚未达到项目规模的项目，采购人可自主确定采购方式，例如总投资350万元左右且资金来源全部是预算资金（或国家财政资金）的工程项目属于“全部或者部分使用国有资金投资或者国家融资的项目”，但其施工单项合同估算价在400万元人民币以下，不符规模标准，不属于依法必须招标项目，由采购人依法自主选择采购方式，任何单位和个人不得违法干涉；其中，涉及政府采购的，按照政府采购法律法规规定执行。

第三，关于“同一项目中可以合并进行”，是指根据项目实际，以及行业标准或行业惯例，符合科学性、经济性、可操作性要求，同一项目中适宜放在一起进行采购的同类采购项目。

3. 非必须招标的项目可采用其他发包方式

除招标投标外，发包人可通过竞争性磋商/谈判、询价等方式确定承包人。

自愿原则为平等的民事主体从事民事活动所必须遵守的基本原则，《民法典》第五条明确规定：“民事主体从事民事活动，应当遵循自愿原则，按照自己的意思设立、变更、终止民事法律关系。”至于设立、变更及终止民事法律关系的形式，除法律有明确规定外，同样属于当事人自愿选择的范畴。

为落实党的十九大和十九届二中、三中全会精神，国家发展改革委印发《必须招标的工程项目规定》，相较于《工程建设项目招标范围和规模标准规定》（国家发展计划委员会令第3号），必须招标的工程项目范围大幅缩小。

对于依据招标投标相关法律法规不属于必须招标投标的企业投资项目，发包人可自行选择确定承包人的方式，包括但不限于竞争性磋商、谈判等，但如依法属于政府采购项目或符合其他法律规定情形的，仍然需要按照法律规定执行。

【参考案例】

案例1　某电建公司与贵州某化工公司关于某建设工程施工合同纠纷案

基本信息

审理法院：最高人民法院。

案号：（2019）最高法民终1356号。

裁判要旨

非必须招标项目一经适用招投标程序订立合同，不应再行订立背离合同实质性内容的其他协议。

裁判观点

最高人民法院认为：招标投标法第四十六条第一款规定是贯彻合同法关于合同订立一般规定的特别规定，无论必须招标项目或非必须招标项目，均应一体适用，以维护招投标订约程序的严肃性、有效性及招投标市场的信用和秩序。当事人一经选择适用招投标程序订立合同，即使非必招项目，除符合前引司法解释第九条但书条款外，“不得再行订立背离合同实质性内容的其他协议”。该司法解释第一条、第九条和第十条均体现了这一立法意旨，进一步强化了中标合同的严肃性和权威性。案涉《合同协议书》第三条，以及与之相关的工程价款条款不具备前引司法解释第九条规定的排除情形，严重背离投标文件及澄清文件所确定的工程固定价款总额，违背了招标投标法第四十六条第一款第二句的规定。原审判决对某电建公司的此项主张未经审理，即认定案涉合同有效，构成漏审漏判，应予纠正。

招标投标法第五十五条规定“依法必须进行招标的项目”，招标人违反该法第四十三条规定，应当受到的行政处罚，进而，该法第五十五条第二款规定，前款所列行为影响中标结果的，中标无效；但是，这并不意味着本条规定排除了非必须招标项目违反该法第四十三条所导致的中标无效的法律后果。该法第四十三条是规范招投标程序的基本条款，无论是否属于必须招标项目，应当一体适用。非必须招标项目违反该规定，也可构成因违反合同法第五十二条第五项规定而使中标无效的法律后果。原审判决对招标投标法第五十五条与第四十三条的规范对象及规范功能未加仔细区分，而以案涉项目不属于“依法必须进行招标的项目”为由直接适用该法第五十五条规定，认定当事人“双方在案涉工程招投标过程中是否就合同价格进行了实质性谈判，都不影响案涉EPC总承包合同的效力”，适用法律确有错误。

综上，EPC总承包合同之《合同协议书》第三条等工程价款的约定，是发包人贵州某化工公司将依法不属于必须招标的建设工程进行招标后，与承包人某电建公司另行订立的背离中标合同实质性内容的条款，且不存在前引司法解释第九条但书规定的情形，该等约定违反招标投标法第四十六条第一款第二句及其实施条例第五十七条规定，构成合同法第五十二条第五项规定情形，应当确认无效。依照前引司法解释第九条规定，当事人请求以中标合同作为结算建设工程价款依据的，人民法院应予支持。某电建公司此项上诉理由成立，其以投标文件价款为结算依据的请求，应予支持，但应当扣除澄清文件所明列金额。因此，本案工程价款应为 511 875 031 元。

案例 2　某建工集团新疆分公司与某工程开发集团天津分公司建设工程施工合同纠纷案

基本信息

审理法院：最高人民法院。

案号：(2018) 最高法民终 153 号。

裁判要旨

因使用国有资金属于必须招标的工程总承包项目，总包人对下分包并不必然必须招标。

案情介绍

2013 年 1 月，某招标集团公司与某咨询公司就哈密某公司哈密一矿选煤厂 EPC 总承包及运营发布招标文件。后某招标集团公司、某咨询公司发出中标通知书，确认某工程开发公司为中标人。哈密某公司与某工程开发公司签订哈密某公司总承包合同，项目名称为"哈密一矿选煤厂 EPC 总承包"。总承包合同第 19 条关于分包的约定："19.3　承包商应按照本合同文件对施工单位的资质规定，通过招标的方式选择，确定合格的分包人，并报业主审核同意，以合同形式委托其完成承包合同范围内的部分项目。19.4　承包商选择的分包人应具有以下资质：(1) 土建施工分包人应具有中华人民共和国住房和城乡建设部颁发的房屋建筑工程施工总承包一级及以上资质"。

某工程开发集团天津分公司与某建工集团新疆分公司于 2013 年 7 月 5 日签署《合同协议书》，合同约定：①工程名称：哈密某开发公司哈密一矿选煤厂项目建筑工程标段 B。②工程承包范围：施工范围和内容详见附件及发包方图纸。③合同价款及结算方式：合同价款含税固定总价为 11 776.24 万元。

案涉争议焦点之一为案涉《合同协议书》和《补充协议》的效力问题。

最高人民法院认为：关于案涉《合同协议书》和《补充协议》的效力问题。某建工集团新疆分公司关于相关协议无效的理由涉及多个方面；第一，关于需要公开招标的项目经公开招标确定总包人后，总包人依法或依约确定分包人是否仍需要进行公开招标的问题。某建工集团新疆分公司认为，项目使用的资金源头系国有资金，总包人依约确定分包人时仍需要采取公开招标方式。《招标投标法实施条例》第八条规定，国有资金占控股或者主导地位的依法必须进行招标的项目，应当公开招标。根据一审查明，哈密某公司的资金系国有企业自有资金，哈密一矿选煤厂项目系哈密某公司建设的煤炭能源项目，属于依法必须进行公开招标的项目。哈密某公司依照法律规定通过公开招标的方式将哈密一矿选煤厂项目以 EPC 总包的方式发包给某工程开发公司。该招投标行为符合法律规定。双方签订的《合同协议书》约定。承包商应按照本合同文件对施工单位的资质规定，通过招标的方式选择，确定合格的分包人，并报业主审核同意，以合同形式委托其完成承包合同范围内的部分项目。该协议授权总包方可以通过招标方式确定分包人。作为总包人，某工程开发公司并非项目投资建设主体，而是该项目的执行单位。除非有法律规定的必须公开招标的项目，其有权依照约定的方式确定分包人。此外，资金的源头属性，不能无限制地延伸。哈密某公司运用国有资金建设案涉项目，相关资金支付给某工程开发公司后，属于某工程开发公司的资产，并非仍是国有资金。因此，某工程开发公司对外分包，不具有法定必须公开招标的情形。其通过邀请招标的方式确定某建工集团新疆分公司为案涉项目标段B的中标单位，符合《合同协议书》的约定，哈密某公司对某建工集团新疆分公司施工也未提出异议，表明其认可某工程开发公司的分包行为。故上述分包行为未违反法律、行政法规的强制性规定，某建工集团新疆分公司有关理由不成立。

法律分析

因使用国有资金属于必须招标的工程总承包项目，认定总承包项目总承包方再分包是否应当招标时，应以总承包方这一层级为准考察占控股或者主导地位的资金性质，而不应无限上延至项目投资建设主体一层。

5.1.2 *发承包双方应当按照招标文件和中标人的投标文件或谈判的结果，在合同中约定工程价款和工期。*

【条文解读】

本条规定了工程总承包合同中工程价款与工期约定的依据：招标文件、投标文件、谈判结果等。但需要注意的是本条中的谈判结果不应包含公开招投标以后的谈判。伴随工程技术的发展及施工组织的不断优化，结合工程总承包模式的特点，工期可能存在较大幅度的变化及压缩空间。结合项目实践及司法判例，发包人可在适当的范围内压缩工期，针对工期要求严格或工期对效益影响较大的项目，可加大评分办法中工期部分的分值，以促进工期合理竞争。

【法律适用及商务提示】

（1）中标通知书与投标文件不一致时的结算依据。工程实践中，特别是邀请招标时，投标人完成投标报价后，发包人分别与投标人逐一开展商务谈判，通过直接或间接透露其他投标人相关投标报价信息的方式来压低投标人的投标报价，依据商务谈判结果发出中标通知书并签订施工合同的情形并不罕见。该行为违反了《招标投标法》第四十三条关于“在确定中标人前，招标人不得与投标人就投标价格、投标方案等实质性内容进行谈判”的规定，且根据《招标投标法》第五十五条规定，如果此种行为最终影响到中标结果的，中标应当无效。然而，根据《建设工程司法解释一》第一条及第二十四条规定，中标无效虽然会使得施工合同无效，但仍然将作为折价补偿的依据，司法实践中多数参照施工合同结算工程价款，即使中标无效的情况下，也需要按让利后的中标通知书和施工合同结算工程价款。

（2）及时跟进项目招标投标进展。实践中，承包人市场部门为了获得潜在的工程项目，往往会花费大量的人力、物力跟踪项目情况，但这种跟踪往往止于中标候选人公示或中标（未中标）通知书签发后。然而，工程实践中，第一顺位中标候选人最终被确认中标无效的情况也不罕见，此时招标人可能会确定第二顺位中标候选人作为中标人，也可能会再行组织招标投标。对于投标人而言，只要中标人尚未跟发包人签订施工合同且投标仍在有效期内的，就应当跟踪项目情况。一旦出现中标人被确定中标无效的情况，且招标文件明确规定将顺位确定中标人时，及时向招标人及相关主管部门提出意见，以维护自身的合法权利。

（3）防范发包人在中标合同外另行要求让利。中标通知书下发后，发包人再行额外为承包人增加合同义务或要求降低价款的，承包人应当及时防范。相关依据为《建设工程司法解释一》第二条第二款规定："招标人和中标人在中标合同之外就明显高于市场价格购买承建房产、无偿建设住房配套设施、让利、向建设单位捐赠财物等另行签订合同，变相降低工程价款，一方当事人以该合同背离中标合同实质性内容为由请求确认无效的，人民法院应予支持。"

（4）及时采取异议、投诉方式维护合法权利。在《关于国务院有关部门实施招标投标活动行政监督的职责分工的意见》（国办发〔2000〕第 34 号）规定基础上，《招标投标法实施条例》第四条规定："国务院发展改革部门指导和协调全国招标投标工作，对国家重大建设项目的工程招标投标活动实施监督检查。国务院工业和信息化、住房和城乡建设、交通运输、铁道、水利、商务等部门，按照规定的职责分工对有关招标投标活动实施监督。县级以上地方人民政府发展改革部门指导和协调本行政区域的招标投标工作。县级以上地方人民政府有关部门按照规定的职责分工，对招标投标活动实施监督，依法查处招标投标活动中的违法行为。县级以上地方人民政府对其所属部门有关招标投标活动的监督职责分工另有规定的，从其规定。财政部门依法对实行招标投标的政府采购工程建设项目的政府采购政策执行情况实施监督。监察机关依法对与招标投标活动有关的监察对象实施监察。"

各地主管部门依据招标投标法及其实施条例等的规定，在《工程建设项目招标投标活动投诉处理办法》（国家七部委 11 号令，2013 年修订）基础上制定了更为具体的处理办法，例如《浙江省工程建设招标投标违法行为举报处理办法》（浙发改法规〔2015〕131 号）、《舟山市工程建设项目招标投标活动异议、投诉、举报处理办法》（舟发改〔2021〕15 号）。

对于参与招标投标过程中发现的违法行为，投标人可以依法向前述主管部门提出异议或举报，主管部门将依法进行处理。

5.2 标底或最高投标限价与工期

5.2.1 发包人采用工程总承包模式招标发包时，可自行决定是否选择设置标底或最高投标限价进行招标。

【条文解读】

《招标投标法实施条例》第二十七条规定招标人可以自行决定是否编制标底，设置最高投标限价或计算方式，但不得设置最低投标限价。本条系《招标投标法》实施条例的在工程总承包建设项目的落实。

【法律适用及商务提示】

1. 招标人可自行决定是否选择设置标底

标底是指招标人根据总承包项目的发包范围、市场价格等编制的为完成该建设项目所发生的成本、合理利润及税金等，一般会控制在批准的总概算及相关费用范围内。当前法律法规没有规定必须编制标底，招标人可以自行选择，也可以无标底招标。

2. 招标人不得设置最低投标限价

招标投标程序的设置目的除了保证相对公平的程序外，还需要保证招标人能够以一个相对合理的价格完成工程建设。为了保证充分竞争，促进即使管理进步，《招标投标法实施条例》第二十七条规定："招标人不得规定最低投标限价"。

实践中，一些承包人为了获取工程项目而恶意压低投标报价，低价中标、高价索赔，扰乱市场秩序，影响开发计划，甚至严重影响工程质量。为了避免此种情况的出现，《招标投标法实施条例》第五十一条规定当投标报价低于成本的，评标委员会应当否决投标人的投标。

5.2.2 发包人选择设置标底时，一个招标项目应只能有一个标底，标底应保密。

发包人宜选择设置标底进行招标发包，以利于工程价款在充分竞争的基础上合理确定。

【条文解读】

本规范第5.2.1条明确发包人可设置标底或投标限价，本条明确建议发包人设置标底，以利于工程价款在充分竞争的基础上合理确定。

【法律适用及商务提示】

1. 一个项目的标底只能有一个，且应当保密

相较于施工总承包项目，工程总承包项目的报价组成浮动空间更大，发包人可结合项目情况、评标办法及标底的合理设置，推动招投标有序充分竞争，避免无序竞争和低于成本价的低价中标。标底可以作为判断是否构成低于成本价的考量因素之一，《评标委员会和评标方法暂行规定》（国家发展和改革委员会、工业和信息化部、财政部、住房和城乡建设部、交通运输部、铁道部、水利部、国家广播电影电视总局、中国民用航空局令第23号，以下简称《评标委员会和评标方法暂行规定》）第二十一条规定："在评标过程中，评标委员会发现投标人的报价明显低于其他投标报价或者在设有标底时明显低于标底，使得其投标报价可能低于其个别成本的，应当要求该投标人作出书面说明并提供相关证明材料。投标人不能合理说明或者不能提供相关证明材料的，由评标委员会认定该投标人以低于成本报价竞标，应当否决其投标。"

招标人及招标代理机构等应当对标底采取保密措施，在开标前故意向特定投标人等泄露标底的，可能会构成违反《招标投标法实施条例》第四十一条之规定。该条规定"禁止招标人与投标人串通投标。有下列情形之一的，属于招标人与投标人串通投标：（一）招标人在开标前开启投标文件并将有关信息泄露给其他投标人；（二）招标人直接或者间接向投标人泄露标底、评标委员会成员等信息"违反前述规定的，需要承担《招标投标法实施条例》第六十七条规定的行政责任甚至追究刑事责任。

招标人设置标底的，标底应当在开标时公布。

2. 标底只能作为评标的参考

《招标投标法实施条例》第五十条规定"招标项目设有标底的，招标人应当在开标时公布。标底只能作为评标的参考，不得以投标报价是否接近标底作为中标条件，也不得以

投标报价超过标底上下浮动范围作为否决投标的条件。”但如果投标人的投标报价明显低于标底，以至于评标委员会认为该投标报价有可能会低于投标人的个别成本时，招标人可以要求投标人作出书面说明并补充提交相关证明资料。如投标人不能合理说明或者不能提供相关证明材料的，由评标委员会认定该投标人以低于成本报价竞标，应当否决其投标。

5.2.3 发包人选择设置最高投标限价时，应在招标文件中明确最高投标限价。

【条文解读】

本条依据《招投标法实施条例》第二十七条第三款中“招标人设有最高投标限价的，应当在招标文件中明确最高投标限价”规定设置。

【法律适用及商务提示】

《招投标法实施条例》第五十一条规定：“有下列情形之一的，评标委员会应当否决其投标：（一）投标文件未经投标单位盖章和单位负责人签字；（二）投标联合体没有提交共同投标协议；（三）投标人不符合国家或者招标文件规定的资格条件；（四）同一投标人提交两个以上不同的投标文件或者投标报价，但招标文件要求提交备选投标的除外；（五）投标报价低于成本或者高于招标文件设定的最高投标限价”。

由于最高投标限价具有否定投标的效力，对投标人具有强制约束力，因此根据前述规定，最高投标限价必须在招标文件中公开。招标人应当重视最高投标限价编制失误可能带来招标失败甚至投资失控等难以挽回的结果。

【参考案例】

案例1 上海某网络科技公司与无锡某电工公司建设工程施工合同纠纷案

基本信息

审理法院：无锡市锡山区人民法院。

案号：（2021）苏0205民初263号。

裁判要旨

招标人设有最高投标限价但未予以公布，但招投标过程中未有明显不符合常理的情形且无证据证明存在串通行为的，法院倾向于认为不会影响合同的效力。

案情介绍

无锡某电工公司就“无锡某电工新建厂房、办公科研辅助用房项目智能化工程”进行邀请招标。2018年1月18日，天某公司、南某公司、上海某网络科技公司向无锡某电工公司发送投标文件。2018年2月2日，案涉工程项目开标、评标，评标方法为合理最低价评标法。投标人为上海某网络科技公司、天某公司、南某公司，投标价依次分别为238万元、258万元、532.156 7万元，评审确定最终排名第一至第三依次为上海某网络科技公司、天某公司、南某公司，评标结果为上海某网络科技公司中标。

无锡某电工公司另提供由江苏某建设项目咨询公司编制的《无锡某电工有限公司新建厂区弱电智能化工程招标控制价》及汇总表，显示招标控制价为2 192 772元。招标人为无锡某电工公司，造价咨询人为江苏某建设项目咨询公司。上海某网络科技公司称其并不知道该招标控制价，无锡某电工公司未提供其在邀请招标时将该文件发送或出示给投标方的证据。

2018 年 3 月 12 日，无锡某电工公司与上海某网络科技公司签署工程合同。2019 年 5 月 21 日，上海某网络科技公司提交验收单，无锡某电工公司验收意见为同意验收。后双方对工程款金额发生争议，上海某网络科技公司诉至法院。

无锡某电工公司认为：江苏某建设项目咨询公司编制的案涉工程招标控制价为 2 192 772 元，投标报价为 238 万元，理应为废标，江苏某建设项目咨询公司组织评标时未依法否决，应当认定招标代理机构与投标人串通损害无锡某电工公司合法权益，影响中标结果。……且案涉工程超过招标控制价，违反《建设工程工程量清单计价规范》中的强制性条文。

裁判观点

无锡市锡山区人民法院认为：本案中，上海某网络科技公司称并不知晓该招标控制价，而无锡某电工公司提供的招标文件包含四个部分，并无法看出无锡某电工公司在招标文件中明确了最高投标限价，亦未提供其在邀请招标时将该文件发送或出示给投标方的证据。投标人上海某网络科技公司、天某公司、南某公司的投标价依次分别为 238 万元、258 万元、532. 156 7 万元，评标委员会按照合理最低价评标法经审核排序，最终确定由上海某网络科技公司以 238 万元中标，未有明显不符合常理的情形，亦未有证据证明其中存在串通等行为。如认为招标投标活动不符合招标投标法有关规定的，可向相关行政监督部门投诉处理，但不影响对案涉合同效力的认定。而关于“投标人的投标报价高于招标控制价的应予废标”之规定并非强制性条文，不影响合同效力。

案例 2　甘肃某物资公司与广东某钢材公司合同纠纷再审审查与审判监督民事裁定书

基本信息

审理法院：广东省高级人民法院。

案号：（2020）粤民申 8211 号。

裁判要旨

招标人设有最高投标限价但未予以公布，但该未予公布的行为导致报价低于最高投标限价的投标人数量低于招标文件的规定，中标人拒绝与招标人签订合同的，则应当予以废标。

案情介绍

2018 年 11 月，甘肃某物资公司发出《某项目钢材采购招标文件》，其中投标人须知前附表约定投标人于指定时间前电汇投标保证金，开标日期为 2018 年 11 月 16 日上午 9：00。开标时，招标人将宣读投标人的名称、投标金额，然后公布招标方的拦标价，投标人报价高于拦标价的按废标处理，投标人报价低于拦标价的，则进入评标阶段，如果所有投标人报价低于拦标价的投标人不足三家的，则废除本次招标，由招标人另行组织招标。

广东某钢材公司向甘肃某物资公司做出三份包件的投标文件，并先后向甘肃某物资公司转汇了包件一、包件三、包件四保证金合计 300 000 元。开标后，双方均确认投标公司中只有广东某钢材公司一家公司对项目中的包件一、包件三、包件四的投标金额低于拦标价，随后甘肃某物资公司向广东某钢材公司发出《中标通知书》，内容为：广东某钢材公司中标包件一、包件三、包件四，在招标人发出中标通知书之日起三个工作日内签订合同，在此之前按招标文件提交履约保证金，超过规定时间视为自动放弃中标权利。

2018 年 12 月 15 日，广东某钢材公司因其对合同条款存在较多的争议，向甘肃某物资公司发出《关于合同细节存在争议通知函》，但随后甘肃某物资公司也明确表明合同条款不可更改。

因双方无法达成一致意见，故广东某钢材公司向一审法院提起诉讼，要求甘肃某物资公司退还投标保证金及资金占用利息。

广东某钢材公司认为：在本次招投标过程中，仅广东某钢材公司投标价低于设定的拦标价，根据《招标文件》规定，本次招标应作废标处理，《中标通知书》视为无效。根据《中华人民共和国招标投标法（2017）》第十九条第一款规定，甘肃某物资公司发出的招标文件明确规定：“开标时，招标人将宣读投标人的名称、投标金额，然后公布招标方的拦标价，投标人报价高于拦标价的按废标处理，投标人报价低于拦标价的，则进入评标阶段，如果所有投标人报价低于拦标价的投标人不足三家的，则废除本次招标，由招标人另行组织招标”，招标评标委员会应按招标文件规定，废除本次招标，重新组织招标。在废标的情况下，甘肃某物资公司仍发出《中标通知书》，该通知书实为无效，对广东某钢材公司不产生任何法律效力。本次招投标无效，双方并未建立合同关系。双方就有关合同条款进行磋商，可视为新的邀约，并不代表广东某钢材公司默认《中标通知书》有效。

甘肃某物资公司认为：①招投标程序合法，结果真实有效，广东某钢材公司就合同条款磋商的行为视作其对中标结果的承认。②广东某钢材公司按照要约作出了承诺，双方合同已经依法成立。③根据招投标法实施条例规定，广东某钢材公司无权在投标结束后对合同内容主要条款提出异议。其无正当理由不与招标人订立合同，投标保证金不予退还。④甘肃某物资公司为促成合同付出了巨大交易成本。

广东省高级人民法院认为：招标人应根据招标项目的特点和需要编制招标文件，并对外公示，招标文件对招标人和投标人均有约束力。甘肃某物资公司公布的招标文件规定：如果所有投标人报价低于拦标价的投标人不足三家的，则废除本次招标，由招标人另行组织招标。即甘肃某物资公司对招投标设定了最高投标限价，根据《中华人民共和国招标投标法实施条例》第二十七条第三款规定，招标人设有最高投标限价的，应当在招标文件中明确最高投标限价或者计算方法。但甘肃某物资公司事前未在招标文件中披露拦标价或者计算方法，开标时才公布拦标价，且只有广东某钢材公司一家报价低于拦标价，故根据甘肃某物资公司公示的评标规则，本次招标作废标处理，二审判决甘肃某物资公司应当退还广东某钢材公司投标保证金并支付资金被占用期间的利息，并无不当。

5.2.4　发包人对工程费用项目清单可只提供项目清单格式不列工程数量，由承包人根据招标文件和发包人要求填写工程数量并报价。

【条文解读】

本条明确发包人可只提供工程费用项目清单格式，数量及价格由承包人填写。本条实质上明确工程总承包项目的清单及报价应有承包人自行负责，承包人报价中存在的错误及缺漏项的风险由承包人自行承担。本条规定符合工程总承包项目的本质，也符合国际工程总承包项目通用做法。

【法律适用及商务提示】

工程总承包模式下，工程费用项目清单仅为承包人投标报价的参考，承包人亦应根据实际情况，对项目清单进行增删、细化。同时，工程总承包模式应主要采用按工程形象进行支付的方式，而非按照工程量清单计量支付。基于上述两个原因，工程量清单的缺漏项责任不应再由发包人承担，而应由承包人自行承担。

《工程总承包管理办法》第十五条规定："建设单位和工程总承包单位应当加强风险管理，合理分担风险。建设单位承担的风险主要包括：（一）主要工程材料、设备、人工价格与招标时基期价相比，波动幅度超过合同约定幅度的部分；（二）因国家法律法规政策变化引起的合同价格的变化；（三）不可预见的地质条件造成的工程费用和工期的变化；（四）因建设单位原因产生的工程费用和工期的变化；（五）不可抗力造成的工程费用和工期的变化。具体风险分担内容由双方在合同中约定。鼓励建设单位和工程总承包单位运用保险手段增强防范风险能力。"并未将清单缺漏项的风险规定为建设单位承担的风险范围。但如果发包人在建设过程中将缺漏项以签证形式进行了确认，也存在会被人民法院认定为合同外项目据实结算的可能性。

【参考案例】

案例　中国某石油工程公司与中国某工程公司、陕西榆林某能源化工公司建设工程施工合同纠纷案

基本信息

审理法院：陕西省高级人民法院。

案号：（2018）陕民终213号。

裁判要旨

工程总承包项目中，招标文件的工程量清单未列明的项目，发包人又以签证方式确认的，法院可能会将其认定为合同外项目，据实结算。

裁判观点

陕西省高级人民法院认为：《建设工程司法解释》第十六条规定，当事人对建设工程的计价标准或者计价方法有约定的，按照约定结算工程价款。因设计变更导致建设工程的工程量或者质量标准发生变化，当事人对该部分工程价款不能协商一致的，可以参照签订建设工程施工合同时当地建设行政主管部门发布的计价方法或者计价标准结算工程价款。第十九条规定，当事人对工程量有争议的，按照施工过程中形成的签证等书面文件确认。

承包人能够证明发包人同意其施工，但未能提供签证文件证明工程量发生的，可以按照当事人提供的其他证据确认实际发生的工程量。从本案查明事实看，中国某石油工程公司给陕西榆林某能源化工公司系统项目组合中国某工程公司榆横煤化工项目系统项目组发出的《关于地下管网管沟冻土层开挖的报告》称，中煤榆横煤化工项目一期（1）工程全厂给排水管网工程，施工合同为“固定单价、预估总价”合同，招标文件的工程量清单中只列出了地下管道安装、管件、阀门、消火栓（水炮）及土方开挖、夯填等项目，未列冻土层的开挖。招标文件附录一《投标人须知》中对固定单价的解释，虽然也约定了冬雨季施工费，但其内容仅指在该固定单价范围内，冬雨季施工时所采取的防冻、保温、防雨安全措施及工效降低所增加的费用。在这个意义下，我项目投标报价合计计列了 25.68 万元，用于保证冬季具有良好的抗风能力和可在低温施工的金桥牌自保护药芯焊丝 GB/T 17493-2008E491T8-Ni1J、焊材烘烤、管口预热、焊后保温、防风棚、设备冬季油料、施工人员冬季劳保等，但实际我项目用于上述措施已发生 212.037 4 万元的冬季施工费用，已经超出了投标文件的列支。管沟开挖中出现冻土层的开挖，属于招标文件工程量清单之外的工程内容，应重新计价确认。中国某工程公司榆横煤化工项目系统项目组的批复意见为：根据 2008 清单计价规范及陕西省建筑安装定额关于冬雨季措施费的解释，不含冻土开挖，此部分应根据现场实际发生签证工程量计算。陕西榆林某能源化工公司系统项目组的批复意见为：所述情况属实，冻土层开挖应属合同外增项，予以确认。由此可见，陕西榆林某能源化工公司与中国某工程公司对于冬雨季措施费不包含冻土开挖，冻土层开挖属于合同外增项是书面签证认可的。中国某工程公司的结算书中对于冻土开挖进行了审核确认。

5.2.5 标底或最高投标限价应依据拟定的招标文件、发包人要求，宜按下列规定形成：

1 在可行性研究或方案设计后发包的，发包人宜采用投资估算中与发包范围一致的估算金额为限额按照本规范的规定修订后计列；

2 在初步设计后发包的，发包人宜采用初步设计概算中与发包范围一致的概算金额为限额按照本规范的规定修订后计列。

【条文解读】

本条对标底或最高投标限价的形成进行了规定，也依据不同的发包阶段，以估算定额或概算定额为限额基础进行编制。实践中一些项目使用的“概算下浮”方式因存在缺陷，未被本规范列为工程总承包的发包方式。

【法律适用及商务提示】

标底或最高投标限价作为招标人评标甚至投标人投标的重要参考基准，其正确性及处理原则将会对投资控制产生根本性影响。一旦标底或最高投标限价出现偏离，很可能会直接导致项目投资超出估算或者概算，或致使承包人亏损严重而丧失履约动力，项目建设陷入停滞。

以相应范围的投资估算或者设计概算作为项目招标的限额，既能够有助于发包人控制投资，同时也能最大程度上避免承包人低于成本价报价。当然，此种情况下，估算或概算的合理性和准确性就十分重要。招标人应重视估算或概算的编制工作，可通过过程控制、横纵向对比以及专业评审等方式提高估算或概算的准确性，避免因估算或概算的问题影响项目建设。

5.2.6 标底或最高投标限价中工程费用和工程总承包其他费用，应按下列规定计列：

1 工程费用中的建筑工程费、设备购置费、安装工程费宜直接按投资估算或设计概算中的费用计列；

2 工程总承包其他费应根据建设项目工程总承包发包的不同范围，按投资估算或设计概算中同类费用金额计列。并应符合下列规定：

1）勘察费、设计费根据不同阶段发包的勘察、设计工作内容，按投资估算或设计概算中勘察、设计费对应的工程总承包中的勘察、设计工作的部分金额计列；

2）工程总承包管理等其他费用在投资估算或设计概算中有同类项目费用金额的可根据发包内容全部或部分计列，没有项目的，参照同类或类似工程的此类费用计列；

3）代办服务费根据发包人委托代办所发生的费用计列。

3 预备费应根据不同阶段的发包内容，采用建设项目投资估算或设计概算中的预备费计列。

【条文解读】

本条是对本规范第5.2.5条的细化，对标底或最高投标限价的编制方案进行了规定，本条还需要结合《基本建设项目建设成本管理规定》及本规范第4.1节共同使用。

【法律适用及商务提示】

（1）标底及最高投标限价可考虑在编制基准上适当下浮。工程建设过程也是发承包双方的风险负担及动态博弈过程，对于招标人而言，最终的目的是在控制投资的前提下顺利完成项目建设，因此标底与最高投标限价应当保证高于成本价同时低于相应范围的投资估算或者概算。

无论施工合同如何约定，通常难以将全部风险都转嫁给承包人，且本规范“3.3 工程总承包计价风险”部分已经将部分风险分配给了发包人。为合理管控投资、规避超估算和超概算风险，建议承包人调查投资估算或设计概算与市场价格的偏差幅度，在依据本规范计列的投资估算或设计概算基础上考虑合理的偏差幅度后作为项目的标底或最高投标限价，这样既确保项目招投标的有序充分竞争，又规避不合理低价及超概算风险。当然，在具体下浮方式上，并不一定整个总承包费用下浮，而是基于费用构成中的每一单独费用分别确定下浮比例。

（2）注意根据实际发包范围调整计价费用。本条规定仅是基于工程总承包费用组成对各项费用应当如何计列作出的原则性规定，招标人应当根据实际发包范围及发包人要求等合理确定标底或者投标限价，切忌遗漏或者多列费用。由于投资估算或概算通常会按定额或相关计价依据确定，故在调整时还应关注估算或概算中已经包含的扩大系数、暂列金额、预备费等的协调。

5.2.7 发包人应根据相关规定或已完成同类或类似工程的建设工期，在招标文件中合理确定工期，不得任意压缩合理工期。

【条文解读】

《质量管理条例》第十条第一款规定："建设工程发包单位不得迫使承包方以低于成本的价格竞标，不得任意压缩合理工期"。本条是对该条例的在工程总承包中的落实。

项目工期可根据发包范围确定，以根据《建筑安装工程工期定额》（建标〔2016〕161 号）确定的建筑安装工程工期为基础，结合勘察、设计等工程建设其他工作所需时间、各阶段工作搭接所需时长作为工期，或者参照其他类似项目工期进行折算。

【法律适用及商务提示】

江西丰城发电厂"11·24"冷却塔施工平台坍塌特别重大安全事故是一起典型的因"任意压缩合理工期"而导致的建设工程质量安全事故。施工过程中，施工单位在 7 号冷却塔第 50 节筒壁混凝土强度不足的情况下，违规拆除第 50 节模板，致使第 50 节筒壁混凝土失去模板支护，不足以承受上部荷载，从底部最薄弱处开始坍塌，造成第 50 节及以上筒壁混凝土和模架体系连续倾塌坠落。坠落物冲击与筒壁内侧连接的平桥附着拉索，导致平桥也整体倒塌，造成特别重大安全事故。

在市场盲目追求高周转的背景下，任意压缩合理工期严重影响建筑质量和施工安全，各地纷纷出台文件严格限制工期压缩幅度。为保证赶工措施能够有效安全实施，减少发承包人争议，各地定额对赶工费的计算也作出了指引性的规定。但无论赶工费用如何计算，承包人均应当采取有力的赶工措施，保证工程项目的质量和安全，任何一种赶工措施实施不到位均有可能会导致极为严重的后果。

1. 提前竣工（赶工）费的类型

实践中，关于提前竣工（赶工）费的理解有两种，一种是施工合同约定的工期比项目所在地区定额工期短，依据项目所在地计价依据或发承包双方约定而预先在施工合同中约定的一笔费用，该笔费用通常与冬雨季施工费相同属于总价措施项目的一种；另一种是合同履行过程中，发包人超出施工合同约定和已经批准的工程施工进度计划另行提出赶工要求，承包人为此额外投入人工、机械和周转材料而额外产生的赶工费用。

2. 签约阶段压缩工期的认定

（1）合理工期的标准确定。工期定额一般是国有资金投资工程确定建设工期的依据，非国有资金投资工程往往也会参照执行。中华人民共和国住房和城乡建设部 2016 年发布了《建筑安装工程工期定额》，各地也相继出台地方性定额标准，如《上海市建设工程施工工期定额（2011）》《河北省建设工程工期定额（2015）》《北京市建设工程工期定额（2018）》《广东省建设工程工期定额（2021）》。对于同一个建设工程而言，采用国标工期定额与地方工期定额标准所计算出的工期数值存在较大差异。那么在以定额确定合理工期时应当适用国家标准还是地方标准的问题上，我们认为首先应依照地方性法规，如《贵州省建筑市场管理条例》明确规定以国家标准为准，《广东省建设工程质量管理条例》则明确规定以地方定额为准，《浙江省建设工程质量管理条例》则表述为根据国家和省的有关规定，并未在此问题上进行明确。如果地方性法规没有明确规定，则综合合同约定、项目实际情况等确定适用地方定额还是国家定额。

当然，针对具体项目的合理工期认定除了参考工期定额，还要综合考虑工程量、实际投入人员及设备等因素，由主张存在不合理压缩工期的一方证明案涉项目合理工期。因此，建筑企业需要提高自身管理水平，加强数据管理，建立工程项目工期估算模型以形成类似工程的工期数据库。

另外，“合理工期”是直接关系工程造价的专门性问题，应该充分发挥司法鉴定机构在此问题上的积极作用，减少法院囿于专业技术和主观因素在责任判断中的影响。我国目前没有明确的工期鉴定标准，此问题值得引起行业主管部门和立法部门重视。

最后，承包人如被迫接受不合理工期条件，可以向行业主管部门提供线索，由住建部门去函要求业主根据地方及国家规定调整工期。如参考案例中，江口县住房和城乡规划建设局根据争议工程合同的内容，按《全国统一建筑安装工程工期定额》标准的60%计算案涉工程合理工期，并根据《贵州省建筑市场管理条例》第十六条第（四）款规定“发包人不得任意压缩工期”的规定去函被告，要求被告江口县农村信用联社严格按照国家相关规定执行。该案中法院最终根据住建部门的合理工期处理决定，认定发包人存在不合理压缩工期、合同无效，可见住建部门对于合理工期的认定对法院的裁量具有重要参考意义。

（2）超过合理工期的阈值界定。第一种情形如《河北省住房和城乡建设厅关于加强建设工程工期管理有关工作的通知》和《北京市住房和城乡建设委员会关于进一步规范北京市房屋建筑和市政基础设施工程施工发包承包活动的通知》等认定压缩比例超过30%的，认定为“任意压缩合理工期”，会被处以行政处罚。

第二种情形一般要求工期突破一定水平时需要进行专家论证、编制施工方案并计取缩短工期增加费、采取技术经济措施等。如《关于江苏贯彻执行〈建筑安装工程工期定额〉的通知》规定压缩工期超过定额工期30%以上的建筑安装工程，必须经过专家论证。《河北省住房和城乡建设厅关于加强建设工程工期管理有关工作的通知》则是规定低于定额工期15%的必须组织专家论证。浙江省住房和城乡建设厅《规范建设工程施工招标文件计价条款的指导意见》则规定，确需提前30%以上工期的，招标控制价编制时除计取缩短工期增加费外，还应包括相应的施工方案。《深圳市建设工程工期管理办法》规定，招标人确定的招标工期不宜低于定额工期的80%，低于定额工期80%的，建设单位应当组织专家论证，并采取相应的技术经济措施。

各地在立法层面基本能达成一致的是原则上工期压缩不能超过30%，但司法实践中对于不合理工期的警戒值并没有完全参照各地的规范性文件，而是在更大程度上尊重当事人意思自治，往往压缩比例远远超过30%的工期才会被法院认定为不合理工期。

（3）不合理压缩工期的法定后果。《质量管理条例》第十条及《建设工程安全生产管理条例》（国务院令第393号）第七条明确规定建设单位不得任意压缩合理工期，对违反条例规定的情况设立责令改正、处20万元以上50万元以下罚款的罚则。2015年印发的《建设单位项目负责人质量安全责任八项规定（试行）》和2018年印发的《工程质量安全手册（试行）》要求建设单位不得任意压缩合理工期，确需压缩工期的，应当组织专家予以论证，并采取保证建筑工程质量安全的相应措施。

司法裁判的主流观点认为《质量管理条例》第十条并非效力性强制性规定，因此违反该条并不当然导致建设工程合同无效，但会导致行政处罚，造成严重后果的还可能会处以刑罚。例如2018年6月24日发生的碧桂园上海奉贤项目坍塌事故，上海奉贤区安监局公开调查结论，认定作为建设单位上海某房地产开发有限公司盲目赶工催进度，压缩工期是导致事故的一个间接原因，依据《质量管理条例》第五十六条第（二）项对其处以罚款。

3. 提前竣工（赶工）费的计算方式

工程实践中，合同履行过程中的赶工费用通常有两种模式，一种是发承包双方根据承包人实际采取的施工方案据实计算赶工措施费用，另一种是发承包双方设定节点奖励或签订赶工协议，承包人在指定时间内完成相应工程时，发包人将会支付相应的奖励，承包人未能达到相应节点时可能会按合同约定承担相应的违约责任。

（1）浙江省。

《浙江省建设工程计价规则》（2018 版）针对两种不同类型的提前竣工（赶工）费用分别规定了不同的计算方式，其中“措施项目费”中提前竣工增加费是指因缩短工期要求发生的施工增加费，包括赶工所需发生的夜间施工增加本院费、周转材料加大投入和资金、劳动力集中投入等所增加的费用；“建筑安装工程施工费用计价”中提前竣工增加费以工期缩短的比例计取，工期缩短比例按以下公式确定：工期缩短比例=［（定额工期-合同工期）/定额工期］×100%。缩短工期比例在 30% 以上者，应按审定的措施方案计算相应的提前竣工增加费实际工期比合同工期提前的，应根据合同约定另行计算，见表 5-1。

表 5-1　房屋建筑与装饰工程施工组织措施项目费费率表

定额编号	项目名称	计算基数	费率（%）					
			一般计税			简易计税		
			下限	中值	上限	下限	中值	上限
A3-3-1	缩短工期比例 10%	人工费+机械费	0. 01	0. 52	1. 03	0. 01	0. 54	1. 07
A3-3-2	缩短工期比例 20%		1. 03	1. 29	1. 55	1. 07	1. 33	1. 59
A3-3-3	缩短工期比例 30%		1. 55	1. 79	2. 03	1. 59	1. 85	2. 11

2020 年初新冠疫情暴发，杭州市印发《新冠病毒肺炎疫情期间在建工程合同及工程价款调整的指导性细则》（杭建市发〔2020〕164 号），对在建工程赶工措施费的计取规定为：

因疫情引起工期延误而不能满足原合同施工工期要求的重点工程及民生保障工程，发包人要求赶工的，由此增加的赶工费用由发包人承担。发承包双方在确保工程质量和安全的前提下，合理确定赶工措施方案并调整相应的工程价款。增加的赶工措施费用计算方式可采用以下任何一种：

1）增加的赶工措施费由发承包双方结合审定的赶工措施方案协商确定，因疫情导致后续工期缩短比例在 30% 以内的，以剩余工期内应完成工程量的人工费和机械费作为取费基数按一定费率计取，且不应低于《浙江省建设工程计价规则》（2018 版）中“提前竣工增加费”相应标准计算的费用。

缩短工期比例=（赶工天数/合同剩余工期）×100%。

上述公式中的“合同剩余工期”=原施工合同中约定的工期日历天+按照合同条款通过变更和索赔程序给予的顺延工期天数-因疫情停工前已实施的工期天数；“赶工天数”=合同剩余工期-复工后实际工期天数。

2）增加的赶工措施费，以剩余工期应完成工程量的人工费和机械费作为取费基数，按照《浙江省建设工程计价规则》（2018 年版）中“提前竣工增加费”相应标准计算费用，工期缩短比例超过 30%的，发承包双方自行协商。

缩短工期比例=（赶工天数/合同剩余工期）×100%。

合同剩余工期和赶工天数计算方法同上述第（1）种方式的说明。

3）增加的赶工措施费由发承包双方结合审定的赶工措施方案协商确定实际发生的费用。

（2）广东省。

《广东省房屋建筑与装饰工程综合定额》（2018）A. 1. 27 措施其他项目中规定：三、赶工措施费：招标工期短于标准工期的，招标工程量清单应开列赶工措施，招标控制价应计算赶工措施费，投标人应计算赶工措施费。非招标工程，发包人要求的合同工期短于标准工期的，施工图预算应计算赶工措施费。招标控制价、施工图预算的赶工措施费按下表计算；工程结算按合同约定，合同对赶工措施费没有约定的，按如下方式计算：

（$1-\delta$）×分部分项的（人工费+施工机具费）×0. 3，其中 $0.8\leqslant\delta<1$，δ=合同工期/定额工期。

（3）北京市。

北京市住房和城乡建设委员会《关于执行 2018 年〈北京市建设工程工期定额〉和 2018 年〈北京市房屋修缮工程工期定额〉的通知》中规定，招标人压缩定额工期的，应在招标工程量清单的措施项目中补充编制赶工增加费项目，并在招标文件的附件中列明相关技术措施；赶工增加费应按本通知第三条规定的技术措施测算，单独列项计取税金后计入最高投标限价，并在招标文件中公布；经测算确定的赶工增加费不得小于以工程造价（不含设备费）为基数，乘以下列费用标准计算的费用：压缩定额工期幅度在 5%（含）以内的，工期每压缩一天的费率为 0. 25‰（建筑工程、轨道交通工程）和 0. 75‰（市政工程和房屋修缮工程）。

2020 年初新冠疫情暴发，北京市印发《关于受新冠肺炎疫情影响工程造价和工期调整的指导意见》，对在建工程赶工费的计取方式规定为：“五、发包人要求赶工的，应符合本市相关规定，发承包双方应明确赶工费用，并签订补充协议。”

（4）山东省。

山东省住房和城乡建设厅《关于调整工程建设疫情防控相关费用的通知》中规定：“因疫情防控造成施工降效、窝工，以及施工单位应建设单位要求赶工所发生的费用，应计入工程造价，由发包人承担。发承包双方根据经审定的施工组织方案确定费用。”

（5）吉林省。

吉林省住房和城乡建设厅《关于调整新冠疫情影响下全市建设工程工期和造价相关事项的通知》中规定，因疫情防控影响施工的工程项目，其工期按以下规定顺延：①复工前，顺延天数=实际复工日-计划复工日，计划复工日无法确定时，可按 2022 年 2 月 16 日取定；②复（开）工后至降为常态化疫情防控之日，顺延天数=停工天数+［降为常态化疫情防控之日-实际复（开）工日-停工天数］×50%，停工天数由发承包双方签证确认。有特殊情况的，发承包双方协商确定合理的顺延天数。工期顺延后，发包人确因特殊原因需要提前竣工的，每提前一天增加的费用按以下公式计算：费用定额规定的取费基数（未完工程量部分）×0.3‰。以上费用在总价措施项目费中单列。

由前述相关文件可知，对于作为措施项目单独列项并计入合同价款的赶工措施费，通常取合同工期相较于定额工期缩短天数，在此基础上按天数计取赶工措施费。施工过程中，发包人压缩合同工期或另行提出赶工要求时，增加的费用往往没有明确的规定，需要发承包双方自行协商。

（6）湖北省。

湖北省住房和城乡建设厅《湖北省常态化疫情防控期间建设工程计价调整的通知》中规定："发包人要求赶工的，发承包双方应根据认可的赶工方案或措施确认赶工费用，并签订补充协议。"

4. 关于避免产生赶工费争议的建议

第一，合同应当明确约定是否计取赶工费用。提前竣工（赶工）属于措施项目的一种，其性质与夜间施工费、冬雨季施工费等总价措施项目并无不同，发承包双方在签订施工合同时应当明确约定是否计取合同工期短于定额工期的赶工措施费。特别是对于项目所在地计价依据已经对赶工措施费如何计算作出明确规定，而施工合同未采取固定总价计价又未明确约定不计取赶工措施费的项目，如采用定额下浮计价，按照计价依据规定应当计取赶工措施费，如采用综合单价计价，未列项的措施项目费将可能会构成漏项。因此，发承包双方应当在施工合同中明确约定是否计取赶工措施费。此外，施工合同还应当对于合同履行中的赶工措施费是否计取以及如何计取作出约定，例如设计图纸范围内工程量增加是否增加工期，如承包人拟采取赶工措施的，是否需要上报赶工措施方案及相关预算等。

第二，审慎压缩工期，避免造成质量安全事故。定额工期为社会平均水平下完成特定工程的工期，一般而言与个别项目的工期存在差异。故发包人以定额工期为参考并适当压缩后确定合同工期属于正常做法。但因混凝土从浇筑到达到一定强度，各施工工序间的交叉及工作面的转换等均需要一定时间，而发包人在确定合同工期时具有绝对的优势地位，发包人不合理追求投资回收将可能会迫使承包人违反国家规范规定施工，轻则影响工程的耐久性，重则可能会影响到结构的安全性甚至造成质量安全事故。前述北京、浙江、广东等地出台的相关文件中均将合理压缩的工期范围限定在定额工期的20%。超出这一范围，产生质量安全事故的概率将会上升。

对于承包人来说，承包人作为主张赶工费用的一方负有举证义务，对于施工合同履行过程中的赶工事实及费用。这就要求承包人在收到发包人的赶工指令后，提前上报相应的赶工方案和赶工费用预算，经发包人批准后方才实施相应的赶工工作。事实上，因压缩工期产生的赶工费用通常没有固定的算法，因此建议发承包双方可以直接就赶工费用金额进行协商，形成赶工协议或奖励协议。如时间紧急的，应当注意留存可证明赶工事实的证据，例如工人考勤记录、机械进出场记录、混凝土浇筑记录、周转材料租赁及付款记录等，并在赶工过程中或赶工结束后及时将费用预算上报发包人进行审批。

【参考案例】

（1）工期应该综合工程量、实际投入的人员及工程设备等因素综合确定，而主张工期条款无效一方未提供有效证据证实合同合理工期。

案例 1 杭州某科技有限公司与江苏某建设工程有限公司建设工程施工合同纠纷案

基本信息

审理法院：浙江省杭州市中级人民法院。

案号：（2013）浙杭民终字第 1429 号。

案情介绍

2010 年 5 月 20 日，杭州某科技有限公司为发包人，江苏某建设工程有限公司为承包人就涉案工程签订《建设工程施工合同》。合同约定开工日期为 2010 年 6 月 25 日（以开工报告为准），工期总日历天数（包括法定节假日）270 天。

合同签订后，案涉工程实际于 2010 年 8 月 24 日开工。在施工过程中，因施工存在安全等各种隐患，杭州市建设工程质量安全监督总站约 15 次向江苏某建设工程有限公司发出隐患告知单、限期整改单，并要求其尽快落实整改，整改期间停止使用某些设施设备等。

2012 年 3 月 22 日、4 月 12 日，杭州市西湖区公证处根据杭州某科技有限公司的申请对涉案工程工地现状保全时，发现该工地已无施工人员，处于停工状态。2012 年 4 月 16 日，杭州某科技有限公司向江苏某建设工程有限公司送达《解除合同通知函》，以工期严重超出，停止施工至今无恢复施工迹象，江苏某建设工程有限公司严重违约为由，解除了双方之间的建设工程施工合同。

在原审庭审中，杭州某科技有限公司与江苏某建设工程有限公司共同确认以下内容：①签订合同时约定的开工时间 6 月 25 日只是推测，双方亦明确以实际开工为准。②合同解除时间为 2012 年 4 月 16 日。③杭州某科技有限公司需要支付江苏某建设工程有限公司的配合费为 28 800 元。

裁判观点

杭州市中院二审认为：江苏某建设工程有限公司上诉主张案涉合同存在严重压缩工期的情况，故合同无效。本院认为，工期应综合工程量、实际投入的人员及工程设备等因素综合确定，本案中，江苏某建设工程有限公司主张案涉合同合理工期为 820 天，但是其未提交有效证据以证实上述工期系合理工期，江苏某建设工程有限公司的举证尚不充分，故对其关于合同因严重压缩工期而无效的主张，本院亦不予采信。

（2）关于压缩合理工期与合同效力的认定相关的几则案例。

案例 2 某县农村信用合作联社与铜仁市某建筑工程有限公司建设工程施工合同纠纷案

基本信息

审理法院：贵州省铜仁市中级人民法院。

案号：（2017）黔 06 民终 901 号。

裁判要旨

压缩定额工期 71.1%，法院认为合同无效。

案情介绍

2014 年 7 月 26 日原告、被告双方签订《建设工程施工合同》，由原告铜仁市某建筑工程有限公司承建被告某县农村信用合作联社某办公大楼工程，合同约定的承包范围为：基础工程（含地下室）、主体工程、屋面工程等设计图中的有关内容。合同工期 183 天，从 2014 年 6 月 28 日至同年 12 月 31 日。合同还约定如工程量增加工期顺延。合同签订后原告依约施工，在工程施工过程中，因案涉工程基础超深，历史上罕见的大雨天气导致在施工过程中有塌方延误施工，金库因验收拖延施工，春节期间放假正常停工二十多天，政府对规划变更导致工程停工等客观原因导致工程延误。案涉工程于 2015 年 5 月 26 日验收合格，双方进行工程结算，对工程结算其他事项没有异议。被告要求原告承担延误工期的违约责任，以原告延误工期 160 天（计算至 2015 年 6 月 9 日），春节假日减少 20 天，按 140 天计算违约金 1 400 000.00 元，因原告未交违约金并处滞纳金 524 587.00 元，共计 1 924 587.00 元。被告为此扣留原告工程款 1 924 587.00 元拒绝支付给原告。

2016 年 3 月 8 日，某县住房和城乡规划建设局根据争议工程合同的内容，并按《全国统一建筑安装工程工期定额》标准计算，案涉工程工期按正常工期 635 天的 60% 计算，工期应至少为 381 天，原告、被告约定工期远远低于定额规定，某县住房和城乡规划建设局根据《贵州省建筑市场管理条例》第 18 条第（四）款规定“发包人不得任意压缩工期”的规定去函被告，被告约定工期 183 天属于发包人任意压缩工期的行为。

裁判观点

贵州省铜仁市中级人民法院认为：上诉人某县农村信用合作联社与被上诉人铜仁市某建筑工程有限公司签订的《建设工程施工合同》GF-1999-0201 中约定工期为 183 天，而某县住房和城乡规划建设局证实案涉工程正常工期至少为 381 天，故双方对工程工期的约定违反我国《质量管理条例》第十条第一款“建设工程发包单位不得迫使承包方以低于成本的价格竞标，不得任意压缩合理工期”之规定，双方签订的合同任意压缩合理工期违反工程建设强制性标准，应当认定无效。

案例 3　中建某局第一建设工程有限责任公司与南宁某房地产有限责任公司建设工程施工合同纠纷案

基本信息

审理法院：最高人民法院。

案号：（2018）最高法民再 163 号。

裁判要旨

压缩定额工期 58.3%，法院认为不属于压缩合理工期。

案情介绍

2009 年 10 月 10 日，南宁某房地产有限责任公司与中建某局第一建设工程有限责任公司签订《建设工程施工合同》，合同工期约定：开工日期暂定 2009 年 11 月 15 日，以甲方工地代表，总监理工程师签发的开工指令为实际开工之日，竣工日期暂定为 2011 年 6 月 17 日，合同总工期不超过 580 日历天。

2012 年 9 月 12 日，整体工程竣工验收备案。

2014 年 4 月 28 日，中建某局第一建设工程有限责任公司向一审法院提交《司法鉴定申请书》，申请：①依照《全国统一建筑安装工程工期定额》等规定对本案工程所需的定额工期进行鉴定。②对本案工程应顺延的工期天数进行鉴定。2014 年 10 月 23 日，一审法院出具（2014）南市司鉴字第 37 号《评估委托书》，委托北京某咨询公司对中建某局第一建设工程有限责任公司申请事项进行鉴定。2015 年 4 月 7 日，北京某咨询公司出具《工期鉴定意见书》，鉴定意见为：合理工期为 1 182 天，实际施工工期为 790 天；合理顺延确认工期为 48. 5 天，无法确认的顺延工期事项已在“鉴定过程”中说明。

综上，案涉工程定额工期为 1 390 天，合理工期为 1 182 天，而本案合同约定的工期为 580 天。

裁判观点

最高人民法院认为：中建某局第一建设工程有限责任公司还主张，《建设工程施工合同》中 580 日历天的工期条款因违反行政法规“不得任意压缩合理工期”的强制性规定而无效。对此，本院认为，一方面，定额工期通常依据施工规范、典型工程设计、施工企业的平均水平等多方面因素制定，虽具有合理性，但在实际技术专长、管理水平和施工经验存在差异的情况下，并不能完全准确反映不同施工企业在不同工程项目的合理工期。另一方面，本案中，中建某局第一建设工程有限责任公司作为大型专业施工企业，基于对自身施工能力及市场等因素的综合考量，经与南宁某房地产有限责任公司平等协商，在《建设工程施工合同》中约定 580 日历天的工期条款，系对自身权利的处分，亦为其真实意思表示，在无其他相反证据证明的情况下，不能当然推定南宁某房地产有限责任公司迫使其压缩合理工期。中建某局第一建设工程有限责任公司的该项再审主张亦缺乏事实依据，不能成立，本院不予支持。

案例 4　泰州市某房地产开发有限公司与泰州市某建筑安装工程有限公司建设工程施工合同纠纷案

基本信息

审理法院：江苏省高级人民法院。

案号：（2011）苏民终字第 0129 号。

案情介绍

2007 年 7 月 28 日，泰州市某房地产开发有限公司与泰州市某建筑安装工程有限公司签订一份建设工程施工合同（43 号合同），承包方式为固定价格合同（大包干形式）。合同工期 8 个月。2008 年 1 月 9 日，双方签订 43 号补充合同，就 43 号合同约定的内容予以变更和补充。

2008 年 1 月 4 日，双方签订建设工程施工合同（59 号合同），合同约定总工期 200 个日历天（含法定节假日）。

2008 年 11 月 3 日，双方在区建管局的见证下签订一份协议书，约定：双方签订的 43 号合同、43 号补充合同和 59 号合同自 2008 年 10 月 29 日终止履行，已完成的工程量及工程款结算由区建管局指定的中介机构进行审计决算。

2009 年 1 月，华强公司就已完工程作出了工程结算书的征求意见稿。

此后，双方均对华强公司关于工程结算的征求意见稿提出了书面意见。因双方分歧较大，泰州市某房地产开发有限公司对华强公司出具的结算书不予认可，以其超付工程款、对方施工质量不合格且拖延工期为由提起本案诉讼。

裁判要旨

合同严重压缩国家定额工期，对于未完工程难以判断是否超过合理工期，法院不支持发包人的工期迟延违约赔偿请求。

裁判观点

本院认为：如前所述，既然 43 号合同无效，泰州市某房地产开发有限公司依据该合同向泰州市某建筑安装工程有限公司主张违约责任缺乏依据。至于 43 号补充合同（扣除 43 号合同项下工程）、59 号合同，单凭双方合同约定的工期来看，泰州市某建筑安装工程有限公司至撤场时未按约定完工似存在工期延误，但对照中华人民共和国住房和城乡建设部《全国统一建筑安装工程工期定额》，合同严重压缩国家定额工期，故以合同约定工期来判断泰州市某建筑安装工程有限公司是否延误明显不合理，况且案涉工程是未完工程，泰州市某建筑安装工程有限公司撤场时是否超过合理工期也难以确定。加之综合本案工作联系单等证据分析，造成工期延误的原因是多方面的，除合同约定工期不合理外，还存在双方合作衔接配合不充分、天气等原因，并不能归责于泰州市某建筑安装工程有限公司一方。因此泰州市某房地产开发有限公司上诉主张泰州市某建筑安装工程有限公司承担工期迟延的违约责任依据不足。

（3）施工合同明确约定不计取赶工费且发包人未在合同工期外再行要求赶工的，承包人不得再行主张赶工费用。

案例 5　某玻璃有限公司与黑龙江某建设集团有限公司建设工程施工合同纠纷案

基本信息

审理法院：最高人民法院。

案号：（2019）最高法民申 1548 号。

案情介绍

2010 年 5 月 15 日，某玻璃有限公司与黑龙江某建设集团有限公司签订《土建工程合同》，某玻璃有限公司将600t/d在线低辐射镀膜玻璃生产线迁建项目的土建工程发包给黑龙江某建设集团有限公司。双方在“其他条款”部分约定：根据现场情况发包人可以对承包人的承包项目范围作相应的调整；工程量的计算规则依据工程量定额计算规则执行；工程风险由投标人自行承担；不计赶工费，一切以施工合同为准。

裁判观点

承包人（黑龙江某建设集团有限公司）申请再审称：某玻璃（黑龙江）有限公司应承担黑龙江某建设集团有限公司赶工措施费922.35万元。案涉《土建工程合同》约定的工程造价约人民币5 000万元，双方也约定在幅度内不计赶工措施费。但是案涉工程的工造造价已达到107 213 781.90万元，超过上述合同约定造价的一倍，且某玻璃（黑龙江）有限公司逾期提交图纸导致工期延误，因此超出合同约定工程量的部分应当计算实际施工费用。

最高人民法院再审认为：关于赶工费，双方在《土建工程合同》“其他条款”部分约定：不计赶工费，一切以施工合同为准。黑龙江某建设集团有限公司主张的“在幅度内不计赶工费”并无合同依据，故该项再审申请理由不能成立。

（4）施工合同对于赶工措施费没有约定且合同工期没有变化时，承包人通常无权主张赶工措施费。

案例6　江苏省某建工集团有限公司与沛县某商贸有限公司建设工程施工合同纠纷案

基本信息

审理法院：最高人民法院。

案号：（2017）最高法民申1338号。

裁判观点

江苏省高级人民法院一审认为：鉴定意见认为，若赶工措施费按分部分项费的3.5%计算，应增加工程造价319.25万元（以市场价为基数）、393.38万元（以签证价为基数）。依据《工程签证单》（2007年10月2日），沛县某商贸有限公司同意支付因赶工而增加模板使用费266.08万元；另《关于增加某宾馆工程相关措施费的报告》请求增加赶工费437.25万元；考虑到本项目开工时间为2007年7月16日，主要部分交付时间为2008年5月12日，与国家定额工期相比提前的幅度超过20%，按相关规定提前幅度在20%以内，可按分部分项费的2.5%~4%计算赶工措施费，综合考虑以上因素暂按分部分项费的3.5%计算。江苏省某建工集团有限公司认为，按照文件规定，工期提前率在20%以内，可以记取2.5%~4%的赶工措施费，案涉工程工期提前率远远大于20%，因此应按照4%计取赶工措施费。沛县某商贸有限公司认为，赶工措施费是否计取及计取比例，应由合同约定，工期比国家定额工期提前，并不是计取赶工措施费的充分条件，合同中没有约定赶工措施费，事后就不得以工期紧张、超定额为由主张赶工措施费，否则签合同时就不会是这个价格，因江苏省某建工集团有限公司赶工而增加的模板使用费266.08万元，沛县某商贸有限公司同意计取，对余下的127.30万元，沛县某商贸有限公司不予认可。

本院认为，赶工措施费属于可竞争费用，如要计取应有合同依据或者签证。因为双方在合同中未做约定，事后也未形成签证，现沛县某商贸有限公司除模板使用费外不同意计取额外费用，故此项费用只应计取江苏省某建工集团有限公司因赶工而增加的模板使用费266.08万元。对于江苏省某建工集团有限公司要求按分部分项费的4%计取赶工措施费的主张，本院不予支持。

最高人民法院二审认为：本院认为，双方对于赶工费是否计取及计取比例没有约定，一审法院根据工程签证单（沛县某商贸有限公司亦认可）认定此项费用只应计取江苏省某建工集团有限公司因赶工增加的模板使用费266.08万元是正确的，江苏省某建工集团有限公司主张应按分部分项费的4%计算赶工措施费、并主张遗漏装饰和安装部分的赶工措施费，没有合同依据和法律依据，本院不予支持。

最高人民法院再审认为：关于相应工程款应当如何计算的问题。装饰工程取费、临时设施费、建筑管理费、定额测定费、材料采购保管费、赶工措施费、总承包服务费、冬雨季施工费、夜间施工增加费、现场文明施工考评费、市级文明工地费、精装修工程人工费的问题，江苏省某建工集团有限公司没有提供证据证明自己的主张，故原审法院的认定正确。

案例7 黑龙江某建筑工程公司与齐齐哈尔某中医院建设工程施工合同纠纷案

基本信息

审理法院：最高人民法院。

案号：（2019）最高法民终165号。

裁判观点

黑龙江省高级人民法院一审认为：齐齐哈尔某中医院认为，双方在施工合同中并未约定赶工措施费，黑龙江某建筑工程公司延期交工，因此不应计取赶工措施费。本院审查认为，按照2010年黑龙江省建设工程费用定额的规定，赶工措施费是指发包人要求工期比合同工期提前，承包人为缩短工期所发生的各种措施（包括掺入的外加剂）费用，按照实际发生计算。按照《建设工程施工合同》和《装饰工程施工合同》关于合同工期的约定，两项工程的开工日期虽不一致，但竣工日期均为2012年12月31日，在无交叉作业的情况下是无法完成的。而案涉工程中，土建工程完工后方能进行钢结构工程的施工，即黑龙江某建筑工程公司在2012年12月31日完成土建工程施工后，方能进行钢结构的施工。案涉工程的竣工验收时间为2013年6月17日，晚于上述合同约定的竣工日期，但是装饰工程约定的合同工期总日历天数为221天，按照施工顺序，黑龙江某建筑工程公司完成全部施工的时间应为2013年8月7日。由此可见，黑龙江某建筑工程公司确有提前完成案涉工程的全部施工内容，鉴定单位按照定额工期和工日计取赶工措施费，并无不当。

最高人民法院二审认为：关于赶工措施费问题。黑龙江某建筑工程公司既是《建设工程施工合同》的承包人，也是《装饰工程施工合同》的承包人，其作为专业施工企业，在订立合同时应当对案涉土建工程和装饰工程的施工流程、组织安排等有合理的预见和必要的准备。黑龙江某建筑工程公司在明知可能存在交叉施工的情况下，仍然与齐齐哈尔某中医院在《装饰工程施工合同》中将竣工日期约定为与土建工程竣工日期相同的2012年

12 月 31 日，且并未在合同中与齐齐哈尔某中医院就交叉施工可能增加的费用做出安排，其应当严格按照合同履行义务并承担相应的履行成本。而案涉工程的竣工验收时间为 2013 年 6 月 17 日，黑龙江某建筑工程公司亦未在合同约定的工期内完成施工，也未提供证据证明其采取了赶工措施。鉴定机构按照定额工期和工日计取赶工措施费缺乏事实依据，一审判决仅以两项工程需先后施工、将工期叠加得出黑龙江某建筑工程公司有提前完工的事实，采信鉴定意见认定齐齐哈尔某中医院应支付赶工措施费，依据不足，本院予以纠正。齐齐哈尔某中医院关于不应支付赶工措施费的主张成立，本院予以支持。

案例 8　江苏南通某公司与南京某中学建设工程施工合同纠纷案

基本信息

审理法院：江苏省高级人民法院。

案号：（2014）苏民终字第 0067 号。

法律分析

江苏省高级人民法院二审认为：双方当事人所订立的建设工程施工合同中约定，教学楼工程、信息中心组团工程的工期各为 330 天。虽然两项工程中的单体工程于不同时间陆续实际完工，但教学楼工程、信息中心组团工程于 2003 年 12 月 27 日方经过竣工验收合格，本案工程竣工时间应当认定为 2003 年 12 月 27 日。教学楼工程开工日期为 2003 年 1 月 10 日，竣工日期为 2003 年 12 月 27 日，实际工期为 352 天；信息中心组团工程开工日期为 2003 年 1 月 6 日，竣工日期为 2003 年 12 月 27 日，其实际工期为 356 天，均长于合同所约定的 330 天。虽然定额规定计取赶工措施费是将定额工期与实际工期进行比较，但是，在定额工期与约定工期存在差值时，双方应当在招投标时明确约定是否计取赶工措施费及如何计取。本案中，在约定工期与定额工期存在差值时，双方当事人并未在招投标文件中明确赶工措施费如何计取。因此，在定额工期与约定工期不一致而当事人又没有约定赶工措施费如何计取，且实际工期长于约定工期的情况下，原审法院未计取赶工措施费，不违反定额规定，并无不当。

（5）未完工程仅实现部分节点工期提前，因合同约定需工程整体达到工期提前，法院不支持赶工费请求。

案例 9　武汉某建筑有限公司与武汉某城置业有限公司建设工程施工合同纠纷案

基本信息

审理法院：湖北省高级人民法院。

案号：（2020）鄂民终 758 号。

裁判观点

法院认为：关于抢工期费用。鉴定机构结合《施工组织设计/（专项）施工方案报审表》《工程进度计划报审表》等确定已完工主体工程较计划工期提前 54 天。一审法院认为，《某城项目施工补充协议》《某城项目施工补充协议（二）》中对工期确有约定，双方约定工期提前的目的在于案涉工程能提前整体完工并完成竣工验收，武汉某建筑有限公司就已完工主体结构工期较计划工期虽有提前，但因案涉工程尚未全部完工，且双方未约定提前完成相关工程节点如何计费。武汉某建筑有限公司要求武汉某城置业有限公司支付抢工期费用没有事实和法律依据，一审法院不予支持。

（6）承包人未能举证证明完成赶工任务或发生赶工费用的，无权主张赶工费用。

案例 10　上海某建设开发有限公司与泰州某农副产品物流有限公司建设工程施工合同纠纷案

基本信息

审理法院：江苏省高级人民法院。

案号：（2015）苏民终字第 00271 号。

案情介绍

2010 年 4 月 27 日，经过招投标程序，上海某建设开发有限公司与泰州某农副产品物流有限公司签订《建设工程施工合同》，泰州某农副产品物流有限公司将其开发的泰州农副产品批发市场中共计 8 幢楼发包给上海某建设开发有限公司承建施工。

2010 年 7 月 17 日，泰州某农副产品物流有限公司与上海某建设开发有限公司就赶工问题形成会议纪要。2010 年 7 月 18 日，上海某建设开发有限公司向泰州某农副产品物流有限公司提出《赶工措施费要求》，主要内容为：木工模板一次性补贴费用 300 000 元……赶工要求：2#、5#、6#、14#、15#楼到 8 月 28 日混凝土结构封顶，1#楼到 9 月 15 日混凝土结构封顶，4#、7#楼到 10 月 10 日混凝土结构封顶。泰州某农副产品物流有限公司负责人员批注意见：按照“专题会议纪要”精神，甲方同意一次性付给乙方赶工补贴费 300 000 元，但乙方必须按期完成赶工任务，否则甲方有权扣还其费用。

一审诉讼期间，上海某建设开发有限公司认可泰州某农副产品物流有限公司已支付赶工补贴费 250 000 元，泰州某农副产品物流有限公司则认为，虽然泰州某农副产品物流有限公司支付上海某建设开发有限公司 250 000 元赶工补贴费，但由于上海某建设开发有限公司没有完成赶工任务，故该费用应当扣还抵作工程款。二审期间，上海某建设开发有限公司主张其已购买了模板，但因泰州某农副产品物流有限公司几次变更图纸，导致上海某建设开发有限公司未按期完工，如果没有变更图纸，则上海某建设开发有限公司能够按期完成赶工任务，因此一次性模板费 300 000 元应当支付。

裁判观点

泰州市中级人民法院认为：关于一次性模板费 300 000 元和赶工奖励费 300 000 元。根据 2010 年 7 月 18 日的《赶工措施费要求》、2010 年 7 月 19 日会议纪要及泰州某农副产品物流有限公司批注的内容来看，该《赶工措施费要求》只是上海某建设开发有限公司单方向泰州某农副产品物流有限公司提出的计划、申请，泰州某农副产品物流有限公司的批注是在上海某建设开发有限公司完成赶工任务后一次性支付赶工补贴费 300 000 元，并未明确同意支付上海某建设开发有限公司提出的一次性模板费 300 000 元。上海某建设开发有限公司认为泰州某农副产品物流有限公司应当支付一次性模板费 300 000 元、赶工奖励费 300 000 元，共计 600 000 元，显然无事实依据，不予采信。而且，根据《赶工措施费要求》第五条对赶工期限的约定，上海某建设开发有限公司应于 2010 年 8 月 28 日 $2^{\#}$、$5^{\#}$、$6^{\#}$、$14^{\#}$、$15^{\#}$楼混凝土结构封顶，$1^{\#}$楼于 9 月 15 日封顶，$4^{\#}$、$7^{\#}$楼到 10 月 10 日封顶，而上海某建设开发有限公司并无充分证据证明其已经按照约定于约定的赶工期限内完成了赶工任务。故上海某建设开发有限公司要求泰州某农副产品物流有限公司支付一次性模板费以及赶工奖励费的诉讼请求，无事实依据，不予支持。

江苏省高级人民法院认为：关于一次性模板费、赶工奖励费。上海某建设开发有限公司在《赶工措施费要求》中提出支付一次性模板费 300 000 元的申请，泰州某农副产品物流有限公司批注内容只是同意在完成赶工任务的情况下支付赶工补贴费 300 000 元，并未同意支付一次性模板费 300 000 元，现上海某建设开发有限公司未提供证据证明完成了赶工任务，故其主张一次性模板费、赶工奖励费 600 000 元，无事实依据。

案例 11　宿迁市某置业有限公司与宿迁市某建设有限公司建设工程施工合同纠纷案

基本信息

审理法院：江苏省高级人民法院。

案号：(2018) 苏民终 966 号。

裁判观点

关于土建 016 签证正负零以下赶工措施费，一审法院认为，赶工措施费是指当发包方要求的工期少于合理工期或者工程项目由于自然以及外部环境影响导致工期延误，承包方为满足发包方的工期要求，通过采取相应技术及组织措施所发生应由发包方负担的费用，但宿迁市某建设有限公司对是否存在需要赶工以及是否发生赶工措施费无证据证实，且监理日志对此无反映，故对该单方签证费用不予支持。

(7) 施工合同约定按定额据实结算，合同工期短于定额工期的，承包人可主张计取赶工措施费。

案例 12　江苏某建设有限公司与连云港某房地产开发有限公司建设工程施工合同纠纷案

基本信息

审理法院：江苏省高级人民法院。

案号：(2015) 苏民终字第 00102 号。

案情介绍

2007 年 2 月 1 日，江苏某建设有限公司（承包人）与连云港某房地产开发有限公司（发包人）签订《建设工程施工合同》，约定合同价款采用可调价格合同，合同价款调整方法：按照 2004 江苏省建设工程综合定额、建设工程安装定额及相关收费标准计算，材料按东海县建设工程造价站每月发布的材料信息价为准（如无信息价，按发包方指定品牌价格执行）进行竣工结算。

关于案涉工程的总造价数额。原审法院根据造价公司所出具的鉴定报告，确定双方无争议部分的工程造价为 31 686 914. 82 元；对于双方有争议部分的工程造价，原审法院认定以下各项应当计入工程总造价：①夜间施工增加费 2 622. 39 元。②已完工程及设备保护费为 6 759. 12 元。③赶工措施费为 811 094. 86 元。

裁判观点

江苏省高级人民法院认为：连云港某房地产开发有限公司上诉认为夜间施工增加费、已完工程及设备保护费、赶工措施费不应计取。本院认为，虽然双方在合同中没有明确约定该三项费用，但双方约定的结算方式为按实结算。根据原审查明事实，案涉工程施工过程中确实存在夜间施工、工程竣工后至交付连云港某房地产开发有限公司前由江苏某建设有限公司看管已完工程及设备的情形，原审法院计取夜间施工增加费、已完工程及设备保护费并无不当；江苏某建设有限公司早于定额工期完成施工，按照双方约定计价所依据的 2004 江苏省建筑与装饰工程费用计算规则，应当予以计取赶工措施费。

（8）双方没有签订书面合同，法院基于赶工实际发生和发包人最终收益的事实认定发包人承担赶工费。

案例 13　河南某科技有限公司与河南某建设集团有限公司建设工程施工合同纠纷案

基本信息

审理法院：河南省高级人民法院。

案号：（2019）豫民终 858 号。

案情介绍

一审法院认定事实：①在郑州某区管理委员会的协调下，河南某建设集团有限公司取得了涉案项目的施工权。后河南某建设集团有限公司委托河南某建筑工程有限公司对案涉工程进行施工，并约定由河南某建设集团有限公司对外统一结算。②经河南某建设集团有限公司申请且经河南某科技有限公司同意，一审法院委托某造价咨询公司对已完工程造价进行鉴定。鉴定意见为：河南某建设集团有限公司所完成工程的工程造价为 39 061 606. 63 元；其中主要工程赶工项目费用为单列项目，造价为 1 595 083. 68 元。

河南某建设集团有限公司已经完成了施工工程，河南某科技有限公司于 2016 年 9 月开始投入使用。

裁判观点

关于河南某科技有限公司应否承担本案的工程款、赶工费及利息的问题。河南某建设集团有限公司与河南某科技有限公司之间虽然没有签订书面建设工程施工合同，但河南某建设集团有限公司实际承建了河南某科技有限公司的蓝宝石显示器件产业园 STP5 总装车间、产品展示中心、室外道路及配套管网等工程，且工程已经完工，河南某科技有限公司也于2016年9月开始投入使用，河南某建设集团有限公司与河南某科技有限公司之间已经形成了事实上的建设工程施工合同。因此，河南某科技有限公司应当支付河南某建设集团有限公司工程款。案涉工程从开工至竣工，施工进度明显较快，确实采取了赶工措施并发生了赶工费用。在赶工费实际发生且河南某科技有限公司接受并最终受益的情况下，赶工费用依法理应由河南某科技有限公司承担。因2016年9月22日河南某科技有限公司已经实际使用了案涉厂房，应当承担逾期支付工程款的利息，一审法院酌定利息年利率6%的标准予以支持，并无不当。

案例14 哈尔滨某建筑工程有限公司与哈尔滨市某皮草有限公司建设工程施工合同纠纷案

基本信息

审理法院：黑龙江省高级人民法院。

案号：(2017) 黑民终152号。

案情介绍

2013年6月，哈尔滨市某皮草有限公司投资建设某国际皮草城一期工程，该工程共分四个标段，其中第四标段由哈尔滨某建筑工程有限公司负责承建。哈尔滨某建筑工程有限公司、哈尔滨市某皮草有限公司之间没有签订书面建筑工程施工合同，双方口头协商工程竣工后，按照国家和省市相关规定进行结算。

哈尔滨某建筑工程有限公司2013年6月进场施工，2014年6月交工，工程未经验收，哈尔滨市某皮草有限公司于2014年8月开业投入使用，未提出有质量问题。

2015年11月27日，黑龙江某造价咨询公司出具的审核报告就赶工措施模板增加费、赶工人工增加费审核中认为，根据实际的施工工期与国家定额推测的工期比较，赶工情况确实存在，哈尔滨市某皮草有限公司不同意支付此项费用，哈尔滨某建筑工程有限公司又不能举证有效证据，故不予支持，审减为零。

2016年4月13日，哈尔滨某建筑工程有限公司单方委托哈尔滨某造价咨询公司出具鉴定意见，鉴定结论认为案涉工程存在赶工。

一审庭审中，证人怀某、李某出庭证实，在施工过程中，哈尔滨市某皮草有限公司工程负责人多次召集各标段施工单位开会，要求进行赶工，并承诺支付相关费用。

二审法院查明：案涉工程的《工程技术资料》中包含多份《模板安装工程检验批质量验收记录表》《模板拆除工程检验批质量验收记录表》，其中分别记载了各层模板安装和拆除的时间，从中能够体现出施工过程中存在增加模板材料的投入。

裁判观点

关于哈尔滨市某皮草有限公司是否应支付哈尔滨某建筑工程有限公司赶工费的问题。本案中，虽双方未签订施工合同，哈尔滨某建筑工程有限公司亦未能提供经对方认可的赶工措施方案，但根据一审诉讼中证人怀某、李某的证言，证实在施工过程中，哈尔滨市某皮草有限公司工程负责人多次召集各标段施工单位开会，要求进行赶工，并承诺支付相关费用。另外，哈尔滨某建筑工程有限公司作为施工单位为了赶工额外支付人工费和增加模板周转等相关费用，如无发包方对其承诺支付赶工费用，自行增加成本支付赶工费用有违常理。由于哈尔滨某建筑工程有限公司对工程的实际施工的工期与定额工期相比较明显缩短，哈尔滨市某皮草有限公司于交工当年开始营业，哈尔滨市某皮草有限公司从中受益。原审法院以双方未约定赶工费，即便客观存在，也属其自愿承担增加成本，判决驳回哈尔滨某建筑工程有限公司的诉请，有违民事活动应遵循的公平原则，本院予以纠正。

（9）发包人原因致使工期延误，承包人采取赶工措施增加费用应由发包人负担。

案例15　甘肃某工程承包有限公司与中国某天然气股份有限公司某油田分公司建设工程施工合同纠纷案

基本信息

审理法院：甘肃省高级人民法院。

案号：（2016）甘民终285号。

案情介绍

甘肃某工程承包有限公司与中国某天然气股份有限公司某油田分公司于2012年8月26日就案涉工程签订了《建设工程施工合同书》，对工程范围、合同工期、合同价款与支付、权利义务、工程变更、竣工验收与结算、违约与索赔等事项进行了约定。

2015年4月12日，案涉工程经验收为合格。

诉讼中，甘肃某工程承包有限公司对涉案工程中的14项工程申请鉴定。其中申请事项第4项为缩短工期措施费。经鉴定，缩短工期措施费中劳动力投入的费用为212 119.76元。

裁判观点

甘肃省高级人民法院二审认为：缩短工期措施费。因中国某天然气股份有限公司某油田分公司原因影响原告工期22天，且未同意对影响的工期进行顺延的情况下，原告要在合同约定的土建主体完工日期内完成工作量，客观实际上则必须加大劳动力投入和周转材料的一次性投入，从原告提供的浇筑审批表可以看出原告存在连续浇筑施工的情形，对于甘肃某工程承包有限公司一次性投入额外购买模板费用应予以补偿。经鉴定，缩短工期内的劳动力投入费用为212 119.76元和一次性材料投入的补偿费用为516 097元，应予以支持。因中国某天然气股份有限公司某油田分公司不同意工期顺延，故其上诉主张没有要求提前竣工不存在缩短工期措施费的理由不能成立，不予支持。

（10）在约定的赶工日期后仍签署会议纪要或支付赶工奖金的行为属于认可赶工行为，即使未在约定工期完工，依旧应当支付赶工奖金。

案例16　林某与南京某建筑工程有限公司、某集团某房地产开发公司建设工程施工合同纠纷案

基本信息

审理法院：江苏省高级人民法院。

案号：（2016）苏民终1253号。

案情介绍

2008年前后，南京某建筑工程有限公司与某集团某房地产开发公司分别签订数份建设工程施工合同，由南京某建筑工程有限公司承建施工某集团某房地产开发公司开发建设的商业广场项目。

2009年10月8日，双方在原签订的《建设工程施工合同》基础上达成补充协议，就工期、2009年10月1日以后完成的工程量、工程款计算标准及计量方式、双方职责、工期奖罚等进行了具体约定。

2009年1月10日，林某与南京某建筑工程有限公司签订承包合同一份，承包商业广场四标段四号楼、三号楼3、4两段、十号楼、十一号楼、十二号楼及十三号楼工程，承包方式包工包料，工程造价暂定为以甲方与业主的工程结算价为基数，工程质量和施工工期以甲方与业主的约定为准。

林某组织人员对案涉工程进行了施工，并于2011年1月10日竣工验收。

一审中，林某提供2011年6月23日会议纪要复印件一份，内容为："在2010年赶工期间，南京某建筑工程有限公司承诺项目部的赶工奖金，由南京某建筑工程有限公司张总确认，某集团某房地产开发公司支付……"。

裁判观点

二审法院认为：关于赶工奖金的计取。尽管南京某建筑工程有限公司与某集团某房地产开发公司2009年10月31日签订的《补充协议》约定，只有工程在2010年10月31日前合格并通过综合验收才能计取赶工奖，但2011年6月23日的会议纪要再次确认要支付赶工奖，该会议纪要形成晚于《补充协议》和2011年1月10日竣工验收，是事后当事人针对工程结算内容的确认，当事人应遵照履行。因此，对南京某建筑工程有限公司主张建设工程施工合同无效会议纪要关于赶工奖的约定亦无效的上诉意见，本院不予采纳，案涉工程应当计取赶工奖。同时，虽然停工损失不属于工程基础造价，但当事人确定赶工奖是以结算总价款的2%计取，停工损失属于结算总价部分，故本院不采纳南京某建筑工程有限公司主张不应将停工损失作为赶工奖的计取基数的上诉意见。因此，赶工奖为1 806 225. 84元（90 311 291. 99元×2%）。

案例17 江苏某房地产开发有限公司、浙江某电梯股份有限公司与沭阳某电梯有限公司建设工程施工合同纠纷案

基本信息

审理法院：江苏省高级人民法院。

案号：（2018）苏民终649号。

案情介绍

2010年9月17日，江苏某房地产开发有限公司（甲方）与浙江某电梯股份有限公司

签订《电（扶）梯买卖安装合同》一份，约定江苏某房地产开发有限公司向浙江某电梯股份有限公司购买电梯 11 台，扶梯 43 台，双方同意按每台梯 9 000 元的价格由乙方负责安装，合同总价 7 885 200 元，为固定价。

2010 年 12 月 13 日，江苏某房地产开发有限公司（甲方）与沭阳某电梯有限公司（乙方）签订《赶工协议书》一份，约定乙方确保在 2010 年 12 月 30 日前完成上述工程（一层、二层电梯工程安装调试）；甲方同意支付 100 000 元赶工措施费，分三次平均支付，在每周五支付一次，至 2010 年 12 月 30 日止；若乙方未能在 12 月 30 日前完成施工范围内所有工程，所发赶工措施费甲方在乙方工程款中加倍扣除；甲方在乙方施工过程中发现乙方可能完成不了总目标，或日常检查中乙方未能完成节点目标，将停发赶工费，但仍将从乙方工程款中双倍扣除。该协议签订后，江苏某房地产开发有限公司分别于 2010 年 12 月 14 日、2010 年 12 月 22 日、2011 年 1 月 6 日支付沭阳某电梯有限公司赶工费 30 000 元、30 000 元、40 000 元，合计 100 000 元。

裁判观点

二审法院认为：关于江苏某房地产开发有限公司主张《赶工协议书》约定的违约责任问题，因双方对于是否完成赶工协议涉及的一层、二层电梯工程安装调试存在争议，但结合该协议的内容看，双方约定 2010 年 12 月 30 日完成赶工协议涉及的工程，如未能完成不仅可以停发赶工费并予以双倍扣除，而江苏某房地产开发有限公司在 2011 年 1 月 6 日还支付了最后一笔 40 000 元赶工措施费，且 2011 年 3 月 8 日工程联系单也提及赶工按期完成的电梯安装工作完成调试，因此应当认定江苏某房地产开发有限公司对于沭阳某电梯有限公司的赶工工程予以认可，在此情形下江苏某房地产开发有限公司主张按照《赶工协议书》约定承担违约责任依据不足，对其主张本院不予支持。

（11）发承包人签订补充协议约定分期支付赶工费，法院认为已支付部分赶工费系发包人对已发生赶工事实的认可，不再退回，因承包人未达成赶工目标未支付部分不再支付。

案例 18　河南省某建设集团有限公司与某环保水处理有限公司建设工程施工合同纠纷案

基本信息

审理法院：河南省高级人民法院。

案号：（2016）豫民终 1048 号。

案情介绍

2012 年 11 月 20 日，河南省某建设集团有限公司与某环保水处理有限公司就污水处理中水回用工程经过招投标签订《建设工程施工合同》，合同约定工程价款为可调价，暂定价 3 000 万元，按定额计算造价以税后总价下浮 2. 6% 作为最终工程竣工结算价。合同工期为 270 天。

2013 年 3 月 12 日工程开工，施工过程中，某环保水处理有限公司为执行市政府的要求，主张工期变更，双方于 2013 年 4 月 18 日签订《补充协议 2》，约定工期缩至 2013 年

8月底完工，达到竣工验收条件，并在一周内撤场，某环保水处理有限公司分两次向河南省某建设集团有限公司支付赶工费150万元。第一次支付额为赶工费的50%，即75万元，第二次于2013年7月底，项目满足通水试运行条件时，支付剩下的50%赶工费。

河南省某建设集团有限公司按照双方签订的《补充协议2》进行赶工，2013年9月29日，经双方及监理单位、设计单位、勘察单位验收，出具竣工验收报告及竣工验收证书。2014年5月21日，就污水处理中水回用工程调理池301工程、脱水机房205工程予以竣工验收，该两项工程系分部工程。该工程某环保水处理有限公司共向河南省某建设集团有限公司支付工程款2 236. 238 768万元及赶工费75万元。

裁判观点

二审法院认为：根据双方签订的《建设工程施工合同》约定的工期为270天，开工日期为2013年3月12日，因此竣工日期应为2013年11月7日。而双方就赶工签订《补充协议2》约定于2013年8月底完工，并在一周内撤场。且2013年9月29日双方进行了竣工验收，河南省某建设集团有限公司确实就工程进行了赶工，竣工的时间仅比约定的竣工日期推迟20天左右，鉴于某环保水处理有限公司已支付了第一期的赶工费，系对河南省某建设集团有限公司赶工的认可，对于已支付的赶工费不应再返还；但河南省某建设集团有限公司虽进行了赶工，但未提交证据证明按约定的赶工日期完成工程，所以，未支付的赶工费也不应再支付。根据本案的实际情况，参照《补充协议2》的约定，一审法院对赶工费所作出的处理意见是适当的。某环保水处理有限公司请求河南省某建设集团有限公司返还赶工费75万元，并支付150万元违约金的上诉请求，不予支持。

（12）未经发包人认可的赶工费结算报告不能作为结算依据。

案例19 某房屋公司与大理某投资开发公司建设工程施工合同纠纷案

基本信息

审理法院：云南省高级人民法院。

案号：（2020）云民终854号。

案情介绍

2013年11月18日、12月31日，大理某投资开发公司分别与上海某装饰工程有限公司、北新某房屋公司签订了《轻型钢结构住宅工程施工承包合同》《冷弯薄壁型钢结构住宅工程施工承包合同》，将大理某投资开发公司开发的低层轻型钢结构工程项目发包给上述两家单位进行施工。

该两家公司完成了一期3 600m^{2}样板工程后，因无合法的总承包资质等原因，经过招、投标，大理某投资开发公司与某房屋公司就上述项目于2015年10月28日签订了《轻型钢结构住宅工程总承包合同》《底层轻型钢结构住宅项目工程补充协议》《底层轻型钢结构住宅项目工程补充协议二》（以下分别简称为“总承包合同”“补充协议”“补充协议二”）。并约定因上海某装饰工程有限公司、北新某房屋公司无合法的建设主体总包资质，大理某投资开发公司负责该两个单位停工退场，已完工3 600m^{2}样板区所有后续工作和前期遗留工作由某房屋公司承接。

案涉工程于 2016 年 10 月 31 日竣工验收合格，同年 12 月 30 日进行移交，2017 年 1 月 10 日竣工验收备案。

裁判观点

一审法院认为：（三）赶工费 420 000 元。①总承包合同及两份补充协议均没有赶工费的约定，某房屋公司的单方结算报告大理某投资开发公司不认可，该证据不足以证明赶工费主张成立；②某房屋公司还提交了大理某投资开发公司签署意见的《赶工费报告》，该报告中，某房屋公司称前期因大理某投资开发公司没有按时支付进度款，影响了工期，在 2016 年 9 月 29 日收到大理某投资开发公司支付的第三笔工程款后，为赶工期增加施工人员，为此要求大理某投资开发公司给予赶工奖励。大理某投资开发公司表示不同意给予赶工费奖励。一审法院认为，如期完工是某房屋公司义务，如果确实因进度款支付迟延导致停工损失，相关违约责任如何承担应按合同约定办理，而不是以赶工费的形式获得弥补；赶工费报告只是一个协商、磋商过程，对方不同意，某房屋公司也赶工了，赶工是一个既成事实，不具有对价的性质。故赶工费没有合同依据，该主张不成立。

二审法院认为：关于赶工费，某房屋公司依据的是 2016 年 10 月 11 日的《赶工费报告》，该报告系某房屋公司单方制作并出具给大理某投资开发公司，大理某投资开发公司已明确表示因某房屋公司未按约定完成工程进度，对赶工费申请 420 000 元不予同意，故某房屋公司的该项主张不能成立。

（13）签证单业主仅记载赶工事实，未签证具体金额，依据鉴定意见支持赶工费用。

案例 20　袁某、福建某建设工程公司、海宁某房地产开发公司、厦门某园林公司、厦门某贸易公司、蔡某建设工程施工合同纠纷案

基本信息

审理法院：浙江省高级人民法院。

案号：（2021）浙民终 880 号。

案情介绍

海宁某房地产开发公司与福建某建设工程公司签订《项目施工总承包合同合同协议书》（合同载明的签订时间是 2018 年 6 月 10 日），约定：海宁某房地产开发公司将案涉项目工程发包给福建某建设工程公司施工；计划开工日期为 2018 年 7 月 11 日，实际开工日期以发包人书面通知为准。计划竣工日期：2020 年 1 月 20 日。工期总日历天数：558 天。

袁某（乙方）与福建某建设工程公司（甲方）签订《工程项目内部经营承包责任协议》一份（协议的落款时间为 2018 年 5 月 1 日），约定，乙方代表甲方参与本项目投标和谈判，甲方与海宁某房地产开发公司就该项目签订了《项目施工总承包合同合同协议书》，乙方全面负责组织该项目施工。

2019 年 1 月 25 日，袁某班组因遇春节假期停工，但假期结束后并未复工。

2019 年 2 月 25 日，海宁某房地产开发公司责令福建某建设工程公司更换袁某班组，

并承担总包合同项下的违约责任。

2019 年 3 月 29 日，福建某建设工程公司向袁某班组发出解除《内部承包协议》的联系函。

一审审理过程中经袁某申请，一审依法委托浙江某工程管理咨询有限公司对案涉项目已完工程造价进行司法鉴定，鉴定结果中争议部分：签证、变更、联系单：关于 1#、2#、5#、9#楼赶工措施，甲方未确认，鉴定金额为 445 338 元。

裁判观点

一审法院认为：关于袁某主张的 1#、2#、5#、9#楼赶工措施的费用。从袁某据以主张的相关签证单看，监理单位初审意见栏记载“赶工事项已完成，费用以甲方审核为准”，建设单位意见栏载明“赶工工作已完成”。虽未签证具体的金额，但监理单位、建设单位已确认袁某完成相应赶工工作，现经鉴定确定该项金额为 445 338 元，应计入工程造价。

（14）赶工费应按照合同约定方式计算，合同无效时赶工费参照合同约定计算。

案例 21　河南某实验中学与河南某建设工程公司建设工程施工合同纠纷案

基本信息

审理法院：河南省高级人民法院。

案号：（2016）豫民监 16 号。

法律分析

郑州市中级人民法院认为：关于赶工费的问题。教学综合楼《建设工程施工合同》第 47 条补充条款约定，根据发包人要求，在投标工期基础上，每提前 10%，工程总额增加 1%。该工程 2003 年 12 月 2 日开工，2004 年 8 月 29 日交付，实际工期 273 天，合同约定工期为 470 天。原审法院认为，虽然合同有效，且合同中有明确关于赶工费的约定，但学校作为公益性的事业单位，秋季入学时间为九月初，学校要求在八月底交付教学楼有其合理性，原审法院对于赶工费的诉请，不予支持。

河南省高级人民法院二审认为：关于本案赶工费及其数额应如何认定的问题。本院认为，河南某建设工程公司请求的赶工费应予部分支持。理由为：第一，赶工措施费，简称为赶工费：是指施工合同约定工期相比定额工期有提前，施工单位为缩短工期所发生的费用。第二，本案赶工和缩短工期的事实客观存在。本案河南某实验中学教学楼合同工期为 500 日历天，实际施工 334 天，实际施工天数比合同工期提前了 33.2%。该提前工期的利益已由河南某实验中学享有，其应对河南某建设工程公司为缩短工期在组织施工过程中对人工、材料、机械等方面增加投入而产生的费用予以补偿。第三，本案双方当事人约定了赶工费的计算方法。河南某建设工程公司提供的《建设工程施工合同》专用条款第四十七条约定“工期按招标文件执行，每赶工百分之十，增加赶工费 1%”。河南某实验中学提供的《建设工程施工合同》专用条款第四十七条约定“根据发包人要求，在投标工期基础上，每提前 10%，工程总额增加 1%”。从两份合同内容对比情况判断，双方在支付赶工费问题的意思表示是一致的，即：工期每提前 10%，按工程总额增加 1% 的赶工费。因此，本案赶工措施费为126.87万元（4 229.104 681万元×1%×3）。第四，本案《建设工程施工合同》虽已被确认无效，但依据公平原则和合同无效法律后果的规定，参照双方当事人关于赶工费的约定，本院支持河南某建设工程公司赶工措施费126.87万元。综上，河南某建设工程公司上诉主张支付赶工费194万元的理由部分成立，本院部分支持。原审判决未予支持赶工措施费的理由不足，本院予以纠正。

河南省高级人民法院再审认为：关于是否应当支付赶工措施费的问题。本院二审判决书明确载明“依据公平原则和合同无效法律后果的规定，参照双方当事人关于赶工费的约定，本院支持河南某建设工程公司赶工措施费126.87万元。”故，河南某实验中学以合同无效导致赶工措施费的约定也无效，以及工期计算错误等为由主张判决赶工措施费126.87万元错误的申请再审理由，不能成立。

（15）分包合同约定履行总包合同条件，承包人主张据实结算赶工费，法院认定以分包人占工程量比例划分应得赶工费。

案例22　中铁某工程公司与深圳某实业公司建设工程施工合同纠纷案

基本信息

审理法院：四川省高级人民法院。

案号：（2013）川民终字第348号。

案情介绍

2003年，中铁某工程公司通过投标的方式，与业主公司签订《高速公路连接线项目主线工程B2标段施工合同》。

2003年10月30日，中铁某工程公司（甲方）与深圳某实业公司（乙方）签订《工程施工承包合同》，约定由乙方承包甲方中标的高速公路连接线B2合同段工程。合同还约定“乙方必须无条件履行甲方与业主签订的一切条款及甲方在招投标中对业主的承诺”“根据合同附件一《工程计价清单》相应的单价和乙方实际完成的、质量合格的、并经建设单位（业主）计量认可的劳务工作数量对乙方验工计价”。

一审审理过程中，根据深圳某实业公司申请，一审法院委托鉴定机构对案涉工程B2标段《施工现场签证记录》所反映的各项工程量的费用、材料调差费用、梁部支架赶工费用和17联钢管支架损失费用进行鉴定，其中梁部赶工增加费鉴定金额为1 502 570.12元。

裁判观点

一审法院认为：经鉴定，鉴定机构出具的结论为梁部支架赶工费用1 502 570.12元。本案造成梁部支架赶工的原因，既有施工方案的变更，也有拆迁等前期工程滞后等因素导致工程工期紧张。由于中铁某工程公司对深圳某实业公司赶工的事实并无异议，且业主公司也就赶工费用给予补偿，因此，对深圳某实业公司提出的要求中铁某工程公司支付梁部支架赶工费用的主张予以支持。由于双方未就赶工费用补偿问题作出明确具体约定，因此依据双方合同第6.3条、第9.2条以及双方在《补充协议》第3条作出的约定，表明：一是深圳某实业公司应当无条件履行中铁某工程公司与业主公司签订的一切条款，当然包括业主公司的批复内容和结算条款；二是未约定具体单价的项目，则按业主公司给中铁某工程公司的单价与深圳某实业公司结算。本案中，业主公司最终批复的赶工费用为4 063 781元（结算价为4 063 800元），且该批复费用为全部B2标段的费用，并非仅针对深圳某实业公司的批复费用，故本案鉴定机构以业主公司批复的赶工费用为基础，按照深圳某实业公司赶工工程量的大小来分劈赶工费用的计算方式是合理的，深圳某实业公司提出的赶工费用应按实际发生费用计算的异议理由不能成立，不予支持。

裁判观点

二审法院认为：中铁某工程公司对深圳某实业公司赶工的事实并无异议，二审中双方仅对赶工费用的金额提出异议。双方在合同中并未明确约定赶工费用的计算方法，但依据合同第6.3条、第9.2条的约定，深圳某实业公司应当无条件履行中铁某工程公司与业主公司签订的一切条款，包括业主公司的批复内容和结算条款，因此，鉴定机构按照业主批复的B2标梁部支架赶工费用总金额按照深圳某实业公司完成工程量比例来分劈的计算方式并无不当，应予采信，深圳某实业公司上诉主张应按实际发生的费用计算没有事实和法律依据，不予支持。

（16）停工、赶工、变更责任及数额等属于应由司法鉴定机构处理的专门性问题。

案例23　四川某路桥建设公司与陕西某高速公路公司建设工程施工合同纠纷案

基本信息

审理法院：最高人民法院。

案号：（2016）最高法民终262号。

案情介绍

2005年4月28日，陕西某高速公路公司（发包人）与四川某路桥建设公司（承包人）签订《合同协议书》，约定由四川某路桥建设公司负责实施LM-1标段由K165+500至K199+600，长34.1km的高速公路。2006年9月7日，案涉工程交工验收。

承包人向陕西省高级人民法院提起诉讼，要求发包人分别赔偿待工、停工1 936.586 8万元，赶工费用2 853.499万元及工程变更索赔费用等。陕西省高级人民法院委托陕西某工程造价咨询有限公司作为本案的鉴定单位，该单位经鉴定出具《鉴定意见》，鉴定结论为：四川某路桥建设公司工程索赔总金额为80.325 329万元。关于待工、停工的责任及索赔1 936.59万元的鉴定意见为："四川某路桥建设公司由于前期准备工作不足，导致铺筑'二灰土基层试验段'达5个月之久，所以待工、停工的责任在于四川某路桥建设公司，索赔费用不成立。陕西某高速公路公司对待工、停工无责任。"赶工的责任及索赔2 853万元的鉴定意见为："赶工责任是由于四川某路桥建设公司投入不足导致的，索赔不成立。"

承包人上诉认为：一审法院在对四川某路桥建设公司主张的待工、停工索赔和赶工索赔及分割索赔、工程变更索赔款项涉及的案件事实已依法查明属实的情况下，在判定责任承担方面，违背已查明的基本事实，片面采信鉴定机构不合法、不客观、不公正的《鉴定意见书》，以鉴定代替司法裁判，对四川某路桥建设公司提出的重新鉴定申请不予支持，判决部分事实认定错误，适用法律错误。

最高人民法院二审认为：由于待工、停工责任及数额、赶工费、分割工程责任及数额、变更工程项目事实及数额等问题属于高速公路专业领域问题，根据《陕西省高级人民法院鉴定委托书》（2014 陕技委字第 11 号）记载：对四川某路桥建设公司诉陕西某高速公路公司、高速集团建设工程施工合同纠纷一案的“1、待工、停工的责任及索赔数额；2、赶工的责任及索赔数额；3、分割工程的责任及索赔数额；4、工程变更的事实及索赔数额”进行委托司法鉴定。故鉴定机构的鉴定意见并未超出一审法院委托书中的委托事项，属合法有效。

案例 24　山东某地产开发公司与江苏盐城某公司建设工程合同纠纷案

基本信息

审理法院：山东省高级人民法院。

案号：（2020）鲁民终 1112 号。

裁判要旨

法院认为承包人应对工期合理性具有判断能力，不支持工期合理性鉴定申请。

裁判观点

江苏盐城某公司作为具备相应资质的施工企业，对工程工期的合理性及影响工期的因素具备专业判断能力，合同中有关工期的约定是其真实意思表示，对其具有法律约束力。江苏盐城某公司主张对工期合理性进行鉴定依据不足，一审法院不予支持。

案例 25　郓城某建筑公司与山东某置业公司建设工程施工合同纠纷案

基本信息

审理法院：山东省高级人民法院。

案号：（2017）鲁民终 904 号。

裁判观点

郓城某建筑公司主张赶工措施费 30 000 元，并申请依据全国统一建筑安装工程工期定额对案涉工程的合理工期进行鉴定。一审法院认为，双方签订的《建设工程施工合同》是双方自愿达成的协议，包括施工工期；《建设工程施工合同》约定的竣工日期为 2011 年 11 月 25 日，郓城某建筑公司认可案涉工程竣工的时间为 2012 年 5 月 1 日，郓城某建筑公司并没有在合同约定的工期内完成工程。因此，郓城某建筑公司申请对合理工期进行鉴定的申请，一审法院不予准许，郓城某建筑公司主张赶工措施费的诉讼请求，一审法院不予支持。

5.3 投标报价与工期

5.3.1 投标人应依据招标文件和发包人要求，根据本企业专业技术水平和经营管理能力自主决定建设工期，并在投标函中作出承诺，中标后应在工程总承包合同中约定，并在工程实施中认真履行。

【条文解读】

本条明确工程总承包项目的工期由承包人自主决定并承诺。

【法律适用及商务提示】

决定投标建设工期过程中需注意：第一，结合项目情况评判发包人要求中给定的工期是否合理，如发包人要求的工期过短或者过长，在发承包过程中与发包人协商沟通；工期过短承包人可能无法按期完工造成违约，工期过长可能存在发包人付款不及时、竣工后发包人不及时接收工程等问题；如经沟通发包人未调整发包人要求中的工期，可在投标文件及合同中明确相应问题处理方式，并在投标报价中体现；第二，承包人自主报价应在发包人要求的工期时长内自主报价，工期超出发包人要求工期或工期被不合理压缩，都可能面临废标风险。

投标工期或者合同工期可在满足发包人合理要求的前提下由投标人结合项目组织方式、自身实力、效益对比和可能的违约责任等综合判定。

5.3.2 投标人应依据招标文件、发包人要求、项目清单、补充通知、招标答疑、可行性研究、方案设计或初步设计文件、本企业积累的同类或类似工程的价格自主确定工程费用和工程总承包其他费用投标报价，但不得低于成本。

【条文解读】

《招标投标法》第三十三条规定："投标人不得以低于成本的报价竞标，也不得以他人名义投标或者以其他方式弄虚作假，骗取中标。"本条是《招标投标法》在工程总承包领域的具体应用，要求投标人全面研究招标人提供的各项资料，结合各类要求及自身数据合理确定投标报价及工期。

【法律适用及商务提示】

1. 关于合理确定投标报价，发承包双方可采取的措施

（1）发包人角度。

1）工程总承包项目的发包应当给予投标人充分的时间，让投标人可以充分研究发包人所提供的相关资料、开展相关设计并提交合理的报价；此处是目前项目实践中的痛点，因投标时间太短，导致招投标人都无法全面审慎进行招投标管理工作，工程总承包实质缺失、工程总承包的价值和作用无法发挥。建议招标主管部门及发包人在编写招标文件示范文本及设定投标时限时充分考虑工程总承包的特点。

2）建议工程总承包阶段实行常态化、公开化的沟通及答疑机制。针对工程总承包的特点，招投标过程需多次沟通了解，传统招投标过程中的一次答疑大多难以满足投标人的需求。一次招标答疑，导致很多问题无法在招投标阶段解决，结合项目实践，可能导致投

标结果显失公平、项目建设中争议不断等不良后果。

（2）承包人角度。

1）工程总承包项目投标报价因无图纸、无工程量清单以及总价包干等特点，与传统施工承包项目存在本质区别，投标报价应摒弃施工总承包项目的报价思维，摆脱对图纸、工程量清单的依赖，脱离单价合同的思维模式。

2）做好工程总承包项目的报价需要做好数据积累、分析和测算工作：

①数据积累是指进行各类项目的五算价格收集，包括估算、概算、预算（控制价、标底或中标价）、结算及决算等价格；还有各地建设主管部门或者相关协会发布的价格指标及价格指数等数据。

②数据分析是指针对收集的各项价格进行汇总分析，剔除异常或特殊部分计算相应工程量指标及价格指标；根据收集的指标及建筑主管部门或者相关协会发布的工程量和价格指标及价格指数对比分析逐步形成企业的工程量指标及价格指标库。

③数据测算是加强内部数据测算，及时更新劳务分包成本及管理费、税费等各项费用成本；与各类材料、设备厂家保持良好沟通，及时掌握材料、设备等价格成本；针对各类项目测算成本指标，逐步形成企业的成本指标库；通过分析成本与市场价格的差异，掌握各类项目的利润率区间。

3）投标报价阶段加强与发包人的沟通，针对资料不清晰或后期可能导致争议的部分尽量在发承包阶段协商解决，如受客观因数限制无法解决的在投标文件及合同中单独约定。

4）投标报价需做好项目统筹规划工作，整体考虑，充分考虑各项资源的整合利用，做到不重不漏。

5）加强与设计单位或部门的整合、联合工作，根本上是设计施工整合，增强设计的可施工性，降低成本、提质增效、提高报价的整体竞争力。

2. 关于低于成本价的认定

（1）主张中标价低于成本价的一方需要提供证据证明。《招标投标法》第三十三条规定："投标人不得以低于成本的报价竞标，也不得以他人名义投标或者以其他方式弄虚作假，骗取中标。"《招标投标法实施条例》第五十一条规定："有下列情形之一的，评标委员会应当否决其投标：（一）投标文件未经投标单位盖章和单位负责人签字；（二）投标联合体没有提交共同投标协议；（三）投标人不符合国家或者招标文件规定的资格条件；（四）同一投标人提交两个以上不同的投标文件或者投标报价，但招标文件要求提交备选投标的除外；（五）投标报价低于成本或者高于招标文件设定的最高投标限价；（六）投标文件没有对招标文件的实质性要求和条件做出响应；（七）投标人有串通投标、弄虚作假、行贿等违法行为。"根据以上规定，若投标报价低于成本价的，理应不能中标。主张低于成本价的一方，需要就成本价提供证据证明。

（2）行业平均成本不同于个别成本。《招标投标法》《招标投标法实施条例》及其他规范性文件中，均未对"成本价"的含义进行明确。《中华人民共和国招标投标法释义》将三十三条的"成本"定义为"低于投标人的为完成投标项目所需支出的个别成本。由于每个投标人的管理水平、技术能力与条件不同，即使完成同样的招标项目，其个别成本也不可能完全相同，管理水平高、技术先进的投标人生产、经营成本低，有条件以较低的报价参加投标竞争，这是其竞争实力强的表现。实行招标投标的目的，正是为了通过投标人之间的竞争，特别在投标报价方面的竞争，择优选择中标者，因此，只要投标人的报价不低于自身的个别成本，即使是低于行业平均成本，也是完全可以的。”根据该释义，判断是否低于成本价应以企业个别成本而非行业平均成本或社会平均成本。

中华人民共和国住房和城乡建设部2005年颁布的《建设工程定额管理办法》第十一条规定：“定额应合理反映工程建设的实际情况，体现工程建设的社会平均水平，积极引导新技术、新工艺、新材料、新设备的应用。”根据该规定并结合该办法第二条适用范围可知，国务院住房城乡建设行政主管部门、各省级住房城乡建设行政主管部门和行业主管部门发布的各类定额体现的是工程建设的“社会平均水平”，并非某个企业的个别成本，故根据释义定额并不能作为判断投标报价是否低于成本价的依据。

司法实践中，承包人根据施工合同约定或项目所在地的定额文件计算出定额成本，并在诉讼中以投标报价远低于定额成本为由主张按实结算时，人民法院多数会以《招标投标法》第三十三条中的“成本”为个别成本为由驳回了承包人的请求。部分地区法院就如何处理此类问题也出台了专门的指导意见，明确否定以定额成本高于投标报价为由要求调整合同价款的情形。

（3）申请对个别成本进行鉴定存在较大不被支持的可能。

司法实践中，在将定额成本作为个别成本的参考依据得不到人民法院支持时，存在承包人在诉讼中申请人民法院委托鉴定机构对个别成本进行鉴定的情况。但人民法院可能会以对个别成本进行鉴定不具有合理性和可操作性而不同意启动鉴定。

【参考案例】

案例1　佛山南海某工程公司与佛山某纺织公司建设工程施工合同纠纷案

基本信息

审理法院：最高人民法院。

案号：（2015）民提字第142号。

裁判观点

法院认为：关于案涉施工合同效力应如何认定的问题。根据已经查明的案件事实，佛山某纺织公司系采用邀请招标的方式发包案涉工程，虽然在具体实施中不符合邀请招标的相关程序规定，但考虑到佛山市南海区发展和改革局对工程发包方式已予核准，可以认定案涉工程履行了招投标程序，应当适用《招标投标法》的相关规定。对于本案是否存在《招标投标法》第三十三条规定的以低于成本价竞标的问题，法院认为，法律禁止投标人以低于成本的报价竞标，主要目的是规范招标投标活动，避免不正当竞争，保证项目质量，维护社会公共利益，如果确实存在低于成本价投标的，应当依法确认中标无效，并相应认定建设工程施工合同无效。但是对何为“成本价”应作正确理解，所谓“投标人不得以低于成本的报价竞标”应指投标人投标报价不得低于其为完成投标项目所需支出的企业个别成本。招标投标法并不妨碍企业通过提高管理水平和经济效益降低个别成本以提升其市场竞争力。原判决根据定额标准所作鉴定结论为基础以推定投标价低于成本价，依据不充分。佛山南海某工程公司未能提供证据证明对案涉项目的投标报价低于其企业的个别成本，其以此为由主张《建设工程施工合同》无效，无事实依据。案涉《建设工程施工合同》是双方当事人真实意思表示，不违反法律和行政法规的强制性规定，合法有效。原判决认定合同无效，事实和法律依据不充分，本院予以纠正。

案例 2　重庆某建工股份公司与重庆某环保公司建设工程施工合同纠纷案

基本信息

审理法院：重庆市高级人民法院。

案号：（2019）渝民终 492 号。

裁判观点

法院认为：《中华人民共和国招标投标法》第三十三条规定："投标人不得以低于成本的报价竞标，也不得以他人名义投标或者以其他方式弄虚作假，骗取中标。"本案中，重庆某环保公司根据自己的经济状况确定了招标的具体条件并公开进行招标，根据重庆某建工股份公司出具的《投标函》可知，其系在"仔细研究了苏高新荣昌节能环保产业园一期接续产业平台建设项目（A 区）总承包工程招标文件的全部内容"的情况下，"愿意按招标文件的规定承担本项目的设计、采购、施工总承包交钥匙工程"。现重庆某建工股份公司作为投标人又以《中华人民共和国招标投标法》第三十三条所规定的"投标人不得以低于成本的报价竞标"为由主张双方签订的《建设工程施工合同》无效，明显有违诚实信用原则，且根据重庆某建工股份公司在本案中的主张可知，其提出相应的诉求系由于施工过程中施工材料价格上涨导致施工成本增加，而并非系其以低于成本价竞标。因此，并不存在重庆某建工股份公司以低于成本价竞标的事实，重庆某建工股份公司的该项理由亦不能成立。

案例 3　南通某市政工程公司与苏州吴江某开发公司建设工程施工合同纠纷案

基本信息

审理法院：最高人民法院。

案号：（2015）民申字第 884 号。

裁判观点

法院认为：《招标投标法》第三十三条所称的"低于成本"，是指低于投标人的为完成投标项目所需支出的个别成本。每个投标人的管理水平、技术能力与条件不同，即使完成同样的招标项目，其个别成本也不可能完全相同，个别成本与行业平均成本存在差异，这是市场经济环境下的正常现象。实行招标投标的目的，正是通过投标人之间的竞争，特别在投标报价方面的竞争，择优选择中标者，因此，只要投标人的报价不低于自身的个别成本，即使是低于行业平均成本，也是完全可以的。本案中，苏州市某工程造价事务所出具的鉴定结论书系依据建筑行业主管部门颁布的工程定额标准和价格信息编制的，反映的是建筑市场的社会平均成本，不能等同于南通某市政工程公司的个别成本，南通某市政工程公司也没有证据证明合同约定价格低于其个别成本，故南通某市政工程公司所称合同约定价格低于其成本价无事实依据，其主张案涉《建筑工程施工合同》因此而无效没有事实和法律依据。

案例 4　江苏某建设工程公司与徐州市铜山区某镇政府建设工程施工合同纠纷案

基本信息

审理法院：徐州市铜山区人民法院。

案号：（2019）苏 0312 民初 4976 号。

裁判观点

按照鉴定意见：每个建筑企业的人力、管理、技术、财务控制等情况千差万别，各自的建造成本也各不相同，应以企业个别成本为依据，综合建筑市场平均成本予以判断成本价，但本案原告以 9.9 万元中标，无论如何都是远低于国土部门编制的规划方案案涉工程价款 35 万余元，更远低于原告实际施工造价，应认定为中标价低于成本价。对此，原被告双方也均予以认可。因上述规定为效力性强制性规定，故原被告之间签订的施工合同应为无效合同。

《建设工程司法解释》第二条规定："建设工程施工合同无效，但建设工程经竣工验收合格，承包人请求参照合同约定支付工程价款的，应予支持"。案涉工程经竣工验收合格，原告有权要求被告支付相应的工程价款。因在施工过程中存在工程量变更的情况，且原被告一致认可以鉴定意见书中分别根据软质岩和较硬岩的岩石类别测算出工程造价的平均数作为石方挖掘及运输的工程造价，为 1 737 333.43 元；一致认可土方回填的工程造价为 36 000 元，故法院确认案涉工程价款为 1 773 333.43 元，扣除被告已付的 50 000 元，被告还应向原告支付 1 723 333.43 元。被告抗辩鉴定意见书中石方的运输单价过高，鉴定人员对此作出合理解释说明，被告的抗辩无事实及法律依据，本院不予采信。被告抗辩工程价款中 352 000 元限额内按中标价 99 000 元计算，无事实及法律依据，本院不予采信。原告主张利息，结合竣工说明被告承诺于 2018 年 10 月 6 日前付清，故本院支持以被告欠付款项为基数，自 2018 年 10 月 6 日至 2019 年 8 月 19 日按中国人民银行同期同类贷款基准利率计算利息，自 2019 年 8 月 20 日至付清之日按全国银行间同业拆借中心公布的贷款市场报价利率计算利息。

5.3.3　初步设计后发包，发包人提供的工程费用项目清单应仅作为承包人投标报价的参考，投标人应依据发包人要求和初步设计文件、详细勘察文件按下列规定进行投标报价：

1　对项目清单内容可增加或减少；

2　对项目应进行细化，原项目下填写投标人认为需要的施工项目和工程数量及单价。

【条文解读】

本条再次强调了"清单"对于工程总承包与施工总承包的不同意义，对于施工总承包而言，发包人应当对提供的清单的准确性和完整性负责，除特殊注明外，承包人不得擅自修改招标工程量清单，而工程总承包中的工程费用项目清单仅作为投标报价参考，由承包人自行按照招标文件的要求进行调整。

由于初步设计后发包，项目清单不可能像施工图那样详细，因此要求承包人依据发包人要求和初步设计文件在项目清单下对项目进行细化，这是对承包人专业技术水平、施工组织能力评判的支点。

【法律适用及商务提示】

本条明确了初步设计后发包的报价参考方式。对于可行性研究或方案设计后发包的报价，可以根据与本规范配套的《房屋工程总承包工程量计算规范》（T/CCEAS 002—2022）、《市政工程总承包工程量计算规范》（T/CCEAS 003—2022）及《城市轨道交通工程总承包工程量计算规范》（T/CCEAS 004—2022）等规范进行投标报价，并可在满足发包人需求的情况下进行修改或完善。

5.3.4 项目清单中需要填写技术参数等产品品质的项目，投标人应列明符合条件的潜在供应商。

【条文解读】

基于工程总承包设计由承包单位负责的特点，目前项目实践中主要项目、材料或设备的参数及品牌档次等比较容易引发争议，因此本条明确要求招标人列明相应技术参数，并要求投标人列明潜在供应商以减少争议。

【法律适用及商务提示】

1. 招标人应注意相关采购要求应符合法律规定

《建筑法》第二十五条规定："按照合同约定，建筑材料、建筑构配件和设备由工程承包单位采购的，发包单位不得指定承包单位购入用于工程的建筑材料、建筑构配件和设备或者指定生产厂、供应商。"《招标投标法实施条例》第三十二条规定："招标人不得以不合理的条件限制、排斥潜在投标人或者投标人。招标人有下列行为之一的，属于以不合理条件限制、排斥潜在投标人或者投标人：……（五）限定或者指定特定的专利、商标、品牌、原产地或者供应商。"根据前述规定，招标人可以提前在招标阶段适当限定采购商品的品牌或供应商范围，但不应达到利用优势地位强迫投标人购买或者排除潜在投标人的情况，否则，将可能违反前述规定。

2. 甲指乙供采购模式对采购合同解除权的影响

与甲指供应商签订采购合同虽然是按照发包人要求进行的，但一般认为，该采购合同仍然是一个独立的合同。如工程总承包人因与发包人的后续争议希望解除采购合同，仍然需要具有约定解除权或者法定解除权，即通常需要工程总承包人提前考虑到甲指乙供采购模式可能存在的隐患，并作为工程总承包人有权单方解除采购合同的情形，明确在采购合同中予以约定。例如，发包人是否将项目发包给工程总承包人尚不确定的情况下，采购合同应当约定，本采购合同的签订是建立在发包人将项目发包给总承包人并签订总承包合同的基础上，如总承包合同最终未能签订，则工程总承包人有权单方解除采购合同并要求返还所有已付款。再如，甲指乙供材料的交付质量对于工程总承包项目的交付有影响的，采购合同中应当严格按照工程总承包项目的实际情况，明确约定甲指乙供材料的质量标准，并约定甲指供应商违约时工程总承包人有权单方解除采购合同并要求返还所有已付款。

【参考案例】

案例 1 无锡某太阳能电力公司与某科技公司买卖合同纠纷案

基本信息

审理法院：最高人民法院。

案号：（2017）最高法民终 805 号。

裁判要旨

总承包人与甲指供应商签订的采购合同中约定，采购合同的签订是建立在发包人将项目发包给总承包人并签订总承包合同的基础上，如总承包合同不能签订则采购合同随之终止履行的，该条款有效，总承包人有权解除采购合同。

案情介绍

2013 年 12 月 23 日，江西某光电投资公司与某科技公司签订《2014 年光伏电站项目合作协议》，约定采用 EPC 合同模式，某科技公司实施项目建设，但必须选用江西某光电投资公司指定无锡某太阳能电力公司的组件产品。协议同时约定，"EPC"是指光伏电站项目建设中，承包人完成设计、采购、施工，将可以实际投入运营的光伏电站交付给发包方的行为。

同日，某科技公司与无锡某太阳能电力公司签订《太阳能组件销售合同》，其后又签订《补充协议》约定，《太阳能组件销售合同》的签订建立在江西某光电投资公司及其子公司同意将光伏电站交由某科技公司做工程总承包，并签订《工程建设总承包（EPC）合同》基础上，否则合同终止，款项退回。该协议还对利息、违约等事项作了约定。

2014 年 8 月 22 日，某科技公司向无锡某太阳能电力公司寄送《解除合同通知书》载明：①解除双方于《太阳能组件销售合同》以及《补充协议》。②无锡某太阳能电力公司退还所收货款并支付利息。③如未依约退还上述货款并支付利息，则应依照《补充协议》承担相应违约责任。

一审还查明，2014 年 5 月 20 日，江西某光电投资公司的子公司和项目公司平罗某能源公司作为业主方、某科技公司作为总承包方就建造某光伏电站工程签订《130MW EPC 总承包合同》，附件八合同工程量清单第一部分光伏场区所列太阳电池组件栏备注："总容量 130. 226 3MW 业主提供"。第 6. 2. 1 条款规定"业主方提供部分材料和工程设备的：光伏组件。"

2015 年 7 月 8 日，某科技公司向上海仲裁委员会申请仲裁，主张《130MW EPC 总承包合同》签订后，进行了项目整体设计等工作。但业主拒绝支付工程款，后组织人力强占项目施工现场并选定新的施工企业进行施工。

裁判观点

本案的争议焦点之一为《太阳能组件销售合同》的解除条件是否成就，解除时间如何确定。

最高人民法院认为：《合同法》第四十五条规定：“当事人对合同的效力可以约定附条件。附生效条件的合同，自条件成就时生效。附解除条件的合同，自条件成就时失效。当事人为自己的利益不正当地阻止条件成就的，视为条件已成就；不正当地促成条件成就的，视为条件不成就。”本案中，《补充协议》约定：“如果EPC合同不能签订，则原合同（《太阳能组件销售合同》）签订的基础不存在，原合同终止履行”。依照上述法律规定，该约定属于附解除条件的约定。

（1）《130MW EPC总承包合同》不构成《太阳能组件销售合同》履行的基础；2014年度江西某光电投资公司及其子公司未能将200MW地面光伏电站工程发包给某科技公司并签订《工程建设总承包（EPC）合同》。

《2014年光伏电站项目合作协议》《太阳能组件销售合同》及《补充协议》，上述合同相互对应、紧密关联，2014年内江西某光电投资公司将200MW的地面光伏电站项目发包给某科技公司，则某科技公司必须购买无锡某太阳能电力公司的组件产品应用于该项目；而某科技公司向无锡某太阳能电力公司采购200MW太阳能组件，则江西某光电投资公司及其子公司必须将200MW地面光伏电站项目发包给某科技公司并签订《工程建设总承包（EPC）合同》，否则《太阳能组件销售合同》终止。另外，《2014年光伏电站项目合作协议》中对“EPC”的含义有明确约定，承包人的承包范围是包含设计、采购、施工等各个方面的，结合上述系列协议中各方的意思表示及合同目的，可以确定江西某光电投资公司及其子公司发包给某科技公司的项目及双方拟签订的《工程建设总承包（EPC）合同》，理应是包含“由某科技公司负责采购太阳能组件”这一要件的。现某科技公司依照上述协议，以无锡某太阳能电力公司未依约供货、江西某光电投资公司未能与其签订《工程建设总承包（EPC）合同》为由，主张《太阳能组件销售合同》及《补充协议》已经解除，请求无锡某太阳能电力公司退还货款、支付违约金等。因此，江西某光电投资公司及其子公司是否将200MW地面光伏电站交由某科技公司做工程总承包并签订《工程建设总承包（EPC）合同》，成为判断《太阳能组件销售合同》解除条件是否成就的关键。

本案中，无锡某太阳能电力公司、江西某光电投资公司、平罗某能源公司均主张《130MW EPC总承包合同》即属于《补充协议》项下江西某光电投资公司及其子公司将200MW地面光伏电站交由某科技公司做工程总承包所签订的《工程建设总承包（EPC）合同》。然而《130MW EPC总承包合同》约定的“固定综合单价”中明确表述组件除外，在合同其他条款及合同工程量清单等附件中亦多次明确表述光伏组件由业主方平罗某能源公司提供。该《130MW EPC总承包合同》虽然是江西某光电投资公司子公司与某科技公司签订，但该合同中并未约定由某科技公司负责采购太阳能组件，不符合《补充协议》项下所应签订的《工程建设总承包（EPC）合同》的约定，不构成《太阳能组件销售合同》履行的基础。除此之外，无锡某太阳能电力公司、江西某光电投资公司、平罗某能源公司未能提供证据证明2014年度江西某光电投资公司及其子公司将200MW地面光伏电站交由某科技公司做工程总承包并签订《工程建设总承包（EPC）合同》。

（2）某科技公司不存在不正当促成《太阳能组件销售合同》解除条件成就的情形。

根据各方的诉辩主张，此节关键在于判断2014年8月22日某科技公司向无锡某太阳能电力公司发出《解除合同通知书》及其随后提起诉讼的行为，是否阻碍了江西某光电投资公司及其子公司将200MW地面光伏电站发包给某科技公司并签订《工程建设总承包（EPC）合同》。

本案中，按照无锡某太阳能电力公司、江西某光电投资公司、平罗某能源公司的主张，其认为《130MW EPC总承包合同》已经是在履行《补充协议》项下签订《工程建设总承包（EPC）合同》的约定；而《130MW EPC总承包合同》履行过程中，双方却发生了争议，最终该合同所涉工程项目由平罗某能源公司于2014年8月1日另行发包给其他承包方进行施工。此种情况下，无锡某太阳能电力公司、江西某光电投资公司、平罗某能源公司未有证据证明江西某光电投资公司及其子公司计划另行将200MW地面光伏电站项目发包给某科技公司并签订《工程建设总承包（EPC）合同》，以及该发包计划确因某科技公司发出《解除合同通知书》或提起诉讼而未能付诸实施。因此，无锡某太阳能电力公司、江西某光电投资公司、平罗某能源公司未有证据证明某科技公司存在不正当促成解除条件成就的情形。

综上，无锡某太阳能电力公司、江西某光电投资公司、平罗某能源公司未能举证证明江西某光电投资公司及其子公司于2014年内与某科技公司签订了200MW《工程建设总承包（EPC）合同》；未能举证证明某科技公司不正当促成了《太阳能组件销售合同》解除条件的成就，因此一审判决认定《太阳能组件销售合同》解除条件已于2015年1月1日成就，并无不当。

案例2　甘肃某电力工程公司与瑞某阳新能源公司买卖合同纠纷案

基本信息

审理法院：最高人民法院。

案号：（2019）最高法民终1369号。

案情介绍

2016年1月23日，青海某阳新能源公司、青海某德新能源公司、某阳光新能源投资公司、瑞某阳新能源公司签订《合作开发协议》约定：指定瑞某阳新能源公司为项目所需高倍聚光模组和配套支架供应商，聚光光伏模组首年等效利用小时数不低于2 070小时，高倍聚光模组25年内总衰减率不超过8%。

同日，青海某德新能源公司与瑞某阳新能源公司签订《发电量担保协议》，就上述高倍聚光模组的发电量进行担保。

同日，甘肃某电力工程公司与瑞某阳新能源公司就德令哈30MWp光伏电站工程签订《EPC总承包合同》，固定总价承包，价款包括光伏组件、高倍聚光。

同日，甘肃某电力工程公司（买方）与瑞某阳新能源公司（卖方）签订高位聚光发电系统的《设备销售合同》，约定如果因卖方原因未能达到指标，买方共给予卖方三次改进机会，如果第二次试运行因卖方原因未成功，买方有权给予卖方第三次试运行的机会，也可直接选择更换或者退货，卖方应承担赔偿责任。

2016年6月30日，德令哈20MW+30MW光伏发电项目竣工验收。2016年9月30日，国家能源局西北监管局给青海某德新能源公司颁发从事电力业务许可证。

相关方后读签订了一系列补充协议将高倍聚光规模调整为 12MWp，总造价减少，具体数额按实际调整，并变更交货时间等。

甘肃某电力工程公司与瑞某阳新能源公司于 2018 年 5 月 17 日共同出具《发电量核对结果》，确认：电站 12MWp 高倍聚光设备自 2017 年 4 月 20 日调试完成，进入正常运行状态。……2017 年 4 月至 2018 年 4 月，对高倍聚光标杆子阵发电量进行为期一年的跟踪统计，标杆方阵全年累计发电小时数为 1 792. 36 小时。

2018 年 5 月 21 日，瑞某阳新能源公司与青海某德新能源公司与会的《会议纪要》约定，根据约定核算发电量赔偿损失，不再采用退货方式处理。

2018 年 6 月 26 日，青海某德新能源公司、瑞某阳新能源公司、某阳光新能源投资公司签订《补充协议》，约定《发电量担保协议》解除以及赔偿等事宜。

2018 年 9 月 5 日，青海某德新能源公司函告甘肃某电力工程公司要求退货，并将其权利转让给甘肃某电力工程公司。2018 年 9 月 10 日，甘肃某电力工程公司书面通知瑞某阳新能源公司三日内答复是否退货，否则解除销售合同，并告知青海某德新能源公司将债权转移给甘肃某电力工程公司。

裁判要旨

最高人民法院认为：关于案涉《设备销售合同》应否予以解除，设备款应否予以返还的问题。甘肃某电力工程公司主张行使约定解除权，解除案涉《设备销售合同》的依据为合同第 10. 7. 1 条的约定，即“如果因卖方（瑞某阳新能源公司）原因未达到保证指标，买方（甘肃某电力工程公司）应给予卖方一次试运行的机会……如果第二次试运行因卖方原因仍未成功，买方有权给予卖方第三次试运行的机会，也可以直接选择更换或退货。”经查明，2016 年 6 月 30 日，案涉德令哈 20MW+30MW 光伏发电项目工程竣工验收合格，业主方青海某德新能源公司于 2016 年 9 月 30 日取得《电力业务许可证》。甘肃某电力工程公司于本案一审审理期间提交的《发电量核对结果》载明：本电站 12MWp 高倍聚光设备自 2017 年 4 月 20 日调试完成，进入正常运行状态。根据上述事实，可以认定案涉设备已经通过试运行。甘肃某电力工程公司主张案涉设备未完成试运行，其有权以退货方式行使约定解除权没有事实依据，本院不予支持。根据《中华人民共和国合同法》第一百一十一条的规定，案涉《设备销售合同》第 10. 7. 1 条约定系双方对质量不符合约定时违约责任承担的约定，不属于合同解除条款，甘肃某电力工程公司据此条款主张解除合同没有法律依据。

甘肃某电力工程公司主张案涉高倍聚光设备因存在质量问题而未达到 2 070 小时发电数，致使其合同目的不能实现，其有权行使法定解除权，解除案涉《设备销售合同》。本院经审理查明，双方签订的案涉《设备销售合同》中并未对案涉设备的性能指标数进行具体约定。甘肃某电力工程公司主张“2 070 小时发电数”对双方发生拘束力的依据为《设备销售合同》第 20. 1 条以及《发电量担保协议》《合作开发协议》中“2 070 小时发电数”的相关约定。其中《设备销售合同》第 20. 1 条约定：“本合同文件除买卖合同外，还包括其他补充资料、图纸、会议纪要、往来传真及双方正式签署、确认的其他书面文件。”甘肃某电力工程公司并非《发电量担保协议》以及《合作开发协议》的签约主体，且《发电量担保协议》《合作开发协议》不属于《设备销售合同》

第 20.1 条约定的“双方正式签署、确认的其他书面文件”，因此，上述两份协议对甘肃某电力工程公司没有约束力，其亦无权依据上述两份协议向瑞某阳新能源公司主张权利。甘肃某电力工程公司提交的 2016 年 9 月 18 日《发电能力分析会会议纪要》载明：“自 2016 年 6 月 29 日投运以来因种种原因，导致高倍聚光方阵发电效率及发电量低于技术协议中的相关要求”，2017 年 2 月 28 日《阶段性总结会议纪要》载明：“结合测试阶段天气、辐照量……高倍聚光组件实际发电能力达到承诺值的 56%～68%”，但上述两份“会议纪要”系案涉设备调试完成前所形成的文件，在瑞某阳新能源公司对案涉高倍聚光设备进行后期调试后，经双方签章的《发电量核对结果》确认案涉高倍聚光设备发电小时数已达 1 792.36 小时，且两份“会议纪要”亦未对“2 070 小时发电数”进行明确约定，上述“会议纪要”亦不能证明“2 070 小时发电数”对双方具有约束力。案涉《设备销售合同》虽多次提到“质量标准”“保证指标”“技术规范”等，但双方均未对上述用语的内涵做进一步的细化与补充解释，甘肃某电力工程公司亦未举证证明争议双方在其他补充资料、图纸以及往来传真等书面文件中对“2 070 小时发电数”进行明确约定，甘肃某电力工程公司主张案涉设备未达到“2 070 小时发电数”致使合同目的不能实现，没有合同依据，本院不予支持。

甘肃某电力工程公司提供的《发电能力分析会会议纪要》等证据虽载明案涉高倍聚光设备运行过程中存在“玻璃自爆”“组件密封不严”“光感元件进水”等问题，但案涉设备已并网发电逾三年，且目前仍在营运中，瑞某阳新能源公司亦对设备进行管理及维护。甘肃某电力工程公司主张案涉设备因质量问题而导致合同目的不能实现没有事实依据，本院不予支持。综上，甘肃某电力工程公司主张解除案涉《设备销售合同》的理由不能成立，其请求返还货款本息亦无法律依据，本院不予支持。

5.3.5 工程总承包采用可调总价合同的，预备费应按招标文件中列出的金额填写，不得变动，并应计入投标总价中；采用固定总价合同的，预备费由投标人自主报价，合同价款不予调整。

【条文解读】

本条对不同价格模式下预备费的报价方式进行了规定。可调总价合同下必须直接将预备费全额计到投标总价中，未按要求计入的，可能会被认定为废标；固定总价模式下，由承包人自行确定报价。

【法律适用及商务提示】

1. 招标文件应对未按规定列支预备费的后果进行规定

虽然本规范规定了可调价合同预备费应按照规定列支，但工程实践中确实出现了预备费未按规定列支的情况，由于本身合同就是可调价合同，预备费需要据实确定，如评标委员会以未按规定列支为由否定投标，投标人可能会提出招标文件并未规定未按规定列支即作为否定投标的理由，同时评标委员会可以要求投标人进行算数修正。无论该等理由是否合理，但实践中确实给评标带来一定困扰。为避免此种情况出现，招标人除在招标文件中明确规定预备费必须按照规定金额列支，还可以规定如未按规定列支视为未对招标文件进行实质性响应，以减少此类困扰。

当然，评标委员会在进行评标时也需要对预备费是否按照招标文件规定列支进行检查。一些投标人凭借预备费将按实结算，擅自修改预备费金额以压低总报价，如果最终中标，一方面可能会引发其他投标人的投诉继而致使重新招标，另一方面会给双方带来合同履行和结算争议。

2. 固定价合同中的预备费应合理列支

对于固定价包干的工程总承包合同而言，即使预备费性质是包干费，一些发包人在合同签订后可能仍然按照可调价合同中的预备费处理方式，要求承包人提供预备费的支出或计取依据，只有符合要求的预备费才会得到计量支付。限于一些项目的特殊条件，可能无法通过争议解决途径解决此类问题，为避免此种情况的出现，投标人可以合理压减预备费的金额，也可以在投标文件中对预备费的计量支付进行说明，或者招标人就此类问题进行答疑，澄清预备费在施工过程中的计量支付方式及是否需要提供证明文件。

5.4 报价与工期的评定

5.4.1 建设项目工程总承包招标设置标底，应在开标时公布。评标结果选择投标报价超过标底的中标候选人时，评标委员会应向发包人详细说明理由。

【条文解读】

本条结合《招标投标法》《招标投标法实施条例》等相关法律法规，对工程总承包建设项目标底的保密责任及评标参考意义进行了规定。

【法律适用及商务提示】

现行招标投标相关法律法规主要规定了招标人及招标代理机构等对标底的保密责任，没有规定超过标底的投标报价构成废标。相反，《招标投标法实施条例》第五十条规定："标底只能作为评标的参考，不得以投标报价是否接近标底作为中标条件，也不得以投标报价超过标底上下浮动范围作为否决投标的条件。"

至于标底在作为何种意义上的评标参考，现行法律法规未作明确规定，《评标委员会和评标方法暂行规定》第二十一条将标底作为成本价的参考，而非作为最高投标限价的参考，该条规定："在评标过程中，评标委员会发现投标人的报价明显低于其他投标报价或者在设有标底时明显低于标底，使得其投标报价可能低于其个别成本的，应当要求该投标人作出书面说明并提供相关证明材料。投标人不能合理说明或者不能提供相关证明材料的，由评标委员会认定该投标人以低于成本报价竞标，应当否决其投标。"

本条未从低于成本价角度将标底作为评标参考的原因主要是从控制投资角度出发。在本规范"5.2 标底或最高投标限价与工期"中，在确定标底或最高投标限价时，并未对两者的确定方式进行区分，而是统一给出了形成方式，在一定程度上，标底与最高投标限价的意义基本一致，只不过是高于最高投标限价将会导致投标被否决，而高于标底并不会直接被否决投标，只是可能会使得发包人投资控制风险加大。因此，本条基于关于标底及最高投标限价形成方式的规定，要求评标委员会在拟确定的中标候选人时，需要向发包人详细说明确定理由，以便于发包人评估是否有利于投资控制及项目建设。

5.4.2 建设项目工程总承包招标设置最高投标限价的，对投标人的投标报价高于招标文件设定的最高投标限价的，应否决其投标。

【条文解读】

《招标投标法实施条例》第五十一条规定："有下列情形之一的，评标委员会应当否决其投标：（一）投标文件未经投标单位盖章和单位负责人签字；（二）投标联合体没有提交共同投标协议；（三）投标人不符合国家或者招标文件规定的资格条件；（四）同一投标人提交两个以上不同的投标文件或者投标报价，但招标文件要求提交备选投标的除外；（五）投标报价低于成本或者高于招标文件设定的最高投标限价"本条系对前述法律规定的具体落实。

【法律适用及商务提示】

（1）具有否定投标效力的最高投标限价必须公布。招标投标程序目的就是公平、公正、科学、择优地选出投标人，而否定投标效力对投标人权利有重大影响，所以具有直接否定投标效力的情形需在招标文件中明确写明，投标人才能够对自己的投标效力进行合理预期，否则投标人可以依法提出异议。最高投标限价是招标人在招标文件中明示的可接受的最高报价，中标人如果高于该价格投标，就应当会对其被否决投标有明确预期，此种情况下应当否决其投标，否则将会影响中标价格的合理性。

（2）项目概算需被明确为最高投标限价或有明确说明时，才能有否定投标的效力。工程实践中，确有个别项目在发包时没有明确招标控制价，仅披露项目概算但未明确其为招标控制价，甚至直接未披露项目概算。在所有投标人均完成投标后，有效投标的数量超过三个，但所有投标报价都超过了招标范围内的项目概算，由于招标投标相关法律法规及招标文件并未规定超过项目概算的投标将被否决，致使招标人不得不寻求各种方式流标或压低中标价格。为了避免此种情况出现，建议按照本规范编制招标控制价，或者在披露项目概算时，将其指定为招标控制价，或在招标文件中要求投标报价不得高于项目概算，并规定高于项目概算的投标文件视为未对招标文件进行实质性响应。

5.4.3　工程总承包项目评标时，应对投标报价和工期进行认真评审，发现有疑问的，应书面通知投标人予以书面澄清，澄清不得超出投标文件的范围或改变投标文件的实质性内容。

【条文解读】

《招标投标法》第三十九条规定："评标委员会可以要求投标人对投标文件中含义不明确的内容作必要的澄清或者说明，但是澄清或者说明不得超出投标文件的范围或者改变投标文件的实质性内容。"本条系对前述法律规定的具体落实。

【法律适用及商务提示】

（1）招标人应当组织对投标报价和工期进行认真评审。项目实践中，实际工程总承包项目招标文件需要评审的内容广度及深度都远大于施工总承包，因各种主客观因素导致工程总承包项目的评标时长与传统施工总承包项目评标时长相差无几，导致很多工程总承包项目评审成为形式评审和"走过场"，为后期项目投资控制及工程实施埋下诸多隐患。在此提出三方面建议：一是细化工程总承包项目的评分标准和评审内容，从政策上严控工程总承包评审质量；二是严格要求工程总承包项目评标专家业务水平，尽量做到专业的人做专业的评审，确保评标结果的公平公正；三是根据项目适当延长工程总承包项目评标时长，通过提高评审费用价格等方式，为合理公正的评审提供基础时长保障。

（2）招标人需要注意澄清的方式及内容。第一，澄清要求应当通过书面方式发出。对于澄清要求，实践中确实存在投标人拒绝澄清的情形，如拒绝澄清或未在指定期间内澄清的，评标委员会可以采取否决投标或作出对投标人不利认定的处理，为避免后续产生异议，同时也为避免其他投标人认为评标委员会与该投标人存在影响公正性的私下沟通或谈判，澄清要求应当通过书面方式发出。《招标投标法实施条例》第五十二条，《评标委员会和评标方法暂行规定》第十九条也明确规定评标委员会的澄清要求应当以书面方式发出。

第二，投标人的澄清亦应当以书面方式作出。投标人的澄清回复是投标文件的组成部分，如中标并签订施工合同的，澄清回复也会成为对双方具有约束力的合同文件。为保证招标投标程序的公开透明，同时也为减少后续合同履行争议，投标人作出的澄清、说明、补正应当以书面方式作出。《招标投标法实施条例》第五十二条，《评标委员会和评标方法暂行规定》第十九条也明确规定投标人的回复应当以书面方式作出。

第三，澄清不得超出投标文件的范围或改变投标文件的实质性内容。《招标投标法实施条例》第五十二条规定："投标文件中有含义不明确的内容、明显文字或者计算错误，评标委员会认为需要投标人作出必要澄清、说明的，应当书面通知该投标人"，《评标委员会和评标方法暂行规定》第十九条规定："评标委员会可以书面方式要求投标人对投标文件中含义不明确、对同类问题表述不一致或者有明显文字和计算错误的内容作必要的澄清、说明或者补正。"根据本条规定，并非所有问题都能通过澄清解决，可以通过澄清解决的问题仅包括含义不明确、对同类问题表述不一致、明显文字或计算错误，以及招标文件中明示的其他情形。如评标委员会要求投标人对前述内容外的其他内容进行澄清并最终影响中标结果的，该澄清存在可能会影响招标投标程序的公平公正。

5.5 价款与工期的约定

5.5.1 发承包双方应在合同中约定下列内容：

1 工程费用和工程总承包其他费的总额，结算与支付方式；

2 预付款的支付比例或金额、支付时间及抵扣方式；

3 期中结算与支付的里程碑节点，进度款的支付比例；

4 合同价款的调整因素、方法、程序及支付时间；

5 竣工结算编制与核对、价款支付及时间；

6 提前竣工的奖励及误期赔偿的计算与支付；

7 质量保证金的比例或数额、采用方式及缺陷责任期；

8 违约责任以及争议解决方法；

9 与合同履行有关的其他事项。

【条文解读】

《建设工程价款结算暂行办法》（财建〔2004〕369号，以下简称《价款结算办法》）第七条规定："发包人、承包人应当在合同条款中对涉及工程价款结算的下列事项进行约定：（一）预付工程款的数额、支付时限及抵扣方式；（二）工程进度款的支付方式、数额及时限；（三）工程施工中发生变更时，工程价款的调整方法、索赔方式、时限要求及金额支付方式；（四）发生工程价款纠纷的解决方法；（五）约定承担风险的范围及幅度以及超出约定范围和幅度的调整办法；（六）工程竣工价款的结算与支付方式、数额及时限；（七）工程质量保证（保修）金的数额、预扣方式及时限；（八）安全措施和意外伤害保险费用；（九）工期提前或延后的奖惩办法；（十）与履行合同、支付价款相关的担保事项。”本条结合《价款结算办法》的前述规定及工程总承包的实际情况，对合同应当约定的内容进行了明确规定。

【法律适用及商务提示】

《民法典》第四百七十条规定：“合同的内容由当事人约定，一般包括下列条款：（一）当事人的姓名或者名称和住所；（二）标的；（三）数量；（四）质量；（五）价款或者报酬；（六）履行期限、地点和方式；（七）违约责任；（八）解决争议的方法。当事人可以参照各类合同的示范文本订立合同。”基于工程总承包项目的特点及工程履行过程中的常见争议，本条对工程总承包合同应当约定的内容进行了明确规定，发承包双方可按照本规范规定逐条检视拟签订或已签订合同文件中的前述要素是否齐备，如相关要素尚未齐备或存在约定不明情形的，可以协商达成补充协议。

为了指导签约行为，维护发承包双方的合法权益，减少或避免合同争议，住房和城乡建设部、市场监管总局联合制定了《工程总承包合同示范文本》，该文本于2011年首次发布，并在修订后于2020年再次发布。对于房屋建筑和市政基础设施项目，发承包双方可以根据项目实际情况，参照该文本订立合同。

5.5.2 在合同中未按本规范第5.5.1条规定约定或约定不明的，如发承包双方在合同履行中发生争议由双方协商确定，当协商不能达成一致时，按本规范的相关规定执行。

【条文解读】

《民法典》第五百一十条规定：“合同生效后，当事人就质量、价款或者报酬、履行地点等内容没有约定或者约定不明确的，可以协议补充；不能达成补充协议的，按照合同相关条款或者交易习惯确定。”本条系对前述法律规定的具体落实。

【法律适用及商务提示】

需要提示的是，虽然本条规定“当协商不能达成一致时，按本规范的相关规定执行”，但根据《标准化法》《中华人民共和国标准化法实施条例》（国务院令〔1990〕53号）等相关法律法规规定，只有国家强制性标准或者强制性条文才具有强制性效力。本规范系中国建设工程造价管理协会制定的团队标准，通常认为不具有强制适用的效力。即除非双方都同意适用本规范，否则本规范的相关规定对双方没有强制约束力。

5.5.3 承包人应在合同生效后14天内，编制工程总进度计划和工程项目管理及实施方案报送发包人，发包人如需审批时，应在收到计划和方案的14天内予以批准或提出修改建议。

工程总进度计划和工程项目管理及实施方案应分工程准备、勘察、设计、采购、施工、初步验收、竣工验收、缺陷修复等阶段编制细目，应明确里程碑节点，并作为控制工程进度以及工程款支付分解的依据。

采用工程量清单及其单价计算的单价项目，应列入工程总进度计划，明确里程碑节点。

【条文解读】

工程总进度计划和工程项目管理及实施方案对发承包双方统一工作目标至关重要，本条明确承包人在项目整体进度计划管理中的职责及部分工作时限要求。

【法律适用及商务提示】

里程碑付款条件的设置对于工程总承包单位至关重要。支付条件直接影响工程总承包单位资金回笼。为避免出现里程碑付款条件纠纷，相关建议如下：

第一，总承包方在签订工程总承包合同时应该着重关注合同中里程碑付款节点的设置，且尽量争取对己方有利的节点和对应的付款比例。

第二，总承包单位在合同签订时可以协商将里程碑约定事项进行细化分解，以方便付款条件的达成；在合同履行过程中，应该注重收集里程碑条件达成的对应文件，作为申请支付进度款的凭证。

第三，在履行过程中如出现对方违约的情形，应通过书面函件及时沟通催促对方履约，留存证据以便日后索赔，并注意索赔时间和流程，避免逾期失权。

【参考案例】

某发电厂锅炉改造工程总承包项目，合同约定的付款方式 0.5：2：2.5：4：1，即预付款 5%，设备到达现场验收合格后付 20%，安装调试、试运行 168 小时后付 25%，性能测试合格满半年承包方向发包方提供合同总价发票后，业主方付到合同总额的 90%，在性能测试验收合格满一年后如无质量问题，无息付清剩余的 10% 质量保证金。所有试验应在机组正常运行下进行。机组状态的认可，由双方共同决定。然而尽管案涉工程已经实际投入数年，业主仍以承包方未进行调试试运行，不满足里程碑付款条件为由拒绝支付合同阶段款项。

5.5.4　发承包双方应根据价格清单的价格构成、费用性质、工程进度计划和相应工作量等因素，按照下列分类和分解原则，形成合同价款支付分解表：

1　建筑工程费应按照合同约定的工程进度计划划分的里程碑节点及对应的价款比例计算金额占比，进行支付分解。

设备购置费和安装工程费应按订立采购合同、进场验收、安装就位等阶段约定的比例计算金额占比，进行支付分解。

里程碑节点相邻之间超过一个月时，承包人应按照法规规定提出按月拨付人工费的比例。

2　工程总承包其他费应按照约定的费用，结合工程进度计划拟完成的工作量或者比例计算金额占比，进行支付分解。其中：

1）勘察费按照提供勘察阶段性成果文件的时间、对应的工作量进行支付分解；

2）设计费按照提供设计阶段性成果文件的时间、对应的工作量进行支付分解；

3）除勘察设计的其他专项费用按照其工作完成的时间顺序及其与相关工作的关系进行支付分解。

【条文解读】

本条参照《中华人民共和国标准设计施工总承包招标文件》（2012 年版）（以下简称

《标准设计施工总承包招标文件》）第四章第17.3.2条制定，明确了工程总承包各项费用在《合同价款支付分解表》的分解原则，项目实操可参照本原则执行，不适用的可以进行调整，并在合同中明确。

【法律适用及商务提示】

（1）承包人应当关注付款与工期节点。对于工程总承包项目而言，里程碑节点除用作工期节点外，还用作付款节点。一旦出现项目总工期超出合同约定工期的情况下，发包人可以依据里程碑节点主张承包人存在工期违约行为。由于工程总承包项目中里程碑节点的双重意义，而付款申请通常由承包人提起，发包人很容易就能够证明实际里程碑节点晚于计划里程碑节点，对于延误的原因则需要由承包人逐一举证，如无法举证证明系非承包人原因造成的，可能就会依据合同约定承担相应的工期违约责任。

为避免此类情况的出现，对于同时作为工程款和违约金节点的里程碑，承包人在递交中期付款申请时，应当评估工期违约风险。对于可能被发包人主张构成工期违约的风险，应当在上报相关申请文件或者在相关会议纪要中提出工期延误非自身原因造成的主张。

（2）承包人可及时申请释放履约保函。工程总承包项目往往要求承包人递交高额履约保函，而发包人审批同意支付相应节点的工程款的行为本身就属于认可了承包人已经完成了相应部分的履约工作。既然承包人已经按约履行了工作，相应部分的履约保函金额就应该及时释放。发承包双方可以在施工合同中对此进行明确约定，承包人也可以在合同履行过程中提出释放申请。

5.5.5 承包人应在收到经发包人批复的工程总进度计划后7天内，将支付分解表以及形成支付分解表的支持性资料报发包人审批，发包人应在收到承包人报送的支付分解表后7天内给予批复或提出修改意见，经发包人批准的支付分解表应具有合同约束力。

进行了工程总进度计划修订的，应相应修改支付分解表，并应按程序报发包人批复。

发包人未能在前述时间内完成审批或不予答复的，视为发包人同意支付分解表。

【条文解读】

本条参照《标准设计施工总承包招标文件》第四章第17.3.2条制定，对支付分解表的提交与批复流程，以及逾期未批复的后果进行了规定。

【法律适用及商务提示】

（1）发包人应注意相关批复文件是否构成顺延工期依据。由于工程总承包项目的合同内容多，设计及建造工期较长，合同履行期间内将大概率会出现工期延误事项，实践中，多数工程总承包项目都会出现进度计划修订的情况。对于承包人原因致使工期严重滞后的项目，为了尽快完成项目建设，发包人的管理措施通常包括提前释放工程款、代为支付材料采购费用、额外设立工期奖励节点、要求承包人上报动态进度计划等。

一旦工程竣工后，发包人可能会诉请承包人支付工程延期违约金，或者赔偿工期延误损失。由于工期延误本身就是承包人自身原因，且相较于发包人，承包人自身就承担着较重的举证证明责任，相较于逐一证明工期顺延事件，承包人更倾向于提交前述各类文件用以主张发承包双方已经就顺延工期达成一致。因此，发包人在进行前述文件的审批时，应当注意相关文件是否有被承包人用作前述解释的可能。

（2）逾期未完成审批或不予答复视为认可条款需经双方约定适用。如前所述，本规范不具有强制适用的效力，如果工程总承包合同没有约定“发包人未能在前述时间内完成审批或不予答复的，视为发包人同意支付分解表”，也没有明确约定使用本规范的，即使发包人没有完成审批或者明确不予答复的，也不应视为发包人已经认可了承包人上报的支付分解表。

5.5.6 发承包双方可选择本规范第10.0.5条规定的方式之一，形成合同价款支付分解表。

【条文解读】

为便于规范发承包双方支付分解格式，维护双方合法权益，本规范附录C提供了“合同价款支付分解表”样式，并在第10.0.5条中提供了两种方式供选择。

6　合同价款与工期调整

6.1　一般规定

6.1.1　除工程总承包为固定总价合同外，发承包双方可按照本章的规定，在专用合同条件中约定调整合同价款，并在合同履行过程中实施。

【条文解读】

本条规定了发承包双方可在专用合同条件中约定对合同价款进行调整。

【法律适用及商务提示】

固定总价合同中，合同价款的调整以合同约定为基本原则。合同约定作为价款调整的最重要依据，如果未对增减款项的情况进行明确约定，或者未按合同约定的程序申请调整价款，发包人通常不承担调整合同价格的责任。这就要求承包人必须做好标前的合约策划工作、标后谈判及跟踪、履约工作。

6.1.2　出现合同价款调增事项（不含工程签证、索赔）后的14天内，承包人应向发包人提交合同价款调增报告并附相关资料；承包人在14天内未提交报告的，应视为承包人对该事项放弃调整价款请求。

出现合同价款调减事项（不含索赔）后的14天内，发包人应向承包人提交合同价款调减报告并附相关资料；发包人在14天内未提交报告的，应视为发包人对该事项放弃调整价款请求。

6.1.3　发（承）包人应在收到承（发）包人合同价款调增（减）报告及相关资料之日起14天内对其核实，予以确认的应书面通知承（发）包人；当有异议时，应向承（发）包人提出协商意见。发（承）包人在收到合同价款调增（减）报告之日起14天内未确认也未提出协商意见的，应视为承（发）包人提交的合同价款调增（减）报告已被发（承）包人认可。发（承）包人提出协商意见的，承（发）包人应在收到协商意见后的14天内对其核实，予以确认的应书面通知发（承）包人。承（发）包人在收到发（承）包人的协商意见后14天内既不确认也未提出不同意见的，应视为发（承）包人提出的意见已被承（发）包人认可。

【条文解读】

本条对合同价款调整的程序作出了原则性规定。发承包双方提交合同价款调整报告及相关资料（申请合同价款调整）、核对对方提交的合同价款报告及相关资料（答复对方提出的调整价款请求）的期限原则上均为14天，发承包双方可以参照本条在合同中对合同价款调整程序进行约定。

【法律适用及商务提示】

1. 适用条件

《民法典》第一百四十条规定："行为人可以明示或者默示作出意思表示。沉默只有在有法律规定、当事人约定或者符合当事人之间的交易习惯时，才可以视为意思表示。”据此，仅当发承包双方在合同中明确约定双方逾期申请合同价款调整视为放弃调整价款请求，或者逾期答复对方提出的调整价款请求视为认可时，才有可能得到司法裁判机关对该等条款的支持。

《建设工程司法解释一》第二十一条规定：“当事人约定，发包人收到竣工结算文件后，在约定期限内不予答复，视为认可竣工结算文件的，按照约定处理。承包人请求按照竣工结算文件结算工程价款的，人民法院应予支持。”参照《建设工程司法解释一》第二十一条的内涵和司法适用实践，因该类默示条款对当事人利益的影响是巨大的，司法裁判机关对该类条款的适用通常持较为谨慎的态度。

若想确保司法裁判机关能够支持逾期申请合同价款调整视为放弃调整价款请求或者逾期答复提出的调整价款请求视为认可条款，应当在合同履行中注意符合以下条件：

（1）明确约定应当申请或答复的期限。如果当事人虽明确约定逾期申请合同价款调整视为放弃调整价款请求或者逾期答复对方提出的调整价款请求视为认可，但未约定应当申请或答复的具体期限，能否产生逾期申请视为放弃或逾期答复视为认可的效果，实务中可能会存在一定的争议。

第一种观点为，发承包双方对申请或答复的具体期限也必须有明确的约定，否则不能产生逾期申请视为放弃或逾期答复视为认可的效果。具体可参考福建省高级人民法院《关于审理建设工程施工合同纠纷案件疑难问题的解答》（2007 年 11 月 22 日生效）第十四条，针对“当事人未约定答复期限，能否根据《建筑工程施工发包与承包计价管理办法》（住房和城乡建设部令第 16 号，以下简称《发承包计价管理办法》）第十六条第一款第二项和第二款的规定，认定双方约定的答复期限为 28 日”问题的规定，即“当事人未约定发包人的答复期限的，则不应推定其答复期限”。

第二种观点为，如果未约定申请或答复的具体期限，司法裁判机关可以结合案件事实并参照行业习惯确定一个合理的时间。具体可参考浙江省高级人民法院民事审判第一庭《关于审理建设工程施工合同纠纷案件若干疑难问题的解答》（2012 年 4 月 5 日生效）第十四条规定，“建设工程施工合同约定发包人在承包人提交竣工结算文件后未答复则视为认可竣工结算文件，但未约定答复期限，且经承包人催告后，发包人仍不予答复的，人民法院可根据实际情况确定合理的答复期限，但答复期限不应超过 60 天。”《民法典》第五百一十一条对履行期限的规定也可对此观点进行佐证：“履行期限不明确的，债务人可以随时履行，债权人也可以随时请求履行，但是应当给对方必要的准备时间。”

（2）明确约定逾期申请或逾期答复的后果。司法实践中，对于合同中仅约定答复期限但未约定逾期未答复视为认可的，司法裁判机关对于承包人请求按照竣工结算文件结算工程价款的通常不予支持。参考此观点可以认为，如果当事人虽明确约定应当在 14 天内申请合同价款调整，或者应当在 14 天内答复对方提出的调整价款请求，但是未约定逾期未申请的视为放弃调整价款请求，或者逾期未答复的视为认可对方提出的调整价款请求，不能产生逾期申请视为放弃或逾期答复视为认可的效果。

（3）在专用条款中予以约定。有观点认为，《建设工程司法解释一》第二十一条规定的默示结算条款仅在合同通用条款中约定不能得到司法裁判机关的支持。为免争议，发承包双方应当在专用条款部分对逾期条款进行约定。

(4) 有效送达对方。实践中，为避免对方拒绝承认已签收相应文件，需要对有效送达进行举证。为此，在当面交付的情况下，不仅需要对方签字，还要核实签字人员的身份，否则在诉讼过程中将面临难以举证的问题，签字人员是否是对方公司的工作人员以及其签收行为是否能代表公司，将成为对方抗辩的关键点。在对方拒签的情况下，可以选择通过公证送达或 EMS 邮寄送达的方式。此外，发承包人作为平等主体的当事人，不应采用留置送达的方式。

(5) 主张对方逾期未答复视为认可的，应当提交完整资料。本条规定中，除强调需要及时提交或核对合同价款调整报告外，还强调“并附相关资料”。为减少争议，合同中可以对“相关资料”的范围、份数、形式进行明确约定。如果合同没有约定完整资料包含的内容，一般情况下仅需证明其已向对方提交了合同价款调整报告，以证明已经主张过合同价款调整。

(6) 主张逾期未答复视为认可的，需要对方未在期限内提出异议。一种观点认为，只要对方在约定期限内提出异议即可，即使其异议毫无理由，也可以排除“逾期答复视为认可”规则的适用。另一种观点认为，对方的审核应当本着诚信原则，如有异议，不但应当在约定期限内提出异议，而且其所提出的异议理由也应当具有合理性。

2. 如合同已经明确约定的，双方均需要严格遵守

当合同中已经明确约定逾期申请合同价款调整视为放弃调整价款请求，或者逾期答复对方提出的调整价款请求视为认可时，发承包双方均应严格遵守合同约定的期限。如果确实无法在合同约定期限内提交申请或者完成审核的，发承包双方可以商请对方适当延长相应的提交申请时间或审核时间，对于需要补充的文件和资料也应当及时函告对方，全过程注意留痕，并应在可以提交后尽快补办。

【参考案例】

案例 1　某建安公司与某高新材料公司建设工程施工合同纠纷案

基本信息

审理法院：四川省自贡市中级人民法院。

案号：(2015) 自民三终字第 30 号。

裁判要旨

合同约定发包人在收到调差文件规定期间内未提出异议视为认可的，按合同约定执行。

案情介绍

2007 年 10 月 30 日，经过公开招标，某高新材料公司与某建安公司新碳化钨技术改造项目工程签订《建筑工程施工合同》。2007 年 11 月 18 日，该工程正式开工建设。

在施工过程中，某建安公司两次向某高新材料公司提交了“关于材料价差调整的报告”及调整材料价差的金额为 625 777.07 元，某高新材料公司技改基建部副部长麦某华

和工程师王某中对报告进行了签收，但并未在合同通用条款约定的期限内进行答复或提出修改意见。

双方就工程款发生争议后诉至四川省自贡市大安区人民法院。案件审理过程中某建安公司提出司法鉴定申请，其中一项申请为“延误开工和未及时支付工程款造成的材料涨价损失 625 777.07 元，未算部分应全算”。造价鉴定报告中，关于此项意见为“对于材料涨价价差，将在招标时提供的工程量清单中原有项目在施工期间的材料涨价价差 500 537.52 元在鉴定结果中是单独列出的”。

四川省自贡市大安区人民法院认为：对于材料涨价损失问题，按照双方合同约定和政策规定，因施工期间材料上涨幅度较大超出市场预期，应当进行调整。依照合同通用条款第 23.4 款的约定：“承包人应当在第 23.3 款情况发生后 14 天内，将调整原因、金额以书面形式通知工程师，工程师确认调整金额后作为追加合同价款，与工程款同期支付。工程师收到承包人通知后 14 天内不予确认也不提出修改意见，视为已经同意该项调整”的规定，某建安公司按照合同的约定，以书面形式将材料价格调整的原因及金额 625 777.07 元通知了某高新材料公司的工程师，但某高新材料公司未按照合同通用条款中第 23.4 款的约定在收到通知后 14 日内予以确认或提出修改意见，应视为已经同意该项调整，扣除鉴定中已计算的部分 500 537.52 元，故鉴定中未计算的差额部分 125 239.55 元应计入工程造价。

四川省自贡市中级人民法院认为：关于材料涨价款 625 777.07 元中鉴定机构未认可的 125 239.55 元应否计入工程总造价的问题。对于材料涨价损失问题，按照双方合同约定和政策规定，因施工期间材料上涨幅度较大超出市场预期，应当进行调整。依照合同通用条款第 23.4 款的规定，某建安公司按照合同的约定，以书面形式将材料价格调整的原因及金额通知了某高新材料公司的工程师，但某高新材料公司未按照合同通用条款中第 23.4 款的约定在收到通知后 14 日内予以确认或提出修改意见，应视为已经同意该项调整，扣除鉴定中已计算的部分 500 537.52 元，故鉴定中未计算的差额部分 125 239.55 元应计入工程造价。

案例 2　烟台某幕墙公司与烟台某医药科技公司建设工程施工合同纠纷案

基本信息

审理法院：山东省烟台市中级人民法院。

案号：（2019）鲁 06 民终 6295 号。

裁判要旨

承包人提出的工艺变更得到发包人批准后，没有在约定期限内要求重新组价，诉讼中再行主张的，不予支持。

案情介绍

2014 年 10 月 22 日，被告烟台某医药科技公司发包的新建生物医药园 2#诊断试剂车间、6#胰岛素车间幕墙工程，经过招投标程序最终由原告烟台某幕墙公司中标，中标价为

5 975 163. 30 元。之后，原告烟台某幕墙公司与被告烟台某医药科技公司签订建设工程施工合同。2015 年 2 月 13 日，被告烟台某医药科技公司发包的新建生物医药园 3#质检楼、5#动力中心、8#甲类仓库幕墙工程施工经过招投标程序最终由原告烟台某幕墙公司中标，中标价为 4 794 230. 55 元。原告烟台某幕墙公司与被告烟台某医药科技公司签订建设工程施工合同。

上述两份合同签订后，原告组织工人进行施工，上述工程已经竣工验收合格。

原告对上述工程制作了竣工结算书，交由被告进行审核。被告委托山东省某造价咨询公司进行审计。2017 年 4 月 10 日，原告、被告及审计单位对工程量进行了核对，形成初审确认单。原告对审计结论有异议，认为合同约定采用固定单价，审计单位擅自调整价格，有违约定。被告则主张原告在投标文件中提报的综合单价无组价明细，价格构成不详，且原告未完全按图纸施工、部分主材与投标文件不符、无法执行投标文件中的综合单价等情形，审计单位结合图纸、规范、现场施工情况，根据招标文件规定的计价规则以及执行市场价格的约定另行组价，作出审计结论，未有不妥。

本案双方争议焦点之一为合同单价是否需要调整。

裁判观点

烟台经济技术开发区人民法院认为：原告、被告双方约定采用固定单价合同方式，符合招投标文件要求，该约定合法有效，对当事人双方具有约束力。根据《建清单规范》条文说明，实行工程量清单计价的工程应采用单价合同方式，即合同约定的工程价款中包含的工程量清单项目综合单价在约定条件内是固定的，不予调整，工程量允许调整。工程量清单项目综合单价在约定的条件外，允许调整，调整方式、方法应在合同中约定。本案原告、被告双方在合同条款中未对工程价款的调整因素、方法、程序等进行约定，双方也未能协商确定，应按《清单规范》执行。《清单规范》第 9. 1. 2 条和第 9. 1. 3 条规定：出现合同价款调增事项后的 14 天内，承包人应向发包人提交合同价款调增报告并附上相关资料；承包人在 14 天内未提交合同价款调增报告的，应视为承包人对该事项不存在调整价款请求。出现合同价款调减事项后的 14 天内，发包人应向承包人提交合同价款调减报告并附相关资料；发包人在 14 天内未提交合同价款调减报告的，应视为发包人对该事项不存在调整价款请求。本案原告在施工合同履行过程中对施工工艺等问题提出变更，被告同意批准，未提出异议，也未提出工程价款调整报告，应视为不涉及合同价款的调整。被告抗辩请求按市场价对合同单价重新组价，依据不足，对其抗辩请求不予支持。

烟台市中级人民法院认为：案涉合同经过招投标程序之后签订，约定采用固定单价，并约定承包人进场后先施工样品段，经发包人及监理单位检验合格签字确认后才能进入正式施工阶段，以上事实清楚。烟台某幕墙公司在投标材料中已经区分型材类别，且在样品段施工中亦应发现实际存在的型材、面积等差别，但其并未提出价格、面积变更的相应主张；烟台某医药科技公司在合同施工过程中，亦应发现龙骨连接方式、上悬窗等发生变更的事实，但双方未对价款调整进行约定。烟台某幕墙公司的上诉请求以及烟台某医药科技公司关于合同价款应当调整的上诉请求均不成立，依法不予支持。

案例3 李某明与湖南某水电开发公司建设工程施工合同纠纷案

基本信息

审理法院：最高人民法院。

案号：（2018）最高法民再145号。

裁判要旨

在技术联系单中约定逾期审核视为认可的，不符合交易习惯，不视为另行约定。

案情介绍

2004年5月28日，案外人某某龙以永州某水利水电公司的名义与湖南某水电开发公司签订了施工合同（C1标）。同年，某某龙将上述工程以110万元的价格转让给了李某明。后李某明进行了C1标及C2标部分工程的实际施工。

祁阳县人民检察院于2012年12月17日作出不起诉决定书（湘祁检刑不诉〔2012〕76号），载明：永州市公安局以李某明涉嫌诈骗罪、对非国家工作人员行贿罪，于2011年10月10日移送检察机关审查起诉，期间因证据不足，该案分别于2012年4月27日、10月25日退回永州市公安局补充侦查。永州市公安局于2012年11月26日重新移送审查起诉。永州市公安局移送审查起诉认定：为达到隐瞒事实真相、顺利诈骗奖励金的目的，李某明勾结湖南某水电开发公司工程部负责联系C1标段的副主任张某辉，且多次向永州市某监理公司监理人员刘某、李某德、唐某生等人行贿，以骗取刘某等人在工作联系单上签字认可。为了伪造"王某荣与李某明签订的补充协议书（签署时间为2006年10月21日）"以便提高工程单价等，向王某荣等人行贿；为了伪造"技术联系单（〔2007〕工联字第013号）以及附件（技术联系单内容）"，向陈某保、李某德等人行贿。祁阳县人民检察院经审查并退回补充侦查，仍然认为永州市公安局认定的犯罪事实不清、证据不足，不符合起诉条件，决定对李某明不起诉。

最高人民法院认为：李某明申诉主张《技术联系单》（〔2007〕工联字第013号）及《补充协议（五）》《补充协议（六）》约定了湖南某水电开发公司在收到李某明竣工结算文件后，应在45日内予以答复，逾期未答复的视为认可该竣工结算文件。依据《最高人民法院关于审理建设工程施工合同纠纷案件适用法律问题的解释》第二十条"当事人约定，发包人收到竣工结算文件后，在约定期限内不予答复，视为认可竣工结算文件的，按照约定处理。承包人请求按照竣工结算文件结算工程价款的，应予支持"以及《关于如何理解和适用〈最高人民法院关于审理建设工程施工合同纠纷案件适用法律问题的解释〉第二十条的复函》（〔2005〕民一他字第23号）关于"当事人之间约定了发包人收到竣工结算文件后，在约定期限内不予答复，则视为认可竣工结算文件"等规定，案涉工程款应按照李某明向湖南某水电开发公司提交的竣工结算文件中确定的6 495. 130 9万元计算。但湖南某水电开发公司认为案涉合同并无逾期未答复视为认可的明确约定，不能按照李某明提交的竣工结算文件确定案涉工程价款。

本院认为，李某明要求按照竣工结算文件中确定的数额支付案涉工程款，尚需进一步证据支持。

首先，案涉施工合同并无逾期不予答复视为认可竣工结算文件的约定。案涉施工合同约定的工程价款结算方式系固定单价包干结算，并没有“发包人逾期答复的按照承包人单方提交的竣工结算文件进行结算”的约定。李某明提交的涉及逾期答复视为认可的《补充协议（五）》《补充协议（六）》亦无相关明确的约定。而一般情况下，施工合同是结算工程款的基本依据。

其次，李某明主张的相关约定仅在《技术联系单》（〔2007〕工联字第013号）附件中有所体现，并无其他证据予以佐证。一方面，从技术联系单的形式和功能角度分析，“发包方收到施工方项目部竣工结算文件后，应当在45日内结束审价；逾期未结束审价，则视为认可该竣工结算文件。45日内未书面答复的，或未提出书面意见的，也视为认可该竣工结算文件”的约定不仅超出了技术联系单的功能范围，对于结算方式的重大变更以技术联系单的形式进行约定也不符合一般签约习惯。另一方面，双方对技术联系单的真伪存在很大争议。《建设工程司法解释》第二十条的规定系依当事人意思自治原则所引申出的条款，李某明虽依据该条款提供了技术联系单，但湖南某水电开发公司认为该技术联系单内容无效，属于造假。在案涉施工合同无明确约定，且当事人双方对技术联系单相关内容存在争议的情况下，适用“逾期不予答复视为认可”确定工程价款，需要进一步证据支持。

最后，根据现有证据，按照《技术联系单》（〔2007〕工联字第013号）记载并以湖南某水电开发公司逾期答复的竣工结算文件中确定的6 495.130 9万元结算工程价款，可能造成双方当事人利益失衡。本案C1标合同投标价为1 427万余元，C2标合同投标价为1 367万余元，C1、C2标总投标价约为2 794万元，这与李某明一方提供的竣工结算文件确定的6 495.130 9万元相差3 000多万元。即使考虑本案工程存在增加、变更等因素，在没有其他证据充分证明这种差距的合理性之前，直接适用《建设工程司法解释》第二十条确定本案工程价款，可能造成双方当事人利益失衡。

案例4 武汉某地产开发公司与某股份有限公司建设工程施工合同纠纷案

基本信息

审理法院：湖北省武汉市中级人民法院。

案号：（2021）鄂01民终11号。

裁判要旨

合同中约定如未对暂定结果提出异议则视为认可的，按照约定执行，当事人申请鉴定的不予支持。

案情介绍

武汉某地产开发公司（发包人）与某股份有限公司（承包人）签订《金三角项目施工合同》，第二部分《合同通用条款》约定：“24.1 发包人应在专用条款中写明负责合同工程工程造价专业技术的工程造价咨询人名称和造价工程师具体人员，并在开工前将造价工程师任命书以书面形式通知承包人，授予其代表发包人履行合同规定职责所需的权力。78.2 如果发包人延迟支付款项，则承包人有权按照专用条款约定的利率计算和得到利息。计息时间从应支付之日算起直至该笔延迟款额支付之日止。专用条款没有约定利息的，按照中国人民银行发布的同期同类贷款利率计算。86.1 本合同履行期间，合同双方当事人应在收到监理工程师或造价工程师约定作出暂定结果之后的 14 天内，对暂定结果予以确认或提出意见。合同双方对暂定结果认可的，应以书面形式予以确认，暂定结果成为最终决定，对合同双方当事人都有约束力；合同双方或一方当事人不同意暂定结果的，应以书面形式向监理工程师或造价工程师提出，说明自己认为正确的结果，同时抄送另一方当事人，此时该暂定结果成为争议。除非本合同已解除，在暂定结果不实质影响合同双方当事人履约的前提下，合同双方当事人应实施该结果，直到其被改变为止。合同双方当事人在收到监理工程师或造价工程师的暂定结果之后的 14 天内未对暂定结果予以确认也未提出意见的，视为合同双方当事人已认可暂定结果。”

湖北省武汉市中级人民法院认为：武汉某地产开发公司上诉认为其与某股份有限公司并未就工程款结算达成一致意见，一审法院认定武汉某地产开发公司认可广州某公司的审核结果没有事实和法律依据。因案涉《金三角项目施工合同》约定，负责合同的造价咨询单位为广州某公司，合同双方当事人在收到造价工程师的暂定结果之后的 14 天内未对暂定结果予以确认也未提出意见的，视为合同双方当事人已认可暂定结果。现武汉某地产开发公司并未提交充分的证据证明其在收到广州某公司发送的暂定结果后的 14 天内提出书面意见，应视为武汉某地产开发公司对广州某公司作出的暂定结果予以认可，故武汉某地产开发公司的该项上诉理由缺乏事实和法律依据，本院不予采纳。

6.1.4 发包人与承包人对合同价款调整不能达成一致的，双方应按合同约定继续履行合同义务，直到其按照合同约定的争议解决方式得到处理。

【条文解读】

本条规定了对合同价款调整不能达成一致的处理方式。

【法律适用及商务提示】

《建设工程工程量清单计价规范》GB 50500—2013 第 9.1.5 条规定：“发包人与承包人对合同价款调整的不同意见不能达成一致的，只要对发承包双方履约不产生实质影响，双方应继续履行合同义务，直到其按照合同约定的争议解决方式得到处理。”本条在上述类似规定的基础上，删去了“只要对发承包双方履约不产生实质影响”这一条件。如承包人不希望适用此规定，建议就解决方式另行进行明确约定。

6.1.5 经发承包双方确认调整的合同价款，应作为追加（减）合同价款与工程进度款同期支付（扣减）。

【条文解读】

本条响应过程结算政策，规定了已确认调整的价款应当与进度款同期支付。

【法律适用及商务提示】

（1）承包人应及时报送调价文件。在合同明确约定调整的合同价款随进度款一并支付时，承包人仍然需要注意将本期内的设计变更、人工及材料调差、已确认签证等价款调增事项作为进度款的组成部分及时上报发包人，且可在正常计量支付报表后另行增设合同价款调整报表并附相应的证明文件，确保同期支付，避免工程款因自身原因未能及时收回。

还应注意的是，承包人作为主张工程进度款及利息、违约金的一方，对欠付进度款金额及时间等负有举证证明责任，承包人在合同履行过程中应当注意保存相关证据。

（2）发包人应依照合同约定尽快支付调整价款。发包人的主要合同义务即为按约及时支付工程款，及时全面支付工程进度款是承包人正常组织施工的有力保证。如发包人未按约支付工程进度款，承包人除有权要求支付工程进度款利息外，还有权按照合同约定要求发包人承担违约责任。发包人承担违约责任的方式除支付违约金外，还可能包括顺延工期，甚至要求解除合同。《民法典》第八百零三条规定："发包人未按照约定的时间和要求提供原材料、设备、场地、资金、技术资料的，承包人可以顺延工程日期，并有权请求赔偿停工、窝工等损失。"为避免迟延支付合同调整价款对工期产生影响，发包人应当按照合同约定尽快支付变更价款。

（3）发包人应合理确定计价模式，把控价格调整事项。发包人应当合理确定发包阶段和合同计价模式，合理把控合同履行过程中的价格调整事项。对于一些特殊项目，例如承包人进场时经测算即亏本项目、物价上涨严重项目、工期严重滞后项目等，发承包双方之间的信任度会随着履约矛盾累积而急剧下降，每一次价格调整事项的提出和谈判均可能会加重信任危机，甚至最终对于一些正常的材料认价也无法正常推动，并最终致使合同工期一拖再拖。

【参考案例】

案例　某建设集团公司与西双版纳某房地产开发公司建设工程施工合同纠纷案

基本信息

审理法院：最高人民法院。

案号：（2019）最高法民终 262 号。

裁判要旨

未核对确认的工程量，不计入当期应付工程进度款，不应计算进度款利息。

案情介绍

2013 年 9 月 29 日前，某建设集团公司与西双版纳某房地产开发公司签订《建设工程施工合同》（该合同无落款时间），约定由某建设集团公司承建西双版纳某房地产开发公司开发的西双版纳江南翡翠工程。工程内容为总面积约 17.753 56 万平方米的土建、安装及装饰全部工程。合同工期为 730 日历日，以发包人和监理单位发出开工令起算。合同暂定价为 360 000 000 元。关于违约责任的约定（专用条款第 13.2 条）为：发包人未能按合同约定时间支付工程进度款，发包人应承担承包人的一切经济损失。同时发包人还应支付逾期付款的违约金，该违约金按月息 3% 计算。

此后，双方签订《西双版纳江南翡翠项目施工合同补充协议》（无落款时间），将《建设工程施工合同》专用条款第 13.2 条中违约金计算标准调整为"该违约金按月息

1.5%计息”，将通用条款第11.2条的结算审核期调整为“6个月内完成竣工审核”。

2015年4月2日，双方签订《补充协议》，主要内容为：①2015年2月以前完成工程价款，双方共同督促专业预算人员必须在2015年4月20日前完成核对工作，并签字盖章确认。②发包人同意在承包人正常施工前先支付1 500万元工程进度款，该款于《补充协议》签订之日支付700万元，余款800万元于2015年4月20日前支付。2015年4月开始完成的工程产值按合同约定及时核对并按月支付。③发包人承诺：双方在2015年4月30日前，按合同约定支付2015年2月以前双方核对确认的工程价款，并按合同约定额度足额支付工程进度款。④本案工程竣工验收和工程结算同步进行。该《补充协议》同时约定：如有任何一条违约，违约方每次需支付守约方违约金200万元，并承担守约方遭受的一切经济损失。

双方的争议焦点之一为，某建设集团公司主张的经济损失暂计6 054 217元是否应予支持。

裁判观点

最高人民法院认为：关于某建设集团公司主张的暂计6 054 217元经济损失应否支持。根据某建设集团公司二审所提上诉请求与理由以及《逾期付款利息统计表》，某建设集团公司主张的该经济损失应为工程进度款利息。根据双方2015年4月2日签订的《补充协议》，经核对确定工程量后，才能支付进度款。施工过程中工程量的核对是双方义务，双方在《补充协议》签订后未完成工程量核对，应当支付的进度款金额尚处于不确定状态，某建设集团公司无证据证明工程量核对未能完成系西双版纳某房地产开发公司的单方责任。故对某建设集团公司主张的进度款利息，一审法院不予支持并无不当。某建设集团公司另主张根据双方《建设工程施工合同》专用条款第13.2条以及《补充协议》第六条约定，逾期付款利息应按照月息1.5%计算，但上述条款表述为“该违约金按月息1.5%计息”，并未明确约定是逾期付款利息的计算标准。因此，可以认定双方就工程结算款的利息计算标准并未进行约定。一审依照《建设工程司法解释》第十七条规定，按照中国人民银行同期同类贷款利率计算逾期支付工程款利息并无不当。

6.1.6　出现工期调整事项后的14天内，承包人应向发包人提交工期调整报告并附相关资料，发承包双方可根据合同约定，结合实际情况协商调整工期天数。

【条文解读】

本条对工期调整的程序作出了原则性规定。承包人应向发包人提交工期调整报告及相关资料的期限原则上为14天，发承包双方可以参照本条在合同中对工期调整程序进行约定。

【法律适用及商务提示】

承包人应当注意在发生工期调整事项后，及时提交工期调整报告并附相关资料。如果承包人未能及时提出顺延工期请求的，可能会被认定为相关事项并不会致使工期延长。这就要求承包人加强施工过程管理，尤其是需关注对关键线路工期的影响，避免因程序问题导致己方权利丧失。如果确因客观原因导致承包人无法及时提交工期调整报告及相关资料，应当尽快函告对方发生工期调整事项并商请对方适当延长相应的提交申请时间，且应在可以提交后尽快补办。

发承包双方亦可在合同中明确约定“逾期索赔失权”条款，即如承包人没有在合同约定的期限内申请顺延工期并索赔的，则视为放弃索赔权利或者视为工期不顺延。合同对此明确约定的情形下，承包人逾期提交工期调整报告的，司法裁判机关一般会按照当事人的约定处理。

【参考案例】

案例　某装饰公司四川分公司与某家居公司建设工程施工合同纠纷案

基本信息

审理法院：最高人民法院。

案号：(2017) 最高法民申 2815 号。

裁判要旨

工程量增加及设计变更并不必然导致工期延长，承包人未及时提出顺延工期的请求，应视为其同意按原约定工期执行。

案情介绍

某家居公司（甲方）与某装饰公司四川分公司（乙方）相继签订六份《建设工程安装承包合同》，将位于重庆市垫江县的佳艺美庭（垫江）商城的装饰装修工程发包给某装饰公司四川分公司施工。

双方在合同中约定了工程工期、工程质量、工程更改、竣工验收、保修、工程竣工结算方式、付款方式、违约责任等；其中，外墙装饰工程约定工期为 60 天，屋顶采光棚钢结构安装工程约定工期为 45 天，室内钢结构改造工程约定工期为 35 天，室内装饰改造及办公室装修工程约定工期为 45 天，室外黑色烤漆玻璃大门造型装修工程约定工期为 19 天。上述合同的第三条约定，若非发包方原因工期延误即视为承包方违约，承包方竣工交验时间每延后一天须向发包方按 5 000 元/天支付违约金。

某装饰公司四川分公司在对上述六个工程项目施工过程中，某家居公司对部分工程内容进行了更改，增加了工程量，部分工程项目未能依约如期完工。至 2013 年 7 月 16 日，某家居公司在未进行工程验收的情况下，将佳艺美庭（垫江）商城投入使用。

裁判观点

重庆市高级人民法院认为：依据一审法院查明事实，案涉工程系列合同中的 6 号合同约定的完工时间 2013 年 4 月 26 日，为整个工程的最后完工时间，结合案涉工程 2013 年 7 月 16 日投入使用的事实，一审认定案涉工程延期 80 天并无不当。虽然某装饰公司四川分公司认为，案涉工程存在工程量增加及设计变更的情形，并举示了确认函、签证等证据予以证明，但某装饰公司四川分公司举示的该证据只能证明案涉工程确实存在工程量增加及设计变更的事实，但工程量增加及存在设计变更并不必然导致工期延长，某装饰公司四川分公司亦并未在施工的过程中向某家居公司提出要求延长工期的请求，应视为双方对工期未重新约定。

最高人民法院认为：关于工期延误是否系某家居公司的原因造成的问题。某装饰公司四川分公司认为工期延误系案涉工程变更、增加以及某家居公司未及时付款造成的。首先，依据某装饰公司四川分公司在原审中举示的证据证明，案涉工程存在增加工程及设计变更的情形，但工程量增加及设计变更并不必然导致工期延长，某装饰公司四川分公司也未在施工期间据此提出顺延工期的请求，应视为其同意按原约定工期执行。其次，某装饰公司四川分公司提交的工程款支付申请表只能证明其要求支付工程款的请求，但不能证明其符合双方合同约定的付款条件，也不能证明在符合付款条件的情况下，某家居公司拒绝支付工程款导致工期延误。

6.2 法律变化

6.2.1 基准日期后，因法律发生变化引起合同价款和（或）工期发生变化的，应按合同约定调整合同价款和工期。

【条文解读】

本条明确了法律变化引起的合同价款和（或）工期变化的调整原则。

【法律适用及商务提示】

1. 关于基准日期

建设工程具有建设周期长、投资金额大、影响因素复杂等特点，合同履行过程中产生物价波动及法律政策调整均属于正常情况，合同履行过程中发生各类因素引起造价变化时由发承包双方中的哪一方受益或负担是合同中各类计价条款所要解决的重要问题。无论是本规范还是《工程总承包合同示范文本》均引入了“基准日”或“基准日期”这一概念，招标发包的工程以投标截止日前28天的日期为基准日期，直接发包的工程以合同订立日前28天的日期为基准日期。该日之前的所有法律法规、国家政策及规范、人工机械材料等生产要素价格及供应情况等均属于投标人投标报价及合同价款中均应当包含的风险，具体见图6-1。

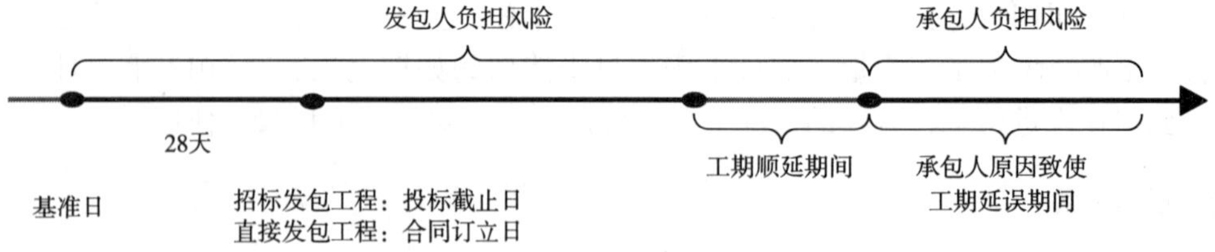

图6-1 基准日与风险负担

2. 关于法律法规与政策变化

（1）通常认为政府部门发布的人工费调整文件属于政策变化。虽然人工、机械和材料均属于工程建设的核心生产要素，但保障工人合法权益始终为立法核心所在。当前各级建设行政主管部门发布的各类定额文件均有配套的人工费指导文件，这些指导文件中的人工费是相关主管部门结合当地工资标准及工程实际等计算而来，虽然可能与市场价存在一定偏差，但考虑到两者存在消耗量及效率等差异后，定额中的人工费与实际发生的人工费通常差异不大。工程实践中，基于人工费的特殊属性及行业惯例，正常结算过程中，发承包双方通常均认可建设行政主管部门发布的人工费调整文件属于政策性调整，人工费的波动风险属于政策波动风险。

随着工程总承包模式、企业定额及市场询价机制的不断完善，司法实践中越来越多的案例显示发承包双方对人工费调整是否属于政策性调整产生争议，不支持调整的主要理由是现行法律法规并未就此作出规定，并且人工费根据不同工种存在不同的市场价，该市场价通常高于当地社会平均工资且与定额人工费在金额上差异过大。这种观点事实上也不无道理。本规范所建立的计价体系以及《工程总承包合同示范文本》建立的合同条款体系，均没有作出人工费波动属于政策风险的规定。例如本规范第 6 章“合同价款与工期调整”中，“人工、主要材料及其他认为应根据市场价格调整的项目”均列入第 6.4 节“市场价格变化”中，而非第 6.2 节“法律变化”中。《工程总承包合同示范文本》第 13 条为“变更与调整”，包括第 13.7 款“法律变化引起的调整”和第 13.8 款“市场价格波动引起的调整”，其中市场价格波动包括“主要工程材料、设备、人工价格与招标时基期价相比，波动幅度超过合同约定幅度的”，而法律变化引起的调整是指“基准日期后，法律变化导致承包人在合同履行过程中所需要的费用发生除第 13.8 款“市场价格波动引起的调整”约定以外的增加时，由发包人承担由此增加的费用；减少时，应从合同价格中予以扣减”。前述内容均可以在一定程度上推出人工费波动属于市场价格波动而非法律法规变化风险，但这与建设主管部门发布的人工费调整文件属于政策风险的行业通识存在冲突。

为妥善解决这一问题，发承包双方可以在合同中明确约定人工费是否按照政府发布的调差文件调整，在合同有明确约定的情况下，司法裁判机关通常会尊重合同约定。

（2）其他类型的法律法规与政策变化。工程实践中，较为常见的法律法规与政策变化主要是人工费，除此之外可能是工程类型划分改变、间接费及措施费、税金档次划分标准及费率调整、施工期间提出形象及进度要求等，见表 6-1。

表 6-1 其他类型的法律法规与政策变化示例表

序号	文件名称	文件中相关内容
1	关于新疆建设工程扬尘污染防治增加费计取方法的公告	为加强施工现场扬尘污染控制和治理，合理确定工程造价保障作用，维护建设各方合法权益，依据《自治区建筑工地施工现场扬尘治理工作实施方案》（新建质〔2019〕7 号）、《建筑工程施工现场扬尘污染防治标准》XJJ 119—2020 等标准规定，经调研、分析、测算，现就我区建设工程扬尘污染防治增加费计取方法公告如下： 一、扬尘污染防治增加费列入安全文明施工费，作为不可竞争费用。 二、扬尘污染防治费的部分内容已经包括在现行定额的安全文明施工费中，未包括的部分作为扬尘污染防治增加费。 三、扬尘污染防治增加费包含内容有：PM10 扬尘在线监测设备费、车辆冲洗费、裸露部分密目网覆盖费、喷淋系统增加费、洒水车降尘增加费、移动式喷雾机降尘费、土石方运输过程中的遮盖费等

续表6-1

序号	文件名称	文件中相关内容
2	关于在工程计价措施费中增列“苏安码管理增加费”（苏住建建〔2020〕26号1)	为落实我市建筑施工领域“苏安码”监管措施，保障相关费用的投入，现就我市工程计价措施费中增列“苏安码管理增加费”有关事项通知如下： 一、“苏安码管理增加费”为总价措施项目费，计取标准为0.5‰。 二、本通知自9月1日起执行。在此之后发布招标公告的工程或签订施工合同依法不招标的工程，应按照本文规定计列“苏安码管理增加费”。9月1日前已实行“苏安码”管理的工程，在竣工结算时列入造价
3	关于房屋建筑和市政基础设施工程造价调整有关事项的通知（闽建筑〔2021〕21号）	二、贯彻落实《住房和城乡建设部办公厅关于印发房屋建筑和市政基础设施工程施工现场新冠肺炎疫情常态化防控工作指南的通知》（建办质函〔2020〕489号，下称“防控指南”），在建筑安装工程造价的总价措施费中增加疫情常态化防控措施费。疫情常态化防控措施费包括按照防控指南要求实施常态化防控发生的费用，但不包括出现确诊病例、疑似病例和无症状感染者后按照当地疾病预防控制机构要求隔离人员、核酸检测、停工等发生的费用。疫情常态化防控措施费不区分专业类别，按分部分项工程费（不含工程设备费）与单价措施项目费之和乘以费率0.66%计算
4	关于加快培育重点建筑业企业的若干意见（黑建建〔2021〕6号）	二、引导企业打造品牌 …… （四）支持企业争先创优。鼓励建设单位对获得市级以上优质工程奖的承建企业给予适当奖励。施工合同中可约定计取优质优价费用，获得国家级、省级和市级优质工程奖项分别按不低于合同额1.5%、1.0%和0.8%计取。 （五）培育企业“走出去”。企业省外承揽工程且计入我省建筑业总产值，结合其当年对地方经济新增贡献情况给予奖励，年产值每增加1亿元，地方财政给予10万元奖励，最高不超过100万元
5	关于调整建设工程按质论价等费用计取方法的公告（〔2018〕第24号）	一、工程按质论价费用 1. 工程按质论价费用按国优工程、国优专业工程、省优工程、市优工程、市级优质结构工程五个等次计列。 2. 工程按质论价费用取费标准详见附件1…… 二、安全文明施工费用中增列扬尘污染防治增加费； 三、安全文明施工费用中的省级标化工地增加费计列； 四、“工程排污费”调整为“环境保护税”
6	关于深化增值税改革有关政策的公告（财政部税务总局 海关总署公告2019年第39号）	一、增值税一般纳税人（以下称纳税人）发生增值税应税销售行为或者进口货物，原适用16%税率的，税率调整为13%；原适用10%税率的，税率调整为9%

（3）合同应当对法律法规及政策变化是否影响合同价款明确作出约定。为了避免政策变化对造价控制产生影响，发承包双方可以在合同中明确约定是否因政策调整影响人工费以及约定合同造价组成是否再行受在后发布的其他费用调整文件约束。该部分内容属于较为核心的计价条款，需要公司商务人员与法务人员综合考虑全部情况设计合理的合同条款。

（4）合同应当载明签署时间且关于法律风险负担的约定应当一致。对于直接发包的工程项目，基准日期为合同订立日前的第 28 天，但工程实践中存在不少项目仅加盖公司印章、法定代表人或授权代表签字而却未载明签署日期的情况。受限于大型企业的审批流程较长且双方无法同时盖章，合同落款处未载明时间的情况频繁出现也不难理解，但这样一来对基准日期的确定可能较为不利，特别是对于政策调整文件发布时间与基准日较为接近时极容易产生争议。为了避免这种情况出现，发承包双方可在起草合同文本时，合理预估合同签订时间并填入“本合同于________年_____月_____日签订”条款，如实际签订时间不一致时，可在签字盖章时由相关人员在落款处手写补充。此外，对于一起签署并与合同共同装订成册的廉政建设协议、工程质量保修书等协议落款处可提前填入时间或一并填入时间。

（5）承包人应当格外关注与政策变化相关的风险。在整个招标投标、合同洽商及签订阶段，承包人均应当格外关注与政策变化相关的风险。实践中除了前述合同未载明签订时间外，部分项目中还存在合同签订时间严重滞后的情况，给承包人额外增加了风险。例如，发承包双方经地区高层协商并报经审批后确定合同文本、价款组成及计价方式，后发包人因开发计划迟延而推迟合同签订工作或发承包双方因为各种原因致使合同签署时间滞后，如承包人未对签署时间加以审查，极有可能会造成承包人负担的风险增加的情况。此外，部分合同对基准日期及人工费调整方式作出约定的情况下，又在合同价款组成部分约定合同价款已经包含了截至合同签订日所有已经发生和将要发生的风险，承包人投标报价中包含的价格因素分别是基准日和合同签订日，两者并不一致，产生不必要的纠纷。

【参考案例】

案例 1　河南某建设集团公司与某房地产开发公司建设工程施工合同纠纷案

基本信息

审理法院：最高人民法院。

案号：（2017）最高法民申 374 号。

裁判要旨

人工费调整属于政策性调整范围，合同可约定不按政策文件调整。

案情介绍

2011 年 4 月 28 日，某房地产开发公司（发包人）与河南某建设集团公司（承包人）就恒大华府拆迁安置房工程项目签订了《建设工程施工合同》，采用固定价款方式确定，合同价款中包括的“风险范围：合同期限内除钢材、水泥（不含商品混凝土中的水泥）和商品混凝土外的其他材料物价变化、工程竣工结算时钢材、水泥（不含商品混凝土中的水泥）和商品混凝土价格涨降幅度在 10%（含）以内、政策性调整、河南某建设集团公司可以预见的因素。风险范围以外合同价款调整方法为：工程竣工结算时，由舞钢市财政投资评审中心根据合同文件和舞政（2008）28 文进行竣工结算，所涉及的材料价格为河南某建设集团公司和某房地产开发公司双方认可价。”

案涉工程于 2014 年 1 月 15 日全面竣工验收。

2015 年 6 月 24 日，河南某建设集团公司向原审法院申请对庭审中对双方没有达成一致意见的人工费调整等项目的工程价款进行鉴定。2015 年 12 月 12 日，造价鉴定机构出具鉴定报告，认定施工期间人工费调整：依据双方认可的工程量、施工期间的人工费调整文件、鉴定结果如下：根据《恒大华府拆迁安置房工程施工招标投标文件》及恒大华府拆迁安置房工程答疑文件，双方认可的人工费为 43 元/工日；以此为基数扣除 10% 的风险，调整合计：4 426 945.09 元（含税）。

针对上述鉴定结论，河南某建设集团公司发表如下质证意见：关于人工费调整扣减 10% 风险系数其认为与双方的合同和国家规范不符，本案所涉及合同是可调价合同不是固定价合同，合同条款第 26 页第 12 条，某房地产开发公司对此质证时仅仅念了这个条款的第一句话，第二款、第三款和第四款明确规定了合同的风险幅度，列举承担风险幅度的项目，这里面的风险仅限于钢材和水泥（不含商品混凝土中的水泥），所以这个合同是一个可调价合同，所谓固定价部分仅仅是这两项正负不超过 10%，因此人工风险系数的 10% 不含在风险之内。

某房地产开发公司对上述鉴定结论的质证意见为：根据双方所签订的合同该人工费不存在调整问题，合同明确约定政策性调整及河南某建设集团公司可以预见的因素均包含在合同价款内，结合最高人民法院《建设工程司法解释》第二十二条的规定，以及河南省《关于执行建设工程人工费调整有关问题的通知》（豫建标定〔2006〕1 号）的规定，凡是固定价款的合同人工费都不予调整。在答疑文件中已将原招标文件中 53 元/日的人工费取消，河南某建设集团公司已经认可人工费为 43 元/日，故其要求调整价差更没有任何依据。

鉴定机构针对上述质证意见答复如下：人工费 53 元/日是某房地产开发公司在投标文件中的承诺，人工费调整是根据《建设工程工程量清单计价规范》GB 50500—2008 及河南省住房和城乡建设厅〔2011〕45 号文件《关于进一步明确建设工程人工费计价问题的通知》第三条、第四条的规定。

裁判观点

最高人民法院认为：河南某建设集团公司与某房地产开发公司所签《建设工程施工合同》约定，合同价款采用固定方式确定，风险范围包括政策性调整、承包人可以预见的因素等，此约定意味着风险范围之内的费用不再予以调整。从河南省住房和城乡建设厅就人工费计价问题发布〔2011〕45 号通知进行指导和调整来看，人工费属于政策性调整范围，依据合同约定属于风险范围之内，因此不应再予调整。双方合同签订时间早于河南省住房和城乡建设厅〔2011〕45 号通知执行时间，虽然该通知规定执行之日前已经签订的合同可按照该通知精神约定未完工程量人工费用的调整办法，但双方在该通知发布之后并未对未完工程量人工费调整办法另行约定，因此二审法院在认定人工费问题时未适用该通知，并无不当。河南某建设集团公司再审申请所提原判决适用法律法规错误的理由不能成立。

案例2 山东某房地产开发公司与山东某建设集团公司建设工程施工合同纠纷案

基本信息

审理法院：最高人民法院。

案号：(2015) 民申字第361号。

裁判要旨

人工费调整属于政策性调整范围，合同可约定不按政策文件调整。

案情介绍

2007年3月21日经过招投标，山东某建设集团公司作为承包方与发包方山东某房地产开发公司签订《建设工程施工合同》(合同一) GF-1999-0201，约定：由山东某建设集团公司承建山东某房地产开发公司开发的水城嘉苑小区3#商住楼工程，建筑面积20 438m²，其中住宅部分18 890m²，商业部分1 548m²；承包范围招标时招标人提供的施工图纸、投标预算、图纸答疑包括的内容；合同价款21 795 627.73元；开工日期2007年4月6日（以实际开工日期为准），竣工日期2008年8月6日，施工天数488天；工程质量标准优良。自主报价的建筑材料风险范围控制在±5%（含±5%）以内，在±5%（含±5%）范围内材料价格不再调整，超出±5%部分据实调整。风险范围以外合同价款调整方法：执行《山东省建筑、装饰装修、安装工程工程量单计价办法》、参考2005年《山东省建筑安装工程消耗量定额聊城市价目表》有关规定，据实结算，人工费30.6元/工日。双方约定合同价款的其他调整因素：执行《通用条款》及包括的内容为：①因发包人原因设计修改。②发包人签证。③工程变更。④暂定材料价差调整。⑤停水停电补偿及施工期间的政策性调整文件及有关规定。

合同签订后，2007年8月7日开始施工，2011年4月20日竣工。工程完工后，施工单位向建设单位提交了工程竣工报告，建设单位于2011年8月24日对工程进行了质量竣工验收，并于当日通过了质量验收。

裁判观点

山东省高级人民法院二审认为：关于山东某建设集团公司提交的结算报告是否符合合同约定问题。根据合同专用条款第23.2条、第23.3条的约定，案涉合同价款中的建筑材料价格上涨5%以上可据实调整；施工期间的政策性调整文件和相关规定可以适用；在2010年、2011年案涉合同履行过程中，人工费、材料费大幅度上涨，政府对人工费进行了政策性调整。山东某建设集团公司在结算报告中据实调整人工费、材料费具有合同依据，也具有事实依据。招投标文件虽然规定施工措施费一次性包死，结算时不再调整，但由于合同约定的人工费、材料费可据实调整，人工费、材料费上涨直接影响措施费，在人工费、材料费可据实调整的情况下，措施费不可能一次性包死，结算时也应该随之调整；在合同履行过程中，山东某房地产开发公司大量分包中标的工程项目，不及时支付工程进度款导致工期顺延，增加了措施费、人工费；在建筑市场行情发生了根本性变化的情况下，只有据实调整才能保证措施费不低于成本，也就是说结算报告对措施费进行调整，是合理的。

最高人民法院再审认为：山东某房地产开发公司主张山东某建设集团公司在工程结算报告中多计算了人工费、措施费，应予扣减。本院认为，根据合同专用条款第 23.2 条、第 23.3 条的约定，案涉合同价款中的建筑材料价格上涨时可据实调整；施工期间的政策性调整文件和相关规定可以适用。据此，不应认定案涉施工合同为固定价合同。鉴于 2010 年、2011 年案涉合同履行过程中，确存在人工费、材料费大幅度上涨的情形，政府对人工费也进行了政策性调整。故山东某建设集团公司在结算报告中据实调整人工费、材料费具有合同依据，也属客观事实。山东某房地产开发公司关于山东某建设集团公司多计算工程款，应予扣减的请求，不能成立。

案例 3　某建设公司与某置业公司建设工程施工合同纠纷案

基本信息

审理法院：最高人民法院。

案号：（2019）最高法民申 4968 号。

裁判要旨

人工费调整属于政策性调整范围，合同可约定不按政策文件调整。

案情介绍

2010 年 9 月 30 日，某置业公司向外公开发放招标文件，将其开发的蒙城县宝塔东路以南、商城东路以北、市民休闲广场以西汇通财富广场工程对外招标。招标文件载明，该工程分为两个标段，第一标段为 $1^{\#}$、$2^{\#}$、$3^{\#}$、$5^{\#}$、$6^{\#}$楼及商场、地下室工程，建筑面积为 103 975.52m^2，第二标段为 $7^{\#}$、$8^{\#}$、$9^{\#}$楼，建筑面积为 6 913.32m^2。2010 年 10 月 26 日，某建设公司就汇通财富广场第一标段工程出具投标文件。2010 年 11 月 25 日，某置业公司联合招标代理机构、建设工程交易中心、招标投标监管机构向某建设公司发出中标通知书，通知某建设公司以 118 379 450 元价款中标。2010 年 11 月 28 日，某置业公司（发包人）与某建设公司（承包人）签订《建设工程施工合同》。合同第 26.3 条约定，除非合同中另有约定，除下列情况外，合同价格不可调整：①受合同专用条款制约的设计变更（包括材料、工程设备、工艺标准或质量变化，或使用替代品引起的该项工作内容发生变化）、材料调价。②合同价格中的暂定价。③本合同所述项目工程在本合同的投标报价中标后 3 个月内未能开工，且并非因总承包商原因，针对该未建项目双方按照投标报价所确定的基本原则进行协商。第 26.4 条约定，材料调价的核算工作双方必须在施工过程中按月进行，并做到当月发生，当月核算。超过 60 日后意味着总承包商放弃以上权利。

经某建设公司申请，一审法院依法委托安徽某项目管理公司对已完工程造价进行鉴定。2014 年 5 月 5 日，某项目管理公司出具《工程造价鉴定报告书》（皖明珠鉴字〔2014〕03 号）。

庭审中，某置业公司对鉴定意见中有关工程造价调整部分提出如下异议：①人工费差价不在合同约定的调整范围内，不应调整。②施工方未在合同约定的60日内提出材料调价申请，意味着放弃调整的权利，材料价差不应调整。

裁判观点

安徽省高级人民法院认为：首先，案涉《建设工程施工合同》系无效合同，上述有关在60日内提出材料调价申请的约定均无效。在合同约定材料差可以调整的情况下，鉴定机构参照合同约定调整材料差价，符合实际，对双方亦公平，且不违背法律禁止性规定，该院予以采纳。其次，人工费差价属于政策性调整，行政主管部门发布的人工费政策性调整文件，在工程建设行业具有一定的普遍约束力。在合同未明确约定人工费不得调整的情况下，鉴定机构依照地方政策性文件规定调整人工费差价，并不违背法律禁止性规定，该院予以采纳。因此，某置业公司上述异议不能成立，该院不予支持。案涉工程价款为130 724 880.47元，该院予以确认。

最高人民法院认为：关于人工费差价8 787 941.89元，某置业公司上诉主张，因《建设工程施工合同》约定人工费属于不可调整范围，故不应计入工程款。经查，双方在2010年11月28日《建设工程施工合同》第26.3条约定除非合同中另有约定，除下列情况外，合同价格不可调整：①受合同专用条款制约的设计变更（包括材料、工程设备、工艺标准或质量变化，或使用替代品引起的该项工作内容发生变化）、材料调价。②合同价格中的暂定价。③本合同所述项目工程在本合同的投标报价中标后3个月内未能开工，且并非因总承包商原因，针对该未建项目双方按照投标报价所确定的基本原则进行协商。从上述内容看，该条确实未将人工费列为可调整范围，但因该合同无效，该条款亦无效，对双方当事人无约束力。另外，人工费一般属于政策性调整范围，行政主管部门发布的人工费调整文件具有普遍约束力，鉴定机构据此对人工费差价进行调整，不违背法律及政策的规定，对双方当事人亦公平。故一审将人工费差价纳入工程款范围，并无不当，本院予以维持。某置业公司提出的该项上诉主张，本院不予支持。

最高人民法院再审认为：关于人工费价差是否应纳入工程款调整范围的问题。虽然双方实际履行的《建设工程施工合同》并未将人工费价差纳入工程款调整范围。但因该合同无效，该条款亦无效，对双方当事人无约束力。另外，人工费价差属于政策性调整，行政主管部门发布的人工费政策性调整文件，在工程建设行业具有一定的普遍约束力。在合同未明确约定人工费不得调整的情况下，鉴定机构依照地方政策性文件规定调整人工费价差，并不违背法律禁止性规定，原审据此采纳鉴定机构意见并无不当。某置业公司对此提出两点主张：①某建设公司恶意主张合同无效，规避合同约定内容及其履行责任，却获得比有效合同更多的利益。合同是否有效，取决于其是否满足法定生效要件，而非取决于当事人之主张，某置业公司前述主张带有明显的主观色彩，缺乏事实依据，本院不予采信。②某置业公司主张人工费上涨不属于当事人不可预见的情形，亦不能适用情势变更原则。经查，鉴定机构系根据地方政策性文件规定调整人工费价差，符合行业习惯，原审予以采纳，而非是原审法院根据情势变更原则直接对人工费价差予以调整，因此某置业公司的主张不能成立。

案例 4 青海某建投公司与陕西某建筑公司建设工程施工合同纠纷案

基本信息

审理法院：青海省高级人民法院。

案号：（2020）青民再 129 号。

裁判要旨

营改增增加税负属于政策风险。

案情介绍

2016 年 6 月 3 日，青海某建投公司向陕西某建筑公司发出中标通知书，确定其为共和至玉树公路改（扩）建工程房屋建筑工程的中标人。2016 年 7 月 4 日双方签订《施工合同协议书》。

2019 年 1 月 2 日，经陕西某建筑公司申请，一审法院委托某工程造价司法鉴定所，对案涉工程房屋建筑工程 GYFJ-SG20 合同段工程因营改增后实际增加的工程造价进行鉴定并出具鉴定意见书：①GYFJ-SG20 合同段《施工合同》合同价因营改增加工程造价 1 364 077. 91 元。②双方确认的材料机械费按照不同专业采用系数进行调整及记取规费、税金增加工程造价 113 226. 95 元。③奖励金 250 000 元，记取 11% 增值税的税金 27 500 元。④奖励金 300 000 元，开具 11% 增值税发票的税金 33 000 元。另查明，①2016 年 4 月 28 日，青海省住房和城乡建设厅发布的《关于建筑业实施营业税改增值税后调整青海省建设工程计价依据的通知》明确规定青海省行政区域内合同开工日期为 2016 年 5 月 1 日以后的建设工程发承包项目工程造价按“工程造价=税前工程造价×（1+11%）”计算。2018 年 2 月 13 日，双方按照上述通知计算工程造价。②陕西某建筑公司按照增值税 11% 的税率标准向国家税收部门缴纳了全部税收。③陕西某建筑公司分别向监理公司 GYFJ-SGJL6 标监理办和青海某建投公司共玉一办递交了《关于工程 GYFJ-SG20 标段营改增后工程税增加的报告》和《关于营改增后工程税增加的报告》等。

裁判观点

青海省兴海县人民法院认为：在签订合同时，当事人应当遵循公平原则确定双方的权利和义务。本案中，根据陕西某建筑公司举出的证据青海省住房和城乡建设厅的通知，可以明确青海省实施营改增税率政策的时间是 2016 年 5 月 1 日，而当时 GYFJ-SG20 标段正处于招标阶段，对于营改增政策的实施，青海某建投公司作为省内建设工程方面的大企业，应当知道该政策变化，应当按照相关政策履行合同义务，以及变更合同中与政策不符的内容。然而在国家和青海省调整税率月余后依然按照营业税 3. 36% 的税率向陕西某建筑公司发出《中标通知书》，与原告签订《施工协议书》；同样陕西某建筑公司作为专门的建筑公司，应当知道……却仍与青海某建投公司签订合同并承建案涉工程。关于税费是由支付给承建方后，由建筑方代缴。也就是说发包方是缴纳税费的主体，在应当知道国家调整税率的情况下，仍按原税率签订合同，是对按原税率计算工程总价的认可。陕西某建筑公司虽称曾与青海某建投公司口头协商变更合同税率，也曾函致，但就该主张未向法庭提交相应证据证实，对该主张一审法院不予采信。

最高人民法院再审认为：双方当事人均认可案涉工程在招投标中按营业税税率3.36%计算工程价款，陕西某建筑公司应按约定缴纳营业税，但根据通知中关于“同开工日期为2016年5月1日以后的建设工程发承包项目，工程造价由税前工程造价和增值税销项税额构成”的要求，案涉工程的合同开工时间为2016年6月1日，案涉工程应按该通知要求缴纳增值税。陕西某建筑公司提交的增值税专用发票证实陕西某建筑公司已按11%缴纳增值税。一审、二审此节事实认定正确……关于青海某建投公司应否承担因营改增增加的工程款问题。双方当事人均认可本案工程适用《清单规范》。本案系因国家税务政策发生变化而导致工程造价增加，符合该规范的相关规定，属双方约定及规定调整工程价款的情形。某工程造价司法鉴定所司法鉴定意见以青海省住房和城乡建设厅的通知为建筑业实施营业税改增值税后调整青海省建设工程计价依据，符合法律规定。且陕西某建筑公司提交的《增值税专用发票》能够证明陕西某建筑公司按增值税率11%缴纳税金。青海某建投公司此节再审理由与事实不符，不予支持。据此，青海某建投公司应支付因“营改增”而实际增加工程价款1 477 304.86元。

案例5 江苏某建设集团公司与宿州某房地产公司、王某全建设工程施工合同纠纷案

基本信息

审理法院：安徽省高级人民法院。

案号：(2017) 皖民初43号。

裁判要旨

扬尘污染防治属于行政主管部门要求必须完成的工作，应当计入工程造价。

案情介绍

本案鉴定机构认为：关于安全文明施工费，根据安徽省建设工程造价管理总站(2014) 13号文件规定，2014年4月1日以后施工的工程应当计取安全文明施工费和扬尘污染防治费（案涉施工合同签订于2012年11月26日），但现场都需达到相关的技术标准，其中安全文明施工费不需要双方签订协议，但扬尘污染防治费需要双方签订相应的补充协议。双方没有签订扬尘防治费的协议，但是现场应该采取了必要的防污染措施，否则无法验收，所以我方将扬尘费569 362.94元计入了鉴定结论2及鉴定结论3造价总价之中。

裁判观点

安徽省高级人民法院认为：在鉴定意见书中以及在本院组织对该鉴定意见书进行质证中，鉴定机构对双方所提异议均已给出了符合规定的答复意见和合理解释，江苏某建设集团公司有关增加劳保费的主张与双方约定及实际施工不符，有关增加脚手架及垂直运输费等费用的主张，要么与工程造价计量规范不符，要么缺乏依据，本院对鉴定意见予以确

认……对于双方争议的案涉工程价款应否计取安全文明施工费以及如何计取的问题，经查安徽省建设工程造价管理总站〔2014〕13号第三条规定，工程量清单计价和定额计价的工程，其安全文明施工费的计取，均应按《安徽省建设工程清单计价费用定额》执行。双方在《施工承包合同》中明确约定计价方式执行安徽省2000定额标准，并且安全防护及文明施工费用系政策性调整规费。因此，案涉工程计价应包含安全文明施工费，宿州某房地产公司有关不应计取安全文明施工费的主张不能成立。鉴定机构对于包含安全文明施工费取低值、取中值的具体依据以及案涉工程所在地宿州计价规范要求内容已给出合理说明，按照计价规范及本案实际，本院综合认定应采用包含安全文明施工费取中值的价款作为案涉工程价款。

案例6　某园区新建加工厂项目纠纷

某园区新建加工厂项目，发包人于2018年10月发布竞争性磋商文件，承包人按要求于2018年11月递交了费率报价文件，发承包双方经谈判确定山东省建筑安装工程消耗量定额（2016版）及配套计价文件组价后下浮7.3%计算工程价款，2022年1月案涉项目完成竣工验收和联产试运。竣工结算阶段，承包人提出因山东省住房和城乡建设厅于2018年11月29日发布《关于调整建设工程定额人工单价及各专业定额价目表的通知》（鲁建标字〔2018〕45号），将建筑工程的人工费由95元调整为110元，故本项目人工费基价应当为110元。发包人认为承包人在施工过程中上报的进度款文件及设计变更文件均按95元报价，各方就按此单价计算工程价款并无异议，故不同意调整。经查，发承包双方分别持有的共5本施工合同的落款日期处均载明签署时间为2018年，未载明具体日期，承包人提交的OA审批记录显示盖章时间为2018年12月18日，发包人OA审批记录显示盖章时间为2018年12月29日，且实际盖章时间可能会滞后于审批时间，因市场部相关负责人员均已经离职，各方均无法确定实际盖章时间，目前该争议仍在谈判过程中。

案例7　某肿瘤医院（二期）项目纠纷

某肿瘤医院（二期）项目，招标人A公司于2019年4月7日发布招标文件，投标截止日为2019年5月10日，B公司于2019年5月10日递交投标文件，投标有效期为3个月。后A公司股东之间产生纠纷，资金问题未能落实，故迟迟未发布中标通知，招标人A公司将相关情况进行了说明并将全部投标保证金予以退回，并说明其将在投标有效期内下发中标通知书，B公司复函同意。2019年8月2日，A公司向各投标人第二次发送情况说明，要求各投标人出具投标有效期延长的承诺，投标有效期再行延长三个月。B公司在2019年8月4日出具了投标有效期延长的承诺函，有效期延长至2019年11月5日。2019年10月19日，A公司下发中标通知书确定B公司中标，双方据此签订施工合同。2021年9月，主体结构封顶后双方对于人工和材料的调差期间产生争议，承包人认为其投标基准日为2019年4月，故应当以该日为调差基准日；发包人认为施工合同签订时间为2019年10月，承包人已经出具了投标有效期延长承诺书，证明投标依据的各类基准条件没有发生变化，且合同明确约定以合同签订日合肥造价信息价为基价，故仅应当调整施工期与2019年10月之间的价差。本案例中的一个特殊情况是发包人原因致使投标有效期被延长，而调差方式直接约定了基价取合同签订日的基价。承包人坦言负责该项目的市场人员对于合同条款并不熟悉，其业绩评价与签订合同额直接相关，而出具延长投标有效期承诺函并签订施工合同时，相关商务人员均忙于其他项目计量结算工作而未关注该项目。

6.2.2 因承包人原因导致工期延误的，工期应不予顺延，合同价款调增的应不予调整，合同价款调减的应予以调整；因发包人原因导致工期延误的，工期应顺延，合同价款调增的应予以调整，合同价款调减的应不予调整。

【条文解读】

本条规定了工期延误期间的风险负担原则。由于承包人原因导致的工期延误，按不利于承包人的原则调整合同价款和工期；由于发包人原因导致的工期延误，按不利于发包人的原则调整合同价款和工期。

【法律适用及商务提示】

《民法典》第五百九十条第二款规定："当事人迟延履行后发生不可抗力的，不免除其违约责任。"根据本条规定，迟延履行期间发生的不可抗力不再作为由当事人分别负担的风险，而是由违约一方负担。参照《民法典》前述规定，如是因一方当事人原因导致工期延误，延误期间发生政策变化，该方当事人应当承担政策变化带来的风险。例如合同工期届满后承包人仍未完成工程施工，承包人原因致使工期延误期间，当地造价主管部门发布人工费调增文件时，人工费不应再行调增。

部分地区人民法院对如何处理物价波动也作出了类似的规定，如《安徽省高级人民法院关于审理建设工程施工合同纠纷案件适用法律问题的指导意见（二）》第十五条规定："建设工程施工合同履行过程中，人工、材料、机械费用出现波动，合同有约定的，按照约定处理；合同无约定，当事人又不能协商一致的，参照建设行政主管部门的规定或者行业规范处理。因工期延误导致上述费用增加造成损失的，由导致工期延误的一方承担；双方对工期延误均有过错的，应当各自承担相应的责任。"

6.3 工程变更

6.3.1 因发包人变更发包人要求或初步设计文件，导致承包人施工图设计修改并造成成本、工期增加的，应按照合同约定调整合同价款、工期，并应由承包人提出新的价格、工期报发包人确认后调整。

【条文解读】

本条明确了发包人变更的操作规定。

【法律适用及商务提示】

《工程总承包管理办法》第十五条第二款规定："建设单位承担的风险主要包括：……（四）因建设单位原因产生的工程费用和工期的变化。"除非另有约定，发包人变更发包人要求或初步设计文件导致的费用和工期的变化，应当属于上述条款规定的"因建设单位原因产生的工程费用和工期的变化"，风险归属于发包人。

发包人角度，第一，为合理控制成本，建设项目实施前应当充分论证发包人要求及初步设计文件等，避免在实施过程中变更。第二，如提前预见到在一定范围内可能会发生发包人要求或初步设计文件变化，可以在合同中明确变更价款确定原则（包括新增项目数量及价格确定原则、考虑投标下浮率等），同时，为规避承包人针对可能变更项目不平衡报价的风险，可参照调整差值的方式进行新增项目数量及价格的确定。

承包人角度，第一，针对发包人要求及初步设计文件存在的问题在招投标阶段解决，避免过程变更产生争议或由己方承担损失。第二，针对可能变更的部分在法律法规及相关计价规范允许或认可的范围内做好经营及投标策划。第三，针对变更价款确定原则与发包人在合同中约定，避免项目实施过程中争议。

6.3.2 发包人提出的工程变更引起施工方案改变并使措施项目发生变化时，承包人提出调整措施项目费，应事先将拟实施的方案提交发包人确认，并应详细说明与原方案措施项目相比的变化情况，拟实施的方案经发承包双方确认后执行，并应按照本规范第6.3.1条的规则确定措施项目费调整。

若承包人未事先将拟实施的方案提交给发包人确认时，应视为工程变更不引起措施项目费的调整。

【条文解读】

本条规定了发包人提出变更引起施工方案改变进而引起措施项目变化时的合同程序。

【法律适用及商务提示】

对于发包人提出工程变更导致的措施费变化，为减少承包人的风险，承包人除应将施工方案提交给发包人确认外，变化后的具体措施项目清单及金额亦应同时提交发包人审批。如果仅提交工程变更后施工方案，可能会面临无法计价风险：一是措施费方案一般不会单独编写，后续无实施方案作为计费依据；二是工程师及发包人可能难以辨别承包人提交方案与变更前方案的具体差异，无法签认；三是即使发包人已经签认变更后的施工方案，因施工方案无法细化到人材机的消耗量，通过方案来计算措施费的差额，可能根本无法实现。

6.3.3 承包人对方案设计或初步设计文件进行的设计优化，如满足发包人要求时，其形成的利益应归承包人享有；如需要改变发包人要求时，应以书面形式向发包人提出合理化建议，经发包人认为可以缩短工期、提高工程的经济效益或其他利益，并指示变更的，发包人应对承包人合理化建议形成的利益双方分享，并应调整合同价款和（或）工期。

【条文解读】

本条规定了设计优化和承包人合理化建议形成利益的分享原则。

【法律适用及商务提示】

与传统的施工总承包模式相比，工程总承包模式的核心在于通过承包人一体化实施设计和施工，提高建设效率和投资收益。因设计和施工均由承包人实施，“设计优化”和“合理化建议”实际上均由承包人主动提出并引导完成，但实践中，二者之间的界限非常容易产生争议。

1. 设计优化和合理化建议的界定

本规范第2.0.22条、第2.0.25条分别对“合理化建议”和“设计优化”的定义进行了明确。除此之外，《工程总承包管理办法》以及《工程总承包合同示范文本》中也对“合理化建议”和“设计优化”进行了明确。

《工程总承包合同示范文本》通用合同条件第 13.2 款对“合理化建议”的提出、审批程序以及利益分享原则进行了明确。第 13.2.1 项：“承包人提出合理化建议的，应向工程师提交合理化建议说明，说明建议的内容、理由以及实施该建议对合同价格和工期的影响。”第 13.2.2 项：“除专用合同条件另有约定外，工程师应在收到承包人提交的合理化建议后 7 天内审查完毕并报送发包人，发现其中存在技术上的缺陷，应通知承包人修改。发包人应在收到工程师报送的合理化建议后 7 天内审批完毕。合理化建议经发包人批准的，工程师应及时发出变更指示，由此引起的合同价格调整按照第 13.3.3 项‘变更估价’约定执行。发包人不同意变更的，工程师应书面通知承包人。”第 13.2.3 项：“合理化建议降低了合同价格、缩短了工期或者提高了工程经济效益的，双方可以按照专用合同条件的约定进行利益分享。”

《工程总承包管理办法》第十九条对“设计优化”进行了规定：“工程总承包单位应当设立项目管理机构，设置项目经理，配备相应管理人员，加强设计、采购与施工的协调，完善和优化设计，改进施工方案，实现对工程总承包项目的有效管理控制。”

从上述不同的定义和规定可以看出，对“合理化建议”和“设计优化”的界定和区分，可以从二者的内容、实施程序、决定主体、实施效果等方面展开。具体如下：

（1）从内容上看，“合理化建议”是从缩短工期、提高工程经济效益的角度，强调一定会有对发包人要求、发包人提供的方案设计或初步设计文件的改变；而“设计优化”对发包人提供设计文件的改善与提高的过程中，不确定是否会改变发包人要求。

（2）从实施程序上看，因“合理化建议”涉及对发包人要求的变更，故在程序上，须由承包人向工程师提交书面的建议书，说明建议的内容、理由以及实施该建议对合同价格和工期的影响，由工程师和发包人进行审核；而“设计优化”如满足发包人要求时，可由承包人自行决定和实施，这是因为，在工程总承包中，设计属于承包人的工作范围，设计优化属于承包人对工程总承包项目的管理范畴，由承包人自主实施即可。

（3）从决定主体上看，“合理化建议”必须经过发包人的同意且由发包人作出指示变更才可实施，而“设计优化”由承包人自主决定即可。

（4）从收益主体上看，已经被发包人确认为工程变更的“合理化建议”通常应当双方共享，分配比例由双方约定；而满足发包人要求的“设计优化”，收益归承包人享有。

2. 政府投资项目设计优化结余资金的分配

《关于促进建筑业持续健康发展的意见》指出，“政府投资工程应完善建设管理模式，带头推行工程总承包。”实践中，越来越多的政府投资项目响应号召，采用工程总承包模式进行发包。在政府投资项目中，设计优化形成的利益是否应按照约定归承包人享有或由发承包按照一定比例分配，还是应当按照《政府投资条例》第二十五条“政府投资项目建成后，应当按照国家有关规定进行竣工验收，并在竣工验收合格后及时办理竣工财务决算。政府投资项目结余的财政资金，应当按照国家有关规定缴回国库”的规定收缴国库，成为实践中值得关注的争议问题之一。

（1）政府财政审计可作为结算依据的前提是双方对此作出明确约定。根据最高人民法院《关于建设工程承包合同案件中双方当事人已确认的工程决算价款与审计部门审计的工

程决算价款与审计部门审计的工程决算价款不一致时如何适用法律问题的电话答复意见》（〔2001〕民一他字第2号），最高人民法院认为："审计是国家对建设单位的一种行政监督，不影响建设单位与承建单位的合同效力。建设工程承包合同案件应以当事人的约定作为法院判决的依据。只有在合同明确约定以审计结论作为结算依据或者合同约定不明确、合同约定无效的情况下，才能将审计结论作为判决的依据。"根据最高人民法院《关于人民法院在审理建设工程施工合同纠纷案件中如何认定财政评审中心出具的审核结论问题的答复》（〔2008〕民一他字第4号），最高人民法院认为："财政部门对财政投资的评定审核是国家对建设单位基本建设资金的监督管理，不影响建设单位与承建单位的合同效力及履行。但是，建设合同中明确约定以财政投资的审核结论作为结算依据的，审核结论应当作为结算的依据。"《全国民事审判工作会议纪要》（法办〔2011〕442号）第4条第1项规定："依法有效地建设工程施工合同，双方当事人均应依约履行。除合同另有约定，当事人请求以审计机关作出的审计报告、财政评审机构作出的评审结论作为工程价款结算依据的，一般不予支持。"

全国人大法工委《关于对地方性法规中以审计结果作为政府投资建设项目竣工结算依据有关规定提出的审查建议的复函》（法工备函〔2017〕22号）规定："地方性法规中直接以审计结果作为竣工结算依据和应当在招标文件中载明或者在合同中约定以审计结果作为竣工结算依据的规定，限制了民事权利，超越了地方立法权限，应当予以纠正。"

在长春某大学与吉林某建设集团有限公司建设工程施工合同纠纷抗诉案中，最高人民法院认为："财政部门的审查结论只是其行使国家财政资金监督管理职能的依据，不是当事人结算的法定依据，工程价款的结算应依当事人间合法约定而确定。"①

根据上述司法解释、会议纪要、全国人大法工委文件及案例，除合同中另有约定之外，财政审计结果原则上不应当直接作为结算依据。因此，政府投资项目中，在没有明确约定的情况下，发包人依据审计或评审结论单方面提出扣减因设计优化结余的建设资金的主张并没有法律依据。

（2）地方政府关于设计优化结余资金分配的规定。部分省份为鼓励工程总承包人对工程总承包项目进行设计优化，出台了关于设计优化结余资金的分配办法，部分列举如下：

1）青海省人民政府办公厅《关于促进建筑业持续健康发展的实施意见》（青政办〔2018〕10号）：

第（三）条规定：在开展工程总承包试点的基础上，建立与工程总承包相适应的招标投标、施工许可、竣工验收等配套制度及总承包项目风险分担、结余分成奖励机制。

第（四）条规定：工程咨询企业提出合理化建议并节省投资的，建设单位应给予不低于节省投资额50%的奖励。

2）湖南省人民政府办公厅《关于推进工程总承包发展的指导意见》（湘政办发〔2017〕58号）：

第（十四）条规定：在不超过投资概算前提下，对总承包企业采用技术创新或设计施工优化节省投资的，可给予工程总承包企业节省投资部分的50%作为奖励。

---

① 引自最高人民法院审判监督庭编、江必新主编的《审判监督指导（2010年第4辑）》第196~202页，由人民法院出版社2011年出版。

3）江西省人民政府办公厅《关于促进建筑业持续健康发展的实施意见》（赣府厅发〔2017〕93 号）：

第（七）条规定：完善总承包项目风险分担机制和结余分成奖励机制。在财政审核和审计部门审计时，仅对建设单位新增变更部分进行审核，对固定总价包干部分仅审核、审计其建设内容是否符合原设计方案和总承包合同条款要求。研究制定与总承包相适应的工程造价及财政评审标准。

第（八）条规定：工程咨询企业在开展全过程工程咨询服务过程中提出合理化建议节省投资额的，建设单位可给予奖励。

4）安徽省人民政府办公厅《关于推进工程建设管理改革促进建筑业持续健康发展的实施意见》（皖政办〔2017〕97 号）：

第（五）条规定：提倡“优质优价、优质优先”，建设单位可在招标文件和工程合同中约定优质优价奖励条款。

第（十）条规定：建筑企业技术创新为建设单位节约投资或提高效益的，建设单位应给予相应的物质奖励。

5）江苏省住房和城乡建设厅、江苏省发展和改革委员会《关于推进房屋建筑和市政基础设施项目工程总承包发展实施意见》（苏建规字〔2020〕5 号）：

第六条规定：“加强工程总承包合同价格管理。企业投资的工程总承包项目宜采用总价合同，政府投资的工程总承包项目应当合理确定合同价格形式。政府投资项目建设投资原则上不得超过经核定的投资概算。建设单位和工程总承包单位应在合同中明确风险范围，合理确定价格调整和计量支付条款。采用总价合同的工程总承包项目，除合同约定可以调整的情况外，合同价款一般不予调整；期中支付、结算审核时仅对合同约定的可调部分进行费用审核，对固定总价包干部分不再审核。建设单位和工程总承包单位在合同中约定费用使用情况管理条款，可以包括费用使用计划、工程进度报告、工程变更核准等内容。”

6）广西壮族自治区住房和城乡建设厅、财政厅《关于印发推进广西房屋建筑和市政基础设施工程总承包试点发展指导意见的通知》（桂建管〔2016〕117 号）：

第（十八）条规定：项目结余分成。工程总承包单位通过优化设计及科技创新管理后，工程竣工结算总价（不包括减少原施工图纸的规模、内容和降低装修标准）低于实际合同总价时，竣工结算总价与实际合同总价的差额为该工程总承包项目的结余资金。工程总承包单位可按分级累进法参与结余资金的分成。

（1）项目结余资金为实际合同价 10% 以内的项目，项目结余资金的 40% 为工程总承包单位所得，其余 60% 为建设单位所得（若为政府投资项目应返还财政）；

（2）项目结余资金为实际合同价 10%～20% 的项目，项目结余资金的 50% 为工程总承包单位所得，其余 50% 为建设单位所得（若为政府投资项目应返还财政）；

（3）项目结余资金为实际合同价 20% 以上的项目，项目结余资金的 60% 为工程总承包单位所得，其余 40% 为建设单位所得（若为政府投资项目应返还财政）。

3. 实务提示

在“合理化建议”在提出与审核过程中，承包人应严格按照合同约定的程序提出建议书，在发包人同意承包人的建议并发出书面变更指示之前，承包人不得擅自按照上报的“合理化建议”开展设计和施工。同时，在“合理化建议”被批准后，承包人应在约定或合理的期限内要求发包人确认两项费用增加，一是因“合理化建议”而产生的变更费用，该费用应按照合同中约定的“工程变更”相关程序提出；二是因“合理化建议”而节约的建设成本利益分享费用，该费用应按照合同中约定的分享比例提出。同时，本规范虽规定发包人应对“合理化建议”形成的利益向承包人进行分享，但并未规定分享比例。对此，建议发承包双方在合同中对“合理化建议”进行详尽的约定，包括但不限于“合理化建议”的提出、审批主体和审查时限、“合理化”的具体界定、“合理化建议”审查与论证的成本负担、经审批后采取的工程变更带来不利后果的责任承担、“合理化建议”形成的利益分享原则和分享比例等。

在“设计优化”过程中，承包人不得降低发包人要求中的建设规模、设计和其他技术标准、功能需求、性能指标等，否则存在违约的风险。同时，本规范虽明确因“设计优化”形成的利益归承包人享有，但本规范为中国建设工程造价管理协会团体标准，不具有法律或行政法规级别的效力，因此只能作为参考性文件，而不能作为解决双方争议的法律依据。为此，建议发承包双方在合同中明确约定因“设计优化”形成的利益分享原则。

【参考案例】

案例 1　重庆某实业公司与某工业园区开发公司合同纠纷案

基本信息

审理法院：最高人民法院。

案号：（2016）最高法民终 269 号。

裁判要旨

即使合同明确约定以审计部门审计金额为准，审计报告亦应按照合同约定的计价原则作出，否则不能作为确定造价的依据。

裁判观点

最高人民法院认为：虽然重庆某实业公司与某工业园区开发公司签订的《重庆市同兴工业园区 B 标准分区横三路一期、纵五路一期、平场土石方一期建设项目 BT 融资建设管理协议》约定重庆某实业公司的投资金额以经法定审计部门审计的金额为准，但重庆市北碚区审计局作出的碚审建报〔2015〕42 号、46 号、50 号《审计报告》均是以 2008 年《重庆市建设工程费用定额》为依据作出，与重庆某实业公司与某工业园区开发公司在协议中约定的计价标准不符，在重庆某实业公司对此不予认可的情形下，不能作为确定重庆某实业公司投资金额的依据。当事人可以申请审计部门按照协议约定另行审计，或者委托工程造价咨询机构按照协议约定予以造价鉴定，以确定投资金额。

案例 2　大连某防水工程公司与大连某开发建管中心建设工程施工合同纠纷案

基本信息

审理法院：辽宁省大连市中级人民法院。

案号：（2016）辽02民终1302号。

裁判要旨

双方当事人在合同中未明确约定以财政部门对财政投资的评定审核结论作为结算依据的情况下，投资审核中心出具的意见对双方没有拘束力。

案情介绍

原告大连某防水工程公司与被告大连某开发建管中心于2005年签订《防水、防潮、抗渗合同书》，原告为乙方，被告为甲方。合同约定案涉工程为室内地面防潮及红地板油漆处理工程。案涉工程于2005年10月26日竣工验收交付被告。

案涉工程施工期间，原告共制作有47张工程量签证单，签证单下方“建设单位代表或监理”处均有被告方工程代表王某波的签字。被告分别于2005年7月1日、2005年9月13日、2006年1月4日向原告支付案涉工程款共计32万元。案涉工程完工后，原告、被告将案涉工程提交大连市投资审核中心进行审定。2006年1月19日，大连市投资审核中心出具了工程项目审定表，载明：工程项目名称为大连市游泳馆工程之泳池底部等防水工程（大连某防水工程公司），报审金额77.86万元，审减金额59.030 7万元，结算金额18.829 3万元。

裁判观点

辽宁省大连市中级人民法院认为：案涉工程完工后，被告将案涉工程相关材料提交大连市投资审核中心进行经费审定，2006年1月19日，大连市投资审核中心出具了工程项目审定表，载明案涉工程结算金额18.829 3万元。原告大连某防水工程公司与被告大连某开发建管中心分别在“施工单位意见”“建设单位意见”处加盖了印章。经文检鉴定，该印章系大连某防水工程公司所加盖。但即使该审定表系大连某防水工程公司和大连某开发建管中心共同签署，在原告不予认可的情况下也不能据此认定为双方最终结算依据，理由如下：

（1）双方签订的防水、防潮、抗渗合同中有“整改中随时增加工作量等以工程最后决算为准”的约定，但本案原告、被告双方之间至今未就案涉工程进行工程决算，被告也未提供相关案涉工程的决算文件。

（2）案涉工程合同价款为20.11万元，在工程项目审定表出具之前，被告已向原告支付工程款32万元，该款项已超过合同约定价款10余万元，被告一直未就其所称的超付部分工程款向原告主张过权利，且明确表示在本案中就此不提起反诉，被告称施工过程中多付原告工程款的解释亦与建筑行业付款惯例不符。

（3）大连市投资审核中心所出具的审定表是政府相关部门对被告作为建设单位基本建设资金的监督管理，不影响原告、被告之间的合同效力及履行，且双方当事人在合同中未明确约定以财政部门对财政投资的评定审核结论作为结算依据。综上所述，可以充分说明该工程项目审定表记载的结算值不符合案涉合同的实际履行情况，不能作为合同双方案涉工程的结算依据。故对被告的该抗辩意见不予采信。

6.3.4 当发包人提出的工程变更因非承包人原因删减了合同中的某项原定工作或工

程，致使承包人发生的费用或（和）得到的收益不能被包括在其他已支付或应支付的项目中，也未被包含在任何替代的工作或工程中时，承包人有权提出并应得到合理的费用及利润补偿。

【条文解读】

本条规定了非因承包人原因导致合同工作内容被删减时，承包人有权得到合理费用及利润补偿。

【法律适用及商务提示】

《民法典》第五百八十四条规定："当事人一方不履行合同义务或者履行合同义务不符合约定，造成对方损失的，损失赔偿额应当相当于因违约所造成的损失，包括合同履行后可以获得的利益；但是，不得超过违约一方订立合同时预见到或者应当预见到的因违约可能造成的损失。"

本条是根据《民法典》第五百八十四条规定而设置，目的在于防止发包人在签约后以变更的名义擅自取消合同中约定的工作或工程，从而使承包人蒙受损失的情况。然而，司法实践中，承包人要求发包人就其单方删减的工程或工作支付合理费用及利润补偿的要求往往难以被支持。

为增加承包人依据本条及《民法典》第五百八十四条取得合理费用及利润补偿的可能性，承包人应当注意，第一，在合同条款磋商时注意合同中尽量不要包含发包人具有任意解除权或者任意调整合同工作内容及范围的条款；第二，如认为发包人在履约过程中单方删减工程或工作的可能性较大，应当在合同中明确约定发包人单方删减工程或工作时应当承担的赔偿金额计算标准。

6.3.5 若工程变更引起建设工期变化时，发包人和承包人应协商确定建设工期的增减天数。

【条文解读】

本条规定了工程变更引起工期变化时的调整原则，即由发承包双方根据变更的实际情况共同协商确定建设工期的增减天数。

6.4 市场价格变化

6.4.1 发承包双方可将人工、主要材料及其他认为应根据市场价格调整的项目列入价格指数权重表，按下列规定计算差额并调整合同价款：

1 调整公式如下：

$$\Delta P = P_0\left[A + \left(B_1 \times \frac{F_{t1}}{F_{01}} + B_2 \times \frac{F_{t2}}{F_{02}} + B_3 \times \frac{F_{t3}}{F_{03}} + \cdots + B_n \times \frac{F_{tn}}{F_{0n}}\right) - 1\right] \quad (6.4.1)$$

式中：ΔP——需调整的价格差额；

P_0——根据合同约定，承包人应得到的已完成工作量的金额。此项金额不应包括价格调整、不计质量保证金的扣留和支付、预付款的支付和扣回。约定的变更及其他金额已按现行价格计价的，也不计在内；

A——定值权重（即不调部分的权重）；

B_1、B_2、B_3、…、B_n——各可调因子的变值权重（即可调部分的权重）；

F_{t1}、F_{t2}、F_{t3}、…、F_{tn}——各可调因子的现行价格指数，指约定的付款证书相关周期最后一天的前42天的各可调因子的价格指数；

F_{01}、F_{02}、F_{03}、…、F_{0n}——各可调因子的基本价格指数，指基准日期的各可调因子的价格指数。

2 价格指数的来源。发承包双方应在合同中约定采用的价格指数或价格的来源。

3 暂时确定调整差额。在计算调整差额时得不到现行价格指数的，可暂用上一次价格指数计算，并在以后的付款中再按实际价格指数进行调整。

4 权重的调整。约定的变更导致原定合同中的权重不合理时，由承包人和发包人协商后进行调整。

5 承（发）包人工期延误后的价格调整，由于承（发）包人原因未在约定的工期内竣工的，对原约定竣工日期后继续实施的工程，应采用原约定竣工日期与实际竣工日期的两个价格指数中较低（高）的一个作为现行价格指数。

【条文解读】

本条规定了市场价格变化时的合同价款调整原则与具体方法。

【法律适用及商务提示】

在房屋建筑和市政工程建设领域，长期以来一直采用绝对值调整人工、材料价差的方式，这一方式表面上看对发承包双方都体现了公平，但总的来看，弊大于利：

一是计算繁琐，由于原材料种类繁多、价差调整往往拖到竣工结算，导致施工过程中的期中结算结而不实，竣工结算争议不断。

二是2007年《标准施工招标文件》在通用合同条件中并列指数法和差额法两种调整价差方式，2008年及2013年计价规范均已列明上述两种调整价差方式，《关于进一步推进工程造价管理改革的指导意见》（建标〔2014〕142号）又明确提出推进工程造价要素价格指数调价法，但至今各地区在调差方法上仍未有明显改变。

三是《关于促进建筑业持续健康发展的意见》提出推行工程总承包以来，各地采用该模式运营的项目井喷式涌现，而与之相适应的工程计价规则又迟迟未出，各地也习惯性地以施工总承包的思维采用“模拟清单”“费率下浮”进行工程总承包招标，而这种模式的计价基础仍是施工图，加上工程总承包项目的施工图通常并非发包人提供，导致工程总承包仍然以承包人设计的施工图为基础计量计价，工程总承包陷入结算难办、结算超合同总价的局面。

借鉴国外通行做法，总结国内其他专业工程经验，工程总承包再采用差额法调整人工、材料价差的难度更大。因此，本规范仅采用《标准设计施工总承包合同条件》和《工程总承包合同示范文本》定义的指数法调整价差。

6.4.2 采用工程总承包模式，但又未在合同中约定“价格指数权重表”，可视为不因市场价格波动调整合同价款。

当市场价格波动超出可预见的范围，发承包双方可依据有关情势变更的法律规定，重新协商调整合同价款或变更合同。

【条文解读】

本条对“价格指数权重表”没有约定的后果及市场价格波动超出可预见的范围时的处理作出进一步规定。

【法律适用及商务提示】

本条明确工程总承包模式如果需要根据市场价格波动调整合同价款，需在合同中约定“价格指数权重表”。《民法典》第五百三十三条规定，“合同成立后，合同的基础条件发生了当事人在订立合同时无法预见的、不属于商业风险的重大变化，继续履行合同对于当事人一方明显不公平的，受不利影响的当事人可以与对方重新协商；在合理期限内协商不成的，当事人可以请求人民法院或者仲裁机构变更或者解除合同。人民法院或者仲裁机构应当结合案件的实际情况，根据公平原则变更或者解除合同”。本条明确，如果市场价格波动超出有经验的承包人可预见的范围，可以依据情势变更规定协商调整价款或变更合同。市场价格波动构成情势变更的认定标准是本条适用的重点，结合司法实践，市场价格上涨未超过市场价峰值，不应适用情势变更相关规定。

【参考案例】

案例　某建工集团公司与某环保产业公司建设工程施工合同纠纷案

基本信息

审理法院：最高人民法院。

案号：(2019) 最高法民申 5829 号。

裁判要旨

《最高人民法院关于适用〈中华人民共和国合同法〉若干问题的解释（二）》第二十六条系对合同法上情势变更原则所做的规定，该条强调的客观情况是当事人在订立合同时无法预见的、非不可抗力造成的非商业风险，继续履行将会对一方明显不公平或不能实现合同目的，本案中建筑材料价格上涨应属于重庆建工集团在投标和签订合同时应合理预见的商业风险，且上涨幅度并未超过市场价峰值，因此不应适用《最高人民法院关于适用〈中华人民共和国合同法〉若干问题的解释（二）》第二十六条的规定。

案情介绍

2016 年 8 月，某环保产业公司就“苏高新荣昌节能环保产业园一期接续产业平台建设项目（A 区）总承包工程”对外招标，并发布了《招标文件》。工程控制价为 15 000 万元。苏高新荣昌节能环保产业园一期接续产业平台建设项目（A 区）总承包工程（交钥匙工程），包括建设红线范围内勘察、设计、施工直至竣工验收合格及整体移交、工程保修期内的缺陷修复和保修等所有内容。在“投标人须知”中，第 1.3.1 条“招标范围”与前述第 2.5 条相同；第 1.3.2 条“计划工期”与前述第 2.4 条相同。第 3.2 条“投标报价”载明：“3. 施工建安费报价：（1）投标人按施工建安费总价的下浮比例进行报价。（2）施工图预算经重庆市荣昌区政府投资评审项目管理中心按以下计价原则进行评审，中标人必须接受重庆市荣昌区政府投资评审项目管理中心评审的施工图预算，作为施工建安费总价。”

2016 年 10 月 11 日，某建工集团公司与某环保产业公司签订案涉工程《建设工程施工合同》第 11.1 条“市场价格波动引起的调整”。市场价格波动是否调整合同价格的约定：不调整。

钢材、商品混凝土等主要建材价格在施工期间较 2016 年 7 月出现较大上涨。2018 年 3 月，某建工集团公司向某环保产业公司发出《关于解决……项目（A 区）投资控价和材差的函》，提出因材料上涨潜在亏损近 2 000 万元，建议按照工程施工同期重庆市材料信息价进行如实调整，依此作为本项目结算的依据，据实编制本项目竣工结算。2018 年 5 月，某环保产业公司向某建工集团公司发出《某环保产业公司关于……项目（A 区）相关事宜的函》，表示不同意调整预算总控价和材料价差。双方还多次协商，未就“材料价差”和“投资限价”达成一致意见，某建工集团公司遂提起诉讼。

法律分析

有学者认为，根据情势变更原则设立的初衷，情势变更造成的合同困境只有达到不能苛求当事人继续履行合同的程度，即如果坚持原合同将会引起无法忍受的、与法和正义不相一致的结果的情况下，才能考虑适用情势变更原则。一般情势变更的适用采取审慎态度，想通过情势变更调整合同或解除合同更应慎重。

6.5 不可抗力

6.5.1 因不可抗力事件导致的人员伤亡、财产损失及其费用增加和（或）工期延误，发承包双方应按下列原则分别承担并调整合同价款和工期：

1 合同工程本身的损害、因工程损害导致第三方人员伤亡和财产损失以及运至施工场地的材料和工程设备的损害，由发包人承担；

2 发包人、承包人的人员伤亡和其他财产损失各自承担；

3 承包人的施工机械设备损坏及周转材料的损失，由承包人承担；

4 导致承包人停工的费用损失由发承包双方合理分担。停工期间，承包人应发包人要求照管工程的人员费用由发包人承担；

5 工程所需清理、修复费用由发包人承担。

但因承包人原因导致工期延误后发生不可抗力，不免除承包人的违约责任。

6.5.2 不可抗力解除后复工的，若不能按期竣工，应合理延长工期。发包人提出要求赶工的，赶工费用应由发包人承担。

6.5.3 因不可抗力解除合同的，除合同另有约定外，结算可按本规范第 8.4.1 条的规定办理。

【条文解读】

这三条规定了不可抗力事件导致的合同价款和工期延误的承担原则，主要遵循“各自损失各自承担”的国际惯例。

【法律适用及商务提示】

因发承包双方对于不可抗力的发生均不具有过错，故不可抗力造成的损失应当按照风险负担的一般规则进行。风险负担是指“不可归因于合同当事人的事由致使合同陷入履行不能或继续履行会使权利义务陷入严重不公平时，由此带来的损害应当由哪一方负担或采用何种方式使得双方当事人合理分担的制度”[①]。对于建设工程合同而言，发承包双方应当各自承担各自的损失。“合同工程本身”“运至施工场地的材料和工程设备”等属于最终工程实体的组成部分，其最终组成建设工程的所有权归属于发包人，故因不可抗力而毁损灭失以及由此给第三方造成损失的，应当由发包人承担。而“施工机械设备”“周转材料”的所有权始终归属于承包人或与承包人存在合同关系的第三方，相关责任应当由承包人自行负担。同时为了减少不可抗力带来的扩大损失，承包人为清理、修复以及照管工程所产生的必要费用均由发包人负担。同时产生的合理工期延误也应当顺延。

（1）合同应明确约定构成不可抗力的情形。《工程总承包合同示范文本》通用合同条件第 17.1 条规定：“不可抗力是指合同当事人在订立合同时不可预见，在合同履行过程中不可避免、不能克服且不能提前防备的自然灾害和社会性突发事件，如地震、海啸、瘟疫、骚乱、戒严、暴动、战争和专用合同条件中约定的其他情形。”专用合同条件第 17.1 条亦为当事人根据项目实际情况明确不可抗力范围提供预留了空间，需要发承包双方依据项目所在地的特殊情况，同时结合异常恶劣的气候条件进行补充和细化。例如当事人可以将不可抗力细化为 50 年一遇的风、雨、雪、洪水，6 级以上的地震等，又如“国家权威部门发布且被界定为灾害的瘟疫、地震、洪水、风灾、雪灾等；战争；离子辐射或放射性污染；动乱、暴乱、骚乱或混乱”。

（2）合同应明确约定非当事双方原因造成的损失如何负担。因工程建设的周期较长，施工过程中难免会受到自然因素和社会因素等的影响，这些影响因素并不必然构成不可抗力，总承包合同中应当对此类不构成不可抗力但确属非可归责于任何一方的影响因素给发承包双方带来的损失如何负担作出约定。例如总承包合同约定洪水需要达到五十年一遇方才构成不可抗力，但施工过程中遭受的暴雨虽然没有达到不可抗力的标准但确实造成承包人的临时设施以及部分永久工程被毁损，毁损的工程坠落破坏第三人的财产，此种情况损失应当如何负担，总承包合同应当作出明确约定。

（3）合同应对工程保险作出明确约定。除在总承包合同中对此类因素的损失负担规则作出明确约定外，发承包双方还应当充分利用包括建筑或安装工程一切险、第三者责任险、施工机具保险、施工人员人身意外伤害保险、工伤保险、机动车第三者责任强制保险等的内的保险工具。保险类型通常包括：发包人现场人员生命财产的意外伤害险和施工机具和设备险的保险，建筑工程一切险和安装工程一切险，承包人在施工现场人员的生命财产、现场各种施工用设施、设备、材料的保险，第三人责任险等。总承包合同应当对这些保险的投保主体、投保限额、索赔程序及配合义务、未投保的责任承担、工期延误期间续保主体以及未投保及续保致无法理赔的损失负担等均作出明确约定。

（4）合同可以对停窝工补偿方式作出约定。因工程建设的周期较长，难免会因发包人原因或不可抗力等而使得承包人产生停窝工损失。该损失一旦产生后，发承包双方除了会

① 崔建远．风险负担规则之完善［J］．中州学刊，2018（03）：56-61.

对停窝工事实是否存在及产生原因产生争议，还会对停窝工的机械和人员数量、损失计算标准等产生争议。发承包双方可以在签订总承包合同时可以对停窝工损失的计算方法和计算标准作出约定，以减少此类争议。例如，人工窝工费是否应当按照计日工中的人工或者定额人工单价计算、人员窝工一天是否应当折算为三个工日、机械停滞费是否按停滞台班的折旧费或租赁费计算、现场人员管理费如何计算、总部管理费是否计算及如何计算、停窝工损失是否参与取费等。

（5）承包人应及时按照合同约定购买相应的保险。建筑安装工程一切险、第三者责任险及施工机具保险等均属于为保证工程正常建设、防范异常风险带来额外损失的有力措施，如总承包合同明确约定此类保险由承包人购买时，承包人应当按照约定及时、足额购买。特别是位于城市区域外危险性较大的公路工程、水利工程、铁路工程等，及时购买相关保险是转移风险的有效措施。

（6）承包人应在不可抗力事件发生后及时上报发包人并保存证据。工程索赔的一大特点是通常不形成工程实体，一旦相关事件发生时没有及时保存相关证据，那么事件过后通常也就没有办法还原当时的人员和机械等的损失。举证证明责任始终是困扰承包人索赔的一大核心关键，相关索赔事件发生后，承包人应当及时将现场情况上报发包人并保存好相关证据。承包人可以按天或按周编制现场人工、机械及周转材料等的统计表并上报监理单位和发包人，并借助即时通信软件和电子邮件系统固定相关证据，统计表可附现场的人员及机械照片及视频等，即使发包人拒绝签署相关资料，亦不会对承包人的索赔产生根本性影响。

（7）承包人应格外关注分包单位上报的索赔文件。工程实践中，总承包人通常会通过专业工程分包、劳务分包、班组及其他形式将整个建设工程拆分若干部分以便于管理。如果施工过程中发生了索赔事件，通常总承包人会要求各分包人和班组自行上报相应的损失并附相关证据，总承包人汇总校核后上报发包人。总承包人对于收到的分包人及班组等上报的索赔文件应当格外注意，避免发包人拒绝予以批复，而分包人等以总承包人已经认可该损失确实存在并上报发包人为由直接诉请总承包人赔偿相应的损失。

【参考案例】

案例 1　某绕城公路工程项目纠纷

某绕城公路工程项目，合同明确约定承包人负责办理建筑工程一切险等，相关费用包含在合同工程量清单第 100 章“总则”范围内，如工期延误承包人仍应保证及时办理相关续保手续，相关费用将由发承包双方在区分工期延误责任的基础上进行分担，承包人未及时办理保险及续保手续期间产生损失的，全部由承包人负担。承包人于 2020 年底即已经完成了除收费站拓宽工程外的其他全部工程，因收费站尚未拓宽故尚未办理交工验收。2021 年 3 月建筑工程一切险期间即将届满，承包人认为收费站拓宽工程未能施工的原因为发包人未能完成相应的协调手续，故未办理保险续保手续。2021 年 7 月，项目所在地遭受罕见强降雨，承包人已经施工完成的护坡出现了大面积塌方，因尚未通车故未对造成人员及车辆损害。发包人要求承包人执行相应的修复工作并尽快办理保险索赔工作，承包人以收费站未能拓宽的原因是发包人造成。最终发包人以扣除承包人信用分及竣工结算款相威胁，迫使承包人完成了相应的修复工作。

案例 2　某山区公路工程项目纠纷

某山区公路工程项目，承包人项目部将全部人工挖孔桩工作交由当地一家劳务单位施工并分别签订了劳务合同。施工过程中，周围村民认为爆破开挖影响到房屋安全且对当地养殖业产生不利影响而频繁报警并阻工，致使桩基开挖工作无法正常进行，最终承包人与周围村民达成赔偿协议后方才恢复正常施工。劳务单位根据实际情况编写了村民阻工停窝工报告，要求赔偿损失 137 万元，承包人签收了该索赔报告并以自己的名义报送监理单位和发包人，发包人经审核认为桩基分布较为零散，承包人可随时调整人员部署故不存在停窝工，且本项目 13 个标段均存在不同程度的村民阻工，而其他标段承包人均予以妥善处理，并未提出索赔，故发包人口头回复不同意并将索赔报告作退回处理。承包人在办理对下结算时与劳务分包单位就计价方式产生争议，劳务分包单位直接向当地法院提起了诉讼并要求承包人赔偿停窝工损失 137 万元。人民法院经审理认为，劳务分包单位已经提交了索赔报告，并附有人工考勤表和机械进出场记录，承包人均予以认可并向就监理单位和发包人进行了报送，现在诉讼中又主张前述文件均为劳务分包单位单方编制有违诚信原则，故判决支持承包人赔偿劳务分包单位停窝工损失 137 万元。

6.6　工期提前、延误

6.6.1　发包人确需合同工程提前竣工的，应征得承包人同意后与承包人商定采取加快工程进度的措施，并应修订合同工程进度计划。发包人应承担承包人由此增加的提前竣工（赶工补偿）费用。

发承包双方应在合同中约定提前竣工每日历天应补偿、奖励额度，此项费用应作为增加合同价款列入竣工结算文件中，与结算款一并支付。

6.6.2　因承包人原因导致合同工程延误，承包人应赔偿发包人由此造成的损失，并按照合同约定向发包人支付误期赔偿费，同时不应免除承包人按照合同约定应承担的任何责任和应履行的任何义务。

发承包双方应在合同中约定误期赔偿费，并应明确每日历天应赔额度。误期赔偿费应列入竣工结算文件中，在结算款中扣除。

【条文解读】

第 6.6.1 条与第 6.6.2 条对发包人要求提前竣工及承包人原因致使延误工期引发费用的承担方式作出了规定。

【法律适用及商务提示】

发包人要求提前竣工的，需要取得承包人的同意，承包人有权不接受该指示。承包人同意加快工程进度以配合发包人提前竣工安排的，应及时与发包人以签订补充协议等方式确定提前竣工的补偿金额。《工程总承包合同示范文本》通用合同条件第 8.8.1 款规定："发包人指示承包人提前竣工且被承包人接受的，应与承包人协商采取加快工程进度的措施和修订项目进度计划。发包人应承担承包人由此增加的费用，增加的费用按第 13 条［变更与调整］的约定执行；发包人不得以任何理由要求承包人超过合理限度压缩工期。

承包人有权不接受提前竣工的指示，工期按照合同约定执行。”

发包人主张承包人原因导致合同工程延误的，通常仅需要依据合同约定，出示开工令、竣工验收文件等基础文件，证明开工日期至实际竣工日期超过合同约定的工期天数即可。承包人如抗辩延误非己方原因造成的，则需要提供证据证明非己方原因造成的工期延误以及具体的天数，因此，承包人在合同履行过程中对此类证据应当及时固定，并在发生可能导致工期延误的事件时在约定的时限内向发包人提交工期调整报告并附相关资料。

6.7 工程签证

6.7.1 承包人按照发包人通知完成合同以外的零星项目、非承包人责任事件等工作的，发包人应及时以书面形式向承包人发出指令，并应提供所需的相关资料；承包人在收到指令后，应及时向发包人提出工程签证要求。

6.7.2 承包人应在收到发包人指令后的7天内向发包人提交工程签证报告，发包人应在收到工程签证报告后的48小时内对报告内容进行核实，予以确认或提出修改意见。发包人逾期未确认也未提出修改意见的，应视为承包人提交的工程签证报告已被发包人认可。

6.7.3 发包人采用计日工计价的工作，承包人应按合同约定提交下列资料送发包人复核：

1 工作名称、内容和数量；

2 投入该工作所有人员的姓名、工种、级别和耗用工时；

3 投入该工作的材料名称、类别和数量；

4 投入该工作的施工设备名称、型号、台数和耗用台时；

5 发包人要求提交的其他资料和凭证。

任一计日工项目持续进行时，承包人应在该项工作实施结束后的24小时内向发包人提交有计日工记录汇总的签证报告。

【条文解读】

这三条对工程签证引起的价格调整作出了规定。

【法律适用及商务提示】

1. 发包人角度

发包人应当要求工程部或工程师在承包人实施计日工任务时予以见证，以确保相关计日工工作予以全面、及时地计量。计日工签证应当由工程师初步签字后将全部原件后转交发包人，除发包人同意退回的签证文件外，工程师不得将其已经签字但发包人尚未签字的签证文件擅自交给或退回承包人。发包人应当及时敦促承包人尽快上报计日工相关文件且应当要求工程师在其收到承包人递交的相关文件后应当尽快审批并交付发包人，未经发包人同意，不得将工程师单方面签字盖章的文件退回承包人。

2. 承包人角度

通常签证单由现场技术人员起草，承包人应当要求签证文件在现场技术人员送交工程师或发包人前必须经造价人员审核，造价人员需要对相关工作是否按计日工执行、计日工载明内容是否全面、凭证是否齐全等进行全面审查，尽量避免签证文件在发承包双方之间进行过多流转。

执行计日工相关工作时申请工程师进行现场见证并及时上报计日工消耗量文件是承包人获得有效计量的重要措施。计日工通常是发包人先行口头下达命令，承包人完成后再书面确认，而因工程项目的工期较长施工过程中发承包双方及监理单位现场人员存在更换的可能，在后到任的人员通常不能知悉在先发生的事实，已经离开项目的人员通常也无权再干涉该项目的经济事宜，就造成计日工无法得到计量，甚至一些项目中发承包双方均认可计日工涉及的相关事实存在，但就是无法确认相应的工程量。为了避免这种情况发生，承包人应当尽快上报计日工文件，争取相关工作实施后就能够得到工程量的确认。

【参考案例】

案例1　某工业厂房项目纠纷

某工业厂房项目，招标投标阶段投标人提出："经现场勘查，本项目2号门河道旁遗留有农用灌溉沟道，该部分工作没有包含在招标工程量清单中，按理应该属于三通一平，请明确这部分工作是否由招标人自行完成?"招标人答疑为："现场遗留灌溉设施未包含在本次招标范围内，但由承包人完成，施工过程中办理签证。"后某建筑公司中标并进场组织施工，项目前期技术人员忙于土方开挖与基础抢工，预算人员忙于图纸重计量，对于顺带完成的该部分沟道拆除工作未能实现技术人员和预算人员的有效沟通。结算阶段承包人新更换的预算人员重新翻阅招标文件时方才发现该部分工作尚未给予计量，而发包人工程部人员已经更换，各方均认可该部分工作确实已经由承包人完成，但无法确定具体的工程量，最终未予计量。

案例2　某火力发电项目纠纷

某火力发电项目汽轮机厂房施工期间，发包人为达到施工节点要求承包人先行将框架柱施工至35屋面板底，完成相关进度检查后再施工局部二层楼板。施工单位在后续施工二层楼板期间要求监理单位对现场施工情况给予见证并计入监理施工日志。结算阶段，承包人提交了监理单位签字确认的现场人工消耗量，扣减已标价清单楼板工作中包含的定额人工工日后超出部分按计日工给予了补偿，但因承包人及监理单位均未对施工机械使用情况进行详细记录，故对于机械降效费用未给予补偿。

6.7.4　如工程签证的工作已有相应的计日工单价，工程签证中应列明完成该类项目所需的人工、材料和施工机械台班的数量。

如工程签证的工作没有相应的计日工单价，应在工程签证报告中列明完成该签证工作所需的人工、材料和施工机械台班的数量及单价。

【条文解读】

本条规定了工程签证中明确人工、材料和施工机械台班的数量、单价的做法。

【法律适用及商务提示】

（1）投标报价中应当明确约定计日工单价。发承包双方应当明确计日工的计量单位及构成，如一个台班和一个工日均为8小时，其他按国家法定单位计量。通常建筑工程项目由于持续周期较短且零星工程量整体量较小，故发承包双方通常不会对计日工是否参与调差产生争议，但一些特殊的水利、交通等工程的建设周期较长，计日工数量较多，发承包双方可能会对计日工是否参与调差产生争议，故建设周期较长的项目应尽可能地将计日工纳入实体分部分项工作中计量，确实无法纳入的应当明确约定计日工是否参与调差。

（2）合同应当明确约定计日工的支付周期。《工程总承包合同示范文本》通用合同条件第13.6.2款规定："计日工由承包人汇总后，列入最近一期进度付款申请单，由工程师审查并经发包人批准后列入进度付款。"根据本条规定，计日工纳入最近一期的进度款中计量支付。

（3）承包人应当注意保留签证及其他可证明工程量的文件。因计日工金额通常较小故发承包双方一般在签章流程完成后并不会对计量计价产生过多争议，实践中产生争议的计日工签证多数是发包人因对签证数量及价格等产生异议而未给予签字盖章。由于计日工文件通常上报工程师，工程师审核完成后转交发包人，发包人如经审核不同意的，带有工程师签字的签证文件退还承包人的难度较大。一旦此类签证文件不予退还，承包人几乎丧失了可证明实际完成工程量的基础文件，而无论是通过诉讼还是仲裁方式解决纠纷，承包人作为主张工程价款的一方均负有已完工程量的举证证明义务，这将造成承包人无权主张相应的工程价款。为了避免此种情况，承包人应当注意及时保留可证明现场工程量的文件，对于发包人不予批准的签证文件应当及时要求退还原件，或者借助微信工作群、邮箱、工程例会纪要等方式固定工程量。

【参考案例】

案例1　某高速公路有限公司与某公路建设公司建设工程施工合同纠纷案

基本信息

审理法院：最高人民法院。

案号：（2017）最高法民申1182号。

裁判要旨

承包人虽无签证单但有其他证据可证明计日工实际发生的应予支持，无证据证明的不予支持。

裁判观点

最高人民法院认为：关于工程变更款是否缺乏证据支持的问题。对于计日工增加费用、改装保温措施费用、材料转运增加费用、绕运增加费用、结构层被破坏修复增加费用、工程换填增加费用等六项工程变更款，一审查明，有的有监理公司发出的工程监理通知单，有的有某高速公路有限公司发出的工程设计变更立项通知单，有的有会议纪要予以确认，有的有招投标文件明确的经施工、监理、设计单位同意，故原审关于工程变更款的认定并非缺乏证据证明。某高速公路有限公司提出多项工程变更款的计算应当经过最终的结算，但由于其始终未与某公路建设公司结算，却以工程设计变更立项通知单、会议纪要、监理公司的工程监理通知单等形式予以了确认，故对工程变更款的认定应当以各方确认的内容予以认定。

案例 2　某建筑工程有限公司诉何某斌建设工程施工合同纠纷案

基本信息

审理法院：上海市青浦区人民法院。

案号：（2013）青民三（民）初字第 3877 号。

裁判要旨

施工合同明确约定计日工单价的应当执行合同单价。

裁判观点

上海市青浦区人民法院认为：签证中计日工单价。被告对于原告提供的签证单所示的工程量表示确认，但对签证中计日工单价有异议，认为应按照大工 180 元/工日、小工 120 元/工日计算。双方合同中约定了计日工大工为 120 元/工日、小工为 80 元/工日，现审价按照原告自认的大工 150 元/工日、小工 95 元/工日计费为 325 951 元。如按照被告意见计费涉及增加施工费用 55 196. 50 元。原告对此则表示不予认可。法院认为签证单中对于只记载工程量未记载签证单价的问题，应当首先适用有约定从约定的原则。合同中对于签证大小工单价有明确的约定，理应优先适用约定的单价。现原告自愿在约定单价基础上酌情予以提高标准，于法无悖，本院予以准许。被告要求按照大工 180 元/工日、小工 120 元/工日标准计算没有合同依据，本院难以支持。

案例 3　某建设开发公司与某综合开发有限公司、某电力开发有限公司建设工程施工合同纠纷案

基本信息

审理法院：最高人民法院。

案号：（2019）最高法民终 43 号。

裁判要旨

已经包含在合同价款中的计日工签证不应再行计价。

裁判观点

湖南省高级人民法院认为：某建设开发公司认为计日工和台班均有某综合开发有限公司、某电力开发有限公司工作人员签字应全部计算工程款，而鉴定机构质证中认为合

同约定的施工内容相关单价已经包括的不再重复计算计日工，对此本院要求某建设开发公司将合同约定属施工内容外的计日工和台班整理清单后与鉴定机构核对。鉴定机构在《补充说明》中答复：对某建设开发公司申报的机械台班、人工时索赔项目，根据质证意见确定的范围逐一进行了审核，凡符合索赔条件的都予以计算，对某建设开发公司在质证后申报的要求复核的机械台班、人工时索赔内容也进行了复核，凡符合索赔条件的都予以计算并已列入鉴定结论中。由于鉴定机构已依现在证据对合同施工内容外的计时工和零星机械台班已复核算，某建设开发公司无新的证据予以推翻，本院对鉴定结论依法予以确认。

最高人民法院二审认为：关于定额外计时工及零星机械台班的费用问题。对某建设开发公司申报的机械台时、人工时索赔项目，鉴定机构逐一进行了审核，对于符合索赔条件的均已列入鉴定结论。对于未列入部分，因某建设开发公司提供的申报凭证不足以证明该部分费用的真实存在，一审法院不予支持并无不当。

案例 4　某建设工程公司与某房地产开发公司建设工程施工合同纠纷案

基本信息

审理法院：最高人民法院。

案号：(2015) 民一终字第 249 号。

裁判要旨

计日工签证可以作为顺延工期的依据。

案情介绍

一审、二审法院查明，2011 年 1 月 8 日，某房地产开发公司与某建设工程公司签订《建设工程施工合同》，约定由某建设工程公司承建案涉工程 1~3 号楼及地下室建设工程。《建设工程施工合同》通用条款第 15.7 条：发包人认为有必要时，由监理人通知承包人以计日工方式实施变更的零星工作；承包人应在该项变更的实施过程中，每天提交报表和有关凭证报送监理人审批。

2011 年 9 月 20 日，某房地产开发公司与某建设工程公司就案涉工程 4 号楼及地下室建设工程签订《建设工程施工合同》。

1~3 号楼及地下室建设工程竣工日期为 2013 年 1 月 30 日，4 号楼及地下室建设工程竣工日期为 2013 年 11 月 6 日。上述工程竣工验收后，双方对结算产生争议，诉至法院。

裁判观点

一审争议焦点之一是关于案涉 4 号楼及地下室工程是否存在延期交付的问题。《建设工程施工合同》约定案涉 4 号楼及地下室建设工程工期为 2011 年 9 月 18 日至 2012 年 10 月 1 日，共计 469 天；实际竣工时间为 2013 年 11 月 6 日，逾期竣工 401 天，某房地产开发公司诉称某建设工程公司应承担逾期竣工违约金 6 436 050 元。某建设工程公司辩称因某建设工程公司的各种原因造成工期延误，不应承担违约责任。一审法院将某建设工程公司提出的延误工期的事实逐笔进行分析，其中关于计日工签证事宜一审法院认定：依据案涉合同通用条款第 15.7 条“发包人认为有必要时，由监理人通知承包人以计日工方式实施变更的零星工作；承包人应在该项变更的实施过程中，每天提交报表和有关凭证报送监理人审批”的约定，以下事项属于计日工的情形：2012 年 8 月 14 日《工程签证单》中对消防立管位置的变更事项；2012 年 11 月 6 日《工程签证单》中对部分管道的改造事项；2013 年 4 月 17 日《工程签证单》中对排水沟改造事项；2013 年 7 月 28 日《工程联系单》中对电梯通道改造变更事项，以上事项均经某房地产开发公司、某建设工程公司、监理公司签字认可，属于变更增加项目，由于未约定增加工期，考虑到某建设工程公司已实际完成以上工程量的施工，故酌情顺延 30 天。

案例 5　某高速公路开发公司与某建设集团有限公司建设工程施工合同纠纷案

基本信息

审理法院：湖南省高级人民法院。

案号：（2019）湘民终 224 号。

裁判要旨

经监理单位签字核定的计日工签证，如发包人无其他证据可推翻时应对发包人有约束力。

裁判观点

湖南省衡阳市中级人民法院认为：对鉴定机构不可以直接确定的工程量及其数额的确定。司法鉴定意见为合同段鉴定造价由法院裁定的项目 2：变更签证手续欠完整的变更金额 12 344 178 元；项目 3：签证手续欠完整的计日工金额 4 089 514 元。法院裁定项目部分有签单，但签单手续不完善（空白栏没有签），根据在工程建设过程中，大量的施工资料，包括工程变更、计日工申请等有项目经理或其他有关人员签字一栏，但项目经理或者其他有关人员一般系事后补签，双方关系和睦，待结账时一般会按工程结算要求补签完善有关手续；当工期延期较长，有关人员异动，且双方就工程款支付等有关问题的意见存在较大分歧时，工程施工中的有关材料报批手续就会搁置。对由法院裁定项目 2 变更签证手续欠完整的变更金额 12 344 178 元的认定：有变更令和工地会议纪要，工程变更申请表已签字至业主即某高速公路开发公司工作组组长，但原告不能提供原始凭证，亦不能提供工程量清单修改认证表的 K59+990.5 盖板涵右侧渠加固变更 100 890 元，不予认可；有变更令和工地会议纪要，工程变更申请表除监理外其余签字已完毕的 K61+710 通道接线机耕道变更 48 151 元，监理在工程量清单修改认证表仅签字认可 21 987 元，认可为 21 987 元；有变更令和工地会议纪要，工程变更申请表签字至业主即某高速公路开发公司工作组长的 K59+680—K59+809 挖方段换填变更 113 462 元，监理在工程量清单修改认证表仅签字认可 64 090 元，认可为 64 090 元；K56+500—K56+620 软基变更，变更金额为 565 231 元元，有变更令和工地会议纪要，工程变更申请表签字至业主合约部，该部分金额为 626 516 元，但原告举证为 565 231，鉴定机构认定为 565 231 元，本院亦认定为 565 231

元；有变更令、工地会议纪要、监理在工程量清单修改认证表上签字认可，工程变更方案申请表签字至业主即某高速公路开发公司工作组组长或者业主合约部的即由法院裁定项目2变更签证手续欠完整的变更金额12 344 178元，认可为12 167 752元［12 344 178元-100 890-48 151+21 987-113 462+64 090=12 167 752（元）］；对由法院裁定项目3签证手续欠完整的计日工金额4 089 514元的认定：监理没有在原始的凭证上签字，只有工地会议纪要和计日工计量申请表仅施工方签字的K56+000红线内房屋拆迁计日工262 820元、K57+050处路基左侧塘计日工73 710元、K64+500—K64+700全幅精加工换填计日工63 002元、K64+700处红线内房屋拆迁计日工191 876元、K63+030处红线内房屋拆迁计日工95 938元，共计687 346元，不予认可；K57+300—K57+500精加工翻晒计日工71 783元，原告不能提供原始资料，应承担举证不能的法律后果，对该费用不予认可；案涉工程中计日工，有工地会议纪要，每张（每次）原始凭证上均有监理人员签字，计日工计量申请表签字至工作组组长即业主某高速公路开发公司工作组组长，计日工计量申请表签字欠完整，对签字手续欠完善的计日工即由法院裁定项目3签证手续欠完整的计日工金额4 089 514元，认可为3 330 385元［4 089 514-262 820-73 710-63 002-191 876-95 938-71 783=3 330 385（元）］；鉴定机构不可以直接确定的工程量为16 433 692元［12 344 178+4 089 514=16 433 692（元）］，认定为15 498 137元［12 167 752+3 330 385=15 498 137（元）］。

湖南省高级人民法院认为：关于计日工费。本案鉴定结论将计日工费4 089 514元列为由法院裁定的项目，一审法院经过审查，认可的计日工费金额为3 330 385元。本院认为，虽然某高速公路开发公司对一审认定的计日工费不服，但其未提供证据推翻一审鉴定意见对于该部分费用的认定。某高速公路开发公司还称根据合同谈判会议纪要，计日工签证汇总表中的“坨子山桥架设影响X033线车辆通行、造成六标段路面压坏”两项共计280余万元不应计入计日工费，但该部分已有监理部门人员签字认可，某高速公路开发公司虽未最终在签证单上签字，系因双方已产生争议。故某高速公路开发公司关于计日工费计算有误的上诉请求，本院不予支持。

案例6　某高速公路开发公司与曾某军建设工程施工合同纠纷案

基本信息

审理法院：湖南省高级人民法院。

案号：（2019）湘民终237号。

裁判要旨

虽然签证中的监理签字不符合合同要求，但能够证明计日工工程量实际发生，发包人不能举证证明与实际不符的，应当计取该部分造价。

裁判观点

湖南省高级人民法院二审认为：关于仅有一名监理签字的计日工及变更工程量221.331 3万元。某高速公路开发公司认为合同对监理人员的级别及权限、计日工及变更的审批流程有详细约定，施工中形成了审批惯例，监理超越监理权限且不符合工作管理的行为不能约束发包人，应核减相应造价。经查，施工合同第二条约定应视为构成并作为阅读和理解本协议书组成部分的文件包括：①本合同协议书及附件（含合同谈判中澄清文件、会议纪要）。②中标通知书。③投标书及投标书附录。④合同专用条款（项目专用本）。⑤合同通用条款范本。⑥项目专用技术规范及其补充与修改。⑦《范本》中的技术规范。⑧图纸（含招标文件补遗书中与此有关的部分）。⑨标价的工程量清单。⑩投标书附表（辅助资料表）。⑪资格后审资料。⑫构成本合同组成部分的其他文件。合同专用条款部分第1.1条约定本项目设总监办、驻地监理办、驻地监理组三级监理机构。第2.7条约定在项目建设过程中，业主与监理工程师之间是委托与被委托的关系，监理工程师与承包人之间是监理与被监理的关系。承包人在项目实施过程中，应按合同规定接受监理工程师的监督与管理，同时必须接受业主的统一管理。任何与施工承包合同有关的施工活动，都必须同时经业主和监理工程师审查，认定按合同规定业主才予以拨付工程款。本合同工程实行承包人自检、监理工程师监理和政府监督的三级质量管理体系。对工程质量出现问题而降低质量标准或返工所造成的一切经济损失和工期延误，由承包人负责，并处适当罚款。某高速公路开发公司的《施工监理实施办法》载明某高速公路开发公司和该公司总监办为加强项目的施工监理，使全线监理工作目标明确、责任到位、标准统一、程序合理、运行高效，以保证工程质量，提高投资效益和控制建设工期，特制定本办法。本院认为，《施工监理实施办法》是发包方与监理单位制定的有关监理工作中的操作规范和准则，只能约束发包方和监理单位。施工合同没有约定该办法属于合同组成部分，因此该办法中关于施工中工程变更审批程序的规定不能在发包方与施工方之间产生约束力。合同专用条款部分第1.1条、第2.7条虽约定本案工程项目监理分为三级机构，但并未约定施工过程中形成的签证单等均需要取得三级机构的审批。监理工程师的签字可以表明相应工程量实际发生，某高速公路开发公司未举证证明计日工及工程量申请、变更令所载工程量与实际不符，故对某高速公路开发公司主张核减部分造价，不予支持。

案例7　湖南某水电建设集团有限公司与某县水电有限公司建设工程施工合同纠纷案

基本信息

审理法院：湖南省高级人民法院。

案号：（2014）湘高法民三终字第35号。

裁判观点

湖南省高级人民法院二审认为：增加排水费用工程造价921 943元是否有依据，是否属于重复计算。因阻工及地质缺陷增加排水费用，在《计日工工程量签证单》有监理签字，且监理对工程计量有最终核定的权力，故此项应增加工程造价921 943元，原审法院的处理并无不当。

案例8 某建设公司与某艺术学院建设工程施工合同纠纷案

基本信息

审理法院：新疆维吾尔自治区高级人民法院。

案号：（2021）新民终174号。

裁判要旨

零星返工等工程可按计日工单价计价。

案情介绍

某建设公司（发包人）主张：影视戏剧楼返工计日工计取不合理，错误金额75 066.34元。未经监理批准，承包人不能以计日工形式进行工作，某建设公司未提供计日工详细资料，其提供的工作联系单无某艺术学院确认，不能作为鉴定依据。根据《清单规范》规定，该联系单属合同内变更，不应以计日工形式计价，应套用同期信息价。

法院查明：一、二段基础变更。某建设公司主张按计日工单价计入。某艺术学院主张按定额工日计入。鉴定机构按照《清单规范》第9.7节规定，以中标清单中计日工单价计取确定金额12 445.13元。

裁判观点

新疆维吾尔自治区高级人民法院二审认为：案涉工程为清单计价，零星工发生后应按清单计日工单价计取。鉴定机构根据双方认可的经专家论证通过的高支模施工方案计算高支模费用正确。

6.7.5 除征得发包人书面同意外，合同工程发生工程签证事项，未经发包人签证确认，承包人便擅自施工的，发生的费用应由承包人承担。

6.7.6 工程签证工作完成后的7天内，承包人应按照工程签证内容计算价款，报送发包人确认。

6.7.7 每个支付期末，承包人应向发包人提交本期所有工程的签证汇总表，并应说明本期间有权得到的金额，调整合同价款，列入进度款周期同比例支付。

【条文解读】

第6.7.5条至第6.7.7条规定了未经签证擅自施工的后果，以及工程签证的处理程序。

【法律适用及商务提示】

对于发包人功能性要求变化、技术标准变化、合同范围外费用补偿、工期顺延等能够进行工程签证的事项，承包人应当按照合同约定的期限和程序及时编制工程签证，列举签证金额或顺延期间，并附合理依据报送发包人。

《建设工程司法解释一》第二十条规定：“当事人对工程量有争议的，按照施工过程中形成的签证等书面文件确认。承包人能够证明发包人同意其施工，但未能提供签证文件证明工程量发生的，可以按照当事人提供的其他证据确认实际发生的工程量。”依据该规定，对于发包人不同意办理或拖延办理导致承包人无法取得签证的，承包人应当收集能够证明发包人同意施工、具体发生工程量以及实际施工由承包人完成的证据资料，争取在后期争议解决阶段可以做到无签证回款。

6.8 索　　赔

6.8.1 当合同一方向另一方提出索赔时，应有正当的索赔理由和有效证据，并应符合合同的相关约定。

【条文解读】

本条规定了索赔成立的三要件，即正当理由、有效证据及符合约定。

【法律适用及商务提示】

值得注意的是，工程总承包与施工总承包索赔存在较大区别。例如，施工总承包模式下，施工图变更导致的费用增加及工期延误由发包人承担，承包人还可索赔合理的利润；而工程总承包模式下，设计属于承包人的职责，施工图变更非但不会用以主张增加费用及工期，还可能引起发包人的反索赔。再如，施工总承包模式下，招标工程量清单的缺漏项责任由发包人承担；而工程总承包模式下，招标工程量清单列出的项目及价格均不能视为承包人实施的准确工程量，如承包人对招标工程量清单存在异议的，可以自行补充。发包人要求强调的“功能性”才是承包人据以报价的核心基础。

6.8.2 根据合同约定，承包人认为其有权从发包人得到追加付款和（或）延长工期；发包人认为其有权从承包人得到减少付款和（或）延长缺陷责任期，应按下列程序向对方提出索赔：

1 索赔方应在知道或应当知道索赔事件发生后28天内，向对方提交索赔通知书，说明发生索赔事件的事由。除专用合同条件另有约定外，索赔方逾期未发出索赔通知书的，索赔方无权获得追加/减少付款、延长工期/缺陷责任期，并免除对方与造成索赔事件有关的责任。

2 索赔方应在发出索赔通知书后28天内，向对方正式提交索赔报告。索赔报告应详细说明索赔理由以及要求追加/减少付款的金额，延长工期/缺陷责任期的天数，并附必要的记录和证明材料。

3 索赔事件具有连续影响时，索赔方应每月提交延续索赔通知，说明连续影响的实际情况和记录，列出累积的追加/减少付款的金额和（或）延长工期/缺陷责任期的天数。

4 在索赔事件影响结束后的28天内，索赔方应向对方提交最终索赔报告，说明最终索赔要求的追加/减少付款的金额和（或）延长工期/缺陷责任期的天数，并附必要的记录和证明材料。

【条文解读】

本条对索赔的提出作出了原则性规定，来自《工程总承包合同示范文本》通用合同条件第 19.1 条的规定。第 19.1 条“索赔的提出”规定：“根据合同约定，任意一方认为有权得到追加/减少付款、延长缺陷责任期和（或）延长工期的，应按以下程序向对方提出索赔：(1）索赔方应在知道或应当知道索赔事件发生后 28 天内，向对方递交索赔意向通知书，并说明发生索赔事件的事由；索赔方未在前述 28 天内发出索赔意向通知书的，丧失要求追加/减少付款、延长缺陷责任期和（或）延长工期的权利；(2）索赔方应在发出索赔意向通知书后 28 天内，向对方正式递交索赔报告；索赔报告应详细说明索赔理由以及要求追加的付款金额、延长缺陷责任期和（或）延长的工期，并附必要的记录和证明材料；(3）索赔事件具有持续影响的，索赔方应每月递交延续索赔通知，说明持续影响的实际情况和记录，列出累计的追加付款金额、延长缺陷责任期和（或）工期延长天数；(4）在索赔事件影响结束后 28 天内，索赔方应向对方递交最终索赔报告，说明最终要求索赔的追加付款金额、延长缺陷责任期和（或）延长的工期，并附必要的记录和证明材料。(5）承包人作为索赔方时，其索赔意向通知书、索赔报告及相关索赔文件应向工程师提出；发包人作为索赔方时，其索赔意向通知书、索赔报告及相关索赔文件可自行向承包人提出或由工程师向承包人提出。”

【法律适用及商务提示】

当事人约定逾期索赔失权的，司法裁判机关对该约定的性质、适用条件等仍有较大争议，即使是同一司法裁判机关也可能对不同案件的类似问题作出过不同处理。

例如，某高速公路有限公司与某公路建设公司建设工程施工合同纠纷案（2017）最高法民申 1182 号中，最高人民法院认为逾期索赔条款仅是争议解决的程序性约定，不属于权利的存续期间，指出“双方当事人虽在合同中约定‘关于索赔：根据合同约定，承包人认为有权得到追加付款和（或）延长工期的，应按以下程序向发包人提出：①承包人应在知道或应当知道索赔事件发生后 28 天内，向监理递交索赔意向通知书，并说明发生索赔事件的事由。承包人未在前述 28 天内发出索赔意向通知书，丧失要求追加付款和（或）延长工期的权利；②承包人应在索赔意向通知书后 28 天内，向监理人正式提交索赔通知书’，但上述约定系当事人对于解决纠纷的程序性约定，并非权利的存续期间，某高速公路有限公司关于某公路建设公司未按合同约定在 28 天内主张即丧失索赔权的观点不能成立，原判决适用法律并无错误。”

但在某建设集团有限公司与宁夏某化工有限公司建设工程施工合同纠纷（2018）最高法民终 827 号中，最高人民法院却支持了逾期索赔条款系双方真实意思表示的主张，认为“窝工索赔的时间限制和相关要求是窝工索赔事实能够被准确确认的前提，也是判断合同当事人处理实际施工问题真实意思表示的依据，对控制施工成本和进行施工管理均具有重要意义，具有一定的时效性和程序性限制。某建设集团有限公司未及时主张土石方及桥涵工程施工期间的停工、窝工损失，应承担相应的不利后果。据此，本院对某建设集团有限公司有关土石方、桥涵停工、窝工损失及相应的管理费损失的上诉请求，不予支持。”

有鉴于此，发承包双方应当认识到工程总承包合同约定的逾期索赔条款具有一定的法律效力，当被索赔方以逾期失权抗辩时，在符合一定条件时，司法裁判机关根据个案情况可能会予以支持，但被索赔方未提出此抗辩时，司法裁判机关通常不会主动释明并适用。

6.8.3 索赔应按下列程序处理：

1 被索赔方收到索赔方的索赔报告后，应及时审查索赔报告的内容，查验索赔方的记录和证明材料。

2　被索赔方应在收到索赔报告或有关索赔的进一步证明材料后的42天内，将索赔处理结果答复索赔方。如果被索赔方逾期未作出答复，视为索赔已被认可。

3　索赔方接受索赔处理结果，索赔款项在当期进度款中进行追加/减少；索赔方不接受索赔处理结果，应按合同约定的争议解决方式处理。

【条文解读】

本条规定了索赔的处理程序。本条来自《工程总承包合同示范文本》通用合同条件第19.2条、第19.3条的约定。

第19.2条“承包人索赔的处理程序”规定：“（1）工程师收到承包人提交的索赔报告后，应及时审查索赔报告的内容、查验承包人的记录和证明材料，必要时工程师可要求承包人提交全部原始记录副本。（2）工程师应按第3.6款［商定或确定］商定或确定追加的付款和（或）延长的工期，并在收到上述索赔报告或有关索赔的进一步证明材料后及时书面告知发包人，并在42天内，将发包人书面认可的索赔处理结果答复承包人。工程师在收到索赔报告或有关索赔的进一步证明材料后的42天内不予答复的，视为认可索赔。（3）承包人接受索赔处理结果的，发包人应在作出索赔处理结果答复后28天内完成支付。承包人不接受索赔处理结果的，按照第20条［争议解决］约定处理。”

第19.3条“发包人索赔的处理程序”规定：“（1）承包人收到发包人提交的索赔报告后，应及时审查索赔报告的内容、查验发包人证明材料。（2）承包人应在收到上述索赔报告或有关索赔的进一步证明材料后42天内，将索赔处理结果答复发包人。承包人在收到索赔通知书或有关索赔的进一步证明材料后的42天内不予答复的，视为认可索赔。（3）发包人接受索赔处理结果的，发包人可从应支付给承包人的合同价款中扣除赔付的金额或延长缺陷责任期；发包人不接受索赔处理结果的，按第20条［争议解决］约定处理。”

6.8.4　当承包人就索赔事项同时提出费用索赔和工期索赔时，发包人认为二者具有关联性的，应结合工程延期，综合作出费用赔偿和工程延期的决定。

【条文解读】

本条规定了承包人同时提出费用索赔和工期索赔时，发包人的处理方式。

【法律适用及商务提示】

费用索赔与工期索赔相关联是工程施工中最常见的情形，承包人应积极提出工期索赔，修正仅重视费用索赔而不关注工期索赔的传统观念。当出现工期顺延事件，应当按照合同约定的程序提出顺延工期申请并上报费用索赔。

《建设工程司法解释一》第十条第一款规定：“当事人约定顺延工期应当经发包人或者监理人签证等方式确认，承包人虽未取得工期顺延的确认，但能够证明在合同约定的期限内向发包人或者监理人申请过工期顺延且顺延事由符合合同约定，承包人以此为由主张工期顺延的，人民法院应予支持。”根据本条规定，能够得到顺延工期的最低要求是承包人提出延期申请，否则即使出现工程量增加等依据常识常理和工程习惯都应该顺延工期的索赔事件，但承包人没有履行合同约定的索赔程序，司法裁判机关依然无法基于事实判定顺延工期。

【参考案例】

案例 某房地产公司与某建工集团有限公司建设工程施工合同纠纷案

基本信息

审理法院：上海市第一中级人民法院。

案号：(2008) 沪一中民二（民）初字第40号。

裁判要旨

原被告均无法证明工期顺延，人民法院认为顺延符合发包人联系单中“适当考虑”之意思表示，并基于指定分包事实认定延期。

案情介绍

本案审理中，经司法鉴定人审价，案涉工程土建、安装、室外总体的总造价为人民币39 015 725元；原告存在施工工期延误169日。审价报告有关工期鉴定经质证，原告、被告分别提出如下异议：

围护桩倒塌，审价单位认为增加工期40日，但被告认为，围护桩倒塌是原告的指定分包商施工造成，发生在2005年3月21日，但土钉墙加固完成于2005年5月20日，故应延长工期60日。

鉴定人认为：2005年3月21日原告指定分包施工的东北角的围护桩发生倒塌，土钉墙加固完成于2005年5月20日。2005年4月27日被告报送原告的工作联系单（2005-015号），表明土钉墙没有完工，但通行证的有效期到2005年4月30日，但双方都没有证据证明完成的时间，故其判断为40日。

原告认为：不应计算40日，实际工期一天都未延误。

裁判观点

上海市第一中级人民法院认为：本院认为，根据原告2005年4月20日出具的工作联系单（2005-008号），其表示工期顺延可根据实际情况，适当予以考虑。在原告、被告均无证据证明土钉墙加固实际完成时日情况下，鉴定人根据以上工程文件酌定顺延40日，即使与被告所称（无证据证明）之实际加固完成日并不精确吻合，然符合原告工程施工时对此延期“适当考虑”之意思表示。需要注意的是，按照合同约定，指定分包形成的工期拖延应由被告承担，鉴定人在原告表示予以适当考虑情况下作出的判断是合理的，法庭予以确认。

6.8.5 发承包双方在按合同约定办理了竣工结算后，承包人在提交的最终结清申请中，只限于提出竣工结算后的索赔，提出索赔的期限应自发承包双方最终结清时终止。

【条文解读】

本条对提出索赔的期限进行了规定，《工程总承包合同示范文本》通用合同条件第19.4条“提出索赔的期限”规定：“（1）承包人按第14.5款［竣工结算］约定接收竣工付款证书后，应被认为已无权再提出在合同工程接收证书颁发前所发生的任何索赔。(2) 承包人按第 14.7 款［最终结清］提交的最终结清申请单中，只限于提出工程接收证书颁发后发生的索赔。提出索赔的期限均自接受最终结清证书时终止。”

【法律适用及商务提示】

发承包双方在结算时应当对此前发生的索赔事项一并进行处理，暂时无法达成一致意见的，应当声明保留权利，避免结算后无法再向对方索赔。

1. 相关部门规章、部门规范性文件规定

《价款结算办法》第十四条第一款规定：“工程完工后，双方应按照约定的合同价款及合同价款调整内容以及索赔事项，进行工程竣工结算。”

《发承包计价管理办法》第十九条规定：“工程竣工结算文件经发承包双方签字确认的，应当作为工程决算的依据，未经对方同意，另一方不得就已生效的竣工结算文件委托工程造价咨询企业重复审核。发包方应当按照竣工结算文件及时支付竣工结算款。竣工结算文件应当由发包方报工程所在地县级以上地方人民政府住房城乡建设主管部门备案。”

2. 北京高院指导性意见

《北京市高级人民法院关于审理建设工程施工合同纠纷案件若干疑难问题的解答》(京高法发〔2012〕245 号) 第 24 条规定：“当事人就工程款结算达成一致后又主张索赔的，如何处理？结算协议生效后，承包人依据协议要求支付工程款，发包人以因承包人原因导致工程存在质量问题或逾期竣工为由，要求拒付、减付工程款或赔偿损失的，不予支持，但结算协议另有约定的除外。当事人签订结算协议不影响承包人依据约定或法律、行政法规规定承担质量保修责任。结算协议生效后，承包人以因发包人原因导致工程延期为由，要求赔偿停工、窝工等损失的，不予支持，但结算协议另有约定的除外。”

【参考案例】

案例　某房地产开发公司与某建筑工程公司建设工程施工合同纠纷案

基本信息

审理法院：最高人民法院。

案号：(2017) 最高法民再 97 号。

裁判要旨

除非结算时声明保留，通常竣工结算后不能再向对方主张竣工结算前发生的索赔。

案情介绍

2011 年 5 月 17 日，某房地产开发公司与某建筑工程公司签订施工合同约定，某房地产开发公司将案涉工程发包给某建筑工程公司总承包施工，工程总价款暂定 38 144 409.6 元。工程款的支付时间为每幢楼主体封顶经验收合格 10 日内支付该段工程款的 60%；余款在工程竣工验收后一次性付清（工程质量保证金除外），结算款的 2.5% 作为质量保证金；某房地产开发公司在工程竣工验收满一年后 14 天内将支付质量保证金。2013 年 11 月

15 日，案涉工程通过竣工验收。

2014 年 3 月 4 日，双方签订桩基工程《工程结算书》，结算桩基工程款为 2 013 327 元。2014 年 3 月 14 日，双方签订《工程结算书》对 1 号楼~4 号楼项目工程变更、签证、未做项目、面积差补款、签证运土方、安装签证等进行综合结算，工程结算款为 37 297 323. 32 元，并在案涉工程结算书上注明“2、3、4 号楼阳台面积待定”。双方均在结算书中签名盖章。工程施工过程中，某房地产开发公司累计支付某建筑工程公司工程款 2 780 万元（桩基工程款 200 万元除外）。

某建筑工程公司诉讼请求：①判令某房地产开发公司支付工程款 12 518 597. 52 元，并按银行同期贷款逾期利息计算利息。②请求确认某建筑工程公司对某房地产开发公司建设的房地产享有建设工程价款优先受偿权。

某房地产开发公司反诉请求：①判令某建筑工程公司移交全套完整竣工资料和验收报告并配合某房地产开发公司办理工程竣工验收报备手续。②判令某建筑工程公司支付工程逾期竣工违约金 3 641 519. 64 元。③判令某建筑工程公司支付工期延误违约金 2 985 720 元。④判令某建筑工程公司支付没有移交竣工验收资料违约金 100 万元。⑤判令某建筑工程公司支付桩基工程延误违约金 1 540 159. 16 元。

裁判观点

最高人民法院认为：某房地产开发公司一审反诉所提各项请求应否支持。建设工程施工合同当事人在进行工程竣工结算时，应当依照合同约定就对方当事人履行合同是否符合约定进行审核并提出相应索赔。索赔事项及金额，应在结算时一并核定处理。因此，除在结算时因存有争议而声明保留的项目外，竣工结算报告经各方审核确认后的结算意见，属于合同各方进行工程价款清结的最终依据。一方当事人在进行结算时没有提出相关索赔主张或声明保留，完成工程价款结算后又以对方之前存在违约行为提出索赔主张，依法不予支持。由此，在案涉合同未就工程价款结算时保留违约索赔权利作出专门规定的情况下，一审、二审法院对于某房地产开发公司一审反诉主张某建筑工程公司逾期竣工、工期延误以及未移交竣工验收资料等违约索赔请求未予支持，符合法律规定。

7 工程结算与支付

7.1 预 付 款

7.1.1 除合同另有约定外，发包人支付承包人预付款的比例应按签约合同价（扣除预备费）或年度资金计划计算不得低于10%。

【条文解读】

《价款结算办法》第十二条规定："工程预付款结算应符合下列规定：（一）包工包料工程的预付款按合同约定拨付，原则上预付比例不低于合同金额的10%，不高于合同金额的30%，对重大工程项目，按年度工程计划逐年预付。"本条是前述规定在建设工程总承包项目的具体应用。

【法律适用及商务提示】

（1）施工合同应当明确约定预付款比例及付款时间。第一，施工合同应当明确约定预付款比例。由于施工合同文本内容较多，且由协议书、通用条件、专用条件、附件以及招标投标文件等多个部分组成，各个组成部分可能会对预付款的比例出现前后约定不一致的情况，如承包人拟主张较高比例的预付款，在发包人仅支付了低比例的预付款后，应及时通知发包人补充支付，以免被人民法院认为双方对比例达成默认。通常情况下，付款比例在10%~30%之间，一般不会超过30%。

第二，施工合同应当明确约定预付款的付款时间。发承包双方对于进度款支付的约定同样是以比例的方式进行约定，因此若不明确约定预付款支付时间，将可能会造成预付款与进度款支付时间的混淆。双方日后若就预付款利息发生纠纷，人民法院将认定首先支付到预付款比例的钱款抵充预付款，后续钱款才计作进度款，将导致预付款利息计算时间的延迟。

（2）预付款按年度工程计划逐年预付时，应及时审批资金计划。第一，预付款按年度工程计划逐年预付有利于控制资金用途。工程实践中，承包人挪用预付款的情况时有发生，正常情况下，在发包人正常支付进度款的情况下，如承包人不挪用预付款，大概率可以保证项目正常施工。但由于承包人会同时承建多个施工项目，不同项目的盈利能力和付款条件均不相同，一些承包人会将付款条件较好的项目资金挪用到其他项目上，当被挪用项目需要大量资金投入而相关资金无法回笼时，承包人往往会以投标报价过低、款项支付不及时、项目亏损等理由拖延施工，并进一步提出提高进度款比例或提前释放进度款的请求。工程总承包项目资金体量更大，一旦预付款被挪用，项目将会陷入更大的履约困境，故采用逐年预付的方式有利于控制资金用途。

第二，逐年预付时，应当提前上报并及时审批资金计划。为了避免资金计划的审批对正常施工产生影响，发包人应当提前审批并支付进度计划，承包人也应当按照发包人要求及时上报相关资料。由于资金是施工过程中极为关键的影响因素，而年度资金计划又与工程进度及计划直接挂钩，如相关审批有赖于发承包双方协商确定的，这种协商过程可能较为艰难，特别是发承包双方履约已经陷入困境的情况下，达成一致的难度将会骤升。施工合同可以约定以工程进度按年支付，或直接按照工程节点预付，或者资金审批及款项支付全流程不需要承包人参与，工程建设过程中可以直接按约定执行，无须双方再行协商。

（3）预付款的计算基数应当扣除预备费。因工程实施过程中可能会发生一些在实施前无法预见到的变更、自然灾害、物价波动等建设投资影响因素，预备费的设立目的就是应对这类因素影响，其并非必然发生。预付款的设立目的是提供启动资金，供承包人组织工程设计、材料设备购买、临时设施修建等，这些都是必然会发生的事项。基于预付款与预备费的设立目的不同，在计算预付款时应当在计算基数中扣除预备费。

7.1.2 承包人应按合同约定向发包人提交预付款支付申请，并在发包人支付预付款7天前提供预付款担保，在预付款完全扣回之前，承包人应保证预付款担保持续有效。发包人应在收到支付申请的7天内进行核实，并在核实后的7天内向承包人支付预付款。

【条文解读】

本条对预付款的申请、预付款担保的提供、预付款的支付进行了规定。

【法律适用及商务提示】

（1）合同可以根据实际情况进行不同约定。根据本条规定，预付款支付的流程是先由承包人递交预付款申请，然后承包人在发包人审核支付7天前提供预付款担保，发包人审核后支付预付款。该顺序与《工程总承包合同示范文本》通用合同条件第14.2条规定基本一致。但本条规定并不具有强制适用效力，是否需要提交预付款担保、提交何种形式的担保、预付款如何支付与扣回有赖于发承包双方在工程总承包合同中明确约定，双方在约定时可以参照本规范进行。

（2）发包人应注意核实预付款担保效力。预付款担保包括独立保函、第三方单位或个人担保，工程实践中最常见的就是独立保函。独立保函系由银行或非银行金融机构开立的见索即付、不可撤销的保函，一旦发包人认为承包人存在预付款及合同约定相关违约行为时，可以直接向开立人递交相关单据，开立人仅作表面审查。经过表面审查并发现相符的，开立人无须核实发包人相关主张的相关事实是否属实即可按独立保函向发包人进行支付。实践中，存在个别承包人通过伪造开立人公章等方式虚开独立保函的情形，发包人在收到承包人提供的独立保函后，应当与开立人及相关单位核实保函真实性。除担保公司提供担保外，对于第三方单位或个人提供保证，需要依照相关法律法规核实保证是否符合该第三方的对外担保决议程序。

7.1.3 预付款应按合同约定从应支付给承包人的进度款中扣回，直到扣回的金额达到发包人支付的预付款金额为止。

在工程未完工之前解除合同时，预付款尚未扣清的余额，应纳入解除合同后的结算与支付。

【条文解读】

《价款结算办法》第十二条规定：工程预付款结算应符合下列规定：（三）预付的工程款必须在合同中约定抵扣方式，并在工程进度款中进行抵扣。”第十三条规定：“（三）

工程进度款支付：1、根据确定的工程计量结果，承包人向发包人提出支付工程进度款申请，14天内，发包人应按不低于工程价款的60%，不高于工程价款的90%向承包人支付工程进度款。按约定时间发包人应扣回的预付款，与工程进度款同期结算抵扣。”本条系对前述办法规定在建设工程总承包项目的具体应用。

【法律适用及商务提示】

（1）预付款是否需要在进度款中抵扣，需要由合同约定。对于工程总承包合同中进度款的支付方式，通常包含两种，第一种是约定支付至已审批产值等的一定比例，例如支付至已审批产值的80%；第二种是约定支付审批产值等的一定比例，例如支付已审批产值的80%。一般来讲，第一种情况下，预付款需要在进度款中扣除，即包含预付款在内的进度款支付比例合计为80%；第二种情况下，预付款无须在进度款中扣除，即实际支付比例为90%。具体采用何种方式，以及预付款是否在进度款中抵扣，由双方在施工合同中进行约定。

（2）合同提前解除，预付款应当纳入结算与支付。个别项目施工完成后或者施工未完成合同即解除，仍有部分预付款尚未扣除的，尚未扣除的预付款可以作为已付工程价款的组成部分，纳入最终结算一并处理。值得注意的是，在工程总承包合同分别对预付款、进度款、结算款的支付时间及逾期付款责任都有明确约定的情况下，即使预付款未抵扣完，但发包人存在迟延支付进度款的情况下，不影响发包人对欠付进度款承担违约责任。

7.2 期中结算与支付

7.2.1 发承包双方应按照合同约定的时间、程序和方法，在合同履行过程中根据完成进度计划的里程碑节点办理期中价款结算，并按照合同价款支付分解表支付进度款，进度款支付比例不应低于80%。发承包双方可在确保承包人提供质量保证金的前提下，在合同中约定进度款支付比例。

里程碑相邻节点之间超过一个月的，发包人应按照下一里程碑节点的工程价款，按月按约定比例预支付人工费。

采用工程量清单计价的项目，应按合同约定对完成的里程碑节点应予计算的工程量及单价进行结算，支付进度款，如已预支付人工费的予以扣减。

【条文解读】

《关于完善建设工程价款结算有关办法的通知》（财建〔2022〕183号，以下简称《关于完善价款结算的通知》）第一条规定：“提高建设工程进度款支付比例。政府机关、事业单位、国有企业建设工程进度款支付应不低于已完成工程价款的80%；同时，在确保不超出工程总概（预）算以及工程决（结）算工作顺利开展的前提下，除按合同约定保留不超过工程价款总额3%的质量保证金外，进度款支付比例可由发承包双方根据项目实际情况自行确定。”《保障农民工工资支付条例》第二十四条第二款规定：“建设单位与施工总承包单位依法订立书面工程施工合同，应当约定工程款计量周期、工程款进度结算办法以及人工费用拨付周期，并按照保障农民工工资按时足额支付的要求约定人工费用。人工费用拨付周期不得超过1个月。”本条系对前述规定在建设工程总承包项目的具体应用。

【法律适用及商务提示】

（1）承包人应妥善保存进度款迟延支付相关证据。相较于施工总承包合同，工程总承包合同中承包人的义务更重，发包人的义务较少，发包人主要义务即按约及时全额支付工程进度款。发包人迟延支付工程款一方面会对工期产生重要影响，另一方面也是承包人规避工期延误责任甚至追究发包人工期延误责任的重要依据，故承包人应当妥善保存与进度款迟延支付相关的证据。

如合同付款节点约定明确的，承包人应引导发包人按节点支付工程款。诉讼中，承包人承担证明发包人每个节点逾期支付金额的举证责任，若发包人未按节点支付，导致支付款项混乱，无法与合同约定的各节点对应，可能会造成无法认定发包人逾期支付进度款的情况。承包人可以通过发送相关异议的工程联系单或组织对账等方式固定相关证据。

如合同付款节点不明确的，例如施工范围变更等，承包人应积极与发包人沟通协商达成一致，如无法达成一致，应当及时通过工程联系单或工程会议等方式提出异议。

（2）协商共同实施施工过程结算。施工过程结算系建设行政主管部门推荐的结算方式，对于减轻承包人的资金压力，以及竣工结算压力均具有重要作用。《关于完善价款结算的通知》明确规定："当年开工、当年不能竣工的新开工项目可以推行过程结算。发承包双方通过合同约定，将施工过程按时间或进度节点划分施工周期，对周期内已完成且无争议的工程量（含变更、签证、索赔等）进行价款计算、确认和支付，支付金额不得超出已完工部分对应的批复概（预）算"，《关于落实建设单位工程质量首要责任的通知》（建质规〔2020〕9 号，以下简称《落实建设单位首要责任通知》）第二条第（三）款亦明确规定："建设合同应约定施工过程结算周期、工程进度款结算办法等内容。分部工程验收通过时原则上应同步完成工程款结算，不得以设计变更、工程洽商等理由变相拖延结算。政府投资工程应当按照国家有关规定确保资金按时支付到位，不得以未完成审计作为延期工程款结算的理由。"

对于工程总承包项目而言，实施施工过程结算对于项目投资控制、争议解决及款项支付等均具有重要意义，但施工过程结算程序及效力有赖于发承包双方在合同中进行明确约定。

（3）人工费应按月支付，但可在后续应付进度款中扣除。人工费是建设工程合同价款的一个重要组成部分，主要是由一线农民工的工资组成。及时发放农民工工资对于保障农民工切身利益、维护社会公平正义和社会和谐稳定具有重要作用，国务院办公厅《关于全面治理拖欠农民工工资问题的意见》（国办发〔2016〕1 号）明确规定："明确工资支付各方主体责任。全面落实企业对招用农民工的工资支付责任，督促各类企业严格依法将工资按月足额支付给农民工本人，严禁将工资发放给不具备用工主体资格的组织和个人。"为落实前述规定，《保障农民工工资支付条例》第二十四条明确人工费用拨付周期不得超过 1 个月，本条规定与《保障农民工工资支付条例》保持统一。

工程总承包项目的相邻付款节点可能会超过一个月，如超过的，承包人应按照法律规定提出按月拨付人工费的比例并由发包人支付，或可根据项目的劳动力计划编制农民工工资支付计划并计入《合同价款支付分解表》。

【参考案例】

案例 1　某交换器公司与某工程公司建设工程施工合同纠纷案

基本信息

审理法院：最高人民法院。

案号：(2017) 最高法民申 1951 号。

裁判要旨

承包人承担证明发包人在进度款支付节点欠付数额的举证责任，无法证明的，无法获得进度款逾期利息。

案情介绍

某交换器公司申请再审称：本案中的建设工程（即 2 400 万的工程）分三部分，三部分工程的付款方式、付款时间约定都是不同的。而一审却将不同类别、不同约定的工程放在一起计算。一审在判决时把“垫资”利息进行了详细地计算，并附上“利息计算明细表”，该表中计算利息有明显计算错误，重复计算利息数额共计 440 617. 25 元。

裁判观点

最高人民法院认为：某工程公司的诉讼请求虽然表述为“垫资利息”，但其提交的关于利息数额的计算方法是根据每个工程进度款支付节点未支付进度款所产生的欠付工程款利息，因此其诉请的实质仍属于工程进度款欠款利息。一审判决主文虽然也表述为“垫资利息”，但所附“利息计算明细表”显示的也是工程欠款利息，与某工程公司的诉请实质一致。《建设工程司法解释》第十八条规定：利息从应付工程价款之日计付。上述规定表明，利息系工程价款的法定孳息，应当随同工程价款一并给付。因某工程公司未能证明工程竣工结算之前某交换器公司在工程进度款支付节点欠付工程款的数额，一审、二审判决并未支持某工程公司关于工程竣工之前工程进度款利息的主张。

案例 2　某工程公司与某房地产开发公司、王某波建设工程施工合同纠纷案

基本信息

审理法院：最高人民法院。

案号：(2015) 民申字第 3473 号。

裁判要旨

无法确定双方对进度款支付节点的约定时，法院将以合同约定价而非实际造价认定进度款是否逾期支付。

案情介绍

某房地产开发公司申请再审称：案涉工程总造价认定错误。一审法院认定案涉工程造价时，既未按照当事人的约定，也未按照中介机构的鉴定结论，而是经过粗略计算认定为13 084 100. 4 元，并以此为基础错误认定再审申请人未按照合同约定足额支付工程进度款，违约在先。

裁判观点

最高人民法院认为：首先，关于某工程公司应否支付逾期竣工违约金。在存有争议的情况下，原审法院以双方补充合同约定的总造价 13 084 100. 4 元，来确认发包人是否按时支付工程进度款并无不当。此外根据原审查明，截至 2009 年 11 月 14 日案涉工程施工至标准六层时，某房地产开发公司与王某波仅支付工程款（包括以房抵款）2 406 176. 33 元。即使按照王某波主张的 12 611 000 元工程总造价计算，其付款也远低于合同约定的总价款的 40%。在认定再审申请人未按时支付工程进度款的基础上，原审法院结合本案其他因素，认为工期应当相应顺延，进而驳回王某波关于逾期付款违约金的主张并无不当。

案例 3　某微生物科技公司与某建设集团公司建设工程施工合同纠纷案

基本信息

审理法院：最高人民法院。

案号：（2018）最高法民申 3957 号。

裁判要旨

双方以实际行为更改了原合同约定的施工方式的，法院依据原约定可执行部分认定进度款支付节点。

案情介绍

某微生物科技公司申请再审称，本案双方当事人对工程款的给付节点有明确约定，二审法院擅自变更工程款给付节点，违背当事人意思自治原则，适用法律错误。

裁判观点

最高人民法院认为：至 2014 年 7 月 18 日案涉工程停工时，某建设集团公司已完工程造价为 56 794 954. 88 元，占工程总金额的 56%。而某微生物科技公司仅支付工程款（预借农民工工资）750 万元，占工程总金额的 6. 8%。某微生物科技公司的付款金额远远小于某建设集团公司的施工量。本院认为，合同一旦订立，当事人应当遵循诚实信用原则依照约定全面履行自己的义务。本案中，双方以实际行为改变了合同约定的施工方式，《某微生物科技公司厂房建设工程补充协议》约定的工程进度款支付方式丧失了实际履行的客观条件，在双方当事人未达成新的补充约定的情况下，双方应结合原约定可执行部分，即关于已完工程量的部分内容来确定进度款支付节点。某微生物科技公司未能正当履行其支付工程进度款的合同义务，致使某建设集团公司无力支付农民工工资，进而引发本案纠纷，某微生物科技公司应承担违约责任。

案例 4　某置业有限公司与某工程有限公司建设工程施工合同纠纷案

基本信息

审理法院：最高人民法院。

案号：（2020）最高法民申 1065 号。

裁判要旨

无法查明约定的进度款支付节点的，法院将结合已支付款项、提交结算报告的时间、竣工时间、鉴定时间进行认定。

案情介绍

某置业有限公司申请再审称，二审法院推定 2016 年 6 月 17 日为第三期工程进度款的支付节点；酌定 2018 年 2 月 23 日为第四期支付时间节点；认定 2018 年 5 月 14 日为第五期支付时间节点缺乏依据。

裁判观点

最高人民法院认为：关于案涉第三期、第四期、第五期工程进度款支付节点认定问题。对于第三期支付节点。根据一审、二审查明的事实，截至 2016 年 6 月 17 日，某置业有限公司已经付清了案涉《工程施工合同补充条款》中所约定的第一期、第二期工程进度款，二审法院据此认定某置业有限公司在 2016 年 6 月 17 日之后的付款系对案涉《工程施工合同补充条款》所约定的第三期工程进度款的支付并无不当。

对于第四期支付节点。根据武汉东湖新技术开发区建筑工程质量监督站出具的证明显示，截至 2018 年 2 月 6 日，某工程有限公司报送的工程质量验收申报资料基本齐全，二审法院据此酌定该日期为某工程有限公司提交竣工验收报告的时间并无不当。

对于第五期支付节点。案涉（2018）第 141 号鉴定意见书系一审法院根据某置业有限公司的申请委托某工程咨询有限公司作出，某置业有限公司再审申请环节称其不认可该份工程造价鉴定意见书，但并未提供足以推翻该份鉴定意见书的相关证据。就某工程有限公司所施工部分，某置业有限公司已经占有使用，其应该按照合同及时与某工程有限公司进行结算并支付相应工程价款。因该份鉴定意见书作出时，案涉工程造价已经确定，二审法院将该份鉴定意见书作出的日期认定为工程结算的时间节点并无不当。

案例 5　某建安公司与某置业公司建设工程施工合同纠纷案

基本信息

审理法院：云南省高级人民法院。

案号：（2018）云民终 731 号。

裁判要旨

合同无效的，不能依据合同约定的支付节点认定工程进度款欠款金额。

案情介绍

2014 年 5 月 26 日，双方当事人经过招投标程序签订《三德 · 大理黄龙山庄一期项目施工合同》，重新对地下室基础部分的施工作了约定，合同价款为 48 715 964 元，采用固定价格合同方式确定合同价款，进场开工后三天付 10% 的工程预付款，工程预付款分三个月扣完，每月支付工程进度款时扣 1 623 800 元，工程款每个月支付一次，支付本期完成工作量的 80%，合同对违约责任等作了约定。2014 年 3 月 19 日，双方当事人签订《黄龙山庄工程基坑支护施工合同》，约定某建安公司对黄龙山庄高层 2#楼、3#楼地下室及底层建筑地下车库的基础基坑支护参照原方案进行施工，通过采取放坡开挖，部分喷锚的支护形式进行施工，合同包干含税总价 1 200 000 元。付款方式是合同签订后预付合同总价款的 10% 即 120 000 元，地下室筏板施工完工后一周内支付总价款的 50%，2#楼、3#楼地下室施工完工后支付总价款的 30%，回填土填完后支付工程尾款。

裁判观点

云南省高级人民法院认为：因合同无效，不能按照合同约定的工程进度款支付节点认定工程进度款的尚欠金额，只能按照某建安公司已完工程造价确定是否尚欠工程款。

案例 6　某建设（集团）公司与某房地产投资公司建设工程施工合同纠纷案

基本信息

审理法院：江苏省高级人民法院。

案号：（2017）苏民终 1715 号。

裁判要旨

发包人未按约定节点支付进度款的，承包人应当及时按照合同约定提出异议、索赔等以固定事实、保存证据。

案情介绍

2011 年 6 月 30 日，某建设（集团）公司为承包人、某房地产投资公司为发包人，双方签订《某房地产投资公司 5A 地块建设工程总承包合同》。双方在合同中补充特别约定：结算依据：采用可调价格合同。工程款支付：①高层建筑地下室结构封顶后 14 天内，支付该部分已完成合格工程量 60% 的工程款；②单体主体结构每完成 5 层后 14 天内，支付该部分已完成合格工程量 60% 的工程款；③单体主体结构封顶后 14 天内，支付该部分已完成合格工程量 60% 的工程款；④单体砌筑抹灰完成后 14 天内，支付该部分已完成合格工程量 60% 的工程款；⑤完成全部自行承包范围的其余工程（如有精装修另行规定）后 14 天内，支付至已完成合格工程量 80% 的工程款。26. 3　发包人超过约定的支付时间不支付工程款（进度款），承包人可向发包人发出要求付款的通知，发包人收到承包人通知后仍不能按要求付款，可与承包人协商签订延期付款协议，经承包人同意后支付。协议应明确延期支付的时间和从计量结果确认后第15天起计算应付款的贷款利息。26.4 发包人不按合同约定支付工程款（进度款），双方又未达成延期付款协议，导致施工无法进行的，承包人可以停止施工，由发包人承担违约责任。35. 违约：（2）本通用条款第26.4款提到的发包人不按合同约定支付工程款，导致施工无法进行……；发包人承担违约责任，赔偿因其违约给承包人造成的损失，顺延延误工期。双方在专用条款内约定发包人赔偿承包人损失的计算方法或者发包人应当支付违约金的数额计算方法。36.2 ……发包人未能按合同约定履行自己的各项义务或发生错误以及应由发包人承担责任的其他情况，造成工期延误和承包人不能及时得到合同价款及承包人其他损失，承包人可按下列程序以书面形式向发包人索赔：①索赔事件发生后28天内，向工程师发出索赔意向通知；②发出索赔意向通知28天内，向工程师提出延长工期或补偿损失的索赔报告和有关资料，工程师于收到资料后28天内予以答复，不予答复的视为认可。

一审法院认为：对于某房地产投资公司是否应承担逾期付款的利息问题，首先，在合同履行中，由于双方未能按照合同约定的进度款支付节点和条件申请、审核、支付，导致每期支付的款项无法确定对应于哪个节点期间的进度款，以致无法确定各期间支付的进度款数额是否达到支付节点约定的比例，亦无法确定是否逾期和逾期的数额；其次，即使某房地产投资公司存在逾期支付行为，但双方没有按约就逾期支付问题协商形成协议，某建设（集团）公司亦未举证证明因对方逾期支付进度款行为导致施工无法进行，某房地产投资公司尚不达到双方合同中约定"发包人不按合同约定支付工程款，导致施工无法进行"的应当承担违约责任的情形；最后，即使某房地产投资公司存在逾期支付行为，某建设（集团）公司亦未能按照合同约定的程序在发生索赔事实后28天内向某房地产投资公司书面提出索赔通知，要求某房地产投资公司支付逾期款项及利息或造成的损失，某建设（集团）公司在历次工程款申请支付表中亦未要求支付上期差欠的款项及逾期利息，对某房地产投资公司支付的当期进度款没有提出异议。另双方在合同解除后确定损失和待处理问题汇总中，并未涉及逾期进度利息。某建设（集团）公司提供的证据，虽可证明某房地产投资公司存在部分审核的价款与实际支付价款时间超出14天和支付数额小额少于审核价款的情况，但尚不能证明某房地产投资公司存在未按约定节点支付及逾期支付的违约行为。综上，某建设（集团）公司主张逾期支付利息缺乏事实根据，不符合合同约定，不予支持。

当事人未上诉主张该请求，因此二审法院未再处理。

7.2.2 承包人应根据实际完成进度计划的里程碑节点到期后的7天内向发包人提出进度款支付申请，支付申请的内容应符合合同的约定。

7.2.3 发包人应在收到承包人进度款支付申请后的7天内，对申请内容予以核实，确认后应向承包人出具进度款支付证书并在支付证书签发后7天内支付进度款。

发包人逾期未签发进度款支付证书且未提出异议的，视为承包人提交的进度款支付申请已被发包人认可，承包人应向发包人发出要求付款的通知，发包人应在收到承包人通知14天内，按照承包人支付申请的金额向承包人支付进度款。

发承包双方对进度款支付不能达成一致时，发包人应对无异议部分予以支付，有异议部分应按争议解决办法处理。

【条文解读】

第 7.2.2 条和第 7.2.3 条对进度款的申请、审批与支付流程进行了规定，发包人逾期未签发且未提出异议的，视为其已经认可承包人递交的支付申请，但承包人仍应当向发包人发出要求付款的通知。

【法律适用及商务提示】

（1）承包人应注意保存进度款报审相关资料。当发承包双方就进度款支付存在争议或就工期违约责任产生争议并提起诉讼或仲裁时，承包人作为主张发包人违约或工期顺延的一方，需要就发包人迟延支付工程款提供证据。但工程实践中，越来越多的项目要求进度款报审及批复资料只有一套纸质版原件，该套原件将在发包人最终批复后由发包人自行保存，并不会返还给承包人，这将造成承包人无法持有相关资料原件，仅可能通过微信往来等方式获得扫描件。一旦涉及诉讼，发包人可能会对相关扫描件的真实性不认可，给承包人主张权利造成影响。承包人可以提交三套及以上进度款报审资料，要求发包人审批并至少退回一套，或者要求发包人通过合同约定的邮箱或微信将流程已结的资料扫描件发送给承包人。

（2）进度款报审资料应注明日期及构成明细。工程实践中，包括进度款报审资料在内的很多工程资料在形成时均未及时签署日期，这将造成承包人在主张迟延支付进度款违约金或工期顺延期间时面临起止时间无法确定的窘境。为了避免此种情况的出现，对于此类经济资料应当及时签署或补签日期，确实不宜签订日期的，可以在递交申请资料时，要求发包人相关人员在收发文本或者申报资料复印件上注明收件日期。

此外，工程实践中的一些特殊费用，如需要通过进度款形式支付的，应当分析费用性质，然后判断是否应当在报审文件中注明构成明细。如发包人应当支付承包人的商票贴息费用，如果发包人以其内部流程无法审批为由，要求以特殊拆改费进行计量支付的，进度款价款构成中宜注明新增特殊拆改工作增加费用，以便于最终结算时调增工程总产值，否则即使过程中发包人支付了这笔款项，结算时亦可能否认该笔款项应当调增工程产值的事实。

（3）发包人对于无异议部分应当及时支付。鉴于及时支付价款对承包人工程建设的重要性，本规范规定对于发包人没有异议部分的工程价款，应当先行支付，以便于承包人及时收到工程资金，完成工程建设。当然，如果承包人未按合同约定的计价原则等申报进度款致使发包人无法进行审核的，发包人可以工程联系单等方式明确指出，要求承包人重新按照合同约定进行编制。如发包人未提出异议或虽提出异议但未保存相关证据的，可能会被认定为在规定期间内未提出异议，视为认可承包人的相关申报资料。

7.2.4 发包人未按合同约定支付进度款的，可再次通知发包人支付，发包人收到承包人通知后仍不能按要求付款时，可与承包人协商签订延期付款协议，经承包人同意后可延期支付，协议应明确延期支付的时间和在应付期限逾期之日起应支付的应付款的利息。

发包人不按合同约定支付进度款，双方又未达成延期付款协议，导致施工无法进行，承包人有权暂停施工，发包人应承担由此增加的费用和延误的工期，向承包人支付合理利润，并承担违约责任。

【条文解读】

《价款结算办法》第十三条规定："工程进度款结算与支付应当符合下列规定：2、发包人超过约定的支付时间不支付工程进度款，承包人应及时向发包人发出要求付款的通知，发包人收到承包人通知后仍不能按要求付款，可与承包人协商签订延期付款协议，经承包人同意后可延期支付，协议应明确延期支付的时间和从工程计量结果确认后第15天起计算应付款的利息（利率按同期银行贷款利率计）。3、发包人不按合同约定支付工程进度款，双方又未达成延期付款协议，导致施工无法进行，承包人可停止施工，由发包人承担违约责任。"本条系对前述法律规定在建设工程总承包项目的具体应用。

【法律适用及商务提示】

（1）合同应约定逾期付款的违约责任，使用示范文本，但填写"/"或未填写的，视为无约定。由于发包人的主要合同义务之一即为支付工程款，及时支付工程价款对工程建设极为重要，故工程总承包合同应当明确约定逾期付款的违约责任，通常不低于同期贷款市场报价利率。值得注意的是，《工程总承包合同示范文本》专用合同条件通过设置"________"的方式为发承包双方约定违约责任预留了填写位置，如发承包双方选择适用该示范文本，但在实际签订合同时未填写，或者填写"/"的，将会被视为双方没有约定，即相关违约责任将会执行通用合同条款约定或者依据法律规定确定。

（2）如合同约定宽限期的，承包人决策暂停施工时应予以考虑。基于发包人迟延支付工程款在一定期间内并不必然会导致工程无法推进，故一些合同中会对承包人的停工权进行限制，例如只有迟延支付超过三个月或六个月时，承包人才有权停工。《工程总承包合同示范文本》通用合同条件第8.9.2条亦规定发包人迟延审批、支付工程款超过28天的，承包人有权暂停施工。因此，在实际工程建设过程中，承包人在决策是否暂停施工时，应当将工程总承包合同中约定的宽限期作为考虑因素之一。

【参考案例】

案例　某设计公司与某投资公司建设工程合同纠纷案

基本信息

审理法院：最高人民法院。

案号：（2021）最高法民终1312号。

裁判要旨

合同中填写"/"或者未约定，视为无约定。

案情介绍

案涉《EPC总包合同》第二部分通用合同条款第17.3.4条约定："（2）发包人最迟在监理人收到进度付款申请单后28天内，将进度应付款支付给承包人。发包人未能在前述时间内完成审批或不予答复的，视为发包人同意进度付款申请。发包人不按期支付的，按专用合同条款的约定支付逾期付款违约金。"第三部分专用合同条款第17.3.4条约定：

"进度付款证书和支付时间，发包人逾期付款的违约金：/。"根据上述合同条款可以看出，双方对支付工程进度款的期限作了约定，但对发包人逾期支付工程进度款情形下的违约金责任是否进行了约定，理解上存在分歧。

裁判观点

本院认为，若双方在《EPC 总包合同》中没有列明发包人逾期支付工程进度款情形下的违约金责任条款，可视为双方没有对此情形进行约定，此时可适用《最高人民法院关于审理建设工程施工合同纠纷适用法律若干问题的解释（一）》第二十六条"当事人对欠付工程价款利息计付标准有约定的，按照约定处理。没有约定的，按照同期同类贷款利率或者同期贷款市场报价利率计息"的规定；若双方已在《EPC 总包合同》中列明发包人逾期支付工程进度款情形下的违约金条款，但未写明违约金的具体金额或计算方式，可推定在签订《EPC 总包合同》时承包人明知该情形可能会发生但仍放弃此情形下主张违约金的权利，应视为双方对违约金约定为无需支付。故本院对某设计公司诉请某投资公司支付第四、五、六期工程进度款 33 162 441 元的逾期付款利息的诉求，不予支持。

法律分析

适用于违约金条款，如合同中没有列明逾期付款违约金条款，可视为没有约定，依据法律填补规则进行填补。

但如果已列明逾期付款违约金条款但未写明计算方式，则推定双方放弃主张违约金的权利。由此可适用于其他条款，根据项目情况需要约定，在合同中明确；违约金、奖励、利益分成等明确计算标准。

7.2.5 在对已签发的进度款支付证书进行阶段汇总和复核中发现错误、遗漏或重复的，发包人和承包人均有权提出修正申请。经发包人和承包人同意的修正，应在下期过程结算进度款中支付或扣除。

【条文解读】

除非发承包双方有明确约定，否则工程进度款的申报与审核仅为阶段性成果，不具有最终约束效力。发承包双方仍然能够在后续进度款计量以及竣工结算过程中提出异议，并依据合同约定进行修正。《工程总承包合同示范文本》通用合同条件第 14.3.1 条亦明确："（2）除专用合同条件另有约定外，承包人应在每月月末向工程师提交进度付款申请单，该进度付款申请单应包括下列内容：……7）对已签发的进度款支付证书中出现错误的修正，应在本次进度付款中支付或扣除的金额"。此外，《关于完善价款结算的通知》亦明确规定如果发生进度款支付超出承包人实际完成工程价款的情况时，承包人应当返还多收到的工程款。

7.3 工期确定的结算与支付

7.3.1 发包人应当按照合同约定及时向承包人发出开工通知，在合同工程实施过程中应避免发生影响承包人工期延误的情形，并应督促承包人按照工程总进度计划实施。

【条文解读】

虽然合同会约定开工日期，但实际受各种因素影响，合同开工日期与实际开工日期不一致的情况大量存在。本条基于这一实践情况，规定发包人应当及时签发开工通知，并在合同实施过程中避免发生承包人工期延误的情形。

【法律适用及商务提示】

（1）发包人原因致使迟延开工的，承包人应调整开工申请。一般开工通知下发后工程建设才会正式开始，在此之前发承包双方之间合作关系仍保持较为较好的状态，即使确实发包人原因致使工程迟延开工的，承包人往往也不会通过书面方式提出异议，更多的是做好开工准备并耐心等待业主开工。一旦开工条件具备后，承包人会依据发包人及监理单位的要求上报开工报审文件，该部分文件通常使用统一制式的格式文本，载明："①施工组织设计，专业施工方案已批准；②劳动力已按计划进场；③机械设备已进场，并布置就绪；④管理人员已全部到位；⑤开工所需的施工图纸已到且已完成交底与会审；⑥开工所需的材料及设备已进场；⑦开工前所需的各项手续已办妥""计划于××年××月××日开工，请予审批"等。监理单位和建设单位一般也会做诸如经审核现场具备开工条件，准许开工等审核意见。

一旦发承包双方后续就迟延开工原因及增加费用产生争议，前述文件可能会置承包人于十分不利的境地，发包人可能会直接依据前述文件主张承包人于签署申请日才完成施工准备工作，发包人已经在承包人提出开工申请后及时签发并同意了开工申请，且实际也按承包人申请组织了开工。

为避免此种情况的出现，如确系发包人原因致使工期延误的，承包人在上报开工文件时应当予以注明，如确实因资料归档要求无法注明的，应当通过工作联系函及会议纪要等方式固定相关事实。

（2）发包人原因致使工期延误的应顺延工期并赔偿损失。《民法典》第八百零三条规定："发包人未按照约定的时间和要求提供原材料、设备、场地、资金、技术资料的，承包人可以顺延工程日期，并有权请求赔偿停工、窝工等损失。"第八百零四条规定："因发包人的原因致使工程中途停建、缓建的，发包人应当采取措施弥补或者减少损失，赔偿承包人因此造成的停工、窝工、倒运、机械设备调迁、材料和构件积压等损失和实际费用。"根据前述法律规定，发包人应当在工程实施过程中避免发生影响承包人施工的情形，并可以要求承包人按合同里程碑及总进度计划施工。如发包人未履行合同义务致使工期延误的，承包人有权依据《民法典》的前述规定及合同约定追究发包人的违约责任。

7.3.2　合同工程完工后，发承包双方应根据合同约定对合同履约过程中的工期进行确认。

【条文解读】

鉴于工期对工程价款中奖励费、抢工费以及停窝工损失或者工期违约金均具有重要意义，故本条规定发承包双方需要在合同工程完工后及时对工期进行确认。需要确认的工期并不仅限于开工日期和竣工日期，应当包括与工程价款及违约责任直接相关的全部工期节点，包括作为付款节点或违约金节点的里程碑、抢工节点、人工及材料调差节点等。

【法律适用及商务提示】

如合同约定相关人工及材料价格可以调整的，应当明确约定允许调差材料及人工的调差起止点及调差方式。例如合同约定钢筋可以调差，但未约定具体期间的，当事人可能会就整个开竣工期间计算价格平均值，还是按照主体结构施工期间计算价格平均值产生争议。

如合同约定了起止节点，但相关起止节点无法直接通过验收类资料确定的，则需要发承包双方在施工过程中及时确认调差节点。相关节点可以直接以报验单的方式单独确认，也可以在申报进度款时以形象进度等方式进行确认，并不仅限于合同工程完工后再行追加确认。

7.3.3 除合同另有约定外，实际开工时间和竣工时间可按下列规定计算：

1 实际开工时间应以发包人发出的开工通知或批准的开工报告上载明的开工时间起计算。

2 实际竣工时间可按下列规定计算：

1）工程经竣工验收合格的，以承包人提交竣工验收申请报告的时间为实际竣工时间；

2）发包人在收到承包人竣工验收申请报告之日起，未在合同约定的时间内完成竣工验收的，以承包人提交竣工验收申请报告之日为实际竣工时间；

3）工程未经竣工验收，发包人擅自使用的，以发包人占有建设工程之日为实际竣工时间。

【条文解读】

鉴于开工日期与竣工日期对确定实际工期及发承包双方的违约责任具有重要意义，工程实践中产生争议的可能性较大，故本规范对如何确定总承包项目的开工日期及竣工日期进行了规定。发承包双方在签订施工合同及争议解决过程中参照本规范规定进行处理。

【法律适用及商务提示】

（1）注意司法解释对开竣工日期的相关规定。就开工及竣工日期的认定问题，最高人民法院在出台的《建设工程司法解释一》中明确对开工日期及竣工日期的认定进行了明确规定。

关于开工日期的认定，《建设工程司法解释一》第八条规定：“当事人对建设工程开工日期有争议的，人民法院应当分别按照以下情形予以认定：（一）开工日期为发包人或者监理人发出的开工通知载明的开工日期；开工通知发出后，尚不具备开工条件的，以开工条件具备的时间为开工日期；因承包人原因导致开工时间推迟的，以开工通知载明的时间为开工日期。（二）承包人经发包人同意已经实际进场施工的，以实际进场施工时间为开工日期。（三）发包人或者监理人未发出开工通知，亦无相关证据证明实际开工日期的，应当综合考虑开工报告、合同、施工许可证、竣工验收报告或者竣工验收备案表等载明的时间，并结合是否具备开工条件的事实，认定开工日期。”

关于竣工日期的认定，《建设工程司法解释一》第九条规定：“当事人对建设工程实际竣工日期有争议的，人民法院应当分别按照以下情形予以认定：（一）建设工程经竣工验收合格的，以竣工验收合格之日为竣工日期；（二）承包人已经提交竣工验收报告，发包人拖延验收的，以承包人提交验收报告之日为竣工日期；（三）建设工程未经竣工验收，发包人擅自使用的，以转移占有建设工程之日为竣工日期。”

（2）注意工程总承包模式下开工时间的认定。《建设工程司法解释一》对开工时间的认定并未过多考虑工程总承包，而工程总承包项目的总工期显然除了施工工期外，还包含了设计期间以及其他工期，且设计工作往往先于其他工作进行，如果再行以承包人进场时间或施工部分的开工令下发时间作为开工时间，可能不符合发承包双方的真实意思。

由于工程开工时发承包双方关系较为融洽，建议在总承包合同项下实际序列在前的第一项任务开始时，发包人与承包人应当共同签署开工令及相关文件，以锁定开工日期。如发包人原因致使序列在前的第一项任务无法实施时，承包人应当及时向发包人发函要求顺延工期。当然，相较于施工总承包的工期，设计及勘察等的工期通常并非十分清晰，因此，发承包双方也可以选择在工程施工正式开始，即签署施工工作的开工令同时锁定在先已经发生的工期，如工期发生延误的，应当协商达成一致。

合同开始时间的认定的一般原则：①以发包人或者工程师发出的开始工作通知载明的开始工作日期作为实际开始工作日期。②发包人或者工程师虽未发出开始工作通知，但承包人经发包人同意已经开始工作的，该开始工作的时间作为实际开始工作日期。③发包人或者工程师未发出开始工作通知，亦无相关证据直接证明实际开始工作日期的，建议综合考虑发包人要求、承包人的相关文件（开始工作申请报告、施工组织设计等）等认定实际开始工作日期。

（3）注意工程总承包模式下竣工时间的认定。《建设工程司法解释一》对竣工时间的认定亦未过多考虑工程总承包，施工总承包模式下，竣工日期通常以竣工验收合格之日、提供竣工验收报告之日以及发包人擅自使用之日为竣工日期。但工程总承包模式下，法律法规规定尚不明确。

涉及竣工后试验时，可能出现的问题则更多。多数房建类工程通常不需要竣工后试验，但对于某些电气、市政、公路等工程来说，发包人会要求承包人完成的该项建设工程需达到某些能耗或产出效率的性能指标和产能指标，为了检验上述项目在工程实体完成后是否达到了约定标准。需要在竣工后进行试验具体合同中是否适用竣工后试验条款，需取决于项目性质或发包人要求。

国内工程项目的竣工验收有法律规范的明确要求，而国外的工程总承包项目，一般通过合同中对此进行明确。针对国际工程总承包项目，目前应用较广泛的 FIDIC（1999 版）的第 8.2 条将工程的竣工时间规定为：“承包商应在工程或分项工程的竣工时间内，完成整个工程和每个分项工程，包括：（a）竣工试验获得通过；（b）完成合同提出的、工程和分项工程按照第 10.1 款［工程和分项工程的接受］规定的接受要求竣工所需要的全部工作。”即银皮书所规定的竣工时间须满足两个要求：竣工试验通过和合同规定的工作完成。也就是说，银皮书合同条件下，竣工时间不等同于工程完工时间，只有当竣工试验通过（包括试运行）且完成合同中规定的工作后，竣工时间才可以确定项目操作中，需结合项目实际及发包人要求明确竣工后试验是否包含在工期中，避免争议。

工程总承包模式下竣工日期确定的关键在于竣工验收质量合同至通过竣工试验这一阶段。工程总承包合同中应当明确竣工验收、竣工试验以及移交的流程及时间节点，对于需要进行竣工后试验的项目，应当明确竣工试验在竣工验收合格后或业主接收工程后的一定期限内进行，超过该期限的应视为通过竣工验收。

【参考案例】

案例1 某科技集团有限公司与某环保公司合同纠纷案

基本信息

审理法院：湖南省高级人民法院。

案号：（2019）湘民终32号。

裁判要旨

承包人因其技术不达标未完成竣工后试验的，工程逾期责任应由承包人承担。

法律分析

保证工程各项技术指标达到合同约定的标准是承包人的基本合同义务，虽然承包人撤场时案涉工程已完工，但承包人不能证明其所施工的工程项目达到约定的技术指标，此后发包人的试运营也证明实际未达标，再者承包人不能保证工程通过技改能达标，表明承包人履行合同主要义务不符合约定，故本案合同目的无法实现的根本原因还是因为技术不达标，承包人应当对此承担责任，工程逾期的责任应由承包人承担，发包人有权要求解除工程总承包合同。

案例2 大连某技术公司与黑龙江某化工公司建设工程施工合同纠纷案

基本信息

审理法院：最高人民法院。

案号：（2020）最高法民终1040号。

裁判要旨

工程总承包项目竣工验收标准标准不仅是工程实物交接，还包括试车投产达产达标。项目仅移交或由发包人占有但未投产达标，不应认定完成竣工检验程序，不应起算质保期。

案情介绍

2012年1月，黑龙江某化工公司与大连某技术公司签订《2×15万吨煤焦油深加工工程总承包合同》（以下简称《总包合同》）。

《总包合同》第一部分协议书约定：工程内容包括2×15万吨煤焦油深加工工程；关于工程承包范围，大连某技术公司按照合同约定，完成其承包范围的工程设计、设备材料采购、施工、试运行服务及为工程验收、投产、达产、达标等有关工作，实现设计、采购、施工各阶段工作的合理交叉与紧密融合，并对工程的安全、质量、进度、造价、HSE（健康、安全、环保）全面负责，具体包括以下几个部分：一系焦油蒸馏、二系焦油蒸馏基础、洗涤、酚盐分解、工业萘（含洗油蒸馏）、改质沥青及沥青成型、油库（焦油脱水、脱渣预处理）及油品配制、酸碱库、精萘、精酚、综合楼、化验楼及附属控制楼和系统、厂内公路和装卸台、厂区围墙和大门，公辅工程包括锅炉房、凝结水站、空压站、循环水、地下管网、消防水系统、浊循环水等；二系焦油蒸馏装置同时设计、同时建设、同时投产，工程合同协商后另行签订；二系焦油蒸馏装置造价另行商定，不包含在此次总承包范围内；工程开工日期为总承包合同生效之日，工期为 9~20 个月；质量标准为建安工程质量标准合格，设备质量标准合格，设计质量标准合格；合同总价为 32 250 万元。

《总包合同》第三部分专用条款第 9. 3. 2 条款（产品质量）约定：该装置考核保证的产品是轻油、脱酚酚油、中质洗油、炭黑油、苯酚、邻甲酚、间对甲酚、二甲酚、工业甲基萘、工业萘、精萘、燃料油、改质沥青。《总包合同》第三部分专用条款第 9. 3. 6 条款（性能考核期）约定：全部保证值测试时间为被测试装置稳定生产后，三个月内，连续正常运转 72 小时。《总包合同》第三部分专用条款第 9. 3. 7 条款（性能保障措施）约定：保证值考核第一次存在单项不合格的情况下，须进行第二次和第三次保证值考核；最终考核在大连某技术公司进行最大努力后仍有不合格的单项指标，经双方协商，该公司赔偿黑龙江某化工公司相应经济损失，达不成协议的采用仲裁和法律方式解决。《总包合同》第三部分专用条款第 9. 4 条款（竣工验收）约定：全部竣工完毕后，黑龙江某化工公司应汇总各合同段工程的竣工验收报告，大连某技术公司提出竣工验收的申请；竣工验收由黑龙江某化工公司或该公司的上级主管部门主持，组成竣工验收委员会，邀请投资、建设、质监、设计、发包人以及各合同段的发包人代表等有关部门参加，按国家有关部门颁发的有关竣工验收的管理办法的规定进行竣工验收；大连某技术公司应提前 21 天将预计可开始进行保证值考核的日期通知黑龙江某化工公司代表；除非另行商定，否则，保证值考核的日期应在所通知日期后的 14 天内，黑龙江某化工公司代表明令指定的那天或数天内进行；如果验收合格后，竣工验收委员会对该合同建设工程的可行性研究、设计、施工、监理以及投资效益等方面作出全面评定，写出竣工鉴定书。《总包合同》第三部分专用条款第 13 条（合同总价与付款）中第 13. 1 条款（合同总价）约定：该工程合同总价款为 32 250 万元，其分项价格为焦油粗加工建筑安装费 12 000 万元、设备费 13 000 万元、焦油精加工建筑安装费 2 500 万元、设备费 3 500 万元、上述两项的技术服务费 1 250 万元。《总包合同》第三部分专用条款第 13 条（合同总价与付款）中第 13. 2. 3 条款约定：技术服务费为 1 250 万元；在合同生效之日起 20 天内，黑龙江某化工公司支付合同技术服务费的 30%（计 375 万元）；安装施工图设计完成并通过审查后 15 天内，支付技术服务费的 30%（计 375 万元）；合同工程热负荷试车后 15 天内，支付技术服务费的 30%（计 375 万元）；余下技术服务费的 10%（计 125 万元）作为质量保证金。《总包合同》第三部分专用条款第 13 条（合同总价与付款）中第 13. 2. 4 条款约定：焦油粗加工设备费用为 13 000 万元；在合同生效之日起 20 天内，黑龙江某化工公司支付设备费用总额的 20%（计 2 600 万元）作为预付款；焦油粗加工工艺设备到货验收后 15 天内，支付粗加工设备费用的 30%（计 3 900 万元）；焦油粗加工所有设备到货验收后 15 天内，支付粗加工设备费用的 20%（计 2 600 万元）；焦油粗加工设备安装调试后 15 天内，支付粗加工设备费用的 20%，计 2 600 万元；余下粗加工设备费用的 10% 作为质量保证金（计 1 300 万元）；焦油精加工设备费用为 3 500 万元；确定订货后 20 天内，黑龙江某化工公司支付设备费用总额的 20%（计

700 万元）作为预付款；焦油精加工工艺设备到货验收后 15 天内，支付精加工设备费用的 30%（计 1 050 万元）；焦油精加工所有设备到货验收后 15 天内，支付焦油精加工设备费用的 20%（计 700 万元）；焦油精加工设备安装调试后 15 天内，支付焦油精加工设备费用的 20%（计 700 万元）；余下焦油精加工设备费用的 10% 作为质量保证金（计 350 万元）。《总包合同》第三部分专用条款第 13 条"合同总价与付款"中第 13. 2. 5 条款约定：建筑安装工程费用为 14 500 万元；在施工单位进场 10 天内，黑龙江某化工公司支付建安工程费用总额的 10%（计 1 450 万元）作为备料款；工程实施过程中，每月 25 日前按进度、工程量和质量签证报建安报月报，根据报量支付当月建安费用；当支付价款累计达建安工程费用总额的 95% 时暂停支付；粗加工投产后，余下粗加工建安费（12 000 万元）价款的 5% 作为质量保证金（计 600 万元）；精加工投产后，余下精加工建安费（2 500 万元）价款的 5% 作为质量保证金（计 125 万元）；该款项在累计支付到建筑安装工程费的 50% 时，进度款开始按月冲抵预付款；预付款冲抵完成后，黑龙江某化工公司每月按实报工程量继续支付进度款。《总包合同》第三部分专用条款第 13 条"合同总价与付款"中第 13. 2. 6 条款约定黑龙江某化工公司在上述情况暂停支付后，大连某技术公司应继续完成合同工程的全部工作。《总包合同》第三部分专用条款第 13 条"合同总价与付款"中第 13. 2. 7 条款约定：合同工程竣工后，大连某技术公司及时办理竣工结算手续；技术服务费质量保证金 125 万元；焦油粗加工投产后质量保证金（设备费、建安费）计 1 900 万元；焦油精加工投产后质量保证金（设备费、建安费）计 475 万元，总计质量保证金 2 500 万元；技术服务经验收调试符合设计要求，工程设备在竣工验收一年以后符合设计要求，并出具焦油粗加工和焦油精加工的《工程质保期满确认书》后 15 天内，分别支付给大连某技术公司。《总包合同》第三部分专用条款第 13 条（合同总价与付款）中第 13. 6 条款（竣工结算）约定：①大连某技术公司向黑龙江某化工公司代表提交竣工结算报表的时间是在办理竣工验收手续后 14 天内。②黑龙江某化工公司代表收到竣工结算证书后提出审核意见的时间是在其收到之后的 21 天内。③黑龙江某化工公司将拨款通知送经办银行的时间为该公司提出审核意见后的 14 天内。④黑龙江某化工公司应按合同规定办理竣工结算，未按合同规定办理竣工结算时应承担违约责任。《总包合同》第三部分专用条款第 19. 2 条款（质量索赔）约定：由于大连某技术公司的原因，工程质量达不到协议书约定的质量标准和质量等级，黑龙江某化工公司有权向大连某技术公司提出质量索赔，要求该公司负责返工、退货或重建；当不能满足考核指标时，黑龙江某化工公司有权要求大连某技术公司承担违约责任并赔偿因质量影响造成的经济损失。

2012 年 2 月 28 日，黑龙江某化工公司与大连某技术公司签订《2×15 万吨煤焦油深加工工程焦油蒸馏二系总承包合同》（以下简称《二系总包合同》），约定：大连某技术公司按照合同约定，完成其承包范围的工程设计、设备材料采购、施工、试运行服务及为工程验收、投产、达产、达标等有关工作，实现设计、采购、施工各阶段工作的合理交叉与紧密融合，并对工程的安全、质量、进度、造价、HSE（健康、安全、环保）全面负责，具体内容为二系焦油蒸馏装置（除已签总承包合同二系焦油蒸馏基础）的全部工程；工期 9 个月；质量标准为合格；合同总价为 1 700 万元；焦油蒸馏二系设备费用 1 150 万元，在合同生效之日起 20 天内，黑龙江某化工公司支付设备费用总额的 20%（计 230 万元）作为预付款；焦油蒸馏二系工艺设备到货验收后 15 天内，支付二系设备费用的 30%（计

345万元)；焦油蒸馏二系所有设备到货验收后15天内，支付二系设备费用的20%（计230万元)；焦油蒸馏二系设备安装调试后15天内，支付二系设备费用的20%（计230万元)；余下二系设备费用10%作为质量保证金（计115万元)；建筑安装工程费用为550万元，在施工单位进场10天内，黑龙江某化工公司支付建安工程费用总额的10%（计55万元）作为备料款；工程实施过程中，每月25日前按进度、工程量和质量签证报建安报月报，根据报量支付当月建安费用，当支付价款累计达建安工程费用总额的95%时，暂停支付；二系投产后，余下二系建安费价款5%作为质量保证金（计27.5万元)。该合同通用条款部分和专用条款部分约定内容与《总包合同》的约定基本一致。

上述合同签订后，大连某技术公司进行施工。施工中，双方当事人及监理单位形成多份《工程中间验收单》，并签订多份《龙盛达焦油加工项目建筑物移交清单》。

2013年11月30日，案涉工程中的汽车衡、总图道路及对讲系统、原料油库装置、焦油蒸馏装置、馏分脱酚及工业萘装置、酚盐分解装置、改质沥青装置、成品油库、锅炉房、空气压缩站、清循环水、浊循环水、综合楼、综合电气室、初期雨水池及消防废液水池、生产消防均经过竣工验收，质量等级为合格。2014年6月30日，案涉工程中的2#精酚变电所、警卫室及大门、精酚装置、精萘装置、厂区外线及地上、地下管网经过竣工验收，质量等级为合格。黑龙江某化工公司已在上述单位工程的《建设工程竣工验收报告》中签章。2014年2月25日、9月17日，七台河矿区建设工程质量监督站分别针对上述单位工程出具《煤炭工业建设工程单位工程质量认证书》。

2014年5月26日，黑龙江某化工公司向大连某技术公司发送《关于加快竣工验收手续签署工作的函》，表明："为加快竣工验收手续签署，给后期内业工作争取时间，黑龙江某化工公司与贵项目部协商，在工程基本完工的情况下，先行签署竣工验收手续。但此手续签署后，不免除大连某技术公司对工程设计不合理、施工质量不合格和暂时没有完成部分的责任和义务。此部分工程需双方协商确定统一方案后执行。请贵项目部回复明确意见之后，开始竣工验收手续签署。"

根据黑龙江某化工公司的记载，2013年9月至2014年9月18日，案涉一系工程试车过程中出现馏分脱酚生产装置生产产品含酚指标化验合格率低；工业萘初馏塔和精馏塔液位计浮球频繁掉落失灵；工业萘管式炉内油管弯头开裂，多次出现喷油、冒烟、明火的情况；酚盐分解生产装置系统管路频繁结晶堵塞。

2014年7月29日至2015年6月9日，黑龙江某化工公司与大连某技术公司多次就案涉工程试车过程中存在的问题及问题解决方案等往来函件。

2015年3月20日至3月24日，黑龙江某化工公司与大连某技术公司召开会议，并形成《关于龙盛达焦油加工总承包项目粗加工部分试生产出现问题协商会议纪要》。该会议的议题为"研究黑龙江某化工公司焦油加工总承包项目粗加工部分试生产出现的剩余问题，并协商确定解决方案"。

2015年10月28日，大连某技术公司向黑龙江某化工公司发送邮件，其中包含三个附件，分别为：2015年9月29日的《关于粗加工工段申请最终验收的函》，申请粗加工工段最终验收；2015年10月27日的《关于精加工工段申请解除质保的函》，申请2015年10月精加工工段质保期结束；2015年10月28日的《关于申请申报工程量的函》，申请申报剩余工程量。

黑龙江某化工公司给付大连某技术公司款项共计 281 359 529.37 元。

大连某技术公司自述：案涉焦油深加工工程进行过整体负荷试车（投料试车），但部分工程没有达标；案涉工程尚未进入生产考核程序，部分装置没有达到 72 小时稳定运行的标准。大连某技术公司还主张曾书面发函向黑龙江某化工公司申领过接收证书和履约合格证，但在一审法院指定期限内未能提交相关证据。

裁判观点

最高人民法院认为：本案为建设工程施工合同纠纷。双方当事人自愿签订《总包合同》和《二系总包合同》，不违反法律、行政法规的效力性、强制性规定，一审法院认定该两份合同合法有效并无不当。双方当事人对案涉工程总价款和已付工程价款均无异议，本案争议焦点在于案涉剩余工程价款和质量保证金的给付条件是否成就。

双方当事人在合同中约定案涉工程为“交钥匙工程”，承包人大连某技术公司负责工程设计、设备材料采购、施工至工程试运行、投产达产达标等全过程和最终效果。按照合同约定，大连某技术公司完工后需组织竣工验收，整个工程的竣工验收大致分实物移交和装置投料试车并考核达标两个阶段执行。实物移交，是指在单机试车后、联动试车前向发包人黑龙江某化工公司办理工程及设备中间交接；承包人于装置投料试车系统出合格产品并考核达标后向业主办理工程竣工手续。装置投料试车并考核达标，属于竣工检验。按照合同专用条款第 9 条的约定，竣工检验主要分四个步骤（无负荷试车、负荷试车、保证值考核、竣工验收），主要包括：①关于无负荷试车，设备安装工程具备单机无负荷试车条件，承包人组织试车，并在试车前 48 小时以书面形式通知发包人；通知包括试车内容、时间、地点，承包人准备试车记录；发包人根据承包人的要求为试车提供必要条件，试车合格，发包人在试车记录上签字。②关于负荷试车，承包人应提前 21 天将预计可开始进行负荷试车的日期通知发包人代表；除非另行商定，否则，竣工负荷试车应在所通知的日期后的 14 天内，发包人代表明令指定的那天或数天内进行；设备安装具备联动试车条件，承包人组织试车，试车方案报业主并在试车前 48 小时通知发包人代表，通知包括试车内容、时间、地点和发包人应做准备工作的要求，发包人按要求做好准备工作和试车记录；试车通过，发包人代表、发包人及承包人在试车记录上签字后，方可进行试车。③关于保证值考核，该合同工程的保证值的考核按照合同专用条款第 9 条（竣工检验）以下条款进行，如非重要指标（专用条款第 9.3.1 条款至第 9.3.7 条款约定的处理能力、产品质量、产品产量等指标以外的指标）考核达不到考核值，则承包人应采取有效措施并在双方商定的时间内达到规定的考核值；专用条款第 9.3.1 条款至第 9.3.7 条款约定的处理能力、产品质量、产品产量等重要指标经三次考核后还达不到附件规定的考核值，但并不影响该合同工程的正常生产，则承包人应根据合同相关条款进行赔偿；全部保证值测试时间为被测试装置稳定生产后，三个月内，连续正常运转 72 小时。④关于竣工验收，全部竣工完毕后，发包人应汇总各合同段工程的竣工验收报告，承包人提出竣工验收的申请；竣工验收由发包人的上级主管部门主持，组成竣工验收委员会，邀请投资、建设、质监、设计、发包人以及各合同段的发包人代表等有关部门参加，按国家有关部门颁发的有关竣工验收的管理办法的规定进行竣工验收；承包人应提前 21 天将预计可开始进行保证值考核的日期通知发包人代表；除非另行约定，否则，保证值考核的日期应在所通知的日期后的 14 天内，发包人代表明令指定的那天或数天内进行；如果验收合格后，竣工验收委员会对该合同建设工程的可行性研究、设计、施工、监理以及投资效益等方面作出全面评定，写出竣工鉴定书；如因发包人的原因不能满足保证值的考核的前提条件，在承包人提出申请后56天之后，还不能满足考核的要求，则该部分不能进行考核的保证值视为合格，并被发包人接收。

根据本案现有证据尚不能认定案涉工程在实物移交后，承包人大连某技术公司完成了竣工检验程序，也不能认定其未完成竣工检验程序系发包人黑龙江某化工公司的原因所致，主要体现如下：①大连某技术公司在一审中提供的案涉工程系列《工程中间验收单》、实物移交清单、建设工程验收报告、单位工程质量认证书、《竣工移交资料证明》均属于建筑工程施工和设备安装等实物移交相关的文件，其中并无装置投料试车、考核达标等实物移交后的相关内容。按照合同约定，竣工检验各步骤均有其程序、标准和文件等方面的要求，而本案中并无证据表明双方按照合同具体约定完成竣工检验各步骤的要求，故不能认定承包人大连某技术公司完成了竣工检验程序。②一审法院2019年10月25日询问笔录记载，大连某技术公司陈述："工艺已经全部打通，并且也产生了合格产品，但是72小时标准部分装置没有达到稳定运行。没有进入考核程序。"黑龙江某化工公司也陈述"还没有到考核那一步，因为全部系统还没有打通，没有办法考核"。大连某技术公司在该笔录中还确认2#大门土建没做及其他部分工程未完工。据此，双方当事人均承认案涉工程的竣工检验程序未完成，特别是尚未进入保证值考核程序。③2018年12月11日双方现场勘察的会谈记录载明：案涉工程存在生产时没有做配油供需以及焦油蒸馏开工时出现炉管晃动、弯头开裂冒火、酚盐分解堵塞等系列的问题；大连某技术公司主张问题可以在开工过程中整改；大连某技术公司总包项目负责人杨某某称："至于开工中存在的问题，可能有几百条，我们一项一项梳理最后梳理出来达成协议的有36项，这一块有将近20项已经整改完了"。从双方协商和联系情况看，双方对案涉工程试生产中出现的诸多问题的性质(严重或者轻微程度以及是否容易解决等)、原因以及解决方案均有不同认识，部分问题未得到实际解决。该证据初步表明案涉工程装置投料试车不断出现故障，尚未达到合同约定保证值考核的要求。④大连某技术公司没有提供证据证明其曾经按照合同要求在预计无负荷试车前48小时、在预计负荷试车前21天等有关时点，书面通知发包人黑龙江某化工公司试车内容、时间、地点以及需要发包人为试车提供必要的条件，故难以认定案涉工程竣工检验程序未完成系黑龙江某化工公司不提供必要条件等原因所致。

大连某技术公司主张案涉工程已经通过竣工验收，工程符合合同约定的质量标准和要求，工程已经投产且投产后的质量问题仅仅属于合格后的质量维修问题，其上述主张不仅缺乏事实依据，也明显与事实不符，本院不予支持。大连某技术公司主张黑龙江某化工公司在工程交付后擅自使用，工程试车过程中出现问题系黑龙江某化工公司实际操作不当、原料不合格以及设备长期未投入施工造成的正常损耗所致，也明显缺乏事实依据，本院不予支持。案涉合同约定工程竣工验收的标准不仅是工程实物交接，还包括试车投产达产达标，而案涉工程并没有完成竣工检验程序，案涉工程不同于一般实物交接的建设工程，且本案也无证据证明黑龙江某化工公司在工程未经竣工验收情况下擅自使用，案涉工程尚不具有适用《建设工程司法解释》第十三条关于"建设工程未经竣工验收，发包人擅自使用后，又以使用部分质量不符合约定为由主张权利的，不予支持"的规定的条件，大连某技术公司根据该条司法解释的规定主张案涉工程存在的问题仅仅是工程验收合格后的质量维修问题，缺乏事实和法律依据，本院不予支持。

案例 3　某控股集团有限公司与某安装工程有限公司建设工程合同纠纷案

基本信息

审理法院：最高人民法院。

案号：（2018）最高法民终 1240 号。

裁判要旨

法院尊重双方当事人在后达成的一致意思表示中确认的项目开工时间。

案情介绍

2011 年 2 月 16 日，某控股集团有限公司与某安装工程有限公司签订《20 万吨/年芳烃联合装置项目设计、采购、施工总承包合同》，主要内容为：第一部分“合同协议书”。①某控股公司将 20 万吨/年芳烃联合装置项目的设计、采购、施工总承包工作交某安装公司实施，即设计、采购、施工（EPC）交钥匙总承包。承包商的工作范围应包括 EPC 阶段的详细工程设计、总承包管理、设备材料采购服务、采购、材料和设备供货；制造、安装、施工、单机试车至中间交接；在联动试车、投料试车和开车工程中给业主提供技术、人力支持，确保开车成功，以及所有合同规定的事项，并对承包工程的质量、安全、工期全面负责，最终向业主提交一个满足使用功能、具备使用条件的工程项目。②合同价款暂定为陆亿叁仟万（含业主已采购设备壹亿叁仟万）元人民币。③本合同开工日期暂定为 2011 年 2 月 18 日，工期 456 日历天（开工至中间交接工期为 14 个月）。

裁判观点

关于案涉工程开工时间认定问题。案涉工程《开工报告》载明的开工日期为 2011 年 5 月 27 日，某控股公司石化分公司代表建设单位、某安装公司作为总承包单位以及监理单位均在《开工报告》上签署盖章，且落款日期均为 2011 年 5 月 27 日。依据《开工报告》记载的内容，可以认定承发包双方及监理单位均确认案涉工程于 2011 年 5 月 27 日开工。尽管某安装公司提交的编号为 20120410 的工程联络单上有其自认于 2011 年 3 月 18 日进场施工的内容，但该联络单形成于 2012 年 4 月 10 日，早于《开工报告》形成时间，且某控股公司石化分公司在该联络单上也签署了相应的意见。因此，一审法院考虑到某控股公司在明知某安装公司自认于 2011 年 3 月 18 日进场施工的情况下，仍然同意签署《开工报告》，确认案涉工程于 2011 年 5 月 27 日开工，从尊重双方当事人在后达成的一致意思表示的角度，认定案涉工程开工时间为 2011 年 5 月 27 日，并无不当。

法律分析

司法实践中，工程总承包项目的开工时间首先遵循当事人意思自治，以双方当事人的真实意思表示来认定。在双方当事人对开工时间存在争议时，法院一般结合案件实际情况来确定开工时间。

7.3.4 实际工期应为实际竣工时间减去实际开工时间的天数。

合同约定工期加上发包人批准延长的工期减去实际工期，如为正数时，应为工期提前的天数；如为负数时，应为延误工期的天数。

7.3.5 工期提前的，按照合同约定的补偿、奖励额度计算，应作为追加的合同价款列入竣工结算款一并支付。

工期延误的，按照合同约定的赔偿额度计算误期赔偿费，应列入竣工结算，在结算款中扣除。

【条文解读】

第7.3.4条和第7.3.5条对实际工期、工期提前及拖后进行了规定，在锁定开工及竣工日期后，即可判断工期提前或延误，并计算奖励费用或误期赔偿费用。

【法律适用及商务提示】

（1）关于工期延误天数的认定。工期延误天数的查明是一项较为专业且复杂的工作，司法实践中针对这一问题常见的处理方式包括两种：第一种为人民法院或仲裁机构直接查明并处理，第二种为委托司法鉴定机构进行司法鉴定。第一种方式中，人民法院或仲裁机构根据发承包双方的陈述和主张，以及各方提交的证据进行综合分析后，确定工期延误或顺延天数并结合工程总承包合同约定的顺延程序及逾期顺延或索赔后果等进行处理。第二种方式中，人民法院或仲裁机构将综合考虑案件情况及工期鉴定申请等，委托第三方鉴定机构对工期延误天数进行鉴定，第三方鉴定机构通常是造价咨询机构。

通常，对于事实较为简单的案件或当各方提交的证据无法有效还原工期延误的实际情况时，如果人民法院或仲裁机构认为无须进行工期鉴定或案件不具备进行工期鉴定的条件，它们可能会直接分析承包人提出的工期顺延事由、顺延天数以及是否存在失权的情况，并结合工期顺延签证或相关协议进行裁判，也可能会根据双方诉辩及举证情况按照一定比例对工期延误责任进行划分或按合同约定并结合举证证明责任进行处理。

如发承包双方工期延误争议金额较高且当事人已经提出工期鉴定申请，人民法院或仲裁机构经审核认为具备工期鉴定条件的，可能会委托第三方鉴定机构对工期延误或顺延天数进行鉴定，并在鉴定意见的基础上依法作出判决。不同于建设工程造价鉴定或质量鉴定，我国目前尚未建立一套较为完整的工期鉴定机构、人员及鉴定方法和规范的规定，因《建设工程造价鉴定规范》GB/T 51262—2017（以下简称《造价鉴定规范》）将工期鉴定和损失索赔鉴定纳入其中并对鉴定方法作了具有指导意义的规定，故司法实践中人民法院或仲裁机构通常是委托造价咨询机构执行工期鉴定工作。

（2）关于工期延误天数的鉴定方法。围绕关键路径法，理论层面的工期延误分析技术包括了计划影响分析法、时间影响分析法、实际与计划工期对比法、影响事件剔除法、里程碑分析法、视窗分析法、滚动计划分析法、净影响法等①。因我国尚未形成较为完整的工期鉴定方法或规定，司法实践中，工期鉴定机构通常是基于《造价鉴定规范》《工程网络计划技术规程》JGJ/T 121—2015及一般理论进行工期鉴定。通常以投标施工组或者进

---

① 崔军．工程项目的工期延误分析技术［J］．项目管理技术，2011，9（10）：56-64.

场施工组中明确的计划安排为基础，对承包人提出的工期顺延事由、发包人做出的抗辩及各方提交的证据逐一进行事实是否存在、工期延误原因、是否处于关键线路以及对总工期的影响等进行详细分析。鉴定所依据的主要证据包括施工组织设计、过程审批的进度计划、工程联系单、监理会议纪要、监理施工日志、图纸发放记录等。

经审查不具备鉴定条件，或司法鉴定机构明确回复无法进行鉴定，或司法鉴定机构在鉴定意见中对无法鉴定的事项进行单独列项时，人民法院或仲裁机构可以通过各方提交的相关证据行使自由裁量权，对工期延误责任进行划分。在证据不充分的情况下，人民法院或仲裁机构还可能会依据当事人各自承担的举证证明责任进行裁判。

（3）应当关注合同效力对违约金条款的影响。工程总承包合同中约定的违约金条款通常至少包括两个功能，一个是减轻诉讼或仲裁程序中的举证压力，在承包人原因致使工期延误的情况下，可直接按照合同约定的违约金计算方式计算违约金，一般不需要发包人再行就遭受的损失承担举证证明责任；另一个是提前施加压力以降低承包人违约风险，工程总承包合同约定的违约金条款往往以工期延误天数按日计取，违约金标准往往高于 LPR，承包人对工期延误一天所应当支付的违约金有明确预期，继而产生威慑效力，有利于承包人采取有效措施尽快赶工。

为了实现违约金的上述两项功能，除了工程总承包合同中对违约金条款要有明确的约定外，还需要确保工程总承包合同中不存在任何使其无效的条款。当工程总承包合同因必须招标项目未组织招标投标或串通投标等而无效时，违约金条款亦应当无效。根据《民法典》第七百九十三条关于“建设工程施工合同无效，但是建设工程经验收合格的，可以参照合同关于工程价款的约定折价补偿承包人”的规定，合同无效时与工程价款相关的约定可以参照适用，但违约金条款并不在参照适用之列。即合同无效的情况下，即使工程总承包合同中对违约金的约定具体明确但通常亦不能参照适用，发包人仍需就其因承包人工期延误而实际产生的损失承担举证证明责任。发包人未能够举证证明的损失，人民法院通常不予以支持。

（4）工程总承包合同约定的工期违约金标准不宜过高。建设工程招标投标或合同谈判阶段，发包人通常处于优势地位，一旦进场后，承包人就在一定程度上占据了主动权，一些发包人为了加强对现场的控制，确保承包人能够按照合同工期完工，在工程总承包合同中约定了高额的违约金，如违约金以签约合同价为基数按迟延天数以每日千分之一甚至千分之五计算，该违约金标准年化达 36% 甚至 180%。

《民法典》第五百八十五条规定“当事人可以约定一方违约时应当根据违约情况向对方支付一定数额的违约金，也可以约定因违约产生的损失赔偿额的计算方法。约定的违约金低于造成的损失的，人民法院或者仲裁机构可以根据当事人的请求予以增加；约定的违约金过分高于造成的损失的，人民法院或者仲裁机构可以根据当事人的请求予以适当减少。”已经失效的《合同法若干解释二》第二十九规定“当事人约定的违约金超过造成损失的百分之三十的，一般可以认定为合同法第一百一十四条第二款规定的‘过分高于造成的损失’”。

司法实践中，有大量承包人主张工期延误给发包人带来的损失即使存在，亦仅为利息损失，且发包人应当就合同约定的违约金没有过分高于其实际损失承担举证证明责任，否则合同约定的高额违约金应当调低。当违约金标准过高或承包人需要支付的违约金过高时，人民法院或仲裁机构将会考虑承包人的前述主张，一旦人民法院或仲裁机构认定过高并予以调整时，则可能会调整至全国银行间同行业拆借中心公布的贷款市场报价利率（LPR）或该利率的1.3倍。调整后的违约金往往无法弥补发包人实际融资成本或投资回报率等。

为了避免出现前述情况，发承包双方在协商确定工期违约金计算方式时，应当充分考虑发包人的实际损失并在此基础上适当上浮以体现违约金的惩戒功能，但不宜过高。如果违约金计算标准高于LPR的四倍时，可在工程总承包合同中约定，该违约金计算标准是基于发包人实际融资成本、土地使用权摊销、管理费用、赔付第三方损失及租金收入等平等协商确定，任何一方不得在合同签订后主张该违约金过高或过低。工期延误时，承包人自愿按该违约金计算标准赔付发包人，不得再行要求发包人提供实际损失相关的费用凭证。此外，工程总承包合同还可以根据工期延误时间梯次设置违约金。

（5）承包人应积极妥善履约，有效控制工期。工期、质量和安全是工程项目管理的目标，在当前商业模式急剧变革、融资成本居高不下的大背景下，工期就成了发承包双方最为关注的核心目标之一。虽然伴随着建筑市场的迅速发展，承包人的项目管理能力已有大幅上升，但工程实践中挂靠、转包及违法分包的情况层出不穷，一些承包人也开始通过内部承包或将在“项目实际控制人”的安排下将人材机拆解分别签订合同等方式规避法律风险，为工程总承包合同的正常履行带来了极大的风险。一旦工期出现延误，给发包人带来的损失可能是巨大的，例如县域城市商业广场项目，发包人根据该县经济能力和常住人口数量将项目定位为该市唯一集大型商场、影院、办公楼及酒店为一体的商业中心项目，工程总承包合同约定工期为750天，计价方式为当地定额上浮5%计价。因双方约定第一笔工程款自地下室全面封顶后支付，而项目刚刚进入地下二层支撑拆除阶段，承包人即无力垫资，工程进度极为缓慢，最终实际工期相较于合同工期延长近600天，后双方就工程款产生纠纷，承包人起诉并申请查封了该项目的自持电影院及商超等。在这一期间内，国内某大型商业地产公司市场下沉，照搬集团已有的其他商业设计，在晚于案涉项目一年开工的情况下，提前近一年完成了招商并投入使用，致使案涉项目招商定位及后续运营陷入困难，项目陷入死局。

从保护自身权利同时诚信履约角度出发，承包人应当采取的措施包括：

1）审慎评估项目难度，除了技术难度外，还应充分考虑管理难度。一些承包人为了承揽工程项目，在投标报价阶段或合同洽商阶段没有充分评估项目难度和自身能力，合同签约价低于实际成本或合同工期短于合理工期，给项目管理带来了极大的难度。此外，发包人为了减轻资金压力往往会设定较好的计价条款，承包人过分高估自身的垫资能力和资信能力而签订合同，一旦项目进入全面建设阶段又在合同付款节点外频频提出其他付款要求，严重破坏双方良好的信任关系。甚至在一些大型项目中，发包人将结构类型、规模及合同条款基本一致的工程交由不同的承包人施工时，垫资及管理能力的不同导致工程进度及最终项目盈利情况有天壤之别。

2）加强过程项目管理，除避免出现挂靠、转包及违法分包等情况外，承包人还应当充分借助进度计划管理工具、分包或班组奖惩措施等加强对施工现场的管理，保持与发包人的良好沟通，提前提出图纸需求和质量检测计划，涉及指定分包或另行发包工程的，应当通过发包人或者直接与第三方保持良好沟通，充分尽到总包现场管理义务。

3）注意保存与工期相关的证据。除积极推进工程建设外，对于确实非因自身原因产生的工期延误事件，承包人应当在保持积极沟通的同时注意保全相关证据，承包人可以在商务经营部门安排专门人员负责与之相关的工作，从满足工程索赔要求的角度做好资料的制作、搜集和保存工作。

【参考案例】

案例1 某建设集团有限公司与某置业公司建设工程施工合同纠纷案

基本信息

审理法院：最高人民法院。

案号：（2018）最高法民申5036号。

裁判要旨

承包人原因致使工期延误时，应当按合同约定支付工期延误违约金。

裁判观点

最高人民法院二审认为：关于某建设集团有限公司是否应支付某置业公司逾期竣工违约金的问题。首先，《建设工程施工合同》第一部分“三、合同工期”明确约定开工日期为2010年7月15日，合同工期总日历天数：535天。按照该约定，案涉工程应于2012年1月1日完工。2013年11月27日，某建设集团有限公司施工部分分户验收合格，但是某建设集团有限公司并未将案涉工程施工完毕。在某建设集团有限公司中途撤场后，某置业公司另行组织施工，案涉工程于2014年9月16日竣工综合验收备案完毕。本案不存在因为某置业公司的原因导致停工、窝工和工期顺延的情形，亦不存在因为某置业公司迟延支付工程款而导致工期延误的情形，故案涉工程逾期竣工事实清楚。其次，按照双方的合同约定，案涉工程应于2012年1月1日完工，但是双方于2012年5月20日就工程的相关事宜达成了《会议纪要》，其中第三项约定“关于曲阜新天地项目工程的工期按970万元/月计算，总工期按该工程结算审定总价除以970万元/月确定”应视为双方对案涉工程的工期重新做了协商。2012年8月15日双方达成的协商纪要对支付工程款的事宜作出约定，某置业公司于2012年8月27日向某建设集团有限公司支付了第六个付款节点的工程款，其间也并未提出工期延误的问题。综合以上因素，一审法院酌情将逾期竣工的起算时间确认为2012年8月27日，符合本案实际，并无不当。同时，某建设集团有限公司施工部分已于2013年11月27日分户验收合格，故某置业公司要求某建设集团有限公司承担分户验收之后的逾期竣工责任依据不足，一审法院不予支持，并无不当。按以上时间节点计算，某建设集团有限公司逾期竣工时间计为457天。《建设工程施工合同》31“补充条款”5约定，本工程总工期为535天，每超期一天发包方按工程总造价的万分之二对承包方进行罚款，故每天的违约金数额为31 809.84元（159 049 204.65元×0.000 2）。据此，一审法院认定某建设集团有限公司应承担的逾期竣工违约金数额为14 537 097.31元（31 809.84元/天×457天），具有事实和合同依据。

原审查明，《会议纪要》《协商纪要》和收据、借条等证据相互印证，能够证明某置业公司不存在迟延支付工程款的事实。且在出具收据时，某建设集团有限公司对某置业公司依约按时支付进度款并无异议。因此，原判决不支持某建设集团有限公司要求圣地工程承担延迟付款违约金，适用法律并无不当。故某建设集团有限公司的上述主张，不符合《中华人民共和国民事诉讼法》（2021 修正，以下简称《民事诉讼法》）第二百条第六项规定的情形。

案例 2　某第四建筑工程公司与某水泥公司有限公司建设工程施工合同纠纷案

基本信息

审理法院：最高人民法院。

案号：（2016）最高法民申 147 号。

裁判要旨

承包人无充分证据证明工期延误为发包人造成时，应当按合同约定承担违约责任。

裁判观点

最高人民法院再审认为：某第四建筑工程公司主张工程延期是由于某水泥公司未按约提供图纸、完成征地拆迁、场地不符合施工条件以及没有按时支付进度款等原因造成的。但在 2010 年 10 月形成的《单体开工日期确定通知（补发）》已经明确：开工之日三通一平已到位，施工图满足开工条件，征地拆迁工作满足工程进度需要。某第四建筑工程公司作为建设工程施工合同承包人，是工程建设施工的义务人，应当举证证明其所主张延长工期的时间及其原因。在某第四建筑工程公司未就上述主张举证证明的情况下，二审法院在监理单位 2011 年 4 月 2 日《监理工程师备忘录》等现有证据的基础上，认定某第四建筑工程公司承担 30 日逾期完工违约金，并无明显不当。

案例 3　某建筑公司与某投资发展公司建设工程施工合同纠纷案

基本信息

审理法院：最高人民法院。

案号：（2014）民一终字第 310 号。

裁判要旨

工期延误责任由人民法院根据各方提交证据按照一定比例划分。

裁判观点

最高人民法院二审认为：根据一审、二审查明的事实，尽管存在因停工、窝工致工期延误时间界限不清、某建筑公司未按约履行工期顺延的手续及某建筑公司施工中也存在部分影响工期的因素等，但某投资发展公司仍应承担工期延误的主要责任。

第一，在具备施工条件的情况下，某建筑公司按约完成部分施工，且具备按期完工的条件和能力。根据施工合同的约定，所涉项目的施工期限分为两段，一是正负零以下部分施工期限 150 天，其中包括桩基和土方施工 30 天；二是正负零以上至竣工 220 天。根据一审、二审查明的事实，在上述两个阶段因某建筑公司原因造成工期延误证据不足……对此，某建筑公司在主体结构封顶后多次修改施工进度计划，调整工程竣工时间，某投资发展公司及委托的项目监理公司均表示同意且未提出异议。据此，应该确认在主体封顶至工程竣工验收阶段，并无充分证据证明某建筑公司施工中存有延后工期的事实。

第二，某投资发展公司主张的某建筑公司拖延施工不能成立。2006 年 12 月 28 日工地例会纪要虽表明某建筑公司有人工、机械不足致已浇垫层开裂的问题，但某投资发展公司并无充分证据证明人工、机械不足导致其土方施工延迟……审理中，某投资发展公司提出其并未影响幕墙施工、不对该项延期负责，但并未提供相应的证据证明，本院对此不予采信。

综上，某投资发展公司对项目工期延误应承担主要责任；某建筑公司在组织施工中也存在一定疏漏和不足，对工期延误应承担次要责任。一审认定某建筑公司对延误工期承担 40% 责任，本院予以调整，由某投资发展公司承担延误工期 90% 的责任，某建筑公司承担延误工期 10% 的责任。

案例 4　某建筑公司与某置业有限公司建设工程施工合同纠纷案

基本信息

审理法院：河南省高级人民法院。

案号：（2014）豫法民一终字第 149 号。

裁判要旨

发包人仅主张其向第三方赔付了逾期交房费用但未提供付款凭证等有效证据的，对其主张不予支持。

裁判观点

河南省高级人民法院二审认为：关于某置业有限公司请求某建筑公司赔偿逾期交工损失 75 万元应否予以支持的问题。某建筑公司与某置业有限公司对原审判决认定案涉工程逾期交工 103 天的事实均未提出异议，某建筑公司提供的用于证明逾期交工的原因系某置业有限公司的证据均系其单方制作的施工管理资料，某置业有限公司并未签字盖章予以认可，故认定逾期交工的原因系某置业有限公司未按节点支付工程款的证据不足，某建筑公司应支付某置业有限公司逾期交工损失。某置业有限公司与郑州某文化传播公司签订的《项目代理销售合同》约定对某置业有限公司如逾期满足开盘条件，需赔付郑州某文化传播公司每月各项损失 9 万元，某置业有限公司称赔付郑州某文化传播公司经济损失 75 万元，但仅提供了署名为司某的收条，未提供其他相关凭证予以印证，故某置业有限公司称逾期交工给其造成 75 万元经济损失的上诉主张证据不足，本院不予支持。原审判决某建筑公司支付某置业有限公司逾期交工损失 309 000 元无事实依据，应予纠正。

案例 5　某建设集团有限公司与某社区居民委员会建设工程施工合同纠纷案

基本信息

审理法院：最高人民法院。

案号：（2018）最高法民再 296 号。

案情介绍

最高人民法院再审认为：《建设工程施工合同》因工程未取得建设工程规划许可证等应当认定无效，但合同约定某建设集团有限公司工期为 450 天，如某建设集团有限公司不能按合同工期竣工，工期每提前一日或推后一日按工程总造价的万分之一对等奖惩。根据合同履行情况，某建设集团有限公司自 2008 年 4 月 28 日入场施工，2011 年 9 月 29 日工程竣工，逾期交工 789 天。某置业公司因某建设集团有限公司工期延误于 2012 年 2 月至 2013 年 2 月期间向购房业主支付逾期交房违约金共计 2 019 972. 85 元，有付款凭证为据。二审法院认定双方对工程逾期交工均有责任，综合考虑案件具体情况，确定双方按照同等责任均摊上述逾期交工损失，符合公平原则，本院予以确认。

案例 6　李某忠、某建设集团公司与某房地产发展公司建设工程施工合同纠纷案

基本信息

审理法院：最高人民法院。

案号：（2019）最高法民再 231 号。

裁判要旨

逾期完工违约金条款因为合同无效而无效，但承包人仍应赔偿工期延误给发包人造成的实际损失。

裁判观点

最高人民法院再审认为：违约金条款并非合同中独立存在的有关解决争议方法的条款，案涉合同因无效自始不具有法律约束力，则违约金条款亦应认定无效。一审判决认定案涉违约金条款仍然有效，属于适用法律错误，二审法院予以纠正，并无不当。但是，根据《建设工程司法解释》的规定，在建设工程施工合同被认定无效的情况下，当事人有权请求参照合同约定支付的是工程价款，并不包括违约金。二审法院未查明某房地产发展公司具体损失情况，简单参照案涉合同关于 3 000 万元违约金的约定判决某建设集团公司、李某忠连带赔偿某房地产发展公司经济损失 3 000 万元，亦系适用法律错误，本院予以纠正。本案中根据现有证据可以认定某房地产发展公司因迟延交房而向购房者承担了 25 534 841. 76 元的赔偿责任，因此，某房地产发展公司因案涉工程逾期完工的损失金额确定为 25 534 841. 76 元。某建设集团公司和李某忠应就某房地产发展公司该损失承担连带赔偿责任。

7.4 竣工结算与支付

7.4.1 合同工程完工后，承包人可在提交工程竣工验收申请时向发包人提交竣工结算文件。竣工结算文件应包括下列内容，并应附证明文件：

1 截止工程完工，按照合同约定完成的所有工作、工程的合同价款；

2 按照合同约定的工期，确认工期提前或延后的天数和增加或减少的金额；

3 按照合同约定，调整合同价款应增加或减少的金额；

4 按照合同约定，确认工程变更、工程签证、索赔等应增加或减少的金额；

5 实际已收到金额以及发包人还应支付的金额；

6 其他主张及说明。

【条文解读】

本条规定了竣工结算文件的提交时间及应包括内容。

【法律适用及商务提示】

（1）合同应当明确约定结算文件的范围及内容。《工程总承包合同示范文本》通用合同条件第 14.5.1 条规定："除专用合同条件另有约定外，承包人应在工程竣工验收合格后 42 天内向工程师提交竣工结算申请单，并提交完整的结算资料，有关竣工结算申请单的资料清单和份数等要求由合同当事人在专用合同条件中约定。"对于"完整的结算资料"具体应当包括哪些文件，当事人往往没有明确的约定，发包人通常也无法按照不明晰的此约定向承包人主张违约责任或用以抗辩支付条件未成就。

对此，发包人可以要求在合同中对承包人需要移交的结算文件范围进行明确约定，应当明确至双方比照该约定即可以直接判断承包人已提交哪部分资料、仍需补充提交哪部分资料的程度，而不宜笼统地约定"完整的结算资料""全部工程资料"或"归档需要的结算资料"等。

（2）承包人应当注意收集过程结算资料。承包人应当按照"以终为始"的方式开展项目的价款结算工作，从项目跟踪开始或者从合同签约开始，以结算审核或审计标准为原则，对整个项目的价款结算做好整体规划，明确项目实施中需要搜集资料种类、精细程度等。合同履行过程中严格做好资料收集、资料检查、台账整理工作，并保存好提交竣工结算文件、重要签证原件等的收发文记录，避免过程结算或竣工结算因为支持文件存在瑕疵蒙受损失。

【参考案例】

案例　某投资控股有限公司与某水利建设有限公司建设工程施工合同纠纷案

基本信息

审理法院：广州市中级人民法院。

案号：（2019）粤 01 民终 14487 号。

裁判要旨

未列明“归档时所需资料”的具体范围，不应作为双方当事人结算时必须提交资料的约定。

案情介绍

2011 年 6 月 17 日，经过招投标程序，某投资控股有限公司（发包方）与某水利建设有限公司（承包方）签订编号为 GET-SH-2011-09-003 的《广州科学城科技企业加速器（三期）-污水处理工程施工专业承包合同》（以下简称承包合同）。

第 33.2 条约定：承包人提交结算报告的时间是竣工验收合格后 30 天内。第 33.4 条约定：承包人应向发包人提供如下竣工结算资料（但不限于以下）：①工程结算书（并提供电子版）。②工程量计算书（即计算底稿，并提供电子版）。③电子软件钢筋抽料表（建筑、市政、园林景观等工程适用）。④合同文件。⑤工程竣工图（必要时提供电子版）。⑥工程竣工资料（必要时提供电子版）。⑦图纸会审记录。⑧设计变更单。⑨工程洽商记录。⑩总监理工程师通知或发包人施工指令。⑪会议纪要。⑫工程签证。⑬材料设备单价呈批审核单。⑭综合单价呈批审核单。⑮发包人供应材料收货验收签收单。⑯其他结算资料。⑰移交资料签收表。

庭审中，某投资控股有限公司明确具体诉讼请求的结算送审资料具体为：①施工方案。②工程施工图纸。③图纸会审记录。④招标文件（含工程量清单）、招标答疑纪要。⑤施工单位投标书、投标文件、承诺书、中标通知书、经济标相关软件版和电子版刻盘。⑥补充合同或施工协议书。⑦开工报告、合同约定需获奖奖项证书及工期延期联系单。⑧工期划分进度表。⑨施工单位的详细工程量计算书及电子稿（即计算底稿）。⑩施工单位的钢筋抽料表及电子稿（即计算底稿）。⑪施工单位的图形算量。⑫施工单位的工程结算书及电子盘（并加盖编制单位公章）。⑬工程竣工图及设计图纸电子版本。⑭2013 年 2 月 4 日至 2016 年 12 月 27 日的工程变更单。⑮2013 年 2 月 4 日至 2016 年 12 月 27 日现场签证单。⑯材料设备单价确认文件。⑰工程竣工资料。⑱工程洽商记录。⑲2013 年 2 月 4 日至 2016 年 12 月 27 日监理工程师通知或发包人施工指令。⑳会议纪要。㉑审批完成的工程变更（现场签证）申请表。㉒材料（设备）品牌申报表。㉓材料设备单价呈批审核单。㉔材料检测费发票、检测合同。㉕隐蔽工程验收。㉖其他有关影响工程造价、工期等资料。㉗移交资料签收表。㉘工程结算其他资料。㉙土方运距确认表。㉚施工许可证。㉛广州市建设工程档案预验收和报送移交书。㉜建设工程档案预验收和报送申请表。㉝建设工程档案。㉞建设项目总平示意图。㉟广州市建设工程档案移交目录。㊱电子目录。㊲广州市建设工程档案验收报告。㊳房屋建筑工程和市政基础设施工程竣工验收备案表。㊴单位（子单位）工程质量验收记录。㊵建设工程规划验收合格证。㊶建设工程档案接收证明。㊷工程质量保修书。㊸单位工程施工安全评价书。㊹人防行政主管部门出具的同意不修建的批准文件。㊺预拌砂浆使用报告。㊻建筑物永久性标牌图片。㊼建设工程质量监督报告。

裁判观点

广州市黄埔区人民法院认为：关于结算资料范围的认定。专用条款第 33.4 条列项前的括号内备注内容为“但不限于以下”，可以理解为双方约定的结算资料不限于该条款约定的内容，但未列明双方结算时除列明的资料外需另行提交的其他资料明细，且根据合同的其他条款无法确定该备注的具体内容；第 33.5 条第六项“竣工资料”的解释中包含了“归档时所需的资料”约定，但未列明“归档时所需资料”的具体范围，根据该合同的其他内容，无法确定该“归档时所需的资料”的范围和具体内容；上述“但不限于以下”“归档时所需的资料”属约定不明确，故不应作为双方当事人结算时必须提交资料的约定，以专用条款第 33.4 条和第 33.5 条的其他约定作为确定案涉工程进行结算时某水利建设有限公司应当提交的结算资料的范围。

广州市中级人民法院认为：某投资控股有限公司一审诉请要求某水利建设有限公司提交结算资料并与其完成案涉工程的整体结算，对于该请求，一审法院在本院认为部分进行了详细的论述，经查并无不当，本院予以确认，对此不再进行赘述。某投资控股有限公司上诉对一审的认定不服，但其并未就此提供新的证据、事实，故本院对其二审提出的请求不予支持。

7.4.2 发承包双方应在合同约定时间内办理工程竣工结算，在合同工程实施过程中已经办理并确认的期中结算的价款应直接进入竣工结算。

竣工结算价可依据合同形式按照下列规定计算：

1 可调总价合同的竣工结算价=签约合同价-预备费±合同约定调整价款和索赔的金额；

2 固定总价合同的竣工结算价=签约合同价±索赔金额。

未支付的价款=竣工结算价格-已支付的合同价款。

【条文解读】

本条规定了竣工结算办理的时间及计算办法。《关于完善价款结算的通知》第二条规定：“经双方确认的过程结算文件作为竣工结算文件的组成部分，竣工后原则上不再重复审核。”本条规定与上述规定一脉相承，减少重复审核，节约社会成本。本条的合理适用有赖于发承包双方做好过程结算工作。

【法律适用及商务提示】

为了推进建筑行业健康有序发展，2020 年 7 月 24 日，住房和城乡建设部办公厅发布《关于印发工程造价改革工作方案的通知》（建办标〔2020〕38 号），该文件将推行施工过程价款结算作为主要任务之一：“（五）严格施工合同履约管理。加强工程施工合同履约和价款支付监管，引导发承包双方严格按照合同约定开展工程款支付和结算，全面推行施工过程价款结算和支付，探索工程造价纠纷的多元化解决途径和方法，进一步规范建筑市场秩序，防止工程建设领域腐败和农民工工资拖欠。”在该政策引导下，各地建设行政主管部门纷纷颁布具体的实施意见，施工过程结算在一定程度上得到推广运用。

过程结算资料与竣工结算资料的重要性不言而喻，结算资料不完整、不规范、不真实可能直接引发结算争议，导致承包人工程款被严重拖欠。施工过程结算资料包括但不限于总承包合同、补充协议、中标通知书、工程招标投标文件、施工方案、施工图纸、工程量、经确认的工程变更、现场签证、工程索赔等。

（1）发包人审核结算资料的要点。结算资料的真实性和准确性直接影响结算金额，发包人要做好结算资料的审核工作，尤其要注重以下几点：

1）合理划分过程结算节点。关注工程总承包项目实施的全过程，依据项目具体特点，结合造价咨询公司的专业意见，合理划分过程结算节点。例如，过程结算节点原则上可以按照主体结构、二次结构、装修装饰工程、其他等节点划分。

2）按照合同约定对人材机进行计价审核，确保人工费用、建筑材料采购价格以及机械设备的租赁、采购价格符合市场变化，并对机械设备的品牌、规格以及数量等按照合同约定及变更资料进行核实。

3）对变更签证的审核要关注其必要性、时效性和真实性。具体而言，必要性审核在于通过对现场的深入了解、调查，对签证变更原因及签证变更后的预期目的进行综合分析，对于变更必要性不大的情况导致的金额变化不列入工程造价之中。时效性审核在于对施工时间和签证单负责人签署日期进行对比，如果确认属于后补型的签证且没有影像等其他证明资料，该项金额可以不列入工程造价。真实性审核在于通过现场查看、现场测量、问询等方式对是否实际发生变更及工程量数据的准确性、精确性进行分析。工作人员在开展结算审核工作时，可以对签证变更数据进行准确的判断与分析。

（2）防止过程结算节点约定不明引发争议。目前过程结算仍然处在起步阶段，关于结算节点的约定尚不成熟，而不同类型的建设项目的专业构成及节点存在差异。在招标投标及合同订立阶段，承包人应当充分评估过程结算节点是否存在理解上的争议，并通过要求招标人澄清。如合同履行过程中发现该情形的，应当及时协商调整合同条款，将存在争议的节点做进一步的明确。

（3）防范过程结算带来的承包人停工撤场及调价索赔等风险。推行过程结算的主要目的是简化竣工结算，是防止结算久拖不决的重要措施。但是对于发包人来讲，存在诸多弊端，其中核心的弊端之一即为承包人退场引发的未完工程风险。由于工程顺利建设实施需要发承包双方的紧密配合，且建设期间内难免会出现各类影响正常施工的因素，需要发承包双方通力解决。传统结算模式下，即使承包人对发包人的相关工作存在异议，因进度款审批文件不具有最终效力，且发包人是否积极审核竣工结算以及对一些可宽可严问题上的处理态度对承包人顺利回笼资金有着重要影响，故承包人会尽可能完成工程以获得结算和支付。

合同约定过程结算的情况下，过程结算文件具有最终效力，承包人每完成一个阶段的施工任务，都会获得相应阶段的结算审核文件，承包人对竣工验收的依赖性将会严重降低，相应的违约成本也会大幅度降低。承包人投标报价错误、合同履行过程中的材料价格上涨等致使承包人的违约成本低于其违约收益时，承包人将大概率会采取停工谈判，要求调整合同价款或支付已经结算款项并退场，发包人对项目控制权极大下降。

此外，对于任何一个项目而言，推行过程结算意味着办理结算的节点将会增加，而承包人对于过程结算款的需求将会促使承包人积极采取措施来达到结算节点，积极寻求合同漏洞并将合同中约定的付款节点做对其有利的解释，势必会造成发承包双方争议的增加。例如某工程总承包项目，总承包合同约定各单体主体结构达到+10.00m 时完成 10 米以下主体结构部分结算并支付至结算款项的 95%，实际履行过程中，承包人为达到这一目标，采取先施工梁柱框架结构，后施工楼板的方式。发包人应当在招标投标及合同订立阶段充分考虑到前述风险，对于付款节点及停工撤场违约责任作出明确约定，最大限度上保护自身的合法权利。

（4）参照本规范规定在合同中对过程计量程序作出明确约定。对于实行过程结算的项目，可参照项目所在地建设行政主管部门发布的指导意见合理确定结算周期并设置合同条款，具体见表 7-1。

表 7-1 建设行政主管部门关于过程计量的指导意见简表

<table>
<tr><th>序号</th><th>文件名称</th><th>文件中相关内容</th></tr>
<tr><td>1</td><td>《福建省房屋建筑和市政基础设施工程施工过程结算办法（试行）》（闽建〔2020〕5 号）</td><td>第九条　发包人和承包人应当根据施工合同约定的程序和时限及时办理施工过程结算。
（一）承包人完成约定的节点工程且发包人预验收合格后，在合同约定时限（建议不超过 28 日）内向发包人报送施工过程结算文件。承包人超过约定时限不报送的，视为放弃。对质量不合格的，应当在整改并验收合格后办理施工过程结算。
（二）发包人收到施工过程结算文件后，在合同约定时限（建议不超过 28 日）内与承包人核对完毕；超过约定时限不核实的，视为同意承包人报送金额。发包人不得以委托监理人参与核实为由延长约定的审核时限。施工过程结算价款与应付金额经发包人和承包人确认后，发包人应在约定时限内（建议不超过 5 日）足额支付，未按约定支付的发包人应当承担违约责任。
（三）施工过程结算不影响工程进度款支付，进度款应当按照国家有关法律法规及合同约定的时间和比例支付</td></tr>
<tr><td>2</td><td>山东省住房和城乡建设厅关于印发施工过程结算合同示范条款的通知（鲁建标字〔2021〕45 号）</td><td>A. 4 过程结算文件应按竣工结算文件要求进行编制。结算资料包括且不限于施工合同、补充协议、招投标文件、施工图纸、施工方案以及经确认的工程变更、现场签证、工程索赔等相关技术经济资料。
A. 5 每个施工过程结算周期的工程内容完工并质量验收合格后，发承包双方按照以下第＿＿＿＿＿种方式约定报送和审核施工过程结算文件的时限：
第 1 种方式：统一规定
承包人在（21）日（备注：不得超过 28 日）内向发包人（或受其委托的服务单位）报送完整的施工过程结算文件及相应结算资料；发包人应在（42）日（备注：不得超过 60 日）内完成施工过程结算文件的审核、确认。
第 2 种方式：各节点分别规定
<table>
<tr><th>序号</th><th>过程结算节点</th><th>承包人报送时限</th><th>发包人审核时限</th></tr>
<tr><td>1</td><td>（土石方工程）</td><td>（14 日）</td><td>（28 日）</td></tr>
<tr><td>2</td><td>（桩基工程）</td><td>……</td><td>……</td></tr>
<tr><td colspan="4">……</td></tr>
</table>
因承包人原因未在约定期限内报送施工过程结算文件的，发包人可以依据已有资料自行开展施工过程结算活动，确定当期工程量和价款。因发包人原因逾期未完成审核的，视同发包人认可承包人报送的施工过程结算文件</td></tr>
</table>

（5）重视过程计量审核，避免签署与实际不符的文件。为缓解资金压力，承包人通过提前上报已完工程量的方式来获取部分工程款的情况并不少见，发包人为了尽快推动项目建设或满足管理要求，甚至也会主动提出提前上报工程量的要求。在工程总承包合同能够正常履行的情况下，由于通常进度款申报审批文件不作为结算依据，故本项做法并不会影响各方的最终利益。但在未完工程等特殊情况下，如无法通过复核设计图纸等方式确定承包人实际完成的工程量，而发承包双方均认可发包人仍欠付工程款但无法就欠付金额达成一致，承包人主张以进度款审批文件作为依据时，存在得到支持的可能。

即使合同明确约定进度款审批文件不作为最终结算依据，进度款审批文件亦可能作为认定承包人施工范围的重要依据。特别是在发包人将多项工程通过指定分包或直接发包的方式交由第三方施工，而该部分工程报审报验仍要由承包人配合的情况下，如果诉讼过程发承包双方对于该项工作的实际完成方存在争议，而进度款审批文件中包含了该项工作的价款，则即使发包人能够提供与第三方签订的施工合同、结算单及工程款支付记录，发包人关于扣除工程款的主张亦有较大概率不被支持。

（6）不得以设计变更、工程洽商等理由变相拖延结算。推进过程结算应严格执行发包人与承包人完成结算核对并签字确认的时间，不得以工程变更、工程洽商等理由变相拖延结算，政府投资工程应当按照国家和省有关规定确保资金落实到位并按时支付。

【参考案例】

案例　某路桥工程与某建筑总公司与某建筑总公司东莞分公司等建设工程施工合同纠纷案

基本信息

审理法院：最高人民法院。

案号：（2016）最高法民申1142号。

裁判要旨

虽然过程工程量确认文件载明“中间计量数据”，但在未能就工程量及价款达成一致的情况下，依据该确认文件确定结算价款并无不当。

案情介绍

某建筑总公司将案涉沥青路面工程交由某路桥工程施工。2005年5月28日，某建筑总公司以“第十二标段项目部”作为甲方、某路桥工程作为乙方，双方签订《莞长公路十二标沥青混凝土路面工程（已完工程造价）确认单》（以下简称为《路面工程确认单一》），确认从开工之日2005年4月30日至2005年12月10日止，所涉面层改性沥青SMA-16、改性AC-20I沥青混凝土中面层、普通AC-20I沥青混凝土中面层、AC-20I沥青混凝土调平层、玻璃纤维格栅、旧路面铣刨工程量情况，所涉工程造价为26 000 582.30元。2006年5月13日，某建筑总公司以“第十二标段项目部”作为甲方、某路桥工程作为乙方，双方签订《莞长公路十二标沥青混凝土路面工程（三、四期工程造价）确认单》（以下简称为《路面工程确认单二》），确认面层改性沥青SMA-16、改性AC-20I沥青混凝土中面层、普通 AC-20I 沥青混凝土中面层、玻璃纤维格栅、旧路面铣刨工程量情况，所涉工程造价为 5 131 861.76 元。

某建筑总公司申请再审称：二审法院关于“本案作为中间计量的工程确认单，是经过双方签字确认的，亦是对实际工程量的初步结算，在双方没有最终结算，而且没有最终结算的责任不能归咎于单方的情况下，该初步结算的数据可作为实际工程量的最终结算依据”的认定不符合本案实际，也没有法律依据，属主观裁量。

裁判观点

最高人民法院再审认为：《路面工程确认单》上虽有“中间计量数据”的记载，但这一表述不是既有的法律概念，其法律含义并不清楚、法律后果亦不确定，二审法院在某建筑总公司与某路桥工程就工程量和工程价款有争议且未能最终协商结算的情况下，以双方在施工过程中达成且有双方签字认可的《工程数量汇总表》与之印证的《路面工程确认单》作为确定实际工程量的结算依据，符合《建设工程司法解释》第十九条关于“当事人对工程量有争议的，按照施工过程中形成的签证等书面文件确认”的规定。

7.4.3 除合同另有约定外，发包人应在收到承包人提交的完整的竣工结算文件后的 28 天内审核完毕。发包人经核实，认为承包人还需进一步补充资料和修改结算文件，应在上述时限内向承包人提出核实意见，承包人在收到核实意见后的 14 天内按照发包人提出的要求补充资料，修改竣工结算文件，并应再次提交给发包人复核后批准。发包人应在收到承包人再次提交的竣工结算文件后的 28 天内予以复核，并应将复核结果通知承包人。

7.4.4 除合同另有约定外，发包人在收到承包人竣工结算文件后的 28 天内，不审核竣工结算或未提出审核意见时，应视为承包人提交的竣工结算文件已被发包人认可，竣工结算办理完毕。

承包人对发包人的核实意见有异议的，应在收到发包人提出的核实意见后的 28 天内提出异议；对于无异议部分，发包人应签发临时竣工付款证书，并按照合同约定完成付款；承包人逾期未提出异议的，应视为认可发包人的核实意见，竣工结算办理完毕。

7.4.5 除合同另有约定外，发包人委托造价咨询人审核竣工结算时，工程造价咨询人应在收到发包人转交承包人竣工结算文件之日起 28 天内审核完毕，审核结论与承包人竣工结算文件不一致的，应提交给承包人复核，承包人应在 14 天内将同意审核结论或不同意见的说明提交工程造价咨询人，工程造价咨询人收到承包人提出的异议后，应在 28 天内再次复核完毕，并应将复核结果通知承包人。对于无异议部分，发包人应签发临时竣工付款证书，并按照合同约定完成付款；承包人逾期未提出书面异议的，应视为工程造价咨询人审核的竣工结算文件已被承包人认可。

7.4.6 发承包双方对竣工结算不能达成一致时，发包人应对无异议部分结算支付，有异议部分应按争议解决办法处理。

【条文解读】

第 7.4.3 条至第 7.4.6 条规定了竣工结算的办理程序。结合工程实践，规模较大的可调总价项目，可能无法在28天内完成结算审核工作，具体可由发承包双方根据项目实际情况在合同中约定。如项目结算需接受政府审计或者财政评审的，应根据资金使用要求，在招标文件及合同中明确约定以政府审计或者财政评审结论为准，或者明确约定政府审计或者财政评审结束后支付剩余款项。结合工程实践及司法判例，政府审计部门或财政评审部门开展结算审核应当依据项目合同约定及相关计价规范约定开展。

【法律适用及商务提示】

1. 逾期答复视为认可规则

（1）与该规则相关的规范性文件。

《民法典》第一百四十条规定："行为人可以明示或者默示作出意思表示。沉默只有在有法律规定、当事人约定或者符合当事人之间的交易习惯时，才可以视为意思表示。"

《建设工程司法解释一》第二十一条规定："当事人约定，发包人收到竣工结算文件后，在约定期限内不予答复，视为认可竣工结算文件的，按照约定处理。承包人请求按照竣工结算文件结算工程价款的，人民法院应予支持。"

《发承包计价管理办法》第十八条规定："（二）国有资金投资建筑工程的发包方，应当委托具有相应资质的工程造价咨询企业对竣工结算文件进行审核，并在收到竣工结算文件后的约定期限内向承包方提出由工程造价咨询企业出具的竣工结算文件审核意见；逾期未答复的，按照合同约定处理，合同没有约定的，竣工结算文件视为已被认可。非国有资金投资的建筑工程发包方，应当在收到竣工结算文件后的约定期限内予以答复，逾期未答复的，按照合同约定处理，合同没有约定的，竣工结算文件视为已被认可；发包方对竣工结算文件有异议的，应当在答复期内向承包方提出，并可以在提出异议之日起的约定期限内与承包方协商；发包方在协商期内未与承包方协商或者经协商未能与承包方达成协议的，应当委托工程造价咨询企业进行竣工结算审核，并在协商期满后的约定期限内向承包方提出由工程造价咨询企业出具的竣工结算文件审核意见。

发承包双方在合同中对本条第（一）项、第（二）项的期限没有明确约定的，应当按照国家有关规定执行；国家没有规定的，可认为其约定期限均为28日。"

《价款结算办法》第十六条规定："发包人收到竣工结算报告及完整的结算资料后，在本办法规定或合同约定期限内，对结算报告及资料没有提出意见，则视同认可。"

《关于如何理解和适用〈最高人民法院关于审理建设工程施工合同纠纷案件适用法律问题的解释〉第二十条的复函》（〔2005〕民一他字第23号）指出："适用该司法解释第二十条的前提条件是当事人之间约定了发包人收到竣工结算文件后，在约定期限内不予答复，则视为认可竣工结算文件。承包人提交的竣工结算文件可以作为工程款结算的依据。建设部制定的建设工程施工合同格式文本中的通用条款第33条第3款的规定，不能简单地推论出，双方当事人具有发包人收到竣工结算文件一定期限内不予答复，则视为认可承包人提交的竣工结算文件的一致意思表示，承包人提交的竣工结算文件不能作为工程款结算的依据。"

（2）与该规则相关的相关案例。

关于"逾期答复视为认可"的条款在合同中的应用，由于它通过默示这种消极方式对发包人的权利作出处分，司法实践中得到适用需要满足严格条件。同时要考虑到，工程类合同履约过程中的情形各不相同，且不同案件中对此类条款的适用亦存在差异。为确保司法裁判机关能够支持“逾期答复视为认可”的条款效力，第 6.1.2 条已经进行了详细的论述，其中包括：明确答复的期限、逾期答复的后果、在专用条款中予以明确约定、确保有效送达对方、以及提交完整的结算资料等关键方面，可翻阅该部分内容。

2. 以审计结论为结算依据规则

接下来将以某市政公路改造工程总承包项目为例，说明以审计结论为结算依据的案件分析要点。该项目合同约定固定总价计价，同时约定以结算价款以最终审计结果为准。然而竣工结算后第三年本项目政府部门仍然未出具审计报告，且审计机关在审计过程中以部分约定条款与交通部同期计量文件中的规定不一致继而否定了合同约定。

（1）分析总承包合同中是否有结算价款以政府审计或评审结论为准的约定。《最高人民法院关于建设工程承包合同案件中双方当事人已确认的工程决算价款与审计部门审计的工程决算价款与审计部门审计的工程决算价款不一致时如何适用法律问题的电话答复意见》的规定：“只有在合同明确约定以审计结论作为结算依据或者合同约定不明确、合同约定无效的情况下，才能将审计结论作为判决的依据。”根据本意见，在此类争议产生后，发承包双方应重点关注合同是否有相应的审计或评审条款，以下两种情况不应视为双方就以审计或评审结论作为结算依据达成一致：

第一，合同仅约定竣工结算价款以审计结论为准，但未明确以政府审计结论为准。司法实践中，“审计”并非仅指国家审计机关的审计，还包括发承包双方共同委托的第三方进行的审计。如果总承包合同中仅约定结算价款以“审计”为准，并未明确约定结算价款以“国家审计机关审计”或“政府审计”为准时，通常认为当事人并未就结算价款以政府审计结论为准达成一致，总承包人可以按合同约定的争议解决方式诉请解决。

第二，合同仅将竣工结算报告的出具时间作为付款条件，并未作为竣工结算价款依据。例如某项目总承包合同约定：“案涉工程交工验收完毕后支付至 90%，审计结论出具后支付至 95%，剩余 5% 作为质量保证金在交工证书签发 2 年后支付。”

（2）政府审计部门长期未出具审计报告。虽现行法律法规并未对政府审计报告的出具时间作出明确规定，但如审计机关迟迟未启动审计或虽启动审计但长期未出具审计结论的，总承包人仍可以按合同约定争议解决方式诉请人民法院或仲裁机构依法委托鉴定机构确定工程价款。

（3）分析政府审计结论是否按合同约定计价方式作出。在工程总承包合同中计价方式作了明确约定的情况下，审计单位以合同约定与行业惯例或主管部门规定不一致为由对审计价款进行调整的，承包人可按合同约定争议解决方式诉请按合同约定计价方式计算竣工结算价款。

7.4.7　承包人应根据办理的竣工结算文件，向发包人提交竣工结算款支付申请。除合同另有约定外，发包人应在收到承包人提交竣工结算款支付申请后 7 天内予以核实，并向承包人支付结算款。

7.4.8　发包人未按照合同约定支付竣工结算款的，承包人可催告发包人支付，并有权获得延迟支付的利息。利息计付标准有约定的，应按照约定处理。没有约定的，按照同期同类贷款利率或者同期贷款市场报价利率计息。

逾期 56 天后仍未支付的，除法律另有规定外，承包人可与发包人协商将该工程折价，也可直接向人民法院申请将该工程依法拍卖。承包人就该工程折价或拍卖的价款优先受偿。

【条文解读】

第7.4.7条和第7.4.8条共同规定了结算办理完成后发包人的支付义务。按照有约从约的原则，发承包双方可以事先在工程总承包合同中约定明确的付款时间、付款程序及逾期支付的违约责任。

7.5 质量保证金

7.5.1 承包人应按照合同约定提供质量保证金，保证金可采用下列方式：

1 质量保证金银行保函；

2 相应比例的工程款；

3 工程质量保证担保；

4 工程质量保险；

5 双方约定的其他方式。

【条文解读】

本条规定了承包人提供质量保证金的方式。

【法律适用及商务提示】

（1）质量保证金的定义。质量保证金，或称工程质量保证金，是指发包人与承包人在建设工程合同中约定，从应付的工程款中预留，用以保证承包人在缺陷责任期内对建设工程出现的缺陷进行维修的资金。

2017年6月20日，住房和城乡建设部、财政部发布《建设工程质量保证金管理办法》（建质〔2017〕138号，以下简称《质量保证金办法》），以规范建设工程质量保证金管理。《质量保证金办法》第二条第三款规定："缺陷责任期一般为1年，最长不超过2年，由发承包双方在合同中约定。"第六条规定："在工程项目竣工前，已经缴纳履约保证金的，发包人不得同时预留工程质量保证金。采用工程质量保证担保、工程质量保险等其他保证方式的，发包人不得再预留保证金。"第七条规定："发包人应按照合同约定方式预留保证金，保证金总预留比例不得高于工程价款结算总额的3%。合同约定由承包人以银行保函替代预留保证金的，保函金额不得高于工程价款结算总额的3%。"

（2）缺陷责任期与保修期。质量保证金、缺陷责任期来源于发承包双方约定，系一对相互对应的概念。但实践过程中，保修期的概念和缺陷责任期的概念经常被混同使用。《建筑法》第六十二条规定："建筑工程实行质量保修制度。建筑工程的保修范围应当包括地基基础工程、主体结构工程、屋面防水工程和其他土建工程，以及电气管线、上下水管线的安装工程，供热、供冷系统工程等项目；保修的期限应当按照保证建筑物合理寿命年限内正常使用，维护使用者合法权益的原则确定。具体的保修范围和最低保修期限由国务院规定。"《质量管理条例》第四十一条规定："建设工程在保修范围和保修期限内发生质量问题的，施工单位应当履行保修义务，并对造成的损失承担赔偿责任。"由此可知，保修期并非来源于双方约定，而是来源于《建筑法》《质量管理条例》等相关法律规定；

同时，保修期和质量保证金并没有必然的联系。发包人不能以保修期未届满为由拒绝向承包人返还工程质量保证金。

最高人民法院民事审判第一庭 2021 年 4 月出版的《最高人民法院新建设工程施工合同司法解释（一）理解与适用》认为："对于实践过程中出现的以工程质量保修金名义收取或预留的资金，一般应认定为工程质量保证金。"

（3）合同应当正确使用质量保证金概念。质量保证金是和缺陷责任期系具有密切关系的一对概念，与工程保修期并没有必然的联系。质量保证金的返还是以缺陷责任期的届满为条件的，并不是以保修期的届满为条件。发承包双方在订立合同时应当清楚这一点，避免出现概念混同，导致在设置返还条件等条款时出现错误。

（4）发包人应规范收取质量保证金。根据《质量保证金办法》相关规定，履约保证金和质量保证金不能同时收取，且质量保证金总预留比例不得高于工程价款结算总额的 3%。由于《质量保证金办法》效力级别较低，通常人民法院或仲裁机构不会以发包人违反上述规定直接认定相关约定无效。因此，如果发包人在工程总承包合同中的关于缺陷责任期及质量保证金比例的约定违反了上述规定，通常也不会直接导致总承包合同的相关约定无效。但承包人可以采取向相关行政部门举报等方式，追究发包人的行政责任，或者要求发包人调整缺陷责任期间或质量保证金比例。

如果发包人虽然违反上述规定收取质量保证金，但总承包合同对返还条件等条款约定不明，则在承包人起诉要求返还款项时人民法院可能会采取有利于承包人的解释。例如，发包人以"质量保证金"名义收取款项，但在总承包合同中未约定或者未清晰约定缺陷责任期限、质量保证金退还条件等关键条款，并有由承包人在施工前向发包人临时交付该款项，或者该等款项占工程总标的比例远大于 3% 等情况的，很有可能被人民法院认定为履约保证金，应在工程竣工验收后退还承包人，而不是等到缺陷责任期满或者保修期满后再退还。

【参考案例】

案例 1　某建筑工程有限公司与某住宅置业有限公司建设工程施工合同纠纷案

基本信息

审理法院：最高人民法院。

案号：（2019）最高法民申 650 号。

裁判要旨

质量保证金预留比例超过 3% 的，主流裁判观点认为该约定有效。

案情介绍

2013 年 5 月 23 日，某住宅置业有限公司（甲方）与某建筑工程有限公司（乙方）签订《建设工程施工合同》一份，合同约定：由某建筑工程有限公司对银川市贺兰山中路 530 号清水湾·国子城二期二标段 7#、8#、9# 及地下车库建筑安装总承包施工工程。承包范围甲方提供的施工图纸约定范围内土建、安装、招标文件内容及设计变更等。合同工期总日历天447天，开工日期2013年5月25日，具体开工时间以甲方书面通知为准；竣工日期2014年8月15日。合同价款（暂定价）3 500万元。

2013年5月25日，双方签订“清水湾·国子城二期二标段7#、8#、9#楼及地下车库建筑安装总承包施工工程”《补充协议书》一份。关于付款方式和结算，双方在第3.1.6款约定：完成3.2款“结算要求”并通过甲方、乙方、监理、物业的四方验收后《竣工验收单》，支付至结算总价的95%。

合同签订后，某建筑工程有限公司于2013年5月27日进场施工。2015年9月21日，清水湾·国子城二期7#、8#、9#楼经竣工验收合格，2015年10月28日，案涉工程通过消防备案复查合格，2015年12月7日取得竣工验收备案。

关于质量保证金问题，某建筑工程有限公司申请再审称：二审判决驳回某建筑工程有限公司的工程质量保证金请求，无事实依据，适用法律错误。虽在本案起诉时案涉工程尚在质保期内，但二审判决作出时，质保期已经届满，二审判决驳回某建筑工程有限公司关于质量保证金的诉讼请求无事实依据，且违背《质量保证金办法》关于质保金不能超过3%的规定。

裁判观点

最高人民法院认为：某建筑工程有限公司认为一审、二审判决驳回其关于工程质量保证金的诉讼请求，无事实依据，适用法律错误。根据案涉《补充协议书》第3.1.1.6项约定，某建筑工程有限公司完成结算要求并通过甲方、乙方、监理、物业的四方验收后，支付至结算总价款的95%。对于剩余5%工程款的用途虽然双方在合同中未明确约定，但案涉工程约定有质保期，除防水工程质保期为5年之外，其余部分的工程质保期为2年。据此，二审判决根据合同约定，确认该5%款项为质量保证金，并无不妥。因在某建筑工程有限公司一审诉讼时，案涉工程尚在质保期内，质量保证金返还的条件尚未成就，故一审、二审判决未支持某建筑工程有限公司关于质量保证金的请求，适用法律正确，亦无不妥。某建筑工程有限公司可就质量保证金问题另行主张。

案例2　杜某军、杜某权建设工程合同纠纷案

基本信息

审理法院：河南省高级人民法院。

案号：（2020）豫民申725号。

裁判要旨

虽然以“质量保证金”名义收取款项，但当事人对缺陷责任期没有明确约定，且该款项占工程总标的比例远超3%，人民法院综合认定该款项应实为履约保证金。

案情介绍

2016年4月16日，被告某村民委员会与某建筑装饰有限公司签订《建筑工程施工合同》一份，约定将出山店水库长台关乡冯楼安置区1#~93#楼工程发包给某建筑装饰有限

公司施工。当时某村法定代表人李某林委托杜某功为安置区工程的代理人。2016 年 10 月 6 日，某村委会委托授权管理人杜某功与被告签订《管理协议》一份，将冯楼安置区 $15^{\#}$~$93^{\#}$楼工程施工管理承包给杜某军。当年 7 月，三原告经中间人王某明介绍，进入杜某军承包的工程中施工 50 套房子。于 9 月 27 日，由杜某权向杜某军汇款 16.5 万元、杜某全向杜某军转款 55 万元、宋某伟向杜某军转款 53.5 万元，原告称此三笔款为进场质量保证金。原告又与李某福、张某林、刘某新等人协议，将工程交由他们施工。2016 年 12 月 6 日，被告某建筑装饰有限公司以某村委会不能支付合同工程款为由，书面要求解除 2016 年 4 月 16 日双方签订的《建设工程施工合同》。12 月 9 日，双方签订《解除合同协议书》，并达成一致协议，同意出山店水库长台关乡冯楼安置区 $1^{\#}$~$93^{\#}$楼全部工程由某村另外发包，并由发包方承担本工程产生的所有债权债务及法律责任。2018 年 9 月 29 日，某村委会又书面证明，该工程与某建筑装饰有限公司无关。三原告在组织施工中，因与对方没有明确合同约定交付、验收、付款等事项，许多内容是靠口头约定的，诉称杜某强算了明细，但提供的结算单也无日期和签字人。原告自认盖成并交付了 37 套房子，所做工程款应结算为 390 多万元，已得了 254 万元，剩余的杜某强拖欠。庭审中，被告代理人承认三原告盖了三十七套房子，与原告陈述一致，仅对是否交付使用持有异议。

裁判观点

河南省高级人民法院认为：关于杜某军收到质量保证金的数额问题。2016 年 9 月 27 日，杜某权用其尾号为 3078 的银行卡向杜某军尾号为 1936 的银行卡通过农商银行转款 16.5 万元，杜某全用其尾号为 6746 的银行卡向杜某军尾号为 1936 的银行卡通过农商银行转款 55 万元，宋某伟用其尾号为 2175 的银行卡向杜某军尾号为 1936 的银行卡通过农业银行转款 53.5 万元，共计向杜某军汇款 125 万元，其中附言载明：质量保证金。杜某军称未收到该款与原审法院查明的事实不符。关于质量保证金是否应予退还的问题，因双方没有签订书面合同，故对工程质量缺陷责任的期限没有明确约定。但《质量保证金办法》第七条约定："发包人应按照合同约定的方式预留保证金，保证金总额预留比例不得高于工程价款结算总额的 3%" 第六条约定："在工程项目竣工前，已经缴纳履约保证金的，发包人不得同时预留工程质量保证金。" 案涉工程总标的为 3 901 453.4 元，而杜某权等人缴纳的质量保证金为 125 万元，故该保证金名为质量保证金，实质上应理解为履约保证金。案涉工程已经在 2018 年底交付使用，故原审判决判令杜某军退还该 125 万元的处理结果正确。

7.5.2 缺陷责任期内，承包人未按照合同约定履行属于自身责任的工程缺陷的修复义务的，发包人有权从质量保证金中扣除用于缺陷修复的各项支出。

【条文解读】

本条规定了质量保证金的扣除。

【法律适用及商务提示】

《质量保证金办法》第九条规定："缺陷责任期内，由承包人原因造成的缺陷，承包人应负责维修，并承担鉴定及维修费用。如承包人不维修也不承担费用，发包人可按合同约定从保证金或银行保函中扣除，费用超出保证金额的，发包人可按合同约定向承包人进行索赔。承包人维修并承担相应费用后，不免除对工程的损失赔偿责任。由他人原因造成的缺陷，发包人负责组织维修，承包人不承担费用，且发包人不得从保证金中扣除费用。”

（1）发包人应当先通知承包人进场修复缺陷，并保留送达记录。缺陷责任期内工程出现质量问题时，发包人应当通过书面函件、电子邮件等工程总承包合同约定的通知方式，书面通知承包人进场修复，并保留送达记录等相关证据。

（2）发包人应当组织承包人共同确定缺陷原因、责任、维修方案。经发包人通知后，承包人如果认为并非承包人原因导致缺陷的，发承包双方应当先进行协商，确认存在缺陷的原因等。如果无法达成一致，发包人可以组织承包人共同委托检测机构通过检测的方式明确原因、责任、维修方案，该等共同委托的合意应当通过会议纪要等书面形式予以确认。

根据项目的实际情况，如果无法采用检测方式的，可再考虑组织承包人和设计单位、监理单位等到场，共同对存在的问题进行查看，确定原因、责任、维修方案，同样应当通过会议纪要等书面形式予以确认。

如果承包人拒绝共同委托检测或者到场对存在问题进行查看等配合事项的，发包人在保留已经通知承包人参与委托检测的证据后，可先自行委托检测，并将检测后的原因、责任、维修方案、检测费用再次书面通知承包人，要求承包人在指定时间内进场修复。

（3）承包人拒绝进场修复缺陷的，发包人可委托第三方修复，并列明费用通知承包人。确定缺陷原因由承包人造成，并已经通知承包人进场修复后，如承包人仍然拒绝或者未在指定时间内进场修复的，发包人可委托第三方进行维修。维修完成后，发包人应当将各项维修费用、检测费用以及该等费用将从预留的质量保证金中扣除的事实书面通知承包人。所有书面通知均应保留送达记录。

【参考案例】

案例 1　浙江某建设公司与安徽某置业建设工程施工合同纠纷案

基本信息

审理法院：最高人民法院。

案号：（2018）最高法民终 207 号。

裁判要旨

发包人应当对“工程质量缺陷是由承包人原因造成的”承担举证责任。

案情介绍

最高人民法院认为：安徽某置业公司上诉称代浙江某建设公司支付的维修费用 2 629 813 元应从保修金中扣除，但其二审所提交的新证据《维修费用清单表》为其单方自行制作，维修及付款凭证只能证明发生了维修费用，不足以证明上述维修费用系因浙江某建设公司总包施工范围内的工程存在质量问题而发生，亦不能证明系因浙江某建设公司拒绝维修而发生。

案例 2 某房地产开发公司与某建设集团公司建设工程施工合同纠纷案

基本信息

审理法院：最高人民法院。

案号：(2019) 最高法民终 564 号。

裁判要旨

发包人未通知承包人工程存在质量缺陷并要求维修，又要求从预留质量保证金中扣除维修费用的，人民法院不予支持。

案情介绍

2012 年 9 月，某建设集团公司与某房地产开发公司签订《建设工程施工合同》。主要约定：施工工程为齐齐哈尔泰来县家和美城市广场、书香门第小区（包括实验小学），总建筑面积约 30 万 m^2，其中家和美城市广场建筑面积约 10 万 m^2，书香门第小区约 20 万 m^2。工程价款暂定 5 亿元，以最终结算值为准（按补充条款第 47.2 条）。专用条款第 26 条约定工程进度款支付方式，城市广场主体结构（±0）、二层主体、三层主体、商城住宅主体完成五层后，七日内支付已完工程量的 80%；主体完成后七日内付至已完工程量的 85%；主体工程完成后每月 10 日前支付双方已核定工程量的 80% 进度款，直至工程竣工验收；工程经四方验收合格后，七日内拨付至工程总造价的 90%，工程竣工验收及结算完成后 60 天内支付至工程总造价的 97%，预留 3% 质量保证金。书香门第小区进度款支付方式与上述约定基本类似。

2013 年 4 月 15 日、16 日，家和美商城与实验小学开始施工。2014 年 3 月 21 日，书香门第小区开始施工。2015 年 7 月，某建设集团公司完成家和美商城、实验小学、书香门第小区部分工程后，退出施工现场，并陆续向某房地产开发公司报送其单方制作的实验小学竣工决算书、联系单、书香门第小区结算书等资料。

一审法院审理期间，双方确认已付工程款共计 69 536 419.85 元。

裁判观点

黑龙江省高级人民法院认为：双方签订的第一份合同约定“工程竣工验收及结算完成后 60 天内拨付至工程总造价的 97%，预留 3% 质量保证金”，未约定返还质量保证金的日期，由于案涉工程自某建设集团公司 2015 年 7 月撤场后已满 2 年，参照《质量保证金办法》第二条关于缺陷责任期最长不超过 2 年的规定，质量保证金可返还某建设集团公司，但不免除某建设集团公司按约定或法律规定履行工程保修义务。至于某房地产开发公司主张扣减实际发生的维修费用，因其未举示通知某建设集团公司维修、某建设集团公司拒绝维修的相关证据，某房地产开发公司主张按案外人维修费用扣减工程款，依据不足，一审法院不予认定。

最高人民法院认为：关于质量保证金，《最高人民法院关于审理建设工程施工合同纠纷案件适用法律问题的解释（二）》（法释〔2018〕20 号，以下简称《建设工程司法解释二》）第八条规定：“有下列情形之一，承包人请求发包人返还工程质量保证金的，人民法院应予支持：（一）当事人约定的工程质量保证金返还期限届满。（二）当事人未约定工程质量保证金返还期限的，自建设工程通过竣工验收之日起满二年。（三）因发包人原因建设工程未按约定期限进行竣工验收的，自承包人提交工程竣工验收报告九十日后当事人约定的工程质量保证金返还期限届满；当事人未约定工程质量保证金返还期限的，自承包人提交工程竣工验收报告九十日后满二年。发包人返还工程质量保证金后，不影响承包人根据合同约定或者法律规定履行工程保修义务。”双方合同并未约定返还质量保证金的日期，一审认定由于案涉工程自某建设集团公司 2015 年 7 月撤场后已满二年，参照《质量保证金办法》第二条关于缺陷责任期最长不超过 2 年的规定，质量保证金可返还某建设集团公司，但不免除某建设集团公司按约定或法律规定履行工程保修义务。该认定虽因一审期间《建设工程司法解释二》尚未施行，但一审参照《质量保证金办法》相关规定，其基本精神与该司法解释一致。虽某房地产开发公司主张，因某建设集团公司未提交竣工材料造成某房地产开发公司工程无法竣工。但是本案工程迟延，未能在某建设集团公司退场时竣工，是因某房地产开发公司长期迟延支付工程款所致。并且，双方《书香门第工程退场协议》签订后，某建设集团公司撤场，发包人某房地产开发公司作为竣工验收的义务方，未能提交其已书面通知某建设集团公司，某建设集团公司拒绝提供竣工材料，导致不能竣工的证据材料，其关于因某建设集团公司原因造成不能竣工验收的主张不能成立。自 2015 年 7 月《书香门第工程退场协议》签订、某建设集团公司退场至本院审理期间已超过两年，因此，某房地产开发公司关于尚欠工程款中应扣除质量保证金的主张，本院不予支持。

案例 3　某岩土工程有限责任公司与某省电力建设第一工程公司建设工程合同纠纷案

基本信息

审理法院：湖北省武汉市中级人民法院。

案号：（2016）鄂 01 民终 5452 号。

裁判要旨

按照国际惯例，EPC 项目 PAC（初步移交证书）表明承包商按要求完成工程，业主初步接收工程。PAC 获得之后进入质保期。

案情介绍

2010 年 1 月 8 日，某省电力建设第一工程公司（以下简称某省电一公司）与某岩土工程有限责任（以下简称某岩土公司）公司签订了《WASSIT）4×330MW 亚临界燃油（气）机组工程试桩、工程桩工程施工分包合同》。合同约定，（WASSIT）4×330MW 亚临界燃油（气）机组辅助及附属生产工程桩基工程，某省电一公司以 8 143 万元的合同价承包给某岩土公司，承包方式为固定总价承包，此合同价格为某岩土公司完成本合同项下全部工作的合同价款。合同范围，包括试桩及钻孔灌注桩。合同工期，自开工日期起 3 个月内。合同还对分包、技术文件、规范、图纸的保管和提供、进度计划、安全管理、施工现场管理、雇员、竣工工期的延长、误期赔偿、竣工验收、质保期及责任、质量保证金、违约、不可抗力等进行了约定。某岩土公司应在工程移交后一个月内向某省电一公司提交完整的竣工资料，某省电一公司在收到竣工验收报告后 14 天内应组织验收。整体工程或其中分单项、单位、分项、分部验收交付的工程，均从 PAC 接收证书开具之日起计算质保期，本工程的质保期为 12 个月。工程质保期延长的时间等于由于缺陷或损坏而引起的工程不能使用的时间。合同对工程结算原则、结算程序、报审原则约定为，预付款支付方式，预付款按合同总价的 5% 支付，随工程进度款逐月同比例扣回。支付预付款，应完成某岩土公司应与某省电一公司签订工程承包服务合同，且该合同已经生效；某岩土公司按合同对履约保函及有效期约定的要求开具了金额为合同价格 10% 的履约保函；某岩土公司提供某省电一公司接受的财务收据或发票。自某岩土公司获得工程进度款累计达到合同总额的 15% 开始，某省电一公司将在后续支付的工程进度款中扣除预付款，到合同规定的施工期满前 1 个月扣除完毕，在此期间每个月按等值从支付给某岩土公司的进度款中扣除。工程费进度款支付方式，在某岩土公司完成合同约定的相应工作后由某省电一公司发出月进度款支付证书；月进度款每月支付一次，支付经某省电一公司和业主确认的工作量的 80%；某岩土公司应于每月 25 日向某省电一公司报送当月实际完成工程量统计表、施工计划完成情况及质量自检报表。下月 25 日前支付通过审核部分的进度款。质量保证金的数额为竣工结算金额的 10%。质保金的支付方式，某省电一公司取得业主颁发的本合同所有机组的最终移交证书（Final Acceptance）后，由某省电一公司在 28 日内向某岩土公司支付某岩土公司的全部质保金。本合同受中华人民共和国法律约束，在当地执行与本合同有关的活动必须遵守相关法律。

裁判观点

某省电一公司与某岩土公司就涉案工程签订的施工分包合同第二章第 37 条关于质保期及责任中约定：整体工程或其中分单项、单位、分项、分部验收交付的工程，均从 PAC 接收证书开具之日起计算质保期，本工程的质保期为 12 个月。从前述新闻报道得知涉案工程中的 4 号机组已于 2014 年 4 月 16 日完成了为期 30 天可靠性运行试验（RTR），按照惯例，在完成为期 30 天可靠性运行试验（RTR）后，业主会随后签署 PAC，包括前述一审认定的涉案工程中的 1、2、3 号机组已于 2013 年年底前已正式并网发电，可以认定涉案工程全部 4 台机组的 PAC 接收证书开具之日不会迟于 2014 年 5 月，质保期结束的时间应为 2015 年 5 月。根据前述认定的能够取得最终移交证书（FAC）的主体为某电气公司。涉案双方在施工分包合同中约定"某省电一公司取得业主颁发的本合同所有机组的 FAC 后，由某省电一公司在 28 日内向某岩土公司支付完全部质量保证金"是不可能实现的。某省电一公司向某岩土公司支付完全部质量保证金的条件已经成就。

7.5.3 在合同约定的缺陷责任期终止后，发包人应按照合同约定，将剩余的质量保证金返还给承包人。剩余质量保证金的返还，并不能免除承包人按照法律法规规定和（或）合同约定应承担的质量保修责任和应履行的质量保修义务。

【条文解读】

本条规定了质量保证金的返还。

【法律适用及商务提示】

关于质量保证金的返还，《质量保证金办法》第十条规定："缺陷责任期内，承包人认真履行合同约定的责任，到期后，承包人向发包人申请返还保证金。"第十一条规定："发包人在接到承包人返还保证金申请后，应于14天内会同承包人按照合同约定的内容进行核实。如无异议，发包人应当按照约定将保证金返还给承包人。对返还期限没有约定或者约定不明确的，发包人应当在核实后14天内将保证金返还承包人，逾期未返还的，依法承担违约责任。发包人在接到承包人返还保证金申请后14天内不予答复，经催告后14天内仍不予答复，视同认可承包人的返还保证金申请。"

（1）发包人对质量保证金的返还条件或者返还期限有特别要求的，应当在总承包合同中进行明确约定。关于质量保证金的返还，《质量保证金办法》及本规范多处强调发包人是"按照合同约定"将质量保证金返还。因此，虽然通常发包人应当在缺陷责任期终止后即返还质量保证金，但如发承包双方在总承包合同中对返还条件或者返还期限有特别约定的，人民法院通常会尊重双方当事人的约定。但如果双方未约定或者约定不明的，人民法院通常会判决发包人应当在工程通过竣工验收之日起满二年后将质量保证金返还给承包人。

《建设工程司法解释一》第十七条规定："有下列情形之一，承包人请求发包人返还工程质量保证金的，人民法院应予支持：（一）当事人约定的工程质量保证金返还期限届满；（二）当事人未约定工程质量保证金返还期限的，自建设工程通过竣工验收之日起满二年；（三）因发包人原因建设工程未按约定期限进行竣工验收的，自承包人提交工程竣工验收报告九十日后当事人约定的工程质量保证金返还期限届满；当事人未约定工程质量保证金返还期限的，自承包人提交工程竣工验收报告九十日后起满二年。发包人返还工程质量保证金后，不影响承包人根据合同约定或者法律规定履行工程保修义务。"

（2）工程总承包合同无效的，承包人可主张返还质量保证金。关于合同无效时人民法院是否应当支持承包人请求返还质量保证金的诉请，司法实践中有两种不同的观点。一种观点认为，合同虽然无效，但其中关于工程价款的约定仍可参照适用，发包人据此在结算时暂扣质量保证金，并无不当，（2020）最高法民申2954号案中即持有此种观点。另一种观点认为，合同无效，质量保证金条款亦应无效，合同中关于质量保证金扣留比例及返还时间的约定对合同当事人不具有法律约束力，质量保证金应当随工程款一并返还，（2019）最高法民终750号案中即持有此种观点。

由于司法实践暂未形成统一的处理标准，承包人在合同无效的情况下，可尝试要求将质量保证金与工程款一并返还，特别是当工程总承包合同约定的缺陷责任期过长以及质量保证金比例过高的情形下，获得支持的可能性会提升。

【参考案例】

案例1　某路桥公司与某路业集团建设工程施工合同纠纷案

基本信息

审理法院：甘肃省高级人民法院。

案号：(2021) 甘民终329号。

裁判要旨

对质量保证金的性质和返还条件有特别约定的，人民法院尊重双方真实意思表示的效力。

案情介绍

2011年3月24日，双方签订瓜州至星星峡高速公路土建工程施工承包合同书，约定根据工程量清单所列的预计数量和单价或总额价计算的合同总价为人民币319 897 828.5元（含暂定金额1 000万元）；由业主（某路业集团）按协议书第6条所述给承包人（某路桥公司）支付合同价款，承包人在此立约：工程质量优良，并保证在各方面按合同文件的规定承担本合同工程的实施和完成及其缺陷的修复，并承诺，如若工程质量没有达到投标书承诺的工程质量标准，业主有权扣回质量保证金；作为对本合同工程的实施和完成及其缺陷修复的报酬，业主（某路业集团）在此立约：若工程通过竣工验收且质量达到优良，保证按照合同文件规定的时间和方式向承包人支付合同价款，若工程虽通过竣工验收，但工程质量仅达到合格等级，工程完工结算时只支付合同价款的95%，其余5%作为质量保证金予以罚没。

2012年8月21日，经项目法人某路业集团、施工单位某路桥公司、设计单位及监理单位进行验收，确定瓜星高速GX11标段路面工程及附属工程交工验收质量等级评定为合格；经研究，各方同意瓜星高速GX11标段路面工程及附属工程交工验收，并从2012年8月21日进入工程质量缺陷责任期，缺陷责任期两年。

另查明，案涉工程施工过程中，某路业集团按照施工进度陆续向某路桥公司支付工程款。2015年1月27日，瓜星高速公路GX11项目经理部向瓜星高速公路项目管理办上报《关于对瓜星高速公路GX11标返还质量保证金的报告》，载明："我项目经理部自收到贵办下发的《瓜州至星星峡高速公路竣工验收质量检测报告》后，于2014年9月28日组织施工队伍进场，严格按照检测报告中列出的问题，对项目范围内的路基、桥梁涵洞和路面等各项工程缺陷逐一进行整改修复。现已按照检测报告的内容要求完成了所有项目的整改工作，现申请返还质量保证金50%，金额为8 055 811.07元"。同年1月29日，瓜星高速公路项目管理办向瓜星高速公路GX11项目经理部支付了8 055 811.07元，款项用途为工程款；瓜星高速公路GX11项目经理部向某路业集团出具收到工程款7 313.15元、收到质量保证金8 048 497.92元的收据各一张，之后某路业集团再未支付任何款项。2016年3月28日，经某路业集团、某路桥公司及审计单位三方确认，核定瓜星高速GX11标段工程金额为314 547 574.1元，工程变更金额为7 518 096元，合计322 065 670.1元。庭审中，双方均认可除质量保证金外，某路业集团已向某路桥公司付清全部工程款。

某路桥公司向一审法院起诉请求：①判令某路业集团支付质量保证金8 035 300.68元，利息1 968 648.67元（8 035 300.68×4.9%×5年，从2014年8月20日至2019年8月19日），以上合计10 003 949.35元；②判令某路业集团以欠付质量保证金为基数，按照全国银行间同业拆借中心公布的贷款市场报价利率支付自2019年8月20日起至实际清偿之日止的利息。③本案诉讼费及邮寄送达费用由某路业集团承担。

某路业集团向一审法院提出反诉请求：①判令某路桥公司返还工程质量保证金 8 055 800 元，并承担不当占有期间的利息 2 302 589. 3 元［8 055 800×4. 9%×（5 年+10 个月），自 2015 年 1 月 30 日至 2020 年 12 月 1 日］，合计 10 358 389. 3 元。②判令驳回某路桥公司提出的全部诉讼请求。③本案本诉、反诉诉讼费全部由某路桥公司承担。

裁判观点

甘肃省酒泉市中级人民法院认为：某路桥公司与某路业集团签订的瓜州至星星峡高速公路土建工程施工承包合同书，系双方当事人真实意思表示，内容不违反法律、行政法规的效力性强制性规定，合法有效，双方当事人应当依照合同约定全面履行各自的义务。庭审中，双方均认可案涉工程的验收按照《公路工程竣（交）工验收办法》进行。根据《公路工程竣（交）工验收办法》及实施细则的规定，公路工程验收分为交工验收和竣工验收两个阶段，交工验收合格，通车试运营 2 年以上、交工验收提出的工程质量缺陷等遗留问题已处理完毕、各类验收文件编制完成方可进行竣工验收，评定竣工验收工程质量等级。基于此，双方在签订施工承包合同时虽没有约定质量保证金的具体支付时间，但对于质量保证金的支付条件及数额约定明确，即在某路桥公司完成工程施工及缺陷修复的基础上，工程通过竣工验收且工程质量评定为优良等级，某路业集团向某路桥公司全额支付质量保证金 15 994 891. 425 元（319 897 828. 5 元×5%）。

案涉工程进入竣工验收阶段后，某路桥公司在完成《瓜州至星星峡高速公路竣工验收质量检测报告》所载工程缺陷整改修复后提出支付 50% 质量保证金的申请，某路业集团于 2015 年 1 月 29 日向某路桥公司支付 8 055 811. 07 元。庭审中，双方均认可该 8 055 811. 07 元中 7 313. 15 元为工程款，8 048 497. 92 元为质量保证金。某路业集团在反诉状中陈述，其是“基于工程交工质量验收合格的情况”应某路桥公司申请支付了 50% 的质量保证金，后因某路桥公司施工建设的瓜星高速 GX11 标段工程竣工验收质量鉴定等级为合格，某路业集团根据施工承包合同的约定再未支付质保金。因某路业集团明知施工承包合同中关于质量保证金支付条件和金额的约定，其在尚未进行竣工验收工程质量等级评定的情况下，同意向某路桥公司支付部分质量保证金的行为，结合其对某路桥公司出具的 8 048 497. 92 元质量保证金收据未提出异议，在提出反诉前未向某路桥公司要求返还该部分质量保证金，以及某路桥公司在本案诉讼前未向某路业集团催要剩余质量保证金的事实，应认定双方以行为对某路业集团行使罚没权利的质量保证金的数额进行了合意变更。现某路业集团以双方签订的施工承包合同约定的质量保证金支付条件未成就，要求某路桥公司返还已支付的质量保证金并承担占用期间利息的反诉请求缺乏事实依据，一审法院不予支持。

虽然双方对某路业集团行使罚没权利的质量保证金的数额以实际行为进行了变更，但双方提供的证据中均无关于剩余质量保证金支付事宜的内容；某路桥公司虽然于 2019 年 12 月 31 日向某路业集团寄送了企业询证函，但该函件载明“本函仅为复核账目之用，并非催款结算”，某路业集团的回函内容中也无承诺支付质量保证金的内容。根据《合同法》第七十八条“当事人对合同变更的内容约定不明确的，推定为未变更”的规定，剩余质量保证金的支付应仍以施工承包合同约定为准。

裁判观点

甘肃省高级人民法院认为：《民法典》自2021年1月1日起实施，《最高人民法院关于适用〈中华人民共和国民法典〉时间效力的若干规定》（法释〔2020〕15号）第一条第二款规定“民法典施行前的法律事实引起的民事纠纷案件，适用当时的法律、司法解释的规定，但是法律、司法解释另有规定的除外。”由于本案系民法典施行前的法律事实所引起的民事纠纷，故应依据民法典施行前、民事行为发生时的法律、司法解释对本案进行裁判。根据双方上诉请求及辩论意见，本案争议焦点为：某路桥公司要求某路业集团返还质量保证金及利息的诉请应否支持。

首先，《合同法》第六十条第一款规定：“当事人应当按照约定全面履行自己的义务。”《瓜州至星星峡高速公路土建工程施工承包合同书》系双方真实意思表示，且不违反法律、司法解释规定，是合法有效的合同，双方应当按照合同的相关规定全面履行自己的义务。该合同第六条约定：“由于业主按本协议书第6条所述给承包人支付合同价款，承包人在此立约：工程质量优良，并保证在各方面按合同文件的规定承担本合同工程的实施和完成及其缺陷的修复，并承诺，如若工程质量没有达到投标书承诺的工程质量标准，业主有权扣回质量保证金。”从条文内容看，此“质量保证金”具有双重性质：一是《质量保证金办法》中的“建设工程质量保证金”；二是质量不符合优秀标准的“罚金”。双方均同意只有案涉工程达到“优良”标准时，该约定项下的款项才达到支付条件，故同时承担缺陷责任与扣除相关款项系双方真实意思的表示，不存在某路桥公司所主张的以同一行为处罚两次的情形。

其次，《合同法》第七十七条第一款规定：“当事人协商一致，可以变更合同。”2015年1月27日，某路桥公司向瓜星高速公路工程项目管理办提交了《关于对瓜星高速公路GX11标返还质量保证金的报告》，申请返还50%的质量保证金，即8 055 811.07元。2015年1月29日，某路业集团向某路桥公司转账8 055 811.07元，某路桥公司开具两张收据（其中质量保证金8 048 497.92元）。在此时间点，双方均明知案涉工程尚未评定质量等级，工程质量保证金未达到支付标准，但某路业集团仍根据某路桥公司的申请支付了部分质量保证金，该支付行为说明其对某路桥公司提出的对部分质量保证金变更支付条件的意见表示同意，对此问题，双方协商一致且已实际履行。在上述申请中，某路桥公司仅主张了50%的质量保证金，故对剩余质量保证金，双方未协商一致。二审中，某路桥公司主张2019年12月31日其向某路业集团出具的《企业询证函》能够证明某路业集团同意支付剩余质量保证金。经审查，该询证函中，某路业集团虽确认了应付质量保证金的金额，但函件中亦载明“本函仅为复核账目之用，并非催款结算”，因而该函件不能认定为某路业集团同意变更合同中的质量保证金支付条件，故双方仍应履行原合同关于质量保证金支付的约定。

最后，根据2017年甘肃省交通工程质量安全监督管理局出具的《公路工程建设项目工程质量鉴定报告》（编号：2017-1-02号）的内容，案涉工程GX11标段被评定为合格，尚未达到双方约定的支付条件，某路业集团未支付剩余质量保证金有合同依据，某路桥公司的诉求缺乏事实和法律依据。一审法院认定正确，本院予以确认。

另外，某路桥公司二审中提出甘肃省交通工程质量安全监督管理局出具的《公路工程建设项目工程质量鉴定报告》内容不当，不应当作为案涉工程质量“优良”或“合格”的标准。本院认为，中华人民共和国交通运输部出台的《公路工程竣（交）工验收办法实施细则》（交公路发〔2010〕65号）第十四条竣工验收准备工作程序第三项规定：“以上文件齐全且符合条件的项目，由负责竣工验收的交通运输主管部门通知所属的质量监督机构开展质量鉴定工作”。故质量监督机构开展质量鉴定工作系公路竣工验收的准备工作，是必须进行的工作，而案涉工程系国家立项建设项目，由甘肃省交通运输厅具体负责竣工验收工作，其所属的质量监督机构即为甘肃省交通工程质量安全监督管理局，由其开展质量鉴定工作符合上述部门规章的规定，一审法院依其所评测的质量鉴定结果作为是否达到质量保证金支付条件的质量标准符合相关规定，本院予以确认。

综上所述，某路桥公司的上诉请求不能成立，应予驳回；一审法院认定事实清楚，适用法律正确，应予维持。

案例2　某建设集团有限公司与某置业有限公司等建设工程施工合同纠纷案

基本信息

审理法院：最高人民法院。

案号：（2021）最高法民终340号。

裁判要旨

未完工程提前解除合同的，对质量保证金的返还时间仍应按照合同约定执行。

案情介绍

2014年11月26日，某建设集团公司（甲方）和某置业有限公司（乙方）签订《施工合同》，明确发包人某置业有限公司将位于西安市丈八东路以南的感恩时代广场项目交由承包人某建设集团公司施工，合同总价暂估1亿元，最终按施工图纸据实结算。其中，在合同中约定，“本工程无预付款，按节点支付工程进度款。……3. 乙方施工至单栋结构封顶时，乙方向甲方报工程量，经甲方审核确认7日内，支付工程22层以下（含22层）已完工程量的80%。4. 乙方内装修施工完成至一半时，乙方向甲方申报工程量，经甲方审核确认7日内，支付23层至封顶主体部分已完工程量的80%。……7. 工程全部完成，经发包人、承包人、监理三方验收合格，发包人在7日内支付至工程总造价的90%。……”在合同中还约定，“承包人向发包人提供履约担保，担保金额为：500万元整，合同签订后交纳250万元；当工程桩基完成具备进场施工条件的，承包人在7日内再交纳剩余200万元保证金（前期已交纳50万元保证金）。履约保证金的返还：正负零主体结构施工完成，发包人在7日内返还50%，其余待承包人完成主体结构封顶，发包人在7日内全部返还。”在“附件1工程质量保修书”中，对工程质量保修范围和内容、质量保修期、质量保修责任、质量保证金的支付和返还等进行了约定，明确本工程约定的工程质量保证金为工程结算价款的5%，保证金的55%预留1年，35%预留2年，10%预留5年。保修期满，若无质量问题15日内一次性返还（保修金额不计取利息）。

上述合同签订后，承包人某建设集团公司进场施工，后因发包人某置业有限公司未按照约定足额支付工程进度款、返还履约保证金等，导致案涉工程停工。双方经协商于2018年3月8日签订《复工协议》，就有关款项支付和复工事宜进行了约定，“双方一致确认：五、复工后乙方每月30日前向甲方申报本月已完工程量，经甲方审核确认20日内支付已完工程量的80%工程进度款，乙方逾期申报已完工程量视为放弃本月已完工程量并顺延至下月，甲方逾期审核确认视为认可乙方申报的工程量的同时，需于次月20日前按80%支付上月工程进度款；结算完成后15个工作日内支付至结算价的97%，乙方配合办理房屋交房手续，剩余3%作为保证金，保证金的50%预留一年，45%预留二年，5%预留五年。保修期满，若无质量问题，15日内一次性返还（保证金不计取利息）。”

复工协议签订后，某置业有限公司并没有按照协议约定全面及时履行付款义务。2018年5月28日，某建设集团公司向某置业有限公司发出《工作联系单》，主要内容为：其公司多次发函要求某置业有限公司履行协议，但某置业有限公司未予理会，现督促某置业有限公司尽快履行付款义务；其公司因此对材料供应商、租赁公司、班组解决资金的承诺无法兑现，可能导致纠纷；如果某置业有限公司仍不履行《复工协议》中相应付款约定，将直接导致项目停工，由此给其公司造成的一切经济损失、工期延误及其他相关责任全部由某置业有限公司承担。

经某置业有限公司委托，某建设工程质量检测中心对案涉工程主体结构工程质量进行检测，于2018年4月26日出具《检测报告》，认为施工质量满足设计要求，符合国家标准要求。

2020年6月15日，在本案审理过程中，经原审法院主持调解，当事人就部分诉讼请求和反诉请求自愿达成协议，原审法院作出（2019）陕民初22号-3民事调解书予以确认：“一、原告某建设集团公司和被告某置业有限公司经协商一致，即日解除双方签订的《施工合同》《复工协议》，由陕西省高级人民法院对本次调解和2019年12月2日（2019）陕民初22号民事调解书所涉调解内容以外的诉讼请求，依据有关法律规定和上述合同内容作出裁判。”

裁判观点

陕西省高级人民法院认为：关于工程质量保证金预留问题。依照《复工协议》约定，“剩余3%作为保证金，保证金的50%预留一年，45%预留二年，5%预留五年。”由于本案系未完工工程，双方已同意解除合同，案涉工程主体已通过有关部门质量检测确定为合格，且在原审法院主持的第二次调解中，双方已就主体工程保修费用承担问题达成共识，由某建设集团公司向某置业有限公司支付相应修理费用，故对于工程质量保证金返还期限应从案涉工程主体质量检测合格之日即2018年4月26日起算。现按照上述约定，以双方确认的工程量5 116万为基数，以3%的比例确定工程质量保证金为1 534 800元，其中的5%即76 740元预留五年，即预留至2023年4月25日，其他需要预留一年、两年的质量保证金，因已超过预留期限，无须预留。由于应付工程款经原审法院主持调解后某置业有限公司已履行完毕，现应预留的工程质量保证金76 740元从某置业有限公司应向某建设集团公司支付的违约金或其他费用中予以扣除。

关于质量保证金期限应如何认定、应否扣除76 740元质量保证金的问题。某建设集团公司主张案涉工程为未完成工程，不存在保修期，不应扣除 76 740 元质量保证金，某置业有限公司则主张质量保证金未至退还期限。本院认为，质量保证金是发包人与承包人在建设工程承包合同中约定，从应付的工程款中预留，用以保证承包人在缺陷责任期内对建设工程出现的缺陷进行维修的资金。与承包人的法定质量保修义务不同，质量保证金条款依赖于双方当事人的约定。建设工程质量保证金对应的是“缺陷责任期”，而非保修期。缺陷责任期是承包人按照合同约定承担缺陷修复义务，且发包人预留质量保证金（已缴纳履约保证金的除外）的期限，自工程实际竣工日期起计算。保修期是承包人按照合同约定对工程承担保修责任的期限，从工程竣工验收合格之日起计算。保修义务是承包人的法定义务。本案中，根据已查明事实，案涉工程系未完工工程。双方当事人现已解除合同，但已完工部分仍应按照《复工协议》约定的质量保证金条款，对于合同约定的缺陷责任期已经到期的部分，应返还质量保证金并承担法定保修义务；对于缺陷责任期未至届满的，应预留至期满再行返还。某置业有限公司返还工程质量保证金后，不影响某建设集团公司依照合同约定或法律规定履行工程保修义务。故，原审判决以案涉工程主体质量检测合格之日起算质保期并无不当，本院予以维持。

案例 3　某第四建设公司与山西某树脂公司建设工程施工合同纠纷案

基本信息

审理法院：最高人民法院。

案号：（2019）最高法民终 710 号。

裁判要旨

约定“保修期满视工程质量情况返保证金”，视为未约定工程质量保证金返还期限，发包人应在竣工验收之日起满二年后返还质量保证金。

案情介绍

案涉山西潞安 20 万吨/年聚氯乙烯、20 万吨/年离子膜烧碱工程（Ⅱ标段）办理完毕项目相关备案、规划等审批手续后，由山西某树脂公司发包，由某第四建设公司承建。某第四建设公司与山西某树脂公司于 2009 年 8 月 13 日签订编号 LS0909—08 号《建设工程施工合同》，约定：承包范围为本标段建筑及安装工程施工；工期为 2010 年 3 月 1 日至 2011 年 12 月 31 日；合同价款为暂估为贰亿肆仟万人民币（240 000 000 元），最终以决算为准。该合同专用条款第 13 条约定：案涉工程无预付款。第 15 条约定，双方约定的工程款（进度款）支付的方式和时间：工程进度款按逐月审批确认的实际完成额的 85% 支付。待工程竣工验收合格，竣工决算审核批准后支付工程款至竣工结算金额的 90%。建设单位将工程总价的 10% 作为工程质量保证金，保修期满，视工程质量情况返还质量保证金。工程进度款审批确认后支付工程进度款。该合同《房屋建筑工程质量保修书》约定：地基基础工程和主体结构工程为设计文件规定的该工程合理使用年限防水工程。有防水要求的卫生间、房间和外墙面的防渗漏为 5 年；装修工程为 2 年；电气管线、给排水道、设备安装工程为 2 年；供热与供冷系统为 2 个采暖期、供冷期；住宅小区内的给排水设施、道路等配套工程为 2 年；其他项目保修期限根据实际情况双方约定。质量保修期自工程竣工验收合格之日起计算。

2013 年 4 月 30 日，某第四建设公司向山西某树脂公司报送聚氯乙烯项目二标段决算报审统计表，山西某树脂公司盖章确认。2013 年 8 月 14 日，某第四建设公司向山西某树脂公司工程部出具《中化四建申请竣工验收的报告》，申请山西某树脂公司对案涉工程进行验收。2013 年 12 月 9 日，某第四建设公司向山西某树脂公司出具书面材料载明：某第四建设公司承建的山西潞安 20 万吨/年聚氯乙烯工程以下单位工程已完成单机试车，具备竣工验收条件。案涉工程于 2014 年初交付。山西某树脂公司在 2015 年 11 月 6 日的《关于山西某树脂公司至今未竣工验收的情况说明》中载明“我公司受资金条件和市场行情的影响，至今未投料试车，故而未竣工验收”。庭审中山西某矿业集团公司表示工程至今未竣工验收的主要原因是市场行情问题，工程质量问题不是主要原因。

截至 2018 年 11 月 1 日，山西某树脂公司共计向某第四建设公司支付工程款 322 829 417.98 元。

裁判观点

山西省高级人民法院认为：关于质量保证金是否应当支付的问题，根据某第四建设公司与山西某树脂公司签订的《建设工程施工合同》《房屋建筑工程质量保修书》、2013 年 3 月 8 日《会议纪要》显示，经某第四建设公司、山西某树脂公司、山西某矿业集团公司投融资中心、设计院、监理公司等签字确认，810 电石破碎 AB 地坑、208 锅炉房下煤坑存有工程质量问题。根据《合同法》第二百八十一条“因施工人的原因致使建设工程质量不符合约定的，发包人有权要求施工人在合理期限内无偿修理或者返工、改建”的规定，对于因某第四建设公司原因致使该工程出现质量不符合约定的，山西某树脂公司有权要求某第四建设公司维修、返工。但双方并未就该部分缺陷工程明确整改方案及整改所需金额达成共识。某第四建设公司也未提供相关证据证明该部分缺陷工程的工程质量问题已经整改并验收合格。因此，某第四建设公司要求支付质量保证金的诉求无事实与法律依据。某第四建设公司可在相关工程质量问题妥善解决后，再另行向山西某树脂公司主张质量保证金。

最高人民法院认为：案涉工程的质量保证金 46 875 278.04 元是否应当返还给某第四建设公司。本院认为，山西某树脂公司应当返还 46 875 278.04 元质量保证金。理由是：①山西某树脂公司主张案涉工程仍存在质量问题缺乏证据支持。其一，虽然 2013 年 3 月 8 日的《会议纪要》载明 810 电石破碎 AB 地坑、208 锅炉房下煤坑存在质量问题，但某第四建设公司于 2013 年 12 月 9 日的申请竣工验收书面材料中载明，案涉工程已完成单机试车，具备竣工验收条件，提请验收。该书面材料盖有山西某树脂公司的印章。山西某树脂公司未提供证据证明其对某第四建设公司提请验收的工程进行过质量检验，也无证据证明其对上述工程进行验收。而且，自 2013 年 12 月 9 日某第四建设公司提交书面材料时起至 2018 年某第四建设公司起诉之日止，就案涉质量问题，山西某树脂公司并无证据表明向某第四建设公司主张了维修。其二，山西某树脂公司认可，其公司受资金条件和市场行情的影响，至今未投料试车，故而未竣工验收。因此，山西某树脂公司至今未竣工验收是由于自身原因。在山西某树脂公司因自身原因未进行验收的情况下仍以工程存在质量问题为由主张未予验收，该主张不能成立。其三，山西某树脂公司虽然主张因某第四建设公司施工质量问题对案涉工程进行维修花费了 80 万元，但并未提供证据证明。②本案质量保证金的返还期限已经届满。其一，某第四建设公司于 2013 年 12 月 9 日申请山西某树脂公司竣工验收，山西某树脂公司表示，其受资金条件和市场行情的影响，至今未投料试车，故而未竣工验收；其在二审庭审中也表示没有竣工验收主要是因为市场原因没有投产，质量问题并非主要原因。建设工程竣工验收需发包人与承包人互相配合进行。发包人山西某树脂公司由于自身原因未配合进行竣工验收，山西某树脂公司应承担不利后果。由于发包人原因导致工程无法按规定期限进行竣工验收的，在承包人提交竣工验收报告 90 天后，工程自动进入缺陷责任期。本案宜自 2013 年 12 月 9 日的 90 天后，即 2014 年 3 月 10 日起计算缺陷责任期。其二，山西某树脂公司与某第四建设公司虽在《建设工程施工合同》中约定，保修期满视工程质量情况返还保证金，同时就屋面防水、供热与供冷系统、设备安装、给排水设施等工程约定了不同的保修期限。保修期制度与质量保证金的缺陷责任期制度不是同一种法律制度，山西某树脂公司以保修期的相关约定来确定质量保证金的缺陷责任期，缺少法律依据。《建设工程司法解释二》第八条第一款第三项规定，因发包人原因建设工程未按约定期限进行竣工验收的，自承包人提交工程竣工验收报告九十日后起当事人约定的工程质量保证金返还期限届满；当事人未约定工程质量保证金返还期限的，自承包人提交工程竣工验收报告九十日后起满二年。本案中，因为质量保证金的缺陷责任期自 2014 年 3 月 10 日起算，所以至 2016 年 3 月 9 日止，山西某树脂公司应当向某第四建设公司返还质量保证金。质量保证金返还后，并不影响案涉工程在保修期内出现质量问题时山西某树脂公司向某第四建设公司主张保修的权利。

案例 4　浙江某建工集团有限公司与天津某产业投资有限公司建设工程施工合同纠纷案

基本信息

审理法院：最高人民法院。

案号：（2018）最高法民终 638 号。

裁判要旨

合同解除之时保证金条款尚未履行的，应终止履行。承包人的保修义务是法定义务，即便质保金条款终止履行，承包人仍应在保修期内承办保修责任。

案情介绍

2013 年 1 月 30 日，天津某产业投资有限公司（以下简称天津某公司）发包的天津宝坻电子商务产业基地 A 区项目工程确定浙江某建工集团有限公司（以下简称浙江某公司）为中标单位，中标规模 277 161.05m^2，中标标价为 9.25 亿元。中标工期自 2013 年 2 月 1 日开工，至 2014 年 12 月 31 日竣工完成，工程质量达到国家验收规范合格标准。

2016 年 1 月 14 日，天津某（甲方）与浙江某公司（乙方）签署《天津宝坻电子商务产业基地工程 A 区结算确认函》（以下简称《结算确认函》）。《结算确认函》载明“以上各项总计 42 121.719 4 万元（大写：肆亿贰仟壹佰贰拾壹万柒仟壹佰玖拾肆元整）。”双方一致确认，上述结算金额系对截至2016年1月14日的诉争工程已完部分的结算。

裁判观点

一审法院认为：欠付工程款问题。鉴于诉争工程已经停工，而且浙江某公司并未将其移交给天津某公司，故质保期尚未起算，天津某公司主张扣减相应金额的质保金，理据充分，应予支持。根据双方庭审的陈述及《备案合同》专用条款第26条的约定，应当扣减42 121.719 4万元的5%作为质保金，即21 060 859.5元。由于天津某公司只主张应当扣减2 106万元整，没有超出上述金额，一审法院照准。综上所述，天津某公司应当向浙江某公司支付欠付的工程款177 757 194元（421 217 194元-222 400 000元-21 060 000元）。

二审法院认为：关于天津某公司应付浙江某公司工程款中应否扣除质量保证金以及浙江某公司享有工程价款优先受偿权应否包含质量保证金问题。《合同法》第九十七条规定，合同解除后，尚未履行的，终止履行；已经履行的，根据履约情况和合同性质，当事人可以要求恢复原状、采取其他补救措施，并有权要求赔偿损失。案涉《备案合同》解除后，尚未履行的条款应终止履行。根据《建设工程质量保证金管理办法》第二条第一款规定："质量保证金为发包人与承包人在建设施工合同中约定，从应付的工程款中预留，用以保证承包人在缺陷责任期内对建设工程出现的缺陷进行维修的资金。”案涉《备案合同》第26条约定“余款5%作为工程保修款，待工程竣工满1年后7天内支付保修款总价的50%，待工程竣工满2年后7天内支付保修款总价的70%”。该条款系当事人就质量保证金的支付比例及返还时间所作约定。案涉工程至今未完工，缺陷责任期尚未起算，上述质保金条款尚未履行，自《备案合同》解除之时，该条款应终止履行。一审判决仍然依据该条款扣除质量保证金，依据不足。对于浙江某公司已完工部分，天津某公司并未主张该部分工程存在质量问题需要维修，且承包人的保修义务是法定义务，即便质保金条款终止履行，浙江某公司仍然应对已完工程的质量问题在保修期内承担保修责任。天津某公司主张扣留质保金，依据不足。

7.6 最终结清

7.6.1 缺陷责任期终止后，承包人应按照合同约定的期限向发包人提交最终结清支付申请。发包人对最终结清支付申请有异议的，有权要求承包人进行修正和提供补充资料。承包人修正后，应再次向发包人提交修正后的最终结清支付申请。

【条文解读】

本条对缺陷责任期终止后结算支付申请及相关异议处理进行了规定。

【法律适用及商务提示】

本条仅是对缺陷责任期满后的结清进行了基础性规定，《工程总承包合同示范文本》通用合同条件第11.6条、第14.6条及第14.7条对相关程序及后果进行了更加明确的约定，发承包双方可以在本规范及《工程总承包合同示范文本》基础上结合项目实际情况作出进一步的约定，具体见图7-1。

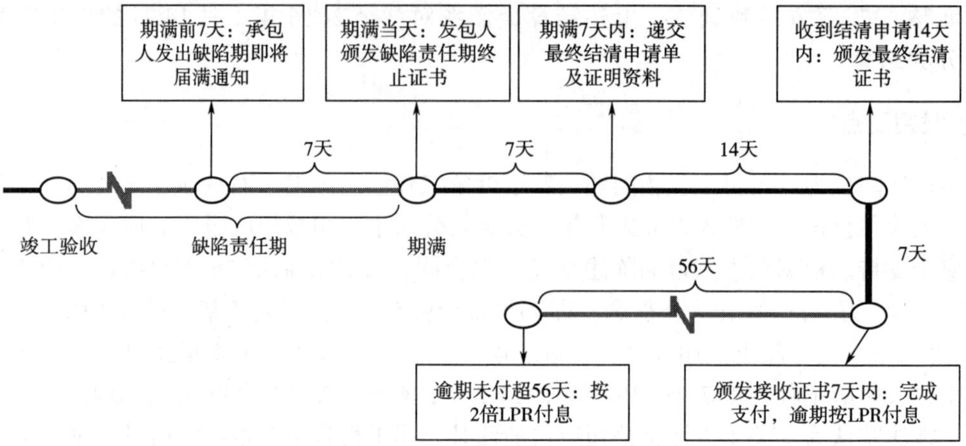

图 7-1　最终结清程序

【参考案例】

案例 1　某区消防队与某建设工程有限公司装饰装修合同纠纷案

基本信息

审理法院：贵州省毕节市中级人民法院。

案号：（2021）黔 05 民终 1368 号。

裁判要旨

发包人仅以承包人未根据施工合同约定提交最终结清申请单为由，主张未达到支付条件不应支付工程款的，人民法院不予支持。

案情介绍

2017 年 10 月 9 日，原告某建设工程有限公司与被告某区消防队签订《区公安消防大队干部周转房装修工程建设工程施工合同》，合同约定由某区消防队将区公安消防大队干部周转房装修工程发包给某建设工程有限公司施工，暂定合同价为 859 500.00 元，最终合同工程价款据实结算。付款周期及付款比例为：水电布线完成和地面铺装完成支付合同总价的 40%；剩下的工程款待该工程竣工经甲方、监理方、施工方组织验收合格签字认证，并通过决算审计后按照审计决算金额扣除 3% 质量保证金发包人应一次性支付工程款；合同外（设计变更和现场签证引起的费用）按工程计量周期内完成工程量的工程价款一次性在工程竣工结算中结算。工程竣工验收合格满 1 年后无任何质量问题，甲方应在 14 天内退还质量保证金。合同另对工期、合同文件构成、承诺、验收、结算、合同生效等内容进行了明确约定。上述合同签订后，某建设工程有限公司按照某区消防队指示进场施工并完成建设装修项目，上述工程于 2018 年 5 月 29 日通过竣工验收合格，并于 2018 年 6 月 10 日交付某区消防队使用。2019 年 1 月 23 日，经案外人永明项目管理有限公司审计，最终审计金额为 794 033. 43 元，双方对该审定金额均无异议。某区消防队陆续向某建设工程有限公司支付工程款 601 650. 00 元，尚欠工程尾款 192 383. 43 元未支付。

某区消防队认为：①某区消防队未付工程尾款系因某建设工程有限公司未向某区消防队提交竣工付款申请单及最终结清申请单，未启动案涉工程的竣工支付及结清工程款支付程序，以至于某区消防队无法启动付款程序操作。②某建设工程有限公司未履行完毕开具发票的义务，导致某区消防队无法申报上级拨付款项，在其依法开具发票之前，某区消防队依法不能向其支付案涉工程款。按照财政资金集中支付的政策规定，只有某建设工程有限公司向某区消防队开具发票后，某区消防队才能申请拨付工程款，按规定通过集中支付的方式把工程款支付给某建设工程有限公司。③某建设工程有限公司诉请工程款金额含《建设工程施工合同》中约定的 3% 质量保证金，质量保证金与工程款属于不同性质和法律关系，某建设工程有限公司在履行完毕前述合同义务之后，扣除总工程款 3% 金额的质量保证金的剩余款项才属于剩余应付工程款，但某建设工程有限公司至今未履行完毕前述合同义务，为此，扣除 3% 质量保证金的剩余应付工程款现尚未达到支付条件。为此，未支付工程款的责任不在某区消防队。根据某建设工程有限公司所述，某区消防队就案涉工程已经陆续支付工程款 60 165. 00 元，可见某区消防队并非故意拖延未付工程款，并未违反诚实信用原则，系因某建设工程有限公司未按合同约定履行前述合同义务才导致某区消防队未及时支付工程款，某建设工程有限公司对此具有重大过错，一审法院判决某区消防队支付工程款无事实及法律依据。

裁判观点

贵州省毕节市中级人民法院认为：关于案涉工程款是否符合支付条件的问题。某区消防队与某建设工程有限公司签订的《建设工程施工合同》系双方当事人的真实意思表示，未违反法律、行政法规的强制性规定，双方均应按照合同约定履行自己的义务。本案中，某建设工程有限公司已按照合同约定施工完毕案涉工程并通过竣工验收移交某区消防队使用，某区消防队应按合同约定支付某建设工程有限公司工程款。某区消防队主张某建设工程有限公司未根据《建设工程施工合同》约定提交竣工付款申请单及最终结清申请单启动案涉工程的竣工支付及结清工程款支付程序，故其不应支付工程款，但是，双方约定进行工程竣工付款和工程结清付款程序的目的是对案涉工程进行竣工验收并决算确定工程价款金额，而案涉工程已于 2018 年 5 月 29 日通过竣工验收合格后交付使用，并于 2019 年 1 月 23 日经审计工程价款金额为 794 033. 43 元，且某区消防队对该工程价款审定金额亦无异议。故某区消防队主张某建设工程有限公司未提交竣工付款申请单及最终结清申请单申请拨付工程款，故案涉工程款不符合支付条件的上诉理由不能成立，本院不予支持。

关于案涉工程款中是否应扣除总工程款 3% 的质量保证金的问题。案涉工程已于 2018 年 5 月 29 日通过竣工验收合格并于 2018 年 6 月 10 日移交某区消防队使用，某建设工程有限公司于 2020 年 10 月 12 日向一审法院提起诉讼时案涉工程的质量保证期已经届满，某区消防队应全额支付某建设工程有限公司工程尾款。故某区消防队主张案涉工程款中应扣除总工程款 3% 的质量保证金的上诉理由不能成立，本院不予支持。

案例2　某市政园林工程有限公司与某村经济合作社建设工程施工合同纠纷

基本信息

审理法院：杭州市富阳区人民法院。

案号：（2022）浙0111民初743号。

裁判要旨

承包人未根据施工合同通用条款约定提交最终结清申请单，又主张按施工合同通用条款约定的利率计算违约金的，可能无法获得人民法院支持。

案情介绍

2016年6月10日，某村经济合作社作为发包人与某市政园林工程有限公司签订《建设工程施工合同》，约定工程名称、地点、内容、承包范围；计划开工时间、计划竣工时间、工期总日历天数；工程质量符合现行国家工程施工质量验收规范合格标准；签约价74 697 998元，其中安全文明施工费1 938 268元、材料和工程设备暂估价金额188 984元、专业工程暂估价金额4 918 386元。专用合同条款第12.4.1条关于付款周期的约定：按月付款；第12.4.2条进度付款申请单的编制：关于进度付款申请单编制的约定为按照富政函〔2012〕183号文件规定执行。①按每月支付已完成工程量进度款的70%。②工程完工后付至合同价款内已完成工程的75%。③竣工初验合格，付至合同价款内已完成工程的80%。④承包人提供的竣工结算报告通过审计部门核定后，付至核定工程造价的95%；余款作为质量保证金，自竣工初验合格期满一年支付总价60%，余款期满后结清。第12.4.4条发包人支付进度款的期限：执行通用条款第12.4.4条。发包人逾期支付进度款的违约金的计算方式：按照中国人民银行发布的同期同类贷款基准利率支付违约金。第14.4.2条发包人完成支付的期限：执行通用条款第14.4.2条。第15.2条缺陷责任期的具体期限：执行通用条款第15.2条，期限为12个月。《工程质量保修书》缺陷责任期约定：工程缺陷期为12个月，缺陷责任期自工程竣工验收合格之日起计算。单位工程先于工程进行验收，单位工程缺陷责任期自单位工程验收合格之日起算。缺陷责任期终止后，发包人应退还剩余的质量保证金。

2021年2月5日，杭州市某工程管理有限公司出具《工程造价咨询报告书》，核定结算造价为126 866 140元，西湖杯优质结构奖1 902 992元，共计128 769 132元。2021年2月5日，某村经济合作社、某市政园林工程有限公司盖章、签字确认，2021年2月7日，杭州市某工程管理有限公司盖章、签字确认。

至2021年2月9日，某村经济合作社共计支付工程进度款91 621 521.6元，2021年7月15日，某村经济合作社支付工程款20 000 000元。本案审理过程中，某市政园林工程有限公司向本院提出先予执行申请，本院于2022年1月24日裁定某村经济合作社于裁定送达之日支付某市政园林工程有限公司工程款3 179 540元。2022年1月27日，某村经济合作社向某市政园林工程有限公司支付工程款3 179 540元。

另查明，某市政园林工程有限公司未向某村经济合作社提交最终结清申请单。

裁判观点

杭州市富阳区人民法院认为：本院认为，本案法律事实发生在民法典施行前持续至民法典施行后，适用民法典的规定。《建设工程施工合同》签约双方名称变更，合同项下权利义务由变更后的法人承受。案涉《建设工程施工合同》，系签约双方真实意思表示，未违反法律、行政法规强制性规定，合法有效，双方当事人应依约履行合同义务。合同约定承包人提供的竣工结算报告通过审计部门核定后，付至核定工程造价的95%，余款作为质量保证金，自竣工初验合格期满一年支付总价60%，余款期满后结清；《工程质量保修书》约定工程缺陷期为12个月，缺陷责任期自工程竣工验收合格之日起计算。单位工程先于工程进行验收，单位工程缺陷责任期自单位工程验收合格之日起算。缺陷责任期终止后，发包人应退还剩余的质量保证金。《建设工程施工合同》《工程质量保修书》对于质量保证金的退还时间约定不一致且《建设工程施工合同》通用合同条款、专用合同条款对于质量保证金退还时间的约定不明确，因此，本院酌情认定质量保证金的退还时间按照《工程质量保修书》约定为准。2021年2月7日，某市政园林工程有限公司与某村经济合作社核定工程结算造价，某村经济合作社应支付某市政园林工程有限公司工程进度款至95%即122 330 675.4元，至2021年2月9日，某村经济合作社仅支付工程进度款91 621 521.6元，欠付30 709 153.8元，2021年7月15日某村经济合作社又支付工程款20 000 000元，尚欠工程进度款10 709 153.8元。2020年7月16日案涉工程竣工验收合格，2021年7月16日某村经济合作社应退还质量保证金6 438 456.6元未退还。合计欠付工程进度款、质量保证金17 147 610.4元。某村经济合作社的上述行为构成违约，依法应承担违约责任。本案审理过程中，某村经济合作社支付某市政园林工程有限公司工程款3 179 540元，某村经济合作社欠付工程款、工程质量保证金为13 968 070.4元。对于某市政园林工程有限公司主张自2021年4月19日起按照中国人民银行公布的全国银行间同业拆借中心公布的贷款市场报价利率的两倍计算违约金。本院认为，2019年8月20日起，原中国人民银行公布的贷款基准利率调整为全国银行间同业拆借中心公布的贷款市场报价利率，因此某市政园林工程有限公司主张按照同期全国银行间同业拆借中心公布的贷款市场报价利率计算违约金，理由正当。但某市政园林工程有限公司主张同期全国银行间同业拆借中心公布的贷款市场报价利率为年利率3.85%，因全国银行间同业拆借中心公布的贷款市场报价利率已作调整，违约金计付标准应同步调整。本案中，通用合同条款第14.4.2条约定的按照中国人民银行发布的同期同类贷款基准利率的两倍支付违约金，前提条件是承包人即某市政园林工程有限公司在缺陷责任期终止证书颁发后7天内向发包人即某村经济合作社提交最终结清申请书，而某市政园林工程有限公司并未依约向某村经济合作社提交最终结清申请书，因此不能适用通用合同条款第14.4.2条的约定，即某市政园林工程有限公司不能向某村经济合作社主张按照同期全国银行间同业拆借中心公布的贷款市场报价利率的两倍计算违约金。某市政园林工程有限公司要求某村经济合作社支付工程款13 968 077.3元；支付自2021年2月10日起的违约金，其合理部分，理由正当，本院予以支持。

7.6.2　除合同另有约定外，发包人应在收到最终结清支付申请后的14天内予以核实，向承包人支付最终结清款。

7.6.3　若发包人未在合同约定的时间内核实，又未提出具体意见的，视为承包人提交的最终结清支付申请已被发包人认可。

7.6.4 发包人未按期最终结清支付的，承包人可催告发包人支付，并有权获得延迟支付的利息。

7.6.5 承包人对发包人支付的最终结清款有异议的，应按照合同约定的争议解决方式处理。

【条文解读】

第7.6.2条至第7.6.5条规定了最终结清款的支付。本条来自《工程总承包合同示范文本》通用合同条件第14.7.2条规定。第14.7.2条“最终结清证书和支付”规定：“(1) 除专用合同条件另有约定外，发包人应在收到承包人提交的最终结清申请单后14天内完成审批并向承包人颁发最终结清证书。发包人逾期未完成审批，又未提出修改意见的，视为发包人同意承包人提交的最终结清申请单，且自发包人收到承包人提交的最终结清申请单后15天起视为已颁发最终结清证书。(2) 除专用合同条件另有约定外，发包人应在颁发最终结清证书后7天内完成支付。发包人逾期支付的，按照贷款市场报价利率（LPR）支付利息；逾期支付超过56天的，按照贷款市场报价利率（LPR）的两倍支付利息。(3) 承包人对发包人颁发的最终结清证书有异议的，按第20条［争议解决］的约定办理。”

【参考案例】

案例1 某建工集团公司与合肥建工公司建设工程施工合同纠纷案

基本信息

审理法院：最高人民法院。

案号：(2021) 最高法民终518号。

裁判要旨

发承包双方未实际采用施工合同通用条款约定的最终结清证书制度的，人民法院无法直接援引该等约定中的违约责任内容来认定逾期付款违约金的数额。

案情介绍

2013年12月18日，某置地有限公司（甲方）与某建工集团公司（乙方）签订《合肥京商商贸城项目K地块工程施工合作协议》，约定：①甲方投资建设的合肥京商商贸城项目K地块工程总建筑面积约112万m^2，地上建筑面积约90万m^2（多层商贸城建筑面积约31.7万m^2，公寓、办公楼、商业建筑面积约58.8万m^2），地下建筑面积约21万m^2；项目共分为两个组团，多层商贸城和8栋高层公寓为第一组团，其余高层公寓、办公楼及商业为第二组团。

具体建设工程施工合同第二部分“通用合同条款”第14.2条均约定：监理人在收到承包人报送的竣工结算申请单后14天内完成核查并报送发包人；发包人应在收到监理人提交的经审核的竣工结算申请单后14天内完成审批，并由监理人向承包人签发经发包人签认的竣工付款证书；发包人应在签发竣工付款证书后的 14 天内，完成对承包人的竣工付款，发包人逾期支付的，按照中国人民银行发布的同期同类贷款基准利率支付违约金，逾期支付超过 56 天的，按照中国人民银行发布的同期同类贷款基准利率的两倍支付违约金。第二部分“通用合同条款”第 14. 4 条约定：承包人应在缺陷责任期终止证书颁发后 7 天内，向发包人提交最终结清申请单，并提供相关证明材料；发包人应在收到承包人提交的最终结清申请单后 14 天内完成审批并向承包人颁发最终结清证书；发包人应在颁发最终结清证书后 7 天内完成支付，发包人逾期支付的，按照中国人民银行发布的同期同类贷款基准利率支付违约金，逾期支付超过 56 天的，按照中国人民银行发布的同期同类贷款基准利率的两倍支付违约金。第三部分“专用合同条款”约定付款进度及比例、缺陷责任期等事宜，未约定逾期付款的违约责任。

后双方就工程款发生争议，某建工集团公司向一审法院起诉请求判决解除《合肥市新站区京商商贸城 K 地块工程施工合作协议》《建设工程施工合同》等相关协议、判决某置地有限公司向某建工集团公司支付工程款 853 082 910. 6 元及利息、违约金等。

因双方无法就案涉工程造价达成一致意见，经某建工集团公司申请，一审法院依法委托安徽某咨询公司对案涉工程造价鉴定并作出《工程造价鉴定意见书》。一审法院于 2020 年 4 月 15 日组织双方到庭对《工程造价鉴定意见书》发表质证意见，并通知安徽某咨询公司到庭接受双方及法庭的询问，对相关问题进行解释说明。

裁判观点

安徽省高级人民法院认为：关于某置地有限公司应否承担逾期付款违约责任，如应承担，数额应如何确定的问题。案涉双方签订的《合肥京商商贸城项目 K 地块工程施工合作协议》对某置地有限公司应承担的逾期付款违约责任未作约定，随后签订的具体的建设工程施工合同的专用合同条款亦未对某置地有限公司应承担的逾期付款违约责任予以约定。双方虽在具体的建设工程施工合同的通用合同条款第 14. 2 条“竣工结算”、第 14. 4 条“最终结清”对竣工结算审核与缺陷责任期满后的质量保证金结清审核的规定中，约定了相关违约责任，但某建工集团公司未举证证明该两条通用条款中提及的竣工付款证书制度、最终结清证书制度已在案涉工程实践中予以采用，故无法直接援引该两条通用条款的内容来认定发包人某置地有限公司的违约责任并确定违约金。因此，可视为双方对京商商贸城项目 K 地块工程中某置地有限公司逾期付款的违约责任未作约定，故应根据合同约定的付款时间节点及中国人民银行发布的同期同类贷款基准利率来计算逾期付款违约金（即逾期付款利息）。京商商贸城项目 K 地块工程的最后竣工验收合格时间为 2019 年 6 月 6 日，依据《合肥京商商贸城项目 K 地块工程施工合作协议》的约定“验收合格并具备交付条件后一个月内付至工程总价款的 80%”，某置地有限公司应于 2019 年 7 月 6 日支付至工程造价 80% 的工程款 1 271 805 854. 27 元（1 589 757 317. 84×80%），截至该日，某置地有限公司已支付的 K 地块工程款为 1 085 112 998 元，故此时间节点，某置地有限公司的欠付工程款数额为 186 692 856. 27 元（1 271 805 854. 27 元-1 085 112 998 元）。某置地有限公司应于 2019 年 7 月 6 日起，以 186 692 856. 27 元为基数，按照中国人民银行发布的同期同类贷款基准利率支付逾期付款利息至 2019 年 8 月 19 日。从 2019 年 8 月 20 日起，以 186 692 856. 27 元为基数，按全国银行间同业拆借中心公布的贷款市场报价利率支付逾期利息至 2019 年 8 月 31 日。至 2019 年 9 月 1 日，某置地有限公司已支付的 K

地块工程款为 1 091 815 049 元，此时某置地有限公司欠付的 K 地块工程款为 179 990 805.27 元（1 271 805 854.27 元-1 091 815 049 元）；某置地有限公司应支付的 2019 年 9 月 1 日至 2019 年 9 月 18 日的逾期利息为，以 179 990 805.27 元为基数，自 2019 年 9 月 1 日起，按全国银行间同业拆借中心公布的贷款市场报价利率计付利息至 2019 年 9 月 18 日（合肥市中级人民法院裁定受理某置地有限公司的重整申请之日的前一天）。

案例 2　某建设工程有限公司与某置业有限公司建设工程施工合同纠纷案

基本信息

审理法院：云南省红河哈尼族彝族自治州中级人民法院。

案号：（2021）云 25 民初 746 号。

裁判要旨

在计算逾期付款违约金时，承包人向发包人发送的付款联系函可以视为施工约定的最终结清申请单。

案情介绍

2018 年 12 月 10 日，原被告双方签订《广场商业施工总承包合同》（GC-SG-KY-001〔2018〕）一份，合同约定原告作为承包人承建被告作为发包方开发的商业广场工程，合同对双方的权利义务进行了具体约定，合同明确计划开工日期为 2019 年 3 月 10 日、计划竣工日期为 2020 年 12 月 1 日。该合同同时明确工程款的给付比例，即工程完工验收合格，支付至完成工程量的 80%，工程竣工备案完成付至工程量的 85%，工程结算完毕付至结算价的 95%。2020 年 12 月 26 日，江西恒信项目管理有限公司签发案涉工程决算《审核报告》，《审核报告》确定案涉工程造价为 131 408 414.70 元，原告某建设工程有限公司及被告某置业有限公司均在该决算《审核报告》建设工程造价审核定案表上签字签章表示认可。案涉工程项目已于 2020 年 12 月 29 日由被告某置业有限公司牵头组织相关单位及人员在案涉工程竣工验收报告上签名认可竣工验收，并在验收组组长栏加盖公司印鉴予以确认。2020 年 12 月 28 日，开远市工程质量监督站制发《云南省建设工程档案初验认可证》，该证载明的竣工日期为“2020 年 12 月 29 日”；2021 年 1 月 8 日，开远市工程质量监督站签发《云南省建设工程档案合格证》，该证载明的竣工日期为“2020 年 12 月 21 日”。2021 年 1 月 19 日，原告向被告发出付款联系函，要求被告支付工程款 21 214 295.72 元，并在 3 天内回复原告，但被告未表示具体意见。该工程项目扣除被告已支付的 103 623 698.25 元及原告书面承诺承担的承兑汇票贴现利息 192 500 元外，被告实际尚应支付原告工程款为 27 592 216.45 元，暂扣 5%的质量保证金后，目前尚应支付原告工程款 21 021 795.72 元。庭审中，被告某置业有限公司愿意用其自有物业抵偿所欠工程款项。

另查明，《广场商业施工总承包合同》专用条款中的第 19.2.8 条约定：在发包人（被告）按合同约定支付工程款的情况下，承包人（原告）农民工工资及台班费，施工单位出现以下情况：即①因拖欠农民工工资及台班费导致农民工上访政府部门的。②因拖欠农民工工资及台班费导致农民工上访发包人办公室的。③施工单位内部因工资支付问题出现斗殴，造成不良社会影响的，发包人可直接从承包人工程款中拨付拖欠农民工工资及台班费，事后从承包人工程款中双倍扣回。但本案中发生农民工信访事项时，被告是否按照已完工程量足额给付了工程进度款，无证据证实。合同通用条款第 14. 4. 2 条关于结算和付款亦作了约定：①除专用合同条款另有约定外，发包人应在收到承包人提交的最终结清申请单后 14 天内完成审批并向承包人颁发最终结清证书。发包人逾期未完成审批，又未提出修改意见的，视为发包人同意承办人提交的最终结清申请单，且自发包人收到承包人提交的最终结清申请单后 15 天起视为已颁发最终结清证书。②除专用合同条款另有约定外，发包人应在颁发最终结清证书后 7 天内完成支付。发包人逾期支付的，按照中国人民银行发布的同期同类贷款基准利率支付违约金；逾期支付超过 56 天的，按照中国人民银行发布的同期同类贷款基准利率的两倍支付违约金。

裁判观点

云南省红河哈尼族彝族自治州中级人民法院认为：本院认为，原被告均为具备相应资格和资质的营利性企业法人，双方签订的《开远壹然广场商业施工总承包合同》并不违反法律法规，合同合法有效。双方当事人订立的合同指向的案涉工程已经竣工验收合格和交付使用，并进行了竣工结算，专业中介机构审定的工程造价得到了双方当事人的认可，被告理应按照合同的约定和审定的工程造价履行尚欠工程款的给付义务，其未按照合同约定给付工程款的行为，已构成违约。至于案涉工程的“计划竣工时间”，其与“竣工验收时间”不是同一个法律意义上的概念，合同载明的“计划竣工时间”，距被告组织签署竣工验收报告的具体时间 2020 年 12 月 29 日相差 28 天，距职能部门签署的法律性文件《云南省建设工程档案合格证》载明的时间 2020 年 12 月 21 日相差 20 天。由此可以判定原告提交竣工验收报告的时间应在该两个日期之前。合同约定的“计划竣工时间”，在实际施工过程中因一些影响按计划时间竣工的合理因素存在，是正常且客观存在的，案涉工程计划竣工时间和竣工验收时间有些微差异的事实，不应视为工期延误的违约行为。被告所主张的农民工信访事项责任问题，因发生的原因不明，无法判定责任主体，且被告无具体的抗辩请求，不予支持。原告关于所欠工程款应付利息的主张，符合司法解释及相关规定的部分，依法予以支持，至于利息起算的时间，2021 年 1 月 19 日，原告已经向被告发出的付款联系函应视为原告向被告提交的最终结清申请单。因此，根据合同通用条款第 14. 4. 2 条第（1）、（2）项对工程款结算和付款时间的明确约定，确定为 2021 年 2 月 14 日；利息计算标准，根据合同通用条款第 14. 4. 2 条第（2）项的约定，参照《最高人民法院关于审理民间借贷案件适用法律若干问题的规定》第二十五条第二款的规定处理。

8 合同解除的结算与支付

8.1 一般规定

8.1.1 工程总承包合同解除后，发承包双方应保护现场，及时采取下列措施做好清点与结算工作：

1 清点已完成的勘察和设计工作以及总承包其他费的应付价款；

2 清点已完成的里程碑节点以及相邻里程碑节点之间的工程部位、测量工程量；

3 清点施工现场人员、材料、设备、施工机械数量以及采购合同；

4 核对工程变更、工程签证、索赔所涉及的有关资料；

5 将清点结果汇总造册，发承包双方签认；

6 按照合同约定或本规范第 8.2 节~第 8.4 节的规定办理结算与支付。

【条文解读】

本条规定了合同解除后清点与结算的工作内容。

【法律适用及商务提示】

（1）形成清点与结算工作清单。发承包人将上述六项工作进行扩充细化后，即能形成《清点与结算工作清单》，对于合同解除后的各项清点与结算工作，应当严格按照清单要求执行。

（2）组织双方共同清点，结果汇总造册后由双方签认。总承包合同解除后，发承包人均应及时按照清点与结算工作清单组织双方对现场物资、设备进行清点、移交，对工作界面进行固定和移交。形成汇总结果后，由双方授权代表签署，如承包人拒不参加清点或拒不签字的，发包人可以组织监理单位等第三方参加，必要时可以由公证机构对清点过程及结果进行公证。

（3）对已完工程进行质量检查，明确质量责任主体。如承包人中间撤场，双方未对已完工部分质量进行共同确认，第三人入场施工后出现质量问题，法院可能会认为发包人的接收行为即为认可已完工程的质量。因此，在承包人撤场后，双方应及时组织质量检测。如合同中有指定质量检测部门，则应当共同委托合同中已经指定的检测部门。如合同中没有约定，双方应当对此达成一致后共同委托认可的检测部门。如最终未能达成一致，发包人单方委托质量检测部门时，要确保委托单位具有专项检测资质，且出具的鉴定结果符合《建设工程质量检测管理办法》等规定的形式和内容要求。

【参考案例】

案例 某学校与某实业有限公司建设工程施工合同纠纷案

基本信息

审理法院：最高人民法院。

案号：(2020) 最高法民申 5591 号。

裁判要旨

案涉工程施工中途承包人撤场，发包人将后续工程交由案外人施工，应视为发包人对承包人已施工部分的工程质量无异议。

案情介绍

2014 年 3 月 30 日，某学校与某建安公司签订《建设工程施工合同》，约定某建安公司承建某学校土建、水电暖、附属工程，合同采用一次包定合同形式（图纸变更除外），工期为 4 月 1 日至 8 月 15 日，合同价款为 3 500 万元。李某江（系某实业有限公司法定代表人李某娜的配偶）在承包方代表处签字，某建安公司未实际履行该合同。同日，某建安公司向某学校出具《声明》一份："为保证学校建设工期和现场采购需要，工程款可按乙方需求汇入指定账户。"某学校施工现场所立工程概况牌标注：施工单位某建设公司青海分公司。

2014 年 7 月底工程停工，各方未对在建工程进行交接与验收。

2015 年 3 月 18 日，某学校与中国某第五建设有限公司就未完工程签订《建设工程施工合同》，合同暂估总价款 2 500 万元。

2014 年 4 月至 7 月，某学校向李某江个人账户支付 300 万元，向某实业有限公司账户支付 1 110 万元，共计 1 510 万元。

2014 年 9 月 6 日，某实业有限公司单方委托青海某建设有限公司对已完工程量作出决算，工程决算总价为 24 461 727. 21 元。工地聘用负责人王某豪制作的《某学校各项开支汇总表》显示，2014 年 4 月至 7 月，案涉工程费用总支出为 12 688 695. 2 元。

案涉工程施工中途某实业有限公司撤场，某学校已将后续工程交由案外人施工，应视为某学校对某实业有限公司已施工部分的工程质量无异议，据此对已完工部分的工程，一审、二审判决认为应据实结算。经鉴定，依据某实业有限公司确定的标的物已完工程施工范围进行鉴定，案涉工程造价为 23 281 915. 33 元；依据某学校提供的施工范围确定造价为 15 760 168. 33 元。因某实业有限公司系案涉工程的实际施工人，其根据工程进度提供相应施工资料，能比较客观反映已完工程的具体情况，故一审、二审判决确定按照某实业有限公司提供的施工范围确定的工程造价进行结算，符合本案实际情况，并无不妥。某学校申请再审认为不应采信该鉴定意见的理由不能成立，本院不予支持。同时，某学校申请再审认为鉴定程序存在鉴定组织、鉴定依据不合法及错将他人施工内容计入等问题。经审查，案涉鉴定意见系一审法院依某实业有限公司申请，按照法定程序委托某规划设计研究院所作出，因某学校对该鉴定意见有异议，二审法院又委托该鉴定机构对鉴定意见进一步补充说明，各方当事人亦发表了质证意见，结合各方提交的证据，二审判决认为该鉴定意见程序合法、结论正确并予以采信，并无不妥。

8.1.2 发承包双方不能一致做好清点工作的，任一方均应做好单方清点工作，必要时应采取拍照、摄像等方式留取证据材料。

【条文解读】

本条是对清点工作责任主体及方式的进一步说明。

【法律适用及商务提示】

《民事诉讼法》第七十二条规定："经过法定程序公证证明的法律事实和文书，人民法院应当作为认定事实的根据，但有相反证据足以推翻公证证明的除外。"《最高人民法院关于民事诉讼证据的若干规定》（法释〔2019〕19号）第十条规定："下列事实，当事人无须举证证明：（七）已为有效公证文书所证明的事实。前款第二项至第五项事实，当事人有相反证据足以反驳的除外；第六项、第七项事实，当事人有相反证据足以推翻的除外。"有效公证文书具有较强的证明力，在建设工程纠纷中，公证文书亦时常发挥重要作用。具体如下：

（1）承包人进场或退场时，对施工现场情况进行证据保全，对工程现状进行清点核对。

（2）承包人向发包人发出停工报告及签证联系单时，对发送过程及发送文件内容进行证据保全，防止普通寄送时对方拒收导致举证不被认可。

（3）承包人对已完工程的工程量进行证据保全或清点公证，留存证据。

【参考案例】

案例1　某建设工程公司、某县政府与席某、某县交通局建设工程施工合同纠纷案

基本信息

审理法院：江苏省高级人民法院。

案号：（2018）苏民终1215号。

裁判要旨

发包人在未对工程量进行确认或者施工界面保全情形下另行发包施工，导致施工节点不清、工程量不清，应对于工程量存在较大争议负主要责任。

案情介绍

1. 合同签订及履行情况

2009年9月7日，被告某建设工程公司作为承包人，取得中标资格，成为S242省道灌云段路基及小桥涵工程S242GYLJ-4标合同段的中标人。

合同签订后，某建设工程公司自行组织了施工。

2010年4月29日下午，某建设工程公司与席某召开协调会，形成关于242省道青口至杨集段建设工程灌云Ⅳ合同段会议纪要如下：该工程项目由原来某建设工程公司基础处

负责施工，由于目前某建设工程公司基础处资金困难，使得工程项目无法向前推进，现甲方（某建设工程公司）将未完部分工作量交由席某（刁某）来负责实施，双方就工程交接方面合作达成如下协议：①目前甲方完成路基碎石方 74 000m^3 进行结账，甲方结算单价为 48 元/m^3，合计完成工作量为 3 552 000 元。②甲方之前完成路基碎石方为 74 000m^3，甲方不收取乙方的管理费为 566 100 元。③甲方之前完成的清表工作量按照清单量 65% 进行计量结算，后期乙方剩余部分按照 35% 进行计量结算。④甲方已完成部分圆管涵工作量双方确认为 6 万元，以后剩余工作量由乙方完成，甲方完成的 6 万元计量由乙方上报计量，业主计量批复后乙方将 6 万元返还给甲方。⑤甲方收取乙方管理费为 2% +4. 41% = 6. 41%，收取管理费按照乙方实际完成工作量、经业主批复的进行计量结算。

2010 年 11 月 10 日上午，指挥部、监理公司、某建设工程公司以及原告席某等共同召开协调会，就相关问题达成会议纪要如下：①对已完工程量双方尽快进行确认。②根据确认的工程量按照合同约定制订付款计划。③由于工程任务紧张，工期较紧，经双方协商，同意终止双方已签订的 242 省道灌云段路基Ⅳ标工程合同，并由指挥部交给其他单位负责施工。

2010 年 11 月 10 日达成会议纪要之后，双方未能就已完工程量进行确认，也未就当时工程已完工现状进行保全。

2010 年 11 月 13 日，指挥部将剩余工程发包给全某交通工程有限公司施工，但也未对之前施工已完工程量进行确定。至今该工程尚未竣工验收。

2. 案涉工程鉴定审计情况

本案审理中，经席某申请，一审法院依法委托某工程咨询公司对本案所涉工程进行审计。由于双方对工程鉴定争议较大，鉴定机构对该鉴定作出情况说明：①工程量确定依据为工程量的确定，鉴定时是依据双方提供的合同、投标文件、工程签证、施工图纸等资料和我公司专业人员现场查看、实地尺量情况进行计算。②鉴定说明为第 8 条中第（1）项被告方认为清表工程量多算了 16 846. 37m^3，合计 17 212. 20 元应改为 97 708. 95 元，已包含在鉴定结果中，这是一个打印错误，预算明细表中有数据，总鉴定结果没有改变；第 8 条中第（3）项被告方在鉴定对账初稿中认为碎石土项目多算了 70 942m^3，合计 156 626. 35 元应改为 3 972 752 元，这也是一个打印错误，预算明细表中有数据，总鉴定结果没有改变，在出具鉴定报告后，被告方提出异议的为 77 132. 34m^3，合计 4 319 411. 04 元。③鉴定报告第 9 条，根据原告方提供的工程资料，施工内容在合同范围内，在鉴定工作协调会上是被告方称为合同外工程量。④便道费用的计取，在工程量清单中已明确要求，作为施工单位在投标时应综合考虑在投标报价的单价中，不再另行计算。⑤合同中工程量清单表价格与投标价格存在差异，依据施工合同约定的合同文件组成部分解释顺序，鉴定时按照合同协议书约定的单价进行计算。

针对部分手续不齐的签证资料，某工程咨询公司称“因为工程太大，随机取点，每个点不具备代表性，无法通过简单的现场取点勘测的方法确定签证所载明的工程量是否真实”。

法律分析

本案所涉标段的工程量难以通过重新鉴定的方式准确计算其工程量。在此情形下，席某作为施工方主张相应的工程款，其举证自行施工的工程量未完成相应的举证责任，依法应当承担相应不利的后果。某县政府、某县交通局在未对席某施工部分的工程量进行确认或者施工界面保全情形下另行发包施工，导致施工节点不清、工程量不清，对于工程量存在较大争议亦应当承担主要责任。鉴于某县政府、某县交通局在一审鉴定过程中也自认工程量 1 100 余万元，某建设工程公司首次申报结算工程量 11 613 500. 6 元系根据业主提供的监理组审核工程初步结算文件作出，后在诉讼中根据一审法院要求，各方自行协商结算时，某建设工程公司在席某配合下提供的结算资料显示工程量为 13 043 731. 2 元，虽然对于某建设工程公司上述两次决算造价席某诉讼中均不予认可，主张应以鉴定结论 14 606 804. 96 元作为结算依据，但如前所述鉴定结论不能作为本案结算的依据，考虑某建设工程公司首次申报结算工程量 11 613 500. 6 元主要系根据业主提供的监理组审核工程初步结算文件作出的因素，某县交通局、某县政府对于 13 043 731. 2 元的核减 200 余万元在一审法院组织质证过程中仅表示系现场自行勘测也未能提供监理等其他施工资料予以佐证，因此综合全案事实，考虑工程量最终未能通过鉴定确定的客观实际以及各方的责任，本院以 13 043 731. 2 元作为工程量结算的依据。

案例 2　某房地产开发公司与某建设集团公司建设工程施工合同纠纷案

基本信息

审理法院：北京市第二中级人民法院。

案号：（2019）京 02 民终 2509 号。

裁判要旨

合同解除后，发包人拒绝承包人进场，在承包人撤场前未与承包人就已完工程量核对，未妥善处理后续事宜，亦未在第三方进场时做好相关证据的固定工作。故法院认为，发包人作为工程和现场的控制人，在合同解除后相关事宜的处理上，对于因相关证据缺失的不利后果，应承担主要责任。

案情介绍

2015 年 9 月 21 日，某房地产开发公司（发包人，甲方）与某建设集团公司（承包人，乙方）签订施工合同，施工合同由协议书及附件、合同条件、往来函件和营业执照、施工资质复印件组成。

上述施工合同签订前，某房地产开发公司已通知某建设集团公司进场进行施工准备工作。某建设集团公司于 2015 年 9 月 11 日进场，于 2015 年 10 月 27 日提交开工报告，并经工程监理单位某监理中心审查同意。某担保有限公司于 2015 年 11 月 5 日为案涉工程出具《履约保函》。某建设集团公司于 2015 年 11 月 16 日、2015 年 12 月 16 日、2016 年 4 月 16 日三次填报《工程进度款报审表》。

在施工过程中，某房地产开发公司多次以《工作联系单》的形式向某建设集团公司提出存在的问题和整改意见。其中，某房地产开发公司于 2016 年 4 月 11 日提出大乔木放线位置、苗木修剪作业等问题，要求某建设集团公司在 2016 年 4 月 14 日调整完毕；于 2016

年4月13日对园林酒店东西平台石材维修、苗木种植、人员、材料、水电预埋、工程质量、图纸深化等存在的问题进行了汇总，要求某建设集团公司在2016年4月30日前完成营销动线、在2016年5月30日前完成2016年一期园林景观工程。2016年4月20日召开的专项会议，要求某建设集团公司对施工现场存在的人员、材料、施工进度等问题进行整改。因整改进度缓慢，某房地产开发公司于2016年5月10日再次催促某建设集团公司整改，并提出如在5月13日前未整改完毕，将解除合同。

2016年5月14日，某房地产开发公司向某建设集团公司发出《解除合同通知书》，某建设集团公司于次日签收。《解除合同通知书》列举的违约行为包括：①工程存在多处质量问题，未按要求整改完毕。②工期滞后，关键节点滞后于合同约定的施工进度计划，已不可避免导致工程逾期竣工。某建设集团公司与某房地产开发公司就继续施工问题发生冲突。某建设集团公司于2016年5月17日撤场。某房地产开发公司与某建设集团公司未对某建设集团公司完成的工程量进行核对，双方未结算。

某建设集团公司撤场后，某绿化公司进场继续对北库一期景观工程进行施工。某房地产开发公司称，某绿化公司进场时，未与其就工程现状进行清点核对。

某建设集团公司称，由于施工现场的市政管网、自来水、燃气管网、弱电强电等工程未按时完工且一直未办理建设移交手续，导致案涉工程道路无法施工、周边绿化无法进行堆坡及种植，致使工程延期。某房地产开发公司认可某建设集团公司的施工工程与上述各项工程存在交叉，但否认存在影响。某房地产开发公司称不清楚上述各项工程的竣工时间，经一审法院指定举证期限并明确逾期不举证的后果，某房地产开发公司未提交上述工程的竣工资料。某房地产开发公司提供的《工程进度款审批单》显示，自来水工程、天然气工程、污水管线工程、电力井工程、弱电工程在2015年11月至12月间申报完工。

某建设集团公司申请对其施工工程进行造价鉴定，一审法院依法委托某造价咨询有限公司某造价咨询有限公司对某建设集团公司的申请事项进行鉴定。某造价咨询有限公司出具造价鉴定意见书、针对双方异议作出复议意见，并作出修正意见。依某建设集团公司申请，鉴定人段某飞、刘某出庭陈述了证言。

裁判观点

北京市第二中级人民法院认为：在案证据显示，某房地产开发公司在提出与某建设集团公司解除施工合同后，拒绝某建设集团公司继续进场，在某建设集团公司撤场前未与某建设集团公司就已完工程量进行核对，未妥善处理后续事宜，亦未在某绿化公司进场时做好相关证据的固定工作。故一审法院认定某房地产开发公司作为工程发包方和现场的控制人，在合同解除后相关事宜的处理上，对于因相关证据的缺失引发的不利后果，应负主要责任，并无不当。本案中，某建设集团公司提交施工情况照片、视频等证据欲证明其已完工程量，某房地产开发公司不予认可，但其提供的界面图以及其与某绿化公司的合同清单不足以确定已完工程量。综合上述分析，本院认为，一审法院以某房地产开发公司未能提供充分证据为由对其相关主张不予采信，并对上述争议款项予以确认，并无不当，本院对一审法院确认的工程款数额予以确认。

案例 3　孟某清与天津市某建安公司建设工程施工合同纠纷案

基本信息

审理法院：天津市第二中级人民法院。

案号：（2017）津 02 民终 2848 号。

裁判要旨

承包人撤场时未办理交接手续且未主张对已完工程量进行确认，发包人在此情况下擅自委托第三人施工，且在诉讼期间变更工程用途，双方对于已完工程量无法鉴定均存在过错。

案情介绍

原告、被告于 2013 年 3 月 6 日签订《天津市小型建设工程施工合同》，被告将其经营的天津市滨海新区塘沽东海大和洗浴中心改造工程土建部分交由原告施工。合同约定，承包方式为“轻包工”，工具自备；工程造价按双方协商的价格表为准，工程期限为 2013 年 3 月 6 日开工，2013 年 4 月 15 日竣工，还约定了工程款给付方式、各自责任等内容。合同签订后，原告进行了土建部分施工，施工后双方未作交接，被告又委托案外人进行了后续的装修施工。被告先后支付原告工程款 220 000 元。该工程未结算。原告、被告一致陈述，诉讼期间该经营场所已变更为快捷酒店，无法进行工程量鉴定。另查，塘沽东海大和洗浴中心未查询到工商登记信息。

裁判观点

天津市第二中级人民法院认为：双方签订《小型建设工程施工合同》，被上诉人依约履行了合同，上诉人支付了被上诉人部分工程款。根据双方电话往来反映，被上诉人多次向上诉人催要剩余工程款，并向上诉人提交结算书，上诉人表示愿意结算给付余款。因此双方工程款尚未结清，上诉人应支付被上诉人剩余工程款。关于剩余工程款的数额一节，被上诉人提交的结算单并未经上诉人确认。且该结算单中的单价标准虽已经双方约定，但工程量系被上诉人自行计算，上诉人对此不予认可。根据已查明事实，被上诉人已完成工程量已无法确认。对此，被上诉人作为实际施工人，在其进场施工之时，对拆除部分工程量未经上诉人确认，其在撤场之时，双方未办理工程交接手续，被上诉人亦未主张上诉人对已完工程量进行确认。故被上诉人对于其已完工程量无法确认存在过错。上诉人作为发包人，在未与被上诉人进行工程交接且未对被上诉人已完成工程量进行确认的情况下，擅自委托案外人进行后续施工，且在诉讼期间已将原工程洗浴中心变更为快捷酒店，导致鉴定不能。故其对于被上诉人已完工程量无法鉴定亦存在过错。综合考虑双方当事人在案涉合同履行期间及终止后的行为过错程度，本院酌情确定由上诉人再行给付被上诉人工程款 100 000 元为宜。

8.1.3　发承包双方办理结算合同价款支付时，应扣除发包人应向承包人收回的价款，应扣除的金额超过了应支付的金额，承包人应在结算办理后 7 天内将其差额退还给发

包人；扣除后剩余的结算金额发包人应在结算办理后7天内向承包人支付。

【条文解读】

本条明确承包人退还及发包人支付工程款的时限原则上应为7天。

8.1.4 发承包双方不能就解除合同后的清点与结算达成一致的，应按照合同约定的争议解决方式处理。

【条文解读】

本条明确发承包对解除合同后清点与结算不能达成一致时的处理方式。

8.2 协议解除合同后的结算与支付

8.2.1 发承包双方协商一致解除工程总承包合同的，应按照达成的协议办理终止结算并支付结算价款。

【条文解读】

本条规定了工程总承包合同协议解除后的结算办理。

8.2.2 发承包双方虽对解除合同达成一致，但对合同解除后的终止结算发生争议时，应按照合同约定的争议解决方式处理。

【条文解读】

本条规定了工程总承包合同解除后双方对终止结算发生争议时的处理方式。

8.3 违约解除合同后的结算与支付

8.3.1 因承包人违约导致合同解除的，发包人应暂停向承包人支付任何价款。除合同另有约定外，发承包双方应在合同解除后28天内，清点合同解除时承包人已完成的合同工作并办理结算，结算应包括下列内容：

1 已完成的勘察设计等总承包其他工作的价款；

2 已完成的里程碑节点及相邻里程碑节点之间的工程合同价款；

3 按工程进度计划已运至现场的材料和设备的价款；

4 工程签证、发包人索赔的金额；

5 按合同约定核算承包人应支付的违约金以及给发包人造成损失的赔偿金额；

6 其他应由承包人承担的费用。

【条文解读】

本条规定了因承包人违约导致合同解除后的清点与结算的工作内容。

【法律适用及商务提示】

（1）工程总承包合同解除后的质量认定困局。《民法典》第八百零六条第三款规定“合同解除后，已经完成的建设工程质量合格的，发包人应当按照约定支付相应的工程价款；已经完成的建设工程质量不合格的，参照本法第七百九十三条的规定处理。”根据该款规定，合同解除后，已经完成的工程质量符合要求的，发包人应当按照合同约定和交付的工作量支付相应工程款。

但工程总承包模式下，承包人需要交付的是符合发包人要求的工程而不是仅仅满足施工图要求，工业项目中多需要通过竣工后试验判断是否达成要求，因此对于未完工程部分是否真正符合要求，在司法实践中恐存在困局。

（2）设计及采购部分的结算。如工程总承包合同在价格中已经将设计、采购、施工部分进行区分，则应当按照完成的比例进行结算。由于设计、采购部分没有定额或信息价，因此应当按已完成部分市场价占整体完成市场价的比例确定付费比例，结算金额即为合同价格的相应付费比例。

如工程总承包合同中未对设计、采购、施工部分价格进行区分，则应当首先对各部分价格进行拆分，以设计市场价、采购市场价、施工部分定额价作为基础，计算出各部分占比，以合同总金额的相应比例作为该部分合同价格。在确认了各部分合同价格后，再依照上述方法确定各部分已完工程价格。

（3）施工费用的结算。施工费用主要有两种计算方式：按比例折算和按政府指导价计算。其中按比例折算还可以分为：按已完工程款比例折算、按已完工程量比例结算、按已完工期比例折算。对于前两种折算方法，各地已经有出台文件要求采用该方法计算已完部分施工费用，具体见表 8-1。

表 8-1　未完工程的价款结算方式统计表

序号	文件名称	文件中相关内容
1	《北京市高级人民法院关于审理建设工程施工合同纠纷案件若干疑难问题的解答》	13. 固定总价合同履行中，承包人未完成工程施工的，工程价款如何确定？ 建设工程施工合同约定工程价款实行固定总价结算，承包人未完成工程施工，其要求发包人支付工程款，经审查承包人已施工的工程质量合格的，可以采用“按比例折算”的方式，即由鉴定机构在相应同一取费标准下分别计算出已完工程部分的价款和整个合同约定工程的总价款，两者对比计算出相应系数，再用合同约定的固定价乘以该系数确定发包人应付的工程款。 当事人就已完工程的工程量存在争议的，应当根据双方在撤场交接时签订的会议纪要、交接记录以及监理材料、后续施工资料等文件予以确定；不能确定的，应根据工程撤场时未能办理交接及工程未能完工的原因等因素合理分配举证责任
2	《河北省高级人民法院建设工程施工合同案件审理指南》	12. 建设工程施工合同约定工程款实行固定价，如建设工程尚未完工，当事人对已完工程造价产生争议的，可将争议部分的工程造价委托鉴定，但应以合同约定的固定价为基础，根据已完工工程占合同约定施工范围的比例计算工程款。即由鉴定机构在同一取费标准下分别计算出已完工程部分的价款和整个合同约定工程的总价款，两者对比计算出相应系数，再用合同约定的固定价乘以该系数，确定工程价款。当事人一方主张以定额标准作为造价鉴定依据的，人民法院不予支持

续表8-1

序号	文件名称	文件中相关内容
3	《江苏省高级人民法院关于审理建设工程施工合同纠纷案件若干问题的解答》(已失效)	8. 固定总价合同履行中，承包人未完成工程施工的，工程价款如何确定？ 建设工程施工合同约定工程价款实行固定总价结算，承包人未完成工程施工，其要求发包人支付工程款，发包人同意并主张参照合同约定支付的，可以采用“按比例折算”的方式，即由鉴定机构在相应同一取费标准下计算出已完工程部分的价款占整个合同约定工程的总价款的比例，确定发包人应付的工程款。但建设工程仅完成一小部分，如果合同不能履行的原因归责于发包人，因不平衡报价导致按照当事人合同约定的固定价结算将对承包人利益明显失衡的，可以参照定额标准和市场报价情况据实结算
4	《山东省高级人民法院关于审理建设工程施工合同纠纷案件若干问题的解答》	4. 建设工程施工合同约定工程价款按照固定总价结算，当事人主张施工范围、工程量增减的，如何处理？ 合同约定按照固定总价结算工程价款，实际施工未超出约定施工范围的，应当适用固定价结算。当事人主张施工范围增减的，按照以下情形分别处理： （1）合同有约定的，按照合同约定对增减的工程量进行结算； （2）合同没有约定的，可以参照合同约定标准对工程量增减部分予以单独结算，无法参照约定标准结算的，可以参照施工地建设行政主管部门发布的计价方法或者计价标准结算； （3）工程尚未完工的，合同约定固定总价，承包人要求支付工程款的，对于能够确定已完工工程占合同约定施工范围比例的工程，应以合同约定的固定价为基础按比例折算；无法确定已完工比例的，双方对工程造价有争议的，可将争议部分工程造价委托鉴定。 主张工程量增减的当事人，对工程量增减是否存在、实际数量及价款承担举证责任
5	《四川省高级人民法院关于审理建设工程施工合同纠纷案件若干疑难问题的解答》	25. 约定工程价款实行固定总价结算的施工合同在未全部完成施工即终止履行的工程价款如何结算？ 约定工程价款实行固定总价结算的建设工程施工合同在未全部完成施工即终止履行，承包人已施工的工程质量合格，承包人要求发包人支付工程价款的，由双方协商确定已施工的工程价款，协商不成的，由鉴定机构根据工程设计图纸、施工图纸、施工签证、交接记录等资料以及现场勘验结果对已完成工程量占合同工程量比例计算系数，再用合同约定的固定价款乘以该系数确定发包人应付的工程价款。 当事人就已施工的工程量存在争议的，应当根据双方在撤场交接时签订的会议纪要，交接记录以及监理材料，后续施工资料等文件予以确定；不能确定的，应根据承包人撤场时未能办理交接及工程未能完工的原因等因素合理分配举证责任

按政府指导价计算即根据实际完成的工程量，以建设行政主管部门颁布的定额取费标准，核定工程价款，按照定额对已完工程据实结算或是依据定额计算未完工程，再用合同固定总价减去未完工部分定额价。但以定额结算并非主流观点，背后原因在最高院就《最高人民法院关于审理建设工程施工合同纠纷案件适用法律问题的解释》（法释〔2004〕14号）答记者问中可见一斑："从建设工程施工合同的实际履行情况看，当合同被确认无效后，有两种折价补偿方式，一是以工程定额为标准，通过鉴定确定建设工程价值，考虑到目前我国建筑市场的实际情况，有的发包人签订合同时往往把工程价款压得很低，如果合同被确认无效还按照第一方案折价补偿，将会造成无效合同比有效合同的工程价款还高，这超出了当事人签订合同的预期。二是参照合同约定结算工程价款。这种折价补偿的方式不仅符合双方当事人在订立合同时的真实意思，而且还可以节省鉴定费用，提高诉讼效率。因此，通过对以上两种折价补偿方案的比较，根据我国建筑行业的现状，平衡合同各方当事人的利益，在《建设工程司法解释》中第二条规定，建设工程施工合同被确认无效以后，建设工程质量合格的，可以参照合同约定结算工程价款。"

（4）工程总承包合同解除后不平衡报价的结算问题。工程总承包合同解除后，已完工程结算时，如果合同在约定总价的同时，还分别约定了设计费、建筑安装工程费、设备购置费、总承包其他费等各项价款，发包人或者承包人认为在各项价款之间存在不平衡报价要求调整的，应当对存在不平衡报价承担举证责任。法院或者仲裁机构可以委托工程造价鉴定机构对于是否存在不平衡报价以及不平衡幅度出具专业意见。鉴定机构认定存在不平衡报价的，人民法院或者仲裁机构应区分合同解除的阶段以及造成合同解除的过错分别进行处理。如果在招投标阶段，发包人明确禁止不平衡报价或承包人承诺不存在不平衡报价，合同解除时又要求调整合同价款的，不予支持。

（5）以里程碑节点确认工程款。由于前述各部分完工比例实际难以确定，本规范规定以里程碑节点及相邻里程碑节点之间的工程合同价款作为总承包合同解除后工程款项结算与支付的主要确认方式。这种方式对发包人来说无法按照工程实际进度回收款项，但在一定程度上能够平衡发承包双方风险，因为如前所述，合同中途解除时已完工部分工程质量很难判断，发包人也承担了一定风险。

（6）扣除续建费用确认工程款。该方法即根据工程总承包合同的总价减去承包人撤场后续建工程而支出的费用作为已完工程价款的结算方式。工程总承包项目一般采用固定总价价格形式，且由承包人自行设计，承包人完成设计方案后对于工程造价应能形成合理预期，因此已完工程造价按照合同总价扣除后续建设费用的方法计算具有相当的合理性。对于未出具完整的施工图纸或承包人仍有优化空间的工程总承包项目来说，后续建设方案应当经济合理，以此价款作为总价合同的扣款依据。此种方法适用于整体工程完成度较高的情况。

8.3.2 因发包人违约导致合同解除的，除合同另有约定外，发承包双方应在28天内清点核实合同解除时承包人已完成的合同工作并办理结算，结算应包括下列内容：

1 已完成的勘察设计等总承包其他工作的价款；

2 已完成的里程碑节点及相邻里程碑节点之间的工程合同价款；

3 承包人为本工程订购并已付款或外包加工定制的材料、设备和其他物品的价款，以及因本工程合同解除造成的损失（如承包人已签订采购合同但还未付款，如撤销合同应付的违约金)；

4 工程签证，承包人索赔的金额；

5 按合同约定核算发包人应支付的违约金以及给承包人造成损失的赔偿金额；

6 承包人员工、机械设备撤离现场及遣散承包人员工的费用；

7 其他应由发包人承担的费用。如工程停工后直至移交给发包人，由承包人负责的工地安全保卫，仓库看管等员工的费用；承包人主张合同解除后应由发包人给予合理的费用及预期利润等。

【条文解读】

本条规定了因发包人违约导致合同解除后的清点与结算的工作内容。

【法律适用及商务提示】

本规范第 8.3.1 条规定承包人违约时，结算内容包括“按工程进度计划已运至现场的材料和设备的价款”；与本条相比，发包人违约时，结算内容包括“承包人为本工程订购并已付款或外包加工定制的材料、设备和其他物品的价款，以及因本工程合同解除造成的损失（如承包人已签订采购合同但还未付款，如撤销合同应付的违约金）”。这其实是工程总承包合同解除后承包人对第三方的赔偿责任，属于合同解除对承包人造成的实际损失。如解除系因发包人原因，发包人应当就此部分损失对承包人承担赔偿责任。

8.4 因不可抗力解除合同后的结算与支付

8.4.1 由于不可抗力致使合同无法履行而解除合同的，发承包双方应办理清点与结算。除合同另有约定外，结算应包括下列内容：

1 已完成的勘察设计等总承包其他工作的价款；

2 已完成的里程碑节点及相邻里程碑节点之间的工程合同价款；

3 本规范第 6.5.1 条规定的由发包人承担的费用；

4 承包人为本工程订购并已付款或外包加工定制的材料、设备和其他物品的价款，以及发包人指示承包人退货或解除订货合同而产生的费用，或因不能退货或解除合同而产生的损失；

5 承包人撤离现场所需的合理费用，包括员工遣送费和临时工程拆除、施工设备运离现场的费用；

6 承包人为完成合同工程而预期开支的其他合理费用，且该项费用未包括在其他各项支付之内。

【条文解读】

本条规定了不可抗力致使合同解除后清点与结算的工作内容。

【法律适用及商务提示】

不可抗力是指合同当事人在签订合同时不可预见，在合同履行过程中不可避免且不能克服的客观情况，主要包括自然灾害和社会性突发事件，例如地震、海啸、瘟疫、骚乱、戒严、暴动和战争等。

《工程总承包合同示范文本》中对于因不可抗力解除合同的约定如下："因单次不可抗力导致合同无法履行连续超过 84 天或累计超过 140 天的，发包人和承包人均有权解除合同。合同解除后，承包人应按照第 10.5 款［竣工退场］的规定进行。由双方当事人按照第 3.6 款［商定或确定］商定或确定发包人应支付的款项，该款项包括：(1) 合同解除前承包人已完成工作的价款；(2) 承包人为工程订购的并已交付给承包人，或承包人有责任接受交付的材料、工程设备和其他物品的价款；当发包人支付上述费用后，此项材料、工程设备与其他物品应成为发包人的财产，承包人应将其交由发包人处理；(3) 发包人指示承包人退货或解除订货合同而产生的费用，或因不能退货或解除合同而产生的损失；(4) 承包人撤离施工现场以及遣散承包人人员的费用；(5) 按照合同约定在合同解除前应支付给承包人的其他款项；(6) 扣减承包人按照合同约定应向发包人支付的款项；(7) 双方商定或确定的其他款项。除专用合同条件另有约定外，合同解除后，发包人应当在商定或确定上述款项后 28 天内完成上述款项的支付。"

按照《工程总承包合同示范文本》之约定，因单次不可抗力导致合同无法履行连续超过 84 天或累计超过 140 天的，发承包人有权解除合同。

2017 版 FIDIC 红皮书、黄皮书和银皮书第 18.5 条也是如此规定。在"自主选择终止"条款中同时赋予了发承包双方因例外事件终止合同的权利，并在发出终止通知 7 天后生效，具体分为两种情形：①因通知中的例外事件导致实质上全部进展中的工程实施连续受阻 84 天。②因同一通知中的例外事件间断性地阻碍累计达 140 天[①]。

对于"不可抗力"的认定，前述已进行详细论述。

【参考案例】

案例　某装备制造公司与某投资管理公司建设工程施工合同纠纷案

基本信息

审理法院：最高人民法院。

案号：(2020) 最高法民再 67 号。

裁判要旨

政府行政行为不一定必然属于不可抗力，如果不符合不能预见、不能避免并不能克服的条件，不得以不可抗力为由解除合同。

案情介绍

某装备制造公司与某投资管理公司于 2010 年 4 月 11 日签订一份《建设工程施工合同》，约定由某装备制造公司承建某投资管理公司位于长春经济技术开发区会展大街新建厂房的钢构制作安装，彩板、门窗制作安装。合同价款：366 万元；合同工期总日历天数 70 天。并约定：①工程预付款签订合同三日内预付合同总价款 10%；主次钢构加工完成

① 叶万和，张自为．国际工程合同中不可抗力条款的理解与适用　以 FIDIC 合同条件为主要视角［J］．项目管理评论，2020 (03)：17-21.

支付合同金额40%；彩板门窗加工完成支付30%；验收完工一个月支付合同金额15%；剩余5%质量保证金在交工一年内支付。②完工后七日内双方验收竣工，如七日内不验收，视为工程验收合格。③预付时间应不迟于约定的开工日期前7天。④发包人支付工程款每拖延一天，支付给承包人违约金合同金额的1%。

合同签订后，某投资管理公司于2010年4月14日向某装备制造公司支付35万元预付款，履行了合同约定。某装备制造公司接收预付款后，即组织钢构板的购买、制作及彩板的购买和剪裁。某装备制造公司于2010年5月中旬，将钢构部分制作完成，在对彩板进行剪裁后准备安装时，得知某投资管理公司在办理开工许可证过程中因政府告知计划对包括某投资管理公司施工修建的厂房区域在内的土地进行收储而未能取得开工许可证，导致双方签订的《建设工程施工合同》不能继续履行，但某投资管理公司没有书面通知某装备制造公司不能开工。

2011年7月10日，某装备制造公司起诉至吉林省长春市中级人民法院，请求判令：某投资管理公司偿还工程款300万元及利息20万元；某投资管理公司给付违约金40万元；某投资管理公司给付保管费20万元（某装备制造公司专门腾出库房存放已加工完成的彩板）；本案产生的诉讼费用由某投资管理公司负担。

裁判观点

吉林省高级人民法院认为：某装备制造公司与某投资管理公司签订的《建设工程施工合同》是双方当事人的真实意思表示，且不违反法律、法规的禁止性规定，故该《建设工程施工合同》合法有效。因合同涉及的土地被政府收储而使该合同无法继续履行，故根据《合同法》第九十四条第一项关于"因不可抗力致使不能实现合同目的"，当事人可以解除合同的规定，双方签订的《建设工程施工合同》应予解除。

最高人民法院认为：对某装备制造公司诉请的违约金、利息、保管费等问题的处理。如上所述，某装备制造公司在履约过程中并不存在过错，某投资管理公司在2010年5月得知因政府部门要进行土地收储，无法取得建设工程施工许可证后，即通知了某装备制造公司。某装备制造公司得知上述情况后即停止施工，防止了损失的进一步扩大。某投资管理公司的通知行为属合同解除行为，但其既没有约定的单方解除权，也无法定解除权，应当负相应的违约责任。政府部门的土地收储行为包括征收、收购、优先购买或收回土地等情形，其需要与被收储方进行协商，并支付一定的土地价款或征地和拆迁补偿费用。土地被政府收储虽不是当事人的主观过错，但亦非不能预见、不能避免并不能克服的客观情况，不属于不可抗力，原再审对此认定错误，本院予以纠正。《合同法》第一百零七条规定："当事人一方不履行合同义务或者履行合同义务不符合约定的，应当承担继续履行、采取补救措施或者赔偿损失等违约责任。"即我国合同法对违约采用严格责任，违约责任的承担不以违约方的过错为要件，双方也未在合同中约定将各自之外的原因作为违约免责情形。因此，政府土地收储行为不能成为某投资管理公司免除违约责任的合法理由。根据《建设工程施工合同》约定，某投资管理公司支付工程款每拖延一天，支付合同金额的1%违约金。某投资管理公司应支付工程款为1 625 977元，其在2010年5月终止合同时即产生支付责任，现某装备制造公司所主张的40万元违约金有事实和法律依据，且相对于双方约定的366万元固定造价及经鉴定确定的实际造价1 975 977元，该违约金未明显过高。关于《工程造价鉴定意见书》所确定的利润 115 742 元及某装备制造公司诉请的拖欠工程款利息 20 万元，因双方订有违约金条款，且 40 万元的违约金已经能够填补某装备制造公司因对方违约造成的损失，故不再予以单独计算。另某装备制造公司所主张的 20 万元保管费，因其没有提供充分证据加以证明存在该损失，本院不予支持。

9　合同价款与工期争议的解决

本章主要对四种合同价款与工期争议的解决方式、程序等作了全面、明确、具体的规定。

9.1　暂　　定

9.1.1　若发包人和承包人之间就工程进度、进度款结算与支付、工程变更、签证与索赔、价款与工期调整等发生争议，应首先根据合同约定，提交合同约定职责范围内的工程师解决，并抄送另一方。工程师在收到此件后14天内应将暂定结果通知发包人和承包人，发承包双方对暂定结果可按下列规定处理：

1　发承包双方对暂定结果认可的，应以书面形式予以确认，暂定结果成为最终决定；

2　发承包双方在收到工程师的暂定结果通知之后的14天内未对暂定结果予以确认也未提出不同意见的，应视为发承包双方已认可该暂定结果；

3　发承包双方或一方不同意暂定结果的，应以书面形式向工程师提出，说明理由和自己认为正确的结果，同时抄送另一方，此时该暂定结果成为争议。

【条文解读】

本条规定了发承包双方发生争议时的处理方式为“工程师暂定”。

【法律适用及商务提示】

在FIDIC合同条件体系中，工程师管理模式一直占据着重要地位，争端解决机制中亦是如此。1957年第一版红皮书出台开始，工程师在争端解决中一直占据着绝对的主导位置。因工程师的服务报酬系由发包人直接支付，其决定的公正性容易受到承包人的质疑，但直至1995年橘皮书引入争端裁决委员会模式（Dispute Adjudication Board，DAB），工程师在争端解决中绝对权威性的情况才得到改善。

本规范借鉴的是国际工程界争议处理的简单有效的做法“工程师暂定”，发承包双方均可以提出自己的意见，并保留将暂定结果作为争议，后续再予以处理的权利。实践中，发承包方所采用之合同的通用条款一般都约定了异议期间，发承包方不同意暂定结果的应当及时表达异议，按照合同约定的方式发送给工程师并抄送对方，并保存好能够证明“已发送异议”的证明材料。因为通用条款通常对于沉默的意思表示约定为“同意暂定结果”，若不及时表示异议，暂定结果将被固定为最终结果。

此外，应当注意的是暂定结果的形式并非仅局限于双方明确发生争议后，专门就争议内容委托总监理工程师/造价工程师出具暂定结果，在竣工验收后，双方按照合同约定，委托工程师或其他第三方结算机构出具的结算报告也被法院认为属于“暂定结果”。

【参考案例】

案例1 阳江市某建筑工程公司与阳江市某房地产开发有限公司建设工程施工合同纠纷案

基本信息

审理法院：阳江市江城区人民法院。

案号：（2015）阳城法民一初字第1617号。

裁判要旨

提交总监理工程师/造价工程师解决为提起诉讼/仲裁的前置程序。

案情介绍

双方在合同中约定："该建设工程亦约定，合同履行期间产生争议，合同双方当事人应在收到监理工程师或造价工程师依据合同约定作出的暂定结果后的14日内对暂定的结果进行确认或者提出意见，双方对暂定结果不认可亦未达成协议的，可依合同约定提起诉讼。"工程未结算，现因发包人欠付承包人工程款及相关费用，承包人提起诉讼。

阳江市江城区人民法院认为：根据双方建设工程合同的约定，建设工程应经结算程序，但从原告、被告提供的证据来看，未有证据证实原告将《结算书》送达被告，亦未有证据显示双方对涉本案工程已进行结算，同时，该建设工程亦约定，合同履行期间产生争议，合同双方当事人应在收到监理工程师或造价工程师依据合同约定作出的暂定结果后的14日内对暂定的结果进行确认或者提出意见，双方对暂定结果不认可亦未达成协议的，可依合同约定提起诉讼。本案亦没有证据显示原告、被告双方履行上述程序，综上所述，原告直接起诉要求被告支付工程款，未具备起诉条件，应当驳回原告起诉，待原告在补充相关证据后再行诉讼。

法律分析

提交监理工程师或造价工程师解决是向法院/仲裁委提起诉讼/仲裁的前置程序。特别是在未结算的情况下，发承包方不可直接起诉。

案例2 武汉某地产开发公司与某股份有限公司建设工程施工合同纠纷案

基本信息

审理法院：武汉市硚口区人民法院、湖北省武汉市中级人民法院。

案号：（2020）鄂0104民初2211号、（2021）鄂01民终11号。

裁判要旨

发承包方可提交约定的工程师外的第三方制定暂定结果。暂定结果经双方同意成为最终结果后，不能再申请鉴定。

案情介绍

双方在合同中约定："本合同履行期间，合同双方当事人应在收到监理工程师或造价工程师约定作出暂定结果之后的 14 天内，对暂定结果予以确认或提出意见。合同双方对暂定结果认可的，应以书面形式予以确认，暂定结果成为最终决定，对合同双方当事人都有约束力；合同双方或一方当事人不同意暂定结果的，应以书面形式向监理工程师或造价工程师提出，说明自己认为正确的结果，同时抄送另一方当事人，此时该暂定结果成为争议。除非本合同已解除，在暂定结果不实质影响合同双方当事人履约的前提下，合同双方当事人应实施该结果，直到其被改变为止。合同双方当事人在收到监理工程师或造价工程师的暂定结果之后的 14 天内未对暂定结果予以确认也未提出意见的，视为合同双方当事人已认可暂定结果。"

2017 年 8 月 23 日，武汉某地产开发公司、广州某公司、某股份有限公司召开结算协调会，对工程结算审核中存在的争议问题进行了协商。2017 年 12 月 12 日，广州某公司将案涉工程的结算审核资料发送给武汉某地产开发公司和某股份有限公司进行审核，某股份有限公司对该工程结算审核无异议并盖章确认，并于 2017 年 12 月 20 日向武汉某地产开发公司发送了《工程确认单》。2018 年 7 月，武汉某地产开发公司委托瑞某公司进行复审，复审金额与之前审核金额并不一致。2019 年，建某公司受武汉某地产开发公司委托，对案涉工程的结算进行审核。2019 年 6 月 24 日，建某公司作出《审核咨询报告》。2021 年 1 月，武汉某地产开发公司与某股份有限公司因工程款金额争议诉至法院。

裁判观点

武汉市硚口区人民法院（一审法院）认为：合同约定造价咨询单位为广州某公司，并约定合同双方收到造价工程师作出的暂定结果之后 14 天内未对暂定结果予以确认也未提出意见的视为认可暂定结果，武汉某地产开发公司于 2017 年 12 月 12 日收到广州某公司发送的暂定结果，但武汉某地产开发公司并无证据证明其在收到暂定结果后 14 天内对暂定结果提出书面异议，某股份有限公司也未收到其抄送的书面意见，应视为武汉某地产开发公司认可暂定结果，双方应按广州某公司出具的暂定结果结算。之后武汉某地产开发公司又委托瑞某公司进行复核，该复核金额虽然低于广州某公司认定的金额，但某股份有限公司在 2018 年 10 月对此金额进行了确认，故该结果对某股份有限公司具有约束力。武汉某地产开发公司 2019 年委托建某公司作出的审核结果并未取得某股份有限公司的认可，且建某公司也不是合同约定的造价审核机构，故该审核结果对某股份有限公司不具有约束力，案涉工程款的结算金额应按瑞某公司的审核结果确定。

武汉市中级人民法院（二审法院）认为：武汉某地产开发公司上诉认为其与某股份有限公司并未就工程款结算达成一致意见，一审法院认定武汉某地产开发公司认可广州某公司的审核结果没有事实和法律依据。因案涉《金三角项目施工合同》约定，负责合同的造价咨询单位为广州某公司，合同双方当事人在收到造价工程师的暂定结果之后的 14 天内未对暂定结果予以确认也未提出意见的，视为合同双方当事人已认可暂定结果。现武汉某地产开发公司并未提交充分的证据证明其在收到广州某公司发送的暂定结果后的14天内提出书面意见，应视为武汉某地产开发公司对广州某公司作出的暂定结果予以认可。某股份有限公司上诉认为不应以瑞某公司的审核结果作为结算依据。虽然武汉某地产开发公司、某股份有限公司对广州某公司作出的暂定结果均予以认可，而武汉某地产开发公司委托瑞某公司复核的金额低于广州某公司认定的金额，但因某股份有限公司在2019年11月4日向武汉某地产开发公司华中区域公司发出的《关于“硚口金三角项目A区商业购物中心、5号办公楼、6号写字楼及11号幼儿园智能化系统工程结算审核咨询报告”回复》中载明：“2018年7月贵司又聘请的新第三方审计单位（瑞某公司）对结算进行复核，为了配合贵司审计制度要求，我司对贵司该次审核并无异议，并于2018年10月与第三方审计单位和贵司相关部门共同确认结算复审核金额56 658 741.63元”，即某股份有限公司在上述回复中已经明确表示认可瑞某公司作出的审核结果。

武汉某地产开发公司上诉认为其已经申请鉴定及价格认定，一审法院不予同意违反了法律规定及法定程序。因关于案涉工程量，武汉某地产开发公司、某股份有限公司于2017年3月共同确认案涉工程于2016年8月25日完工并竣工验收，关于案涉工程价款，武汉某地产开发公司、某股份有限公司对广州某公司作出的暂定结果均予以认可，故武汉某地产开发公司的鉴定申请和价格认定申请均不应予以准许。

法律分析

双方约定了制定暂定结果的总监理工程师/造价工程师，则原则上由该总监理工程师/造价工程师制定暂定结果。但若委托另外的第三方进行结算审核的，若发承包方明示认可，则可以该结算金额作为暂定结果。但委托约定的总监理工程师/造价工程师之外的第三方进行制定暂定结果的，发承包方“沉默”的意思表示不再认定为“同意”。

双方约定了发生争议后由总监理工程师/造价工程师制定暂定结果方案的，暂定结果由于双方的认可成为最终结果后，法院将不再支持发承包方提出对工程造价进行鉴定的申请。

案例3　某市环境保护局与某建筑装饰工程有限公司装饰装修合同纠纷案

基本信息

审理法院：广东省广州市中级人民法院。

案号：（2019）粤01民终154号。

裁判要旨

现有证据未显示发包人曾按照合同约定的时间及时提出异议，视为认可暂定结果。

案情介绍

双方在合同中约定：“本合同履行期间，合同双方应在收到监理工程师或造价工程师依据合同约定作出暂定结果之后的14天内，对暂定结果予以确认或提出意见；合同双方对暂定结果认可的，应以书面形式予以确认，暂定结果成为最终决定，对合同双方都有约束力；合同双方或一方不同意暂定结果的，应以书面形式向监理工程师或造价工程师提出，说明自己认为正确的结果，同时抄送另一方，此时该暂定结果成为争议；除非本合同已解除，在暂定结果不实质影响双方履约的前提下，双方应尽量实施该结果，直到其被改变为止；合同双方在收到监理工程师或造价工程师的暂定结果之后的 14 天内，未对暂定结果予以确认也未提出意见的，视为合同双方已认可暂定结果。”在工程竣工验收后，某国际工程咨询公司接受某市环境保护局委托，于 2014 年 9 月 3 日作出《结算审核报告》，之后双方因工程款金额争议起诉至法院。

某建筑装饰工程有限公司主张依据某国际工程咨询公司出具的四份结算审核报告结算剩余工程款项。某市环境保护局不同意某建筑装饰工程有限公司的上述陈述，表示：依据双方合同约定，案涉工程未经市财政局最终审核，故某建筑装饰工程有限公司主张工程款的条件未成就。

广州市中级人民法院认为：通用条款第 69. 1 条约定“本合同履行期间，合同双方应在收到监理工程师或造价工程师依据合同约定作出的暂定结果之后的 14 天内，对暂定结果予以确认或提出意见。合同双方在收到监理工程师或造价工程师的暂定结果之后的 14 天内，未对暂定结果予以确认也未提出意见的，视为合同双方已认可暂定结果”。本案中，案涉工程验收合格后，某市环境保护局委托的造价咨询单位某国际工程咨询公司已于 2014 年 9 月 3 日对某建筑装饰工程有限公司施工的案涉工程进行结算审核，并出具了《结算审核报告》。某市环境保护局确认某国际工程咨询公司是案涉工程的造价咨询中标单位。虽某市环境保护局在本案庭审中不认可造价单位出具的《结算审核报告》，但在《结算审核报告》作出后，现有证据也未显示某市环境保护局曾按照合同约定的时间及时提出异议，故根据合同约定，视为原某市环境保护局双方认可上述《结算审核报告》审核的工程价款总金额 46 339 698. 02 元。

某建筑装饰工程有限公司与某市环境保护局签订的《广东省建设工程施工合同》专用条款第 57. 3. 7 条“本工程结算的程序”约定：“该工程竣工验收后由造价咨询单位审核，造价咨询单位审核后最终以财政局的审核结果为准。”虽然根据双方签订的施工合同约定，案涉工程的竣工结算最终以财政局的审核为准，但根据市财政局向原审法院出具的文件可知，案涉工程未经市财政局审核的原因是因为某市环境保护局未提交资料所致。而案涉工程已于 2010 年 9 月 5 日完工，2012 年 5 月 25 日组织验收并验收合格，且某市环境保护局于 2010 年 9 月底投入使用。某市环境保护局委托的造价咨询公司也已于 2014 年 9 月 3 日出具《结算审核报告》。从竣工验收合格至本案诉讼时，已长达六年，现有证据无法证明是因某建筑装饰工程有限公司原因导致某市环境保护局不能就案涉工程向市财政局报批审核，反而可以证明是由于某市环境保护局怠于履行合同义务，致使某建筑装饰工程有限公司无法实现全部合同利益，故某市环境保护局的行为实际上是故意阻止合同履行条件的成就。

法律分析

本案中，法院认为某国际工程咨询公司出具的《结算审核报告》属于暂定结果，由于某市环境保护局未及时表示异议，因此视为认可。该案实际上扩大了“暂定结果”的范围，并非仅在双方明确发生争议进而委托总监理工程师或造价工程师制定方案时该方案为暂定结果，在双方未发生争议，而是按照合同约定直接委托第三方结算，第三方所出具的结算报告也为暂定结果。法院对“暂定结果”的扩大解释其原因可能在于，《建设工程司法解释》第二十条规定：“当事人约定，发包人收到竣工结算文件后，在约定期限内不予答复，视为认可竣工结算文件的，按照约定处理。承包人请求按照竣工结算文件结算工程价款的，应予支持。”但由于该司法解释已经失效，当时生效的《建设工程司法解释二》将该条规定删除，因此法院通过扩大解释合同约定之“暂定结果”的方式以认定第三方出具的结算报告。并且法院的该认定也符合《价款结算暂行办法》第十六条的规定：“发包人收到竣工结算报告及完整的结算资料后，在本办法规定或合同约定期限内，对结算报告及资料没有提出意见，则视同认可。”

承包人如未在规定时间内提供完整的工程竣工结算资料，经发包人催促后 14 天内仍未提供或没有明确答复，发包人有权根据已有资料进行审查，责任由承包人自负。根据确认的竣工结算报告，承包人向发包人申请支付工程竣工结算款。发包人应在收到申请后 15 天内支付结算款，到期没有支付的应承担违约责任。

此外，本案中法院将结算文件作为“暂定结果”，进而确定为最终结果也是为了解决在政府投资的建设工程项目中，行政审计结论与工程价款结算的关系问题。虽然早已有全国人大法工委函件要求，但实践中按行政审计结论进行结算的情况仍然大量存在。从最高院近五年的同类案例来看，在合同已有约定时，仍有大量案件没有支持以行政审计作为价款结算依据，而是通过双方其他结算文件、工程造价鉴定意见等认定工程价款。行政审计主要目的是对财政投资规模、资金使用情况、有无截流国家资金、有无任意扩大投资、是否存在贪腐问题等行为进行审查监督，而工程结算审价则是合同双方对已完工程量及造价进行审核的民事法律行为，两者在性质、范围、效力、主客体等多方面存在明显不同。对于发、承包双方进行工程价款结算而言，行政审计结论本身与社会机构的审价报告、鉴定机构的意见没有实质差异，只要双方合意一致，可以选择以任何一种途径确定的金额为准。如果合同约定了以行政审计为准，但实际结算中又以发包方或第三方审价等方式结算价款，则应以双方最终确认的结算价款为准，此时并无套用审计结论的必要，更不能往回追缴。

启动审计需要发包方上报材料且涉及政府机关各职能部门间的相互配合，时效常常无法保证，实践中不乏竣工验收三四年后，政府机关仍未对项目审计完毕的情况。如果承包方诉请索要工程款，而发包方以“政府机关尚未完成审计”为由不予付款，各地出台意见或解答规定如无正当理由长期不出具审计结论的可以通过司法鉴定方式确定工程款。因为在工程已经竣工验收甚至交付使用的情况下，再以行政审计未完成为由拒付工程款，有违实质公平。

9.1.2 在暂定结果对发承包双方履约不产生实质影响的前提下，发承包双方应实施该结果，直到按照发承包双方认可的争议解决办法改变暂定结果为止，由此导致承包人增加的费用和延误的工期应由责任方承担。

【条文解读】

本条规定了发生“工程师暂定”后发承包双方的处理方式。

【法律适用及商务提示】

《清单规范》第 13.1.3 条规定：“在暂定结果对发承包双方当事人履约不产生实质影

响的前提下，发承包双方应实施该结果，直到按照发承包双方认可的争议解决方法被改变为止。”而清单修改后，双方或一方不同意暂定结果的，暂定结果不再作为争议解决期间的执行方案，而是以发承包方中较低价格方案执行。

应当认为执行较低结果更符合实际。双方已不同意工程师提出的暂定结果，若在争议解决期间仍然以该方案继续执行，提出异议的一方或双方必然不会有效执行该方案，使得该条形同虚设。

9.2 协商和解

9.2.1 合同争议发生后，发承包双方应首先选择协商和解，发承包双方任何时候都可进行协商，协商达成一致的，双方应签订书面和解协议，和解协议对发承包双方均有约束力。

9.2.2 协商不能达成一致的，发包人或承包人均可选择合同约定的其他方式解决争议。

【条文解读】

第9.2.1条、第9.2.2条规定了“协商和解”这一争议处理方式的基本内容。和解分为诉外和解和诉后和解。诉外和解指争议事件当事人另行达成约定。诉后和解指争议事件当事人为处理和结束诉讼达成解决争议问题的协议，其结果往往是撤回起诉。

【法律适用及商务提示】

（1）对方不履行和解协议的，发承包方可以就和解协议起诉。和解协议自签订之日起即具有法律效力，当事人之间原权利义务关系因和解协议的生效而终止。和解协议对发承包双方均有约束力，因此经具有生效法律文书确认后，和解协议即有强制执行力，若对方不履行和解协议，发承包方可以依据和解协议起诉，以取得强制执行力，执行和解协议。

（2）和解协议独立于原合同。和解协议为当事人之间新设立的民事法律关系，其成立、生效独立于原合同，因此在起诉的管辖法院等方面应当作独立判断。双方可在和解协议中重新约定违约金、争议解决条款等。即使是超过原合同的诉讼时效期间达成的和解协议，只要不违反《民法典》合同效力的规定，也依法生效。

（3）和解协议应当就各事项进行明确约定。和解协议为双方新达成的合同，在签订和解协议时应当尽量考虑全面，对相关争议事项均进行明确约定，例如所有的争议事项如何处理、迟延履行和解协议时违约方应付的违约金等。如果在和解协议中约定不全面、不明确，可能会导致无法确定和解协议的给付内容，在督促对方履行或申请强制执行时均存在风险。

【参考案例】

案例　四川某教育投资有限公司与贵州某建筑工程有限责任公司合同纠纷案

基本信息

审理法院：贵州省贵阳市中级人民法院。

案号：（2021）黔01民辖终150号。

裁判要旨

发承包方可在和解协议中另行约定管辖法院。

案情介绍

四川某教育投资有限公司上诉称：上诉人认为双方于2019年12月20日签订《某技术职业学院1项目一期建设工程和解协议书》系处理因履行《建设工程施工合同》而支付的保证金纷争，该和解协议对管辖权约定是不能突破专属管辖的，案涉合同的履行地在四川省南充市顺庆区，因此前述和调解协议第五条“争议解决方式：甲乙双方因履行本协议发生争议的……任何一方可向甲乙双方各自住所地人民法院提起诉讼。”的约定是无效的，一审法院依据该协议载明的协议管辖来确定管辖法院显然是错误的。其次，上诉人认为双方是为了履行《建设工程施工合同》而支付的保证金，该笔保证金属于签订建设工程施工合同的先合同义务，尽管双方签订《某技术职业学院项目一期建设工程和解协议书》，但本案仍旧是因处理因履行《建设工程施工合同》而支付的保证金纷争而起，即本案系履行建设工程施工合同分包合同引发的纠纷，仍旧应该根据《最高人民法院关于适用〈中华人民共和国民事诉讼法〉的解释》第二十八条第二款关于“农村，土地承包经营合同纠纷、房屋租赁合同纠纷、建设工程施工合同纠纷、政策性房屋买卖合同纠纷，按照不动产纠纷确定管辖”的规定，裁定将该案移送工程所在地四川省南充市顺庆区人民法院管辖。

裁判观点

贵州省贵阳市中级人民法院认为：确定管辖应以起诉为标准，对当事人提交的材料进行形式要件审查。本案中，被上诉人是根据其与上诉人签订的《和解协议书》而提起的诉讼，同时双方约定可由双方各自住所地人民法院管辖，该约定不违反级别管辖和专属管辖，约定有效，立案阶段应以此来确定管辖权。上诉人所称的《建设工程施工合同》与本案案涉协议书之间的关系，以及可能产生的法律关系及后果，均属于案件实体审判中涉及的内容，不是立案阶段确定管辖权审查的范畴。故上诉人以《建设工程施工合同》主张本案适用不动产所在地管辖的上诉理由不成立。

法律分析

和解协议具有独立性，独立于原合同。因此，发承包双方可在和解协议中约定管辖法院。

9.3 调　　解

9.3.1　合同争议发生后，发承包双方和解不成时，宜选择在仲裁或诉讼前进行调解，在调解人的协助下，争取达成调解协议。

9.3.2　发承包双方宜选择在合同工程实施过程中委托调解人进行调解，促使争议及时得到解决。过程中的调解宜包括下列程序：

1 发承包双方在合同中约定或在合同签订后约定争议调解人；

2 发承包双方可协议调换或终止任何调解人，但双方都不能单独采取行动，除非双方另有协议，在最终结清后，调解人的任期即终止；

3 发生合同争议后，任何一方可将该争议以书面形式提交调解人，并将副本抄送另一方，委托调解人调解；

4 发承包双方应按照调解人提出的要求，为调解人提供所需要的资料、现场进入权及相应设施；

5 调解人应在收到调解委托后 28 天内或由调解人建议并经发承包双方认可的其他期限内提出调解建议，发承包双方接受调解建议的，经双方签字后作为合同的补充文件，双方都应遵照执行；

6 发承包双方中任一方不接受调解人的调解建议时，应继续按照合同实施工程，直到在后续发承包双方有认可的争议解决办法，再对调解建议进行改变。

【条文解读】

本条规定了“调解”方式解决争议的程序。

【法律适用及商务提示】

（1）可任命调解人的范围。

1）多地规定工程造价管理机构可作为调解人。工程造价管理机构可作为调解人的相关文件统计详见表 9-1。

表 9-1 工程造价管理机构可作为调解人的相关文件统计表

序号	文件名称	文件中相关内容
1	《浙江省建设工程计价依据解释管理暂行规定》	第四条：浙江省建设工程造价管理总站（以下简称省站）负责全省计价依据解释、造价政策咨询和计价纠纷调解工作，指导设区的市工程造价管理机构及义乌市造价管理站做好所属行政区域内的计价依据解释、政策咨询和计价纠纷调解工作
2	《江苏省建设工程计价解释与争议调解规定》（苏建价〔2006〕383 号）	第五条：省建设工程造价管理总站（以下简称省站）受省建设厅委托，负责全省建设工程计价解释与争议调解工作。各市县造价管理机构受所在地建设行政主管部门委托，负责本地区计价解释与争议调解的相关管理工作。计价解释与争议调解，一般先由工程所在地市县造价管理机构受理，市县造价管理机构难于答复或工程建设当事人对答复有异议时，报送上一级造价管理机构处理。 第十三条：工程建设各方主体发生工程计价争议时，各方当事人可向工程所在地造价管理机构申请调解

续表9-1

序号	文件名称	文件中相关内容
3	《重庆市住房和城乡建设委员会关于进一步做好计价依据解释及造价纠纷调解工作的通知》（渝建管〔2020〕78号）	二、按照分级管理、属地负责的原则，市城乡建设主管部门负责全市计价依据解释和市管房屋建筑和市政基础设施项目造价纠纷调解工作，具体工作由市建设工程造价管理机构承担。各区县住房城乡建设主管部门负责本行政区域内房屋建筑和市政基础设施项目的造价纠纷调解工作。 三、各级住房城乡建设主管部门应按照客观、公正、公平的原则，开展造价纠纷调解工作，参与调解工作的相关工作人员及造价专家不得滥用职权、徇私舞弊。 四、住房城乡建设主管部门的造价纠纷调解意见供咨询人各方参考，咨询人各方对调解意见不能达成共识、调解未果时，应积极引导咨询人各方依据合同约定的争议解决方式，依法进行仲裁或诉讼予以解决。五、各区县住房城乡建设主管部门在造价纠纷调解工作中，遇到的复杂疑难问题可向市建设工程造价管理机构反映，市建设工程造价管理机构协助各区县开展造价纠纷调解工作。 五、办理机构。（二）造价纠纷调解：重庆市建设工程造价管理总站（市管项目）、各区（县）住房和城乡建设行政主管部门（区县管理项目）
4	《乌鲁木齐市建设工程造价纠纷调解办法》	第三条：乌鲁木齐市建设工程造价管理站为调解机构，负责本地区造价争议调解工作，接受上级主管部门及乌鲁木齐市建设委员会的监督和指导

2）可申请行业组织进行调解。可申请行业组织进行调解的相关文件统计详见表9-2。

表9-2　可申请行业组织进行调解的相关文件统计表

序号	文件名称	文件中相关内容
1	《建筑工程施工发包与承包计价管理办法》（住房和城乡建设部令第16号）	第十八条第三项：承包方对发包方提出的工程造价咨询企业竣工结算审核意见有异议的，在接到该审核意见后一个月内，可以向有关工程造价管理机构或者有关行业组织申请调解，调解不成的，可以依法申请仲裁或者向人民法院提起诉讼
2	《北京仲裁委员会建设工程争议评审规则》	第一条：为预防、减少、及时解决建设工程合同争议，北京仲裁委员会（以下简称本会）特制定本规则。本规则旨在为当事人选择适用争议评审提供程序指引，在当事人约定适用本规则的情况下，本规则对当事人有约束力。当事人就评审事项另有约定的，从约定。 第二条：本规则所称争议评审系指，根据当事人约定，在建设工程合同（包括但不限于勘察合同、设计合同、施工合同、监理合同、项目管理合同等）履行中发生纠纷时，当事人将争议提交专家评审组（以下简称评审组）对争议出具评审意见的争议解决方式。当事人在组成评审组前应当对评审意见的范围和约束力作出约定。当事人未对评审意见的范围和约束力作出约定，则按照本规则的相关规定确定

3）可申请地方专门调解机构进行调解。可申请地方专门调解机构进行调解的相关文件统计详见表9-3。

表9-3 可申请地方专门调解机构进行调解的相关文件统计表

序号	文件名称	文件中相关内容
1	《安庆市建设工程造价纠纷调解专家组管理办法（试行）》	第一条：为保障工程建设各方主体的合法利益，规范我市建设工程造价纠纷调解工作，提高纠纷调解质量与效率，有效化解社会矛盾，充分发挥行业内专家的作用，依据有关法律法规、政策性文件，成立安庆市建设工程造价纠纷调解专家组，并制定本办法。 第四条：专家组主要职责： （一）参与具体的工程造价纠纷调解工作，提供专业意见和建议； （二）参与完善纠纷调解制度； （三）参与工程造价业务的交流研讨； （四）完成市建设工程造价管理站委托的其他业务工作
2	《北京市住房和城乡建设委员会关于加强建设工程施工合同纠纷人民调解工作的通知》（京建发〔2011〕131号）	三、北京市建筑业联合会成立北京市建设工程施工合同纠纷人民调解委员会，在北京市建设工程施工合同纠纷人民调解指导委员会的指导下，具体负责建设工程施工合同纠纷的人民调解工作，对人民调解工作进行分类统计和定期分析，并按季度向北京市建设工程施工合同纠纷人民调解指导委员会报送信息

（2）申请调解需遵循各地有关申请主体资格、提交材料、程序等的细化规定。

1）申请条件。各地方关于申请调解的条件详见表9-4。

表9-4 调解申请条件对比表

序号	文件名称	文件中相关内容
1	《江苏省建设工程计价解释与争议调解规定》（苏建价〔2006〕383号）	第十四条：计价争议调解时，争议各方当事人都应当到场，受委托对该项目提供咨询服务的工程造价咨询单位应同时参加调解。参与争议调解人员应当持有“造价工程师注册资格证书或造价员证书（造价编审专业人员资格证书）”。 第十五条：申请计价争议调解应提供下述资料： （一）争议各方当事人联合盖章的争议调解申请单； （二）施工图与施工组织方案； （三）施工合同、补充协议与招投标文件； （四）现场设计变更与签证资料； （五）与工程有关的其他资料。 资料提供人应对所提供资料的真实有效性负责。 第十六条：有下列情况之一的计价争议调解申请，造价管理机构可以不予受理： （一）未按上述第十五条规定提供资料的； （二）造价管理机构已作出计价争议调解决定，并且争议调解的申请人未再提出新的证据； （三）上级造价管理机构已作出计价争议调解决定的； （四）已向仲裁机构申请仲裁的； （五）已向人民法院提请诉讼的； （六）当事双方参与争议调解人员不是“造价工程师注册资格证书”或“造价员证书”持有者

续表9-4

序号	文件名称	文件中相关内容
2	《重庆市住房和城乡建设委员会关于进一步做好计价依据解释及造价纠纷调解工作的通知》（渝建管〔2020〕78 号）	三、申请材料。造价纠纷调解则需提供完整的技术经济资料，一般包括： 1. 招、投标文件； 2. 施工合同、协议及其附件； 3. 工程设计文件及工程竣工资料等技术经济文件； 4. 工程量清单、投标报价、预（结）算等造价资料； 5. 施工组织设计或方案； 6. 工程有关的其他资料。 提供以上资料原件或复印件一份供现场解答时查阅
3	《乌鲁木齐市建设工程造价纠纷调解办法》	第六条：工程建设各方主体发生工程造价争议，自行协商未果的，当事人可向造价纠纷调解机构申请调解。调解机构审核符合调解条件的，接受申请。 申请调解的应报送《建设工程造价纠纷调解申请书》，并提供下列资料： 1. 施工许可证； 2. 施工图与施工方案； 3. 建设工程施工合同、补充协议、招投标文件； 4. 经当事人双方认可的变更签证、工程洽商等与本工程有关的其他文件资料； 5. 纠纷涉及的其他资料。 当事人对提交的建设工程合同、补充协议有争议的，以经建设主管部门备案的合同为准。 资料提供者对其提供资料的真实、有效性负责。 当事人应将调解纠纷事由书面告知纠纷对方。 第七条：当事人提交资料齐全的，调解机构将在 3 个工作日内组织调解，纠纷各方当事人都应当到场。受委托对该项目提供咨询服务的工程造价咨询企业应同时参加。参加纠纷调解的当事人，应是企业法定代表人或受其委托的代理人及具有造价专业资格的技术人员，并出具委托函、身份证、专业资格证书等有效证件

2）调解程序。各地方关于调解程序详见表 9-5。

表 9-5　调解程序对比表

序号	文件名称	文件中相关内容
1	《江苏省建设工程计价解释与争议调解规定》（苏建价〔2006〕383 号）	第十七条：造价管理机构受理争议调解申请单后，应指定相关专业人员为争议调解人。争议调解人应仔细听取各方当事人的陈述，结合查看申请人提供的资料，核实有关情况，及时提出意见。对较复杂的问题，可由造价管理机构负责成立专家组，协调处理。 第十八条：争议调解人应详细填写《造价争议调解记录单》，并将争议调解有关资料登记归档，重要资料复印后留存。各方当事人达成一致意见，不需要书面答复时，造价管理机构可以不出具书面答复；需要书面答复的，应在 7 个工作日内给予答复（特殊工程除外）。各方当事人对调解不能达成一致意见时，可根据合同约定提请仲裁或人民法院裁决。书面答复需报站（处）领导审核签字，正式行文回复。

续表9-5

序号	文件名称	文件中相关内容
2	《乌鲁木齐市建设工程造价纠纷调解办法》	第八条： 调解程序： 1. 调解人员首先告知当事人调解工作的原则和效力，当事人在调解过程中的权利和义务。 2. 调解人员分别向当事人询问产生纠纷的原因，了解当事人对调解的诉求，查看申请人提供的资料，核实相关情况。 3. 在查明事实分清责任后，调解人员将根据纠纷性质、内容，依据相关法律、法规和计价依据，进行调解，引导、帮助当事人互相理解、达成共识。调解机构将如实全面记录纠纷各方意见，形成《建设工程造价纠纷调解意见书》。 4. 当事人对调解意见无异议的，在调解意见书上签字，当事人各方应共同遵守。 5. 当事人经调解未达成共识的，在调解意见书上签字，调解终止

（3）双方达成调解协议后可申请司法确认，使调解协议具有强制执行效力。《最高人民法院关于人民调解协议司法确认程序的若干规定》第一条规定："当事人根据《中华人民共和国人民调解法》第三十三条的规定共同向人民法院申请确认调解协议的，人民法院应当依法受理。"

发承包双方应当在调解协议生效之日起三十日内向调解组织所在地基层人民法院申请司法确认，提交下列材料：司法确认申请书、调解协议、身份证明或营业执照、与调解协议相关的财产权利证明等证明材料、双方当事人的送达地址、联系方式、双方当事人签署的承诺书等。

人民法院作出的确认调解协议有效的裁定具有强制执行力。如果一方当事人拒绝履行或者未全部履行的，对方当事人可以向人民法院申请执行。执行依据是法院作出的确认有效裁定书，而不是调解协议书。

调解协议经审查后不符合法律规定的，法院裁定驳回当事人申请。对此，当事人可以有两种救济途径可供选择：一种是当事人可以通过调解组织重新对纠纷进行调解，在当事人自愿的基础上变更原调解协议或者就有关争议达成新的调解协议，然后再申请法院确认变更后的或者新达成的调解协议。另一种是当事人可以向人民法院提起诉讼。

在拟定调解书时，应当注意其合法性问题，防止由于违反相关规定而导致调解书无法得到司法确认。调解书的内容存在违反法律、行政法规强制性规定，违反公序良俗，侵犯第三人利益等情形的，将无法被司法确认，获得强制执行力。

【参考案例】

案例 1　某小贷公司诉某建筑工程有限公司、重庆某彩印厂第三人撤销之诉案

基本信息

审理法院：重庆市第三中级人民法院。

案号：(2019) 渝 03 民终 259 号。

裁判要旨

发承包方在制定调解书之前应当调查是否存在优先权人、抵押权人等利益关系人，防止调解书因侵犯第三人权益而被撤销。

案情介绍

原告（上诉人）某小贷公司诉称：重庆某彩印厂因与某小贷公司金融借款合同纠纷一案，经重庆市渝中区人民法院（2016）渝 0103 民初 14606 号民事判决，其中确认某小贷公司对重庆某彩印厂位于重庆市涪陵区新城区大鹅六组的土地使用权及其在建工程享有优先受偿权。该判决生效后，重庆某彩印厂未履行，某小贷公司于 2018 年 8 月 17 日向重庆市渝中区人民法院申请强制执行。2018 年 4 月底，某建筑工程有限公司委派律师与某小贷公司协商重庆某彩印厂所有的位于涪陵区大鹅六组土地及房屋的处置权移交事宜，并出示重庆市涪陵区人民法院作出的（2016）渝 0102 民初 9112 号民事调解书，协议重庆某彩印厂支付某建筑工程有限公司工程款 380 万元，退还某建筑工程有限公司保证金 100 万元；某建筑工程有限公司对"重庆某彩印厂办公楼、手工车间及钢结构生产车间建设工程"的房屋拍卖价款或折价款在债权范围内享有优先受偿权等。该民事调解书严重损害了某小贷公司作为抵押权人的合法利益，故请求原审法院判令：撤销重庆市涪陵区人民法院（2016）渝 0102 民初 9112 号民事调解书。

裁判观点

重庆市第三中级人民法院认为：2018 年 4 月 23 日某建筑工程有限公司委派律师与某小贷公司协商重庆某彩印厂所有的位于涪陵区大鹅六组土地及房屋相关的权利事宜时，某小贷公司知道某建筑工程有限公司对重庆某彩印厂享有债权及优先受偿权的（2016）渝 0102 民初 9112 号民事调解书的存在，其认为该调解书损害其民事权益，于 2018 年 8 月 29 日向作出该调解书的一审法院提起诉讼；某小贷公司未参加诉讼不能归责于其本人，并提供证据证明该调解书损害其民事权益。某小贷公司提起第三人撤销之诉，符合《最高人民法院关于适用〈中华人民共和国民事诉讼法〉的解释》第二百九十二条的规定。

法律分析

发承包双方达成的调解书若侵犯第三人权益的，第三人可提起撤销之诉以撤销发承包双方达成的调解书，并且后续第三人还可能继续提起相关诉讼。因此发承包方达成调解书前，应当尽量调查清楚是否有优先权人、抵押权人等利益相关人等，以防止调解书被撤销。

案例 2　某资产管委会与某建筑公司申请确认仲裁协议效力案

基本信息

审理法院：湖南省湘潭市中级人民法院。

案号：(2021) 湘 03 民特 33 号。

裁判要旨

发承包方可约定与合同独立争议解决方式不一致的争议评审失败后的处理方式。

案情介绍

某资产管委会与某建筑公司签订《湖南省建设工程施工合同》，合同第三部分《专用合同条款》中第 20 条“争议解决”第 20.3 项为“争议评审”，第 20.4 项为“仲裁或诉讼”。第 20.3 项“争议评审”载明“合同当事人是否同意将工程争议提交争议评审小组决定：本合同在履行过程中发生的争议，由双方协商、委托检测、鉴定、审核、申请调解未能达成一致意见可向项目所在地人民法院起诉”。在第 20.4 项“仲裁或诉讼”约定“因合同及合同有关事项发生的争议，按下列第（1）种方式解决：（1）向湘潭仲裁委员会申请仲裁；（2）向人民法院起诉”。

某资产管委会提出申请请求：请求确认申请人某资产管委会与被申请人某建筑公司的仲裁条款无效。《建设工程施工合同》中的条款互相矛盾，既约定了法院诉讼又约定了仲裁管辖，属于当事人对争议管辖约定不明，系无效仲裁条款。

裁判观点

湖南省湘潭市中级人民法院认为：第 20.3 项“争议评审”中载明的“合同当事人是否同意将工程争议提交争议评审小组决定：本合同在履行过程中发生的争议，由双方协商、委托检测、鉴定、审核、申请调解未能达成一致意见可向项目所在地人民法院起诉”系对“争议评审”基本内容所作的概述，其中“可向项目所在地人民法院起诉”是指双方在“争议评审”方式下不能就争议达成一致时的后续解决方案，属于“争议评审”方式的组成部分，不是独立的合同争议解决方式。本案双方当事人没有选择“争议评审”的争议解决方式，明确在上述合同第 20 条“争议解决”第 20.4 项“仲裁或诉讼”中选择了第（1）种向湘潭仲裁委员会申请仲裁的争议解决方式。

法律分析

双方在“争议评审”方式下不能就争议达成一致时的后续解决方案，属于“争议评审”方式的组成部分，不是独立的合同争议解决方式。本案双方当事人没有选择“争议评审”的争议解决方式。

9.3.3　若发承包双方在工程完工后，就竣工结算、工期调整等发生争议时，发承包双方可选择下列方式委托调解：

1　行政调解；

2　行业调解；

3　商事调解。

9.3.4　合同争议发生后，若发承包双方进入仲裁或诉讼程序，宜选择仲裁调解或司法调解，争取达成调解协议。

【条文解读】

第 9.3.3 条规定了适用于工程完工后的“调解”三种方式。

9.4 仲裁、诉讼

9.4.1 发承包双方的协商和解或调解均未达成一致意见，其中一方可就此争议事项根据合同约定的仲裁协议申请仲裁。

9.4.2 在本规范第9.1节~第9.3节规定的期限之内，暂定结果或和解协议或调解书已经有约束力的情况下，当发承包中一方未能遵守暂定结果或和解协议或调解书时，另一方可将未能遵守暂定结果或不执行和解协议或调解书达成的事项提交仲裁或诉讼。

【条文解读】

第9.4.2条明确了诉讼或仲裁为最后兜底的争议解决方式，即使双方达成调解书、和解协议后，若一方未履行，仍然可以起诉或提起仲裁。具有拘束力的和解协议性质上为发承包方新达成的合同，若一方未履行，另一方可起诉要求其承担违约责任。原合同虽可能已被和解协议变更，但并不必然意味着原合同已被解除或失效，且双方此时达成的和解协议属于诉讼外和解，不具有强制执行力，在司法实践中法院也支持以原合同起诉的诉请。本规范的该规定基于发承包方选择，守约方可根据实际情况，选择以原合同起诉或以和解协议起诉。

【法律适用及商务提示】

发承包方达成调解协议后，应注意证据留存，妥善保管调解协议，若再次发生纠纷，需要根据举证责任出示相应的证据。

发承包方在双方争议案件的二审过程中达成和解协议、撤回上诉的，若一方不履行和解协议，一审判决生效，守约方可申请依据一审判决强制执行。和解协议属于双方当事人诉讼外达成的协议，未经人民法院依法确认制作调解书，不具有强制执行力，因此可以申请法院依据一审判决强制执行。

【参考案例】

案例1　于某广与某车辆销售公司产品责任纠纷案

基本信息

审理法院：山东省泰安市中级人民法院。

案号：（2016）鲁09民终962号。

裁判要旨

双方达成和解协议撤诉后可再起诉。

案情介绍

2014年，原告于某广以某集团公司、某车辆销售公司、某电缆电池公司为被告提起产品生产者责任纠纷，后撤回了对被告某车辆销售公司的起诉，列某电缆电池公司为第三人。案件审理中，原告与被告某集团公司达成和解协议后撤诉。

裁判观点

山东省泰安市中级人民法院认为：院经审理认为，本案争议的焦点是：本案是否违反“一事不再理”原则。《最高人民法院关于适用〈中华人民共和国民事诉讼法〉的解释》第二百一十四条规定，原告撤诉或者人民法院按撤诉处理后，原告以同一诉讼请求再次起诉的，人民法院应予受理。本案上诉人撤诉后，基于同一诉讼请求再次起诉，人民法院应予受理，本案不违反“一事不再理”原则，原审法院裁定驳回上诉人的起诉不当，本院予以纠正。

案例 2　河南某混凝土公司与北京某工程公司买卖合同纠纷案

基本信息

审理法院：北京市大兴区人民法院。

案号：（2021）京 0115 民初 7587 号。

裁判要旨

双方就原合同约定的事项在和解协议中进行了不同约定，视为对原合同变更，应当按照和解协议履行。

案情介绍

2021 年 4 月 25 日，河南某混凝土公司（甲方）与北京某工程公司（乙方）签署了一份《和解协议》，约定：

（1）甲乙双方共同确认，乙方因承建“郑州运河城壹号院”工程，截至 2020 年 8 月 12 日乙方尚欠甲方混凝土货款 5 112 684. 16 元，现因双方达成和解，乙方向甲方支付货款 5 112 684. 16 元。

（2）乙方按以下方式向甲方河南某混凝土公司履行本协议约定的付款义务：

1）乙方于 2021 年 5 月 30 日前向甲方支付货款 2 500 000 元；

2）乙方于 2021 年 6 月 15 日前向甲方支付货款 2 512 684. 16 元；以上款项付至甲方指定账户；付款时间以银行实际到账时间为准。

（3）如乙方不履行或未按时足额履行本协议约定的任何一项给付义务，则甲方除有权要求乙方一次性履行本协议约定的全部付款义务，还有权要求乙方向甲方支付本协议第一条为达成和解而放弃的实际损失 100 000 元，并有权要求乙方以 5 112 684. 16 元为基数，自 2021 年 1 月 10 日起按中国人民银行授权全国银行的同期利率的 4 倍支付逾期付款利息。因被告北京某工程公司不履行和解协议，原告起诉要求继续履行。被告北京某工程公司主张协议是在河南某混凝土公司能够退回商业电子汇票的基础上达成的和解协议，且主张河南某混凝土公司在协议签署时不同意按照和解协议履行，故和解协议未实际履行。

裁判观点

北京市大兴区人民法院认为：就北京某工程公司抗辩称付款条件未成就的问题，和解协议变更了原合同约定的付款时间约定，北京某工程公司应按照协议期限履行。故就河南某混凝土公司要求北京某工程公司支付货款 5 112 684. 16 元的诉讼请求，本院予以支持。

案例 3　徐州某公司与闫某林、徐某兴买卖合同纠纷案

基本信息

审理法院：徐州市鼓楼区人民法院。

案号：(2016) 苏 0302 民初 181 号。

裁判要旨

达成和解协议后，一方未履行和解协议，另一方可要求按原合同履行。

案情介绍

2011 年 9 月 2 日，闫某林以某宇公司空直驻徐部队经济适用房工程项目部（乙方）的名义与原告徐州某公司（甲方）签订《产品购销合同》一份。因原告起诉某宇公司（后原告撤诉），2013 年 12 月 10 日，原告与闫某林签订庭外和解协议一份，被告徐某兴提供保证担保，协议内容为：闫某林拖欠原告货款 2 260 049. 27 元、利息 1 937 850. 20 元，闫某林保证在 2014 年 1 月 20 日前一次性支付 345 万元，闫某林按上述时间、金额支付完毕后，原告办理撤诉手续，双方再无其他纠纷；担保人作为闫某林连带担保，担保期限至本息付清时止。后闫某林及徐某兴均未向原告还款。

裁判观点

徐州市鼓楼区人民法院认为：2013 年 12 月 10 日闫某林与原告签订的和解协议，合法有效，闫某林以个人名义承担对原告的债务，可以认定本案买卖合同系原告与闫某林之间订立并履行。被告闫某林收到原告的货物后，应当按照约定时间及数额支付价款，其未按期履行构成违约，应承担继续履行、给付违约金等违约责任。虽然和解协议约定被告闫某林在 2014 年 1 月 20 日前给付原告 345 万元，但协议还约定闫某林按上述时间、金额支付完毕后双方再无其他纠纷，因闫某林并未按协议履行，因此原告的债权数额仍应按原合同履行数额计算。

案例 4　江苏某环境科技公司与无锡某环保公司承揽合同纠纷案

基本信息

审理法院：江苏省无锡市中级人民法院。

案号：(2018) 苏 02 民终 1814 号。

裁判要旨

发承包方在和解协议中约定若不履行则按原合同履行的，其中一方未履行和解协议的，以原合同约定的金额等认定违约责任。

案情介绍

江苏某环境科技公司与无锡某环保公司于2012年3月16日签订《金隆合同》1份、于2013年2月6日签订《金昌合同》1份。2016年11月11日，江苏某环境科技公司诉至原审法院要求无锡某环保公司支付《金隆合同》所欠款项439万元、《金昌合同》所欠款项362万元，合计801万元。同年12月2日双方达成和解并签订《协议》，约定：无锡某环保公司在2016年12月5日前支付他公司346万元的前提下，双方在《金隆合同》《金昌合同》中的权利义务履行完毕。如无锡某环保公司未在2016年12月5日前支付他公司346万元，《协议》不生效并不再履行，无锡某环保公司仍按原合同履行还款义务。江苏某环境科技公司于2017年4月17日、4月28日两次向无锡某环保公司发出《催款函》，要求无锡某环保公司按《协议》约定支付50万元欠款，无锡某环保公司未予支付。

裁判观点

江苏省无锡市中级人民法院认为：在江苏某环境科技公司收到退票两次向无锡某环保公司发出催款函并给予无锡某环保公司必要的宽限期后，无锡某环保公司仍不给付，则无锡某环保公司就明显违反了和解协议约定的付款义务，此时，和解协议中的制约条款即被触及生效。因此，江苏某环境科技公司要求无锡某环保公司按原合同履行还款义务，符合双方和解协议的约定。

案例5　丁某强案

基本信息

审理法院：湖南省娄底市中级人民法院。

案号：(2021) 湘13民终1384号。

裁判要旨

发承包方达成“以房抵债”的调解书，但所涉及的房屋已被销售给普通消费者用于居住，因此被法院认定无效。

案情介绍

2010年6月13日，某职业技术学院教师新村筹建领导小组向全体教职工发出征求教师新村购房意愿的公告，原告罗某等人报名认购。2013年6月16日，某职业技术学院教师村团购业主委员会（甲方）与被告某房地产公司（乙方）就位于秀石街中段的教师村项目签订了《合作协议》，约定甲乙方共同合作开发教师村项目，甲方按确定的户型团购商品房950套。2017年8月25日，被告某房地产公司及某物业发展有限公司与原告罗某在内的团购户签订了《住宅质量保证书》《商品房使用说明书》及《大同沁园前期物业管理服务协议》，并于9月1日向原告等团购户交付了房屋，原告罗某在缴纳物业管理等费用后实际占有使用了所购房屋。

2013年10月至2014年11月期间，被告某房地产公司向被告魏某云借款7 900万元并约定了利息。2014年11月9日，因被告魏某云急需资金周转但被告某房地产公司暂无力归还被告魏某云的借款，故被告魏某云向被告丁某强借款3 000万元并约定月息3分。同日被告丁某强与被告某房地产公司、被告魏某云及某投资控股集团有限公司等单位和个人签订了《还款担保协议（二）》。该协议第三条、第四条约定：被告魏某云向被告丁某强借款3 000万元，被告某房地产公司将其公司名下的9 405.03m^{2}的房产与被告丁某强另行签订买卖合同网签备案并预告登记至被告丁某强名下为被告魏某云的借款本息做担保，如在签订协议6个月内，被告某房地产公司不能按时归还所欠被告魏某云借款本息，则在约定的归还借款期限一个月内由被告某房地产公司交纳全部税费后将全部产权过户至被告丁某强名下，则大同沁园项目秀石街北侧临街商业用房9 405.03m^{2}归被告丁某强所有。

因被告某房地产公司与被告魏某云未及时对结算后所欠的借款本息进行清偿，被告丁某强遂于2017年4月18日向法院提起诉讼，诉讼中经组织调解，法院于7月14日作出（2017）湘1302民初1133号民事调解书，该调解书第四条载明："如果被告某房地产公司未在本协议约定的时间内清偿全部借款本息，原告丁某强有权要求被告某房地产公司拍卖或变卖名下资产及抵押物所得款项用以优先清偿原告丁某强借款本息。"因某房地产公司及魏某云未及时履行调解书内容，丁某强申请强制执行，法院于2020年7月9日作出（2019）湘1302执恢555号之二执行裁定对被告某房地产公司预告登记到被告丁某强名下的大同沁园项目的0006栋1302号、1401号、1403号、1503号、2003号、2202号、2403号、3101号房产进行拍卖，事后，原告等购房业主了解到案涉调解书内容及相应执行情况，向法院提起本次诉讼。

裁判观点

湖南省娄底市中级人民法院认为：案涉购房户对案涉房屋的请求权应当优先于上诉人对案涉房屋的请求权；最后，案涉购房户购买案涉房屋是用于居住，具有保障生活或改善生活条件的社会功能，其对案涉房屋的请求权应当优先于上诉人对案涉房屋的请求权。因此，（2017）湘1302民初1133号民事调解书第四条中确认上诉人对案涉购房户购买的房产享有优先受偿权，损害了案涉购房户的合法民事权益，故本院对上诉人提出（2017）湘1302民初1133号一案民事调解书没有损害被上诉人等购房户合法权益的上诉主张不予支持。

案例6　某设计研究总院有限公司与某建设开发有限公司建设工程勘察合同纠纷

基本信息

审理法院：成都高新技术产业开发区人民法院。

案号：（2020）川0191民初706号。

裁判要旨

工程总承包模式下，如承包人为联合体，各成员在各自分工范围内具体履行合同，各自的权利义务可以进行区分，联合体成员之一单独起诉或者仲裁，其主体身份适格。

案情介绍

2017年2月，某建设开发有限公司（以下简称某建设开发公司）就某新民乡滨湖空间旅游项目勘察、设计对外招标。某公司和某设计研究总院有限公司（以下简称某设计院公司）组成联合体进行投标，某设计院公司为投标牵头人。2017 年 4 月 13 日，联合体中标。2017 年 6 月，委托方某建设开发公司与承包方某公司、某设计院公司共同签订《滨湖空间旅游项目勘察设计合同》，合同主要内容：工程项目包括工程勘察方案、总体规划设计、方案优化、初步设计、施工图设计、概算编制以及后期服务等勘察、设计相关工作。

合同签订后，某公司于 2017 年 8 月 18 日向某建设开发公司转账支付履约保证金 150 000 元，于 2017 年 9 月 1 日向某建设开发公司开具了 300 000 元的等额增值税专用发票（含税），税额为 16 981. 13 元，但某建设开发公司未依约在合同签订并生效后 5 日内支付第一次勘察费进度款，某公司至今未进场勘察。某公司于 2019 年 9 月向某建设开发公司邮寄律师函，要求某建设开发公司依约支付工程款并承担违约责任。

另查明，本案诉讼前，某公司因本案诉讼需要与四川天闻律师事务所签订委托代理合同，支付律师费 20 000 元。2018 年 11 月 6 日，成都天府国际空港新城管委会致函某建设开发公司，以某建设开发公司按原天府新区资阳片区规划的部分项目与修编后的空港新城规划不符为由，要求对未实施的原新民家园二期、三期及起步区市政道路等项目于 2018 年 10 月 31 日终止实施，并移交成都高新区管理。

裁判观点

关于原告的主体资格问题。虽案涉合同是某公司及案外人某设计院公司组成承包联合体与发包人某建设开发公司共同签订，但某公司与某设计院公司是不同的权利义务主体，合同约定某公司履行勘察义务，某设计院公司履行设计义务，双方在合同中各自的权利义务不相同，可以进行区分。同时某建设开发公司也是分别向设计承包方和勘察承包方支付费用，故即使案外人某设计院公司未对某建设开发公司提起诉讼，原告仍有权就与某建设开发公司之间的合同权利义务内容单独提起诉讼，其原告的主体身份适格。

9. 4. 3 发包人、承包人在履行合同时发生争议，双方不愿和解、调解或者和解、调解不成，又没有达成仲裁协议的，可依法向有管辖权的人民法院提起诉讼。

【条文解读】

本条规定了“仲裁或诉讼”方式处理争议的相关事项。

【参考案例】

案例 7 内蒙古某煤业公司与天津某贸易公司买卖合同纠纷管辖权异议纠纷案

基本信息

审理法院：最高人民法院。

案号：（2013）民二终字第 81 号。

裁判要旨

本案双方当事人虽然约定了任何一方可向协议签订地所在仲裁委员会提出仲裁，但同时又约定任意一方对仲裁结果提出异议的，可向合同签订地法院提出起诉。这样的约定不符合《中华人民共和国仲裁法》（2017 修正，以下简称《仲裁法》）第九条第一款关于“仲裁实行一裁终局”的规定，违反了仲裁排除法院管辖的基本原则。

案情介绍

内蒙古某煤业公司不服一审裁定，提出上诉称：①《煤炭买卖合同》第九条中约定的“任意一方对裁决结果提出异议，可向合同签订地法院提出起诉”，表述的意思是在仲裁委员会作出裁决之后，而不是在争议发生之后，如果当事人对仲裁结果有异议或者不服仲裁结果，可以向合同签订地法院提出起诉。即“提出起诉”的前提是在仲裁委员会作出裁决之后，而不是在争议发生之后，因此，上述约定不是，也不同于选择性条款。合同中“提出起诉”的表述不够准确，它的真实意思应当是不服裁决的一方可向法院申请撤销裁决；如果裁决被撤销，合同纠纷并未解决，此时任意一方可向法院提起诉讼。不能因为表述不准确就认定为“选择性约定”，并进一步认定仲裁条款无效。②一审裁定《煤炭买卖合同》的仲裁条款中“任意一方对裁决结果提出异议，可向合同签订地法院提出起诉”的约定违反仲裁的终局性原则，没有事实与法律依据。仲裁的终局性原则并不是指当事人不能对裁决结果提出异议，相反，对裁决结果提出异议是当事人的法定权利；对裁决结果不服或有异议，当事各方均可申请法院撤销仲裁裁决，符合法定撤销情形的，法院可依法撤销。因此，仲裁的终局性原则是相对的，不是绝对的，“对裁决结果提出异议”，请求法院启动相应程序，符合法律规定，不违反仲裁的终局性原则。一审裁定认定《煤炭买卖合同》的仲裁条款是选择性约定且违反仲裁的终局性原则没有事实与法律依据，属认定事实不清，适用法律有误，请求上级法院依法撤销一审裁定，以维护上诉人的合法权益。

被上诉人天津某贸易公司答辩称：本案所涉《煤炭买卖合同》的管辖条款属于无效条款，本案属于一审法院管辖范围，应当依法由一审法院审理。内蒙古某煤业公司的管辖异议没有法律及事实依据，应当驳回其管辖异议申请。

裁判观点

最高人民法院认为：《最高人民法院关于适用〈中华人民共和国仲裁法〉若干问题的解释》（法释〔2006〕7 号）第七条规定：“当事人约定争议可以向仲裁机构申请仲裁也可以向人民法院起诉的，仲裁协议无效”。该规定表明诉讼与仲裁这两种争议解决方法在性质上是彼此排斥的，两种方式不能并存。本案的焦点问题是双方在 2011 年 9 月 8 日签订的《煤炭买卖合同》中约定的解决合同纠纷方式是否属于在合同争议解决条款中既约定了仲裁又约定了诉讼的解决办法。本案双方当事人虽然约定了任何一方可向协议签订地所在仲裁委员会提出仲裁，但同时又约定任意一方对仲裁结果提出异议的，可向合同签订地法院提出起诉。这样的约定不符合《仲裁法》第九条第一款关于“仲裁实行一裁终局”的规定，违反了仲裁排除法院管辖的基本原则。因此，本案双方当事人约定的解决合同纠纷方式构成在合同争议解决条款中既约定了仲裁又约定了诉讼，一审法院认定该约定无效是正确的。上诉人内蒙古某煤业公司关于合同中“提出起诉”的解释，不符合合同条款的文义，本院不予采纳。综上所述，一审裁定认定事实清楚，适用法律正确，应予维持。内蒙古某煤业公司的上诉不能成立，应予驳回。

10 工程总承包计价表式

本章主要对本规范所用的各种工程计价表格作了全面、明确具体的规定。

10.0.1 工程总承包计价表格的设置应在满足工程总承包计价的需要、方便使用的前提下设置。

【条文解读】

本条明确了“工程总承包计价表格”的设置原则。

10.0.2 本规范附录A至附录D提供了工程总承包的主要计价表格，发承包双方使用时可调整补充。

10.0.3 本规范附录A为工程总承包项目/价格清单。适用于工程总承包交易过程中使用，包括总说明，标底（最高投标限价）/投标报价汇总表，工程费用项目/价格清单，工程总承包其他费项目/价格清单，预备费，发包人提供主要材料、设备一览表。

【条文解读】

本条明确了“工程总承包项目/价格清单”的使用场景、使用阶段及内容。

10.0.4 本规范附录B为价格指数权重表。使用时可在下列两种方式中选用：

1 本规范B.1价格指数权重表（投标人填报发包人确认）适用于承包人在投标阶段填报价格指数的权重范围及权重建议，由发承包双方在合同签订阶段确认最终权重；

2 本规范B.2价格指数权重表（发包人提出承包人确认）适用于发包人在招标文件中提供价格指数权重，投标人应在投标报价中考虑价格指数的权重与实际价格指数权重的差异。

【条文解读】

本条明确了“附录B计价表格”的场景及使用方法。

10.0.5 本规范附录C为合同价款支付分解表。使用时可在下列两种方式中选用：

1 合同价款支付分解表中的里程碑节点及对应的“金额占比”，由投标人在投标文件中根据工程进度计划设置里程碑节点，并计算里程碑节点对应的“金额占比”，由发承包双方在合同签订阶段确认；

2 合同价款支付分解表中的里程碑节点及对应的“金额占比”由发包人在招标文件中提供里程碑节点及对应的“金额占比”；投标人应在投标报价中考虑里程碑节点“金额占比”与实际“金额占比”的差异，并向发包人提出，以便合理调整“金额占比”。

【条文解读】

本条明确了“附录C”的使用场景及使用方法。

10.0.6 本规范附录D为合同价款结算、支付申请/核准表。适用于工程总承包合同履行过程中的预付款、单价项目计量计价、进度款、工程签证、索赔（费用和工期）、竣工结算、最终结清支付。

【条文解读】

本条明确了“附录D”的使用场景、使用阶段及内容。

【法律适用及商务提示】

1. 企业应对策略

（1）加强企业造价专业人员队伍素质建设，主动营造适应本规范的人文环境。新的形势下，适应新规范的基建环境，需要企业的造价人员掌握工程技术、管理、法律、经济等多方面的综合知识。因此企业需要给其造价人员和项目管理人员提供学习园地和学习机会，让他们通过各种形式的学习尽快适应新的计价改革的要求。

（2）加强企业内部制度建设，主动营造适应本规范的制度环境。推行本规范，需要企业扮演好市场主体的角色，尽快制定与本规范相适应的、配套的投标报价制度、合同价款审查制度、工程计量与价款支付制度、索赔与现场签证制度、工程价款调整管理制度、竣工结算等方面的制度，保证本规范正确执行。

（3）加快建立企业内部成本数据库的步伐，主动营造适应本规范的报价环境。本规范首先倡导投标企业依据历史数据自主报价。基于这一机制，各施工企业应当努力建立根据自身技术、设备、管理、施工方案等实际情况、体现本企业先进性的内部定额。该定额对外可作为投标报价的依据，对内可作为编制施工组织、内部核算的依据。

（4）加强信息化建设，实现信息化管理，为本规范创建良好的信息平台。推行本规范后，大部分人工、材料、机械设备价格将随着市场行情定价，建设各方主体由于受人力、经费、渠道的限制，需要这方面的最新信息引导计价活动。所以企业应利用网络等现代化的手段，建立起自己的工程造价信息系统，以最新价格赢得竞争。此外更应进一步研究、完善和推广与本规范相适应的计价软件，解决编制招标控制价和报价中的繁杂运算问题，降低计价人员的劳动强度，为推行工程量清单计价提供方便。

2. 造价人员应对策略

（1）深入领会本规范的实质和精髓，熟练掌握其应用和造价要领。

（2）加强施工技术与施工工艺的学习和实践，正确提高本规范中特别强调的施工方案的编制能力，同时要学会针对每个项目的施工方案正确报价的技巧，使工程总承包项目的计价结果合理准确。

（3）加强工程造价管理信息技术的学习和应用。推行本规范后，相关工程造价人员的工作量成倍增加，编制招标控制价和投标报价的运算问题更加繁杂，只有及时学习和掌握包括本规范的工程造价管理信息系统，才能降低造价人员的劳动量，为推行工程量清单计价提供方便。

（4）养成终生学习的先进理念，学习先进的工程造价管理新技术和新方法，全面汲取涉及工程造价和本规范的工程技术、经济、管理、法律等方面的新知识，努力把自身打造成当今社会急需的“一专多能”的复合型造价人才。

（5）树立和学习全过程全寿命周期工程造价管理的新理念和新理论。本规范的一个主要的亮点就是清单计价规范贯穿工程项目从招投标开始到竣工结算的全过程，只有我们掌握工程造价管理全过程、全寿命周期的新理念和新理论，我们才能在激烈的竞争中运筹帷幄，游刃有余，立于不败之地。